DUDEN

Abiturhilfen

Stoffwechsel und Energieumsatz

DUDEN
Abiturhilfen

MATHEMATIK

Analysis I
11. Schuljahr

Analysis II
11. und 12. Schuljahr

Analysis III
12. und 13. Schuljahr

Stochastik I
12. und 13. Schuljahr

Stochastik II
12. und 13. Schuljahr

Lineare Algebra und analytische Geometrie I
Leistungskurs
12. und 13. Schuljahr

Lineare Algebra und analytische Geometrie II
Leistungskurs
12. und 13. Schuljahr

Lineare Algebra und analytische Geometrie
Grundkurs
12. und 13. Schuljahr

DEUTSCH

Der deutsche Aufsatz
12. und 13. Schuljahr

Erzählende Prosatexte analysieren
12. und 13. Schuljahr

Dramentexte analysieren
12. und 13. Schuljahr

PHYSIK

Basiswissen Mathematik zur Physik
11. bis 13. Schuljahr

Mechanik I
Bewegungslehre
11. Schuljahr

Mechanik II
Erhaltungssätze
11. Schuljahr

Elektrizitätslehre I
Felder
12. und 13. Schuljahr

CHEMIE

Grundlagen der organischen Chemie
12. und 13. Schuljahr

Grundlagen der allgemeinen Chemie
12. und 13. Schuljahr

Kunststoffe, Farbstoffe, Waschmittel
12. und 13. Schuljahr

GESCHICHTE

Geschichte I
12. und 13. Schuljahr

Geschichte II
12. und 13. Schuljahr

BIOLOGIE

Genetik
12. und 13. Schuljahr

Nervensystem und Sinnesorgane
12. und 13. Schuljahr

Stoffwechsel und Energieumsatz
12. und 13. Schuljahr

Zellbiologie
12. und 13. Schuljahr

ERDKUNDE

Entwicklungsländer
12. und 13. Schuljahr

Industrie und Dienstleistungen
12. und 13. Schuljahr

Geozonen und Landschaftsökologie
12. und 13. Schuljahr

USA – UdSSR
12. und 13. Schuljahr

KUNST

Kunstgeschichte I
12. und 13. Schuljahr

Kunstgeschichte II
12. und 13. Schuljahr

Die künstlerische Praxis
12. und 13. Schuljahr

Weitere Bände sind in Vorbereitung

DUDEN

Abiturhilfen

Stoffwechsel und Energieumsatz

Fachliche Inhalte und Übungsaufgaben
zum Themenbereich Stoffwechsel und Energieumsatz
(12. und 13. Schuljahr)

von Dr. Roland Klinger

DUDENVERLAG
Mannheim · Leipzig · Wien · Zürich

Die Deutsche Bibliothek – CIP-Einheitsaufnahme
Duden-Abiturhilfen
Mannheim; Leipzig; Wien; Zürich: Dudenverl.
Biologie. Stoffwechsel und Energieumsatz: fachliche Inhalte und Übungsaufgaben zum Themenbereich Stoffwechsel und Energieumsatz (12. und 13. Schuljahr)/Dr. Roland Klinger.
2., aktualisierte Aufl. – 2000
ISBN 3-411-04282-6

Das Werk wurde in neuer Rechtschreibung verfasst.
2., aktualisierte Auflage

Redaktion: Dipl.-Biol. Franziska Liebisch
Herstellung: Petra Moll
Visuelle Didaktik, Illustration: Sonja Schadwinkel, Bremen
Illustration, Grafik: Frank Wohlgemuth, Bremen
Druck: Druckhaus Langenscheidt KG, Berlin
Gedruckt auf Eural Super Recyclingpapier matt gestrichen
Bindearbeit: Schöneberger Buchbinderei, Berlin
Printed in Germany
ISBN 3-411-04282-6

Mit dem „Stoffwechsel und Energieumsatz" befassen sich zahlreiche Abituraufgaben im Fach Biologie. Der vorliegende Band der Duden-Abiturhilfen stellt prägnant und anschaulich die Prinzipien der Enzymkatalyse und Energieübertragung, die Energiebindung durch Fotosynthese, die Energiefreisetzung durch biologische Oxidation und Gärung sowie die Bindung der Stoffwechselprozesse an zelluläre Strukturen und Organe dar. Dabei eignet sich dieser Band in idealer Weise zur Vorbereitung auf die Abiturprüfung: Er vermittelt unverzichtbares Grundlagenwissen, geht gesondert auf bestimmte Problematiken ein, die den Schülerinnen und Schülern erfahrungsgemäß besondere Schwierigkeiten bereiten und zeigt Zusammenhänge auf.

Zahlreiche Aufgabenbeispiele dienen der Überprüfung des eigenen Wissens und machen mit den Leistungsanforderungen in der Abiturprüfung vertraut. Die Abiturhilfen „Stoffwechsel und Energieumsatz" sind eine hervorragende Vorbereitungshilfe auf diese wichtige Abschlussprüfung.

Der besseren Orientierung dienen Vignetten:

Lösungsvorschläge

Definitionen, Regeln

Grundlagenwissen Chemie

Grundlagenwissen Physik

Statistik

Dr. Roland Klinger

Mannheim, im Frühjahr 2000

Kapitel

Kapitel 1

Einleitung und Hinweise zur Benutzung der Abiturhilfen

Der vorliegende Band »Abiturhilfen« ist so konzipiert, dass er Ihnen bei der Vorbereitung zum Thema »Stoffwechsel und Energieumsatz« Unterstützung bietet, indem er

- auf unverzichtbares Grundlagenwissen hinweist;
- einen Stoffkatalog an Lerninhalten präsentiert;
- fachlich wichtige Aspekte hervorhebt;
- auf bestimmte fachliche Probleme eingeht, die erfahrungsgemäß besondere Schwierigkeiten bereiten;
- Zusammenhänge aufzeigt;
- Stoffeinheiten zusammenfasst;
- Aufgabenbeispiele zur Selbstüberprüfung anbietet;
- zu methodischer Vorgehensweise anregt;
- Niveauansätze und Leistungsanforderungen im Abitur beschreibt.

Das bedeutet andererseits: »Abiturhilfen« ist kein Lehrbuch, das zur Erarbeitung von Fachwissen dient; der Band kann auf keinen Fall das Durcharbeiten der entsprechenden Fachbücher ersetzen. Mit dem vorliegenden Buch kann nur sinnvoll arbeiten, wer sich bereits grundsätzlich mit dem Stoffgebiet auseinander gesetzt hat. Zudem werden einzelne zum Thema »Stoffwechsel« gehörende Kapitel nur kurz (z. B. Chemosynthese) oder gar nicht angeschnitten (z. B. Hemmung von Enzymreaktionen, Stoffleitung bei Pflanzen, sportmedizinische Aspekte).

Kapitel 2 ist für das Abiturwissen nicht unbedingt notwendig und kann daher bei der Vorbereitung ausgelassen werden. Es bietet allerdings einen Überblick über Qualifikationen in der Abiturprüfung im Fach Biologie sowie in aller Kürze über die fachlichen Inhalte (Teilbereiche) zum Thema »Stoffwechsel und Energieumsatz«.
In Kapitel 3 werden die Prüfungsgegenstände speziell zum Thema Stoffwechsel und Energieumsatz vorgestellt. Dabei werden sowohl unverzichtbares Grundlagenwissen als auch wesentliche Sachgegenstände aufgelistet.

Kapitel 4 beschäftigt sich mit fachwissenschaftlichen Aspekten. Dabei werden diejenigen Sachgebiete angesprochen, die erfahrungsgemäß besondere Schwierigkeiten bereiten; außerdem werden Aufgaben zur Selbstüberprüfung angeboten. Dieses Kapitel muss nicht notwendigerweise von Anfang bis Ende durchgearbeitet werden. Unter Umständen reicht es aus – je nach Wissen und Können – sich nur über einzelne fachliche Aspekte zu informieren.
Kapitel 5 beschreibt die Anforderungen in der schriftlichen Abiturprüfung. In 5.1 und 5.2 werden die einheitlichen Prüfungsanforderungen aufgrund der Beschlüsse der Kultusministerkonferenz anhand von Aufgabenbeispielen vorgestellt (Anforderungsbereiche, Niveauansätze, Arten und Aufbau von Abiturprüfungsaufgaben). In 5.3 und 5.4 dagegen werden allgemeine formale und sachliche Gesichtspunkte bei der schriftlichen Beantwortung von Abiturprüfungsaufgaben erläutert.
Die Kapitel 6 und 7 geben methodische Hilfen zur Vorgehensweise bei der Lösung von Abituraufgaben anhand konkreter Beispiele.
In Kapitel 8 werden einige grundsätzliche Tipps und Hinweise für die Vorbereitungsphase auf die Abiturprüfung gegeben.
In Kapitel 9 werden einige Ratschläge, die Prüfungssituation betreffend, angeboten, und es wird auf Unterschiede zwischen schriftlicher und mündlicher Abiturprüfung eingegangen.

Allgemeine Prüfungsgegenstände im Fach Biologie in der Abiturprüfung

Die Kultusministerkonferenz legte mit Beschluss vom 1.12.1989 »Einheitliche Prüfungsanforderungen in der Abiturprüfung vor« (EPA). Darin werden für das Fach Biologie die Prüfungsgegenstände näher erläutert.

Da im Biologieunterricht sowohl Fachwissen als auch fachliche Qualifikationen (Befähigung zu fachadäquatem Denken, Werten und Handeln) vermittelt werden, soll beides in der Abiturprüfung festgestellt und bewertet werden.

2.1 Fachliche Qualifikationen

Als solche gelten zum Beispiel:
- Beobachten und Beschreiben biologischer Objekte und Sachverhalte.
- Auflösen komplexer biologischer Strukturen und Sachverhalte in überschaubare und untersuchbare Einheiten.
- Darstellen der Ergebnisse in Form von Tabellen, Graphen, Diagrammen und Abbildungen.
- Auswerten von Beobachtungs- und Messergebnissen.
- Ordnen und Vergleichen biologischer Daten mit dem Ziel der Entwicklung generalisierender Aussagen.
- Kennen und Anwenden von Modellvorstellungen.
- Beurteilen der Aussagekraft von biologischen Gesetzmäßigkeiten, Hypothesen und Modellvorstellungen.

Bei allen fachlichen Qualifikationen ist eine angemessene Verwendung der Fachsprache unverzichtbar.

2.2 Fachliche Inhalte

Die Prüfungsinhalte orientieren sich an den Lehrplänen und Richtlinien der Länder. Grundlage für die Abiturprüfung sind für den Themenbereich »Stoffwechsel und Energieumsatz« die folgenden vier Teilbereiche:
- Prinzipien der Enzymkatalyse und Energieübertragung.
- Energiebindung durch Fotosynthese.
- Energiefreisetzung durch biologische Oxidation und Gärung.
- Bindung der Stoffwechselprozesse an zelluläre Strukturen und Organe.

Kapitel 3

Prüfungsgegenstände zum Thema Stoffwechsel und Energieumsatz

3.1 Allgemeines Grundlagenwissen

Unabdingbare Voraussetzung für das Verständnis der Probleme beim Thema »Stoffwechsel und Energieumsatz« ist ein Grundlagenwissen aus Biologie, Chemie und Physik. Die Arbeit bei der Vorbereitung wird erleichtert, wenn von vornherein Klarheit über diese allgemeinen Grundlagen besteht.
Lücken auf diesen Gebieten lassen sich natürlich auch später bei der Vorbereitung auf das eigentliche Thema schließen; das hat aber den Nachteil, dass immer wieder Umwege in Kauf genommen werden müssen und so von der eigentlichen Arbeit abgelenkt wird.
In der folgenden Auflistung werden grundlegende Sachinhalte und Methodenkenntnisse zusammengestellt; prüfen Sie sich, inwieweit eine eingehendere Beschäftigung in einzelnen Fällen notwendig sind! Manche Inhalte erscheinen Ihnen möglicherweise nicht als Grundlage für das Thema erforderlich. Das könnte unter Umständen in dem etwas anders strukturierten vorangegangenen Unterricht begründet sein, in dem einige Akzente anders gesetzt wurden. Beim Vergleich mit den folgenden Teilabschnitten von Kapitel 4 werden die Zusammenhänge aber deutlich.

- Organische Chemie:
  Alkanole; Alkanale; Alkansäuren;
  Kohlenhydrate: Mono-, Di-, Polysaccharide;
  Fette, fettähnliche Stoffe;
  Aminosäuren, Proteine;
  funktionelle Gruppen: Hydroxy-, Carbonyl-, Carboxy-, Aminogruppe;
  glykosidische Bindung; Ester-, Peptidbindung;
  Primär-, Sekundär-, Tertiärstruktur bei Proteinen; Einfluss des pH-Wertes;
- Isomerie;
- chemisches Gleichgewicht und Wirkungsweise von Katalysatoren;
- endotherme und exotherme Reaktionen; Enthalpieänderung; endergonische und exergonische Reaktionen; Entropie;
- Oxidation, Reduktion;

- Bestimmung der bei der Oxidation von Stoffen frei werdenden Energie im Kalorimeter;
- Normalpotenzial, Redoxpaar, Redoxsystem, elektrochemische Spannungsreihe;
- Säure-Basen-Theorie nach Brönstedt; pH-Wert;
- Licht:
  Korpuskel- und Wellenvorstellung; Abhängigkeit des Energieinhalts eines Lichtquants von der Frequenz bzw. der Wellenlänge; elektromagnetisches Spektrum des Lichtes;
- Anregungszustände von Atomen und Molekülen;
- lichtmikroskopischer und elektronenmikroskopischer Aufbau der Zelle;
- Aufgaben der Zellorganellen;
- Blattfarbstoffe, Chromatographie;
- Absorption, Absorptionsspektrum, Fotometrie;
- Verdauungsorgane des Menschen;
- Blutkreislaufsystem;
- Atmungsorgane;
- Ausscheidungsorgane;
- Aufnahme und Transport von Stoffen bei Pflanzen.

3.2 Stoffkatalog

Die folgenden Sachinhalte bilden die Wissensgrundlage für die in der Abiturprüfung denkbaren Anforderungen. Allerdings werden – je nach vorausgegangenem Unterricht – nicht alle Inhalte gleichermaßen von Bedeutung sein. Bei der Vorbereitung ist daher unbedingt der Unterrichtsstoff als Leitfaden zu beachten.

Enzyme:

- Aufbau;
- Katalysatorwirkung;
- Schlüssel-Schloss-Prinzip;
- Substratspezifität, Wirkungsspezifität;
- Temperaturoptimum, pH-Optimum;
- Reaktionsgeschwindigkeit-Temperatur-Regel;
- Michaelis-Menten-Beziehung;
- Michaelis-Konstante;
- Bestimmung der Michaelis-Konstanten nach Lineweaver und Burk;

- Hemmung der Enzymwirkung;
- Allosterie;
- Bau und Aufgaben wichtiger Coenzyme: $NAD^{\oplus}$, FAD, $NADP^{\oplus}$, ATP, GTP.

Zusammensetzung der Nahrung:
- Baustoffe, Betriebsstoffe;
- Energiewerte von Nährstoffen: physikalische Brennwerte, physiologische Brennwerte;
- richtige Ernährung.

Verdauung der Nahrung:
- Verdauungsorgane und entsprechende Enzyme;
- enzymatischer Abbau von Kohlenhydraten, Fetten, Proteinen.

Resorption.

Energiehaushalt:
- kalorisches Äquivalent;
- respiratorischer Quotient;
- Grundumsatz;
- Gesamtumsatz.

Stoffwechselstörungen, Zivilisationskrankheiten.

Aerober Abbau von Glucose:
- Glykolyse;
- oxidative Decarboxylierung;
- Citronensäurezyklus;
- Endoxidation;
- Stoff- und Energiebilanz.

Aerober Abbau von Fetten.

Aerober Abbau von Eiweißstoffen.

Anaerober Abbau von Glucose:
- Milchsäuregärung;
- alkoholische Gärung;
- Essigsäuregärung;
- Energiebilanz.

Zusammenhang zwischen Bau- und Betriebsstoffwechsel.

3 Prüfungsgegenstände zum Thema Stoffwechsel

Ernährung der grünen Pflanzen.

Fotosynthese:

- Aufbau des Blattes;
- elektronenmikroskopischer Aufbau der Chloroplasten;
- Lichtreaktionen: zyklische und nichtzyklische Fotophosphorylierung;
- Dunkelreaktionen;
- Stoff- und Energiebilanz;
- Fotosynthese als existenzielle Grundlage des Lebens;
- Kohlenstoff-Sauerstoff-Kreislauf;
- Abhängigkeit der Fotosyntheseleistung von abiotischen Faktoren: Lichtstärke, Kohlenstoffdioxidkonzentration der Luft, Temperatur;
- praktische Anwendungen der durch die Fotosyntheseforschung gewonnenen Erkenntnisse: Düngung, Bewässerung, Belichtung, Treibhäuser.

Chemosynthese bei:

- nitrifizierenden und denitrifizierenden Bakterien;
- farblosen Schwefelbakterien;
- Eisenbakterien;
- Methanbakterien.

Kapitel 4

Fachspezifische Erläuterungen zum Thema Stoffwechsel und Energieumsatz

4.1 Grundlegende Gemeinsamkeiten im Stoffwechsel bei Pflanze, Tier und Mensch

Beim Vergleich der Stoffwechselprozesse von Pflanze, Tier und Mensch fällt auf, dass bestimmte Phänomene allen gemeinsam sind, d. h., dass prinzipielle Vorgänge zugrunde liegen müssen.
Im Wesentlichen lassen sich drei gemeinsame biologische Grundphänomene erkennen:

- Katalyse aller Stoffwechselreaktionen durch Enzyme.
- Allen genannten Organismengruppen ist außerdem gemeinsam, dass im Verlauf der Stoffwechselreaktionen der Zelle Wasserstoffatome aus den Ausgangsverbindungen auf Trägermoleküle übertragen werden (z. B. $NAD^{\oplus}$), die nun als energiereiche Verbindungen den Wasserstoff speichern und ihn bei Bedarf anderen Wasserstoff verbrauchenden Reaktionen zuführen können.
- Die Übertragung und Speicherung der aus diesen Stoffwechselreaktionen freigesetzten Energie in Form von chemisch gespeicherter Energie in der universellen Verbindung Adenosintriphosphat (ATP). Das ATP-Molekül vermag nun seine Energie anderen – Energie verbrauchenden – Prozessen zur Verfügung zu stellen, beispielsweise zum Aufbau körpereigener energiereicher Stoffe oder zur Muskelarbeit.

Die folgenden Ausführungen sollen Ihr Augenmerk auf wichtige Gesichtspunkte zu den oben genannten Gemeinsamkeiten lenken. Das eigene Studium der entsprechenden Literatur kann dadurch natürlich nicht ersetzt werden!

4.1.1 Enzyme

4.1.1.1 Katalytische Wirkungsweise

Enzyme wirken wie Katalysatoren auf chemische Reaktionen. Das heißt unter anderem: Sie gehen unverändert aus der Reaktion hervor. Da hier biochemische Reaktionen vorliegen, bezeichnet man Enzyme als **Biokatalysatoren.**

Die Katalysatorwirkung eines Enzyms zeigt sich darin, dass es die Aktivierungsenergie für eine bestimmte Reaktion herabsetzt. Das geschieht, indem das Enzym die beteiligten Moleküle (Substratmoleküle) nahe genug aneinander bringt und so in einen reaktionsbereiten Zustand versetzt. Die Folge dieser Katalysatorwirkung ist, dass die Reaktionen schon bei niedriger Temperatur (Körpertemperatur) ablaufen können, d. h., dass die Einstellung des chemischen Gleichgewichtszustandes einer Reaktion durch das Enzym beschleunigt wird; die Lage des chemischen Gleichgewichts bleibt jedoch unverändert.

4.1.1.2 Aufbau von Enzymen

Alle Enzyme sind Proteine, wobei häufig an diesen hochmolekularen Anteil noch eine niedrigmolekulare Nichteiweißverbindung gebunden ist (Coenzym oder prosthetische Gruppe):

(Holo-)Enzym = Proteinanteil + Coenzym oder prosthetische Gruppe
(Apoenzym)

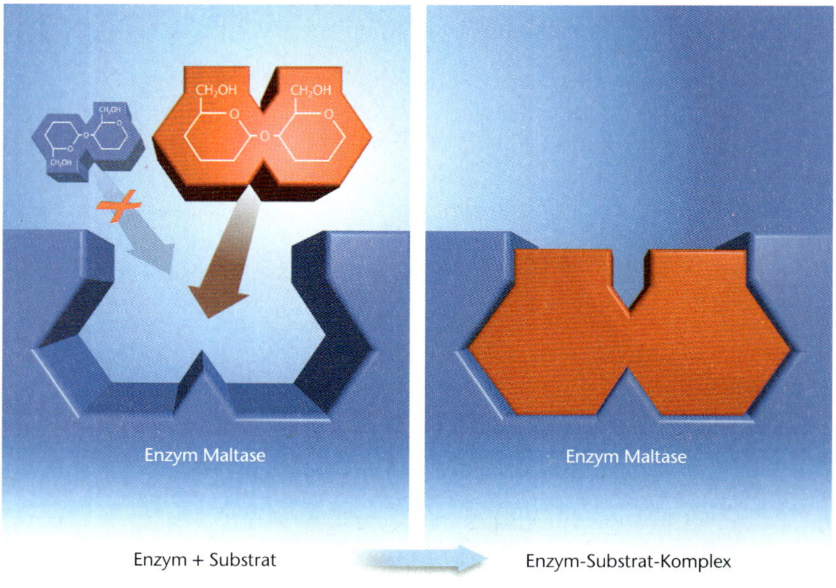

Abbildung 1: Schlüssel-Schloss-Prinzip bei Enzymprotein- und Substratmolekül (verändert nach: Biologie heute S II; Schroedel Schulbuchverlag GmbH, Hannover 1983).

Im Gegensatz zur prosthetischen Gruppe kann sich das Coenzym reversibel vom Proteinanteil lösen.
Die Tertiärstruktur des Proteinanteils ist an einer bestimmten Stelle, dem »aktiven Zentrum«, räumlich so ausgebildet, dass das Molekül des umzusetzenden Stoffes (Substrat) genau hineinpasst. Nur das Molekül eines bestimmten Substrates passt wie der Schlüssel in ein Schloss **(Schlüssel-Schloss-Prinzip)** und kann so vom Enzym erkannt und umgesetzt werden. Die Erscheinung, dass ein bestimmtes Enzym nur auf ein bestimmtes Substrat anspricht, bezeichnet man als **Substratspezifität** (Abb. 1).

Andererseits kann ein Enzym nur einen speziellen Reaktionstyp katalysieren. Das Enzym Aminosäureoxidase beispielsweise führt nur die Oxidation einer Aminosäure durch, das Enzym Aminosäuredecarboxylase kann nur Kohlendioxid von einer Aminosäure abspalten (Decarboxylierung). Enzyme sind also **reaktionsspezifisch (wirkungsspezifisch).**

Da Enzyme die Eigenschaft haben, die Einstellung des chemischen Gleichgewichtszustandes einer Reaktion zu beschleunigen, sind sie natürlich in der Lage, die jeweilige Reaktion auch in umgekehrter Richtung zu katalysieren. Beispielsweise kann das Enzym Alkoholdehydrogenase sowohl

die Hinreaktion

als auch

die Rückreaktion

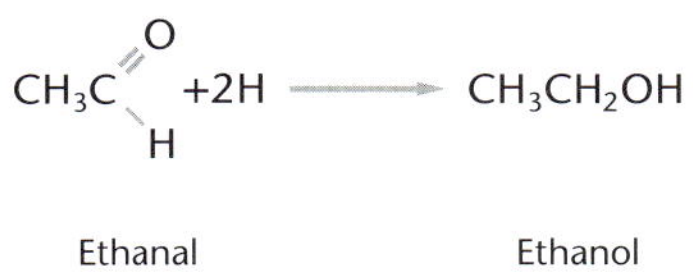

beschleunigen.
Die Tatsache, dass Enzyme Eiweißverbindungen sind, erklärt, warum Enzyme bei höheren Temperaturen zunehmend inaktiv werden: Durch hohe Temperaturen wird der Proteinanteil denaturiert. Andererseits bringt eine Temperaturerhöhung in unteren Bereichen eine Zunahme der Enzymaktivität gemäß der Reaktionsgeschwindigkeit-Temperatur-Regel. Als Folge dieser beiden Faktoren zeigen Enzyme ein **Temperaturoptimum,** bei dem sie größte Wirksamkeit entfalten (Abb. 2, nächste Seite).

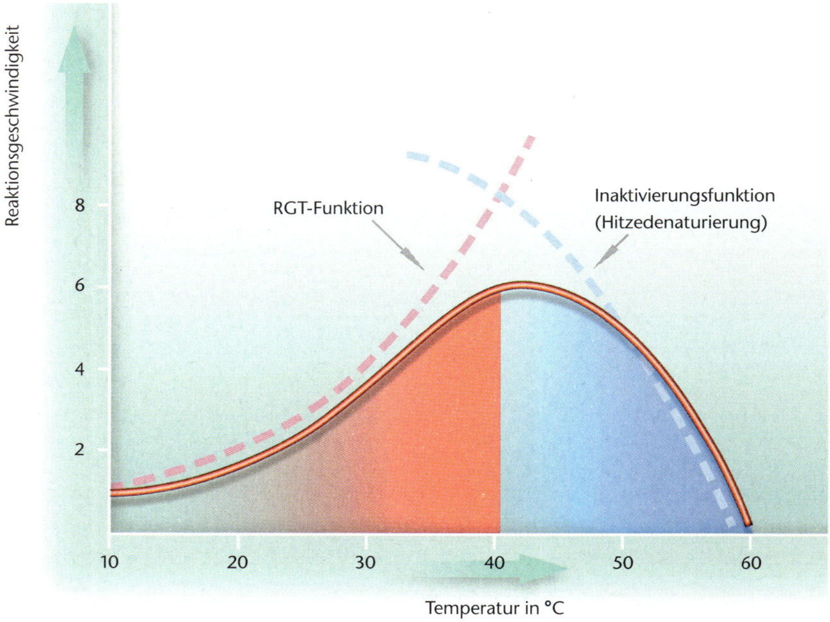

Abbildung 2: Temperaturabhängigkeit der Enzymaktivität als Resultierende zweier gegenläufiger Funktionen. RGT: Reaktionsgeschwindigkeit-Temperatur-Funktion (verändert nach: Löwe, B.: Biochemie; C. C. Buchners, Bamberg 1982).

Mit dem Proteinanteil hängt auch die pH-Empfindlichkeit von Enzymen zusammen: Die Seitenketten der peptidartig miteinander verknüpften Aminosäurereste tragen sauer bzw. basisch wirkende Gruppen, die auf den pH-Wert des Milieus reagieren. Alle Enzyme funktionieren dementsprechend in bestimmten pH-Bereichen am besten; sie zeigen also **pH-Optima** (Abb. 3, nächste Seite).

4.1.1.3 Enzymkinetik

Untersucht man die Geschwindigkeit, mit der ein Enzym einen Stoff umsetzt (Umsatz an Substrat pro Zeiteinheit), so lässt sich unter der Voraussetzung, dass eine ausreichende Konzentration des Enzyms vorliegt, eine Abhängigkeit zwischen der Reaktionsgeschwindigkeit v und der Substratkonzentration [S] feststellen; man erhält das so genannte Michaelis-Menten-Diagramm (Abb. 4, Seite 24).

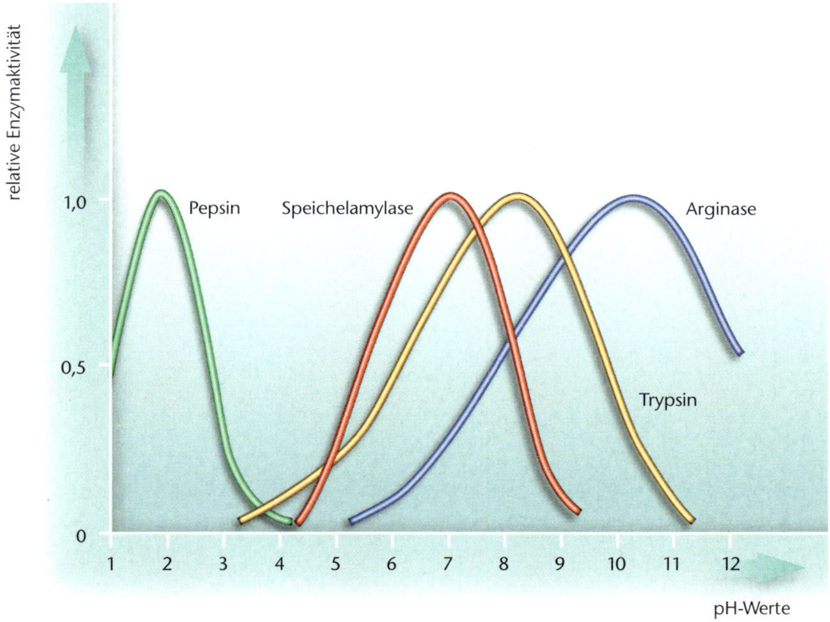

Abbildung 3: pH-Abhängigkeit der Enzymaktivität (verändert nach: Löwe, B.: Biochemie; C. C. Buchners, Bamberg 1982).

Die **Michaelis-Menten-Beziehung** sagt Folgendes aus:

- Die Reaktionsgeschwindigkeit des Enzyms steigt mit zunehmender Substratkonzentration.
- Die Abhängigkeit verläuft in Form einer typischen **Sättigungskurve.**

Das Verlaufsbild einer Sättigungskurve lässt für die Enzymfunktion folgende Erklärung zu:
Ein Enzymmolekül geht mit einem Substratmolekül eine reversible Bindung ein, wobei ein **Enzym-Substrat-Komplex** entsteht. Eine Reaktion der Form $S \rightarrow P_1 + P_2$ müsste demnach so verlaufen:

$$E + S \longrightarrow ES \longrightarrow E + P_1 + P_2$$

Enzymmolekül Substratmolekül Enzym-Substrat-Komplex Enzym Reaktionsprodukte

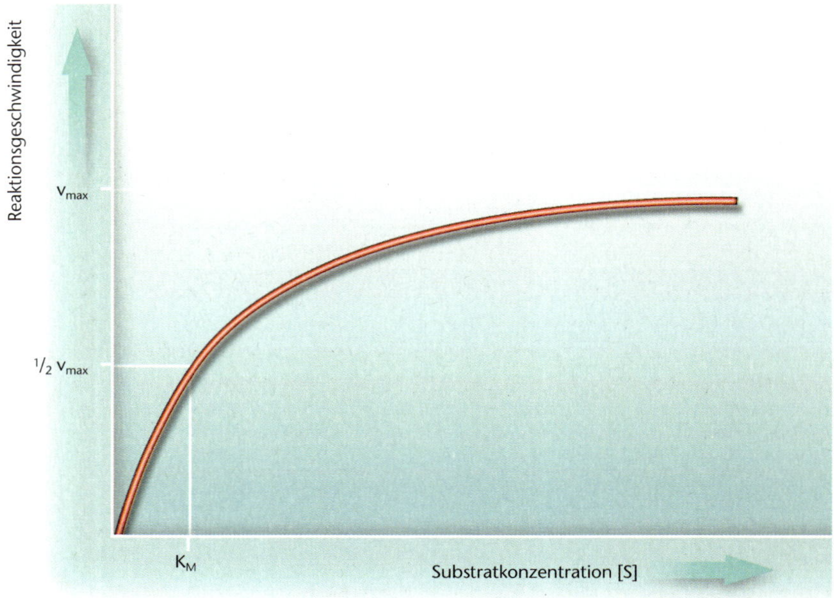

Abbildung 4: Abhängigkeit der Reaktionsgeschwindigkeit von der Substratkonzentration (bei konstanter Enzymkonzentration).

Eine bestimmte vorgegebene Konzentration an Enzym vermag daher nur so lange vermehrt Substrat umzusetzen, als noch nicht alle Enzymmoleküle einen Enzym-Substrat-Komplex eingegangen sind. Bei zunehmender Substratkonzentration entsteht ein zunehmender »Engpass« an Enzym; die Reaktionsgeschwindigkeit nähert sich einem konstanten Wert. Überzählige Substratmoleküle müssen warten, bis wieder freie Enzymmoleküle vorliegen. Die Anzahl der umgesetzten Substratmoleküle pro Minute heißt **Wechselzahl (Überführungszahl).** Sie kann bis zu 5 Millionen betragen und ist temperaturabhängig.

Die Abhängigkeit der Reaktionsgeschwindigkeit eines Enzyms von der Substratkonzentration kann mathematisch in Form der Michaelis-Menten-Gleichung gefasst werden:

$$v = \frac{v_{max} \cdot [S]}{K_M + [S]}$$

Dabei bedeuten:

v = Reaktionsgeschwindigkeit des Enzyms bei einer bestimmten Substratkonzentration [S];
v_{max} = maximale Reaktionsgeschwindigkeit;
[S] = Substratkonzentration;
K_M = Substratkonzentration bei halbmaximaler Reaktionsgeschwindigkeit (Michaelis-Konstante).

Da die maximale Reaktionsgeschwindigkeit eines Enzyms ein charakteristisches Merkmal für das Enzym darstellt, sind auch $1/2\, v_{max}$ und K_M charakteristische Größen.
Die Reaktionsgeschwindigkeit bei einer Substratkonzentration K_M ist exakt bestimmbar. Setzt man nämlich in der Michaelis-Menten-Gleichung für $[S] = K_M$, so folgt

$$v = \frac{v_{max} \cdot K_M}{K_M + K_M} \qquad \text{oder}$$

$$v = \frac{v_{max} \cdot K_M}{2\,K_M} \qquad \text{und damit}$$

$$v = \frac{v_{max}}{2}.$$

Die Michaelis-Konstante K_M ist also genau die Substratkonzentration, bei der halbmaximale Reaktionsgeschwindigkeit vorliegt. K_M ist eine charakteristische enzymspezifische Konstante. Sie ist ein Maß für die Affinität des Enzyms zum Substrat: Je kleiner K_M, desto schneller erfolgt die Bildung des Enzym-Substrat-Komplexes.

Beispiel für das Harnstoff spaltende Enzym Urease:

$$(H_2N)_2C{=}O + H_2O \longrightarrow 2\,NH_3 + CO_2$$

Harnstoff   Wasser   Ammoniak   Kohlendioxid

Für diese Reaktion hat K_M den Wert $2{,}5 \cdot 10^{-2}$ mol/l.

Die Bedeutung der Michaelis-Konstanten ergibt sich beispielsweise in der Medizin daraus, dass bei bestimmten Untersuchungen an Patienten Enzymaktivitätsmessungen durchgeführt werden müssen. Weichen dabei die K_M-Werte von den Sollwerten ab, sind Rückschlüsse auf bestimmte Erkrankungen möglich.
Zur Ermittlung der Michaelis-Konstanten K_M ist das Michaelis-Menten-Diagramm allerdings weniger gut geeignet. Da v_{max} durch Anlegen einer Geraden an die Sättigungskurve parallel zur [S]-Koordinate nur sehr ungenau bestimmbar ist, ist demzufolge auch $^1/_2\, v_{max}$ nur ungenau abzulesen, und daraus folgt ein ungenauer K_M-Wert.
Nach Lineweaver und Burk lässt sich aber so verfahren: Trägt man nicht die Werte für v und [S] auf, sondern die reziproken Werte 1/v und 1/[S], so erhält man eine Gerade, wie man leicht durch Umformen der Michaelis-Menten-Gleichung zeigen kann:

$$v = \frac{v_{max} \cdot [S]}{K_M + [S]}$$

$$\frac{1}{v} = \frac{K_M + [S]}{v_{max} \cdot [S]}$$

$$\frac{1}{v} = \frac{K_M}{v_{max}} \cdot \frac{1}{[S]} + \frac{1}{v_{max}}$$

Die Schnittpunkte dieser Geraden mit den Koordinaten ergeben die Werte für K_M und v_{max}:

für $\frac{1}{v} = 0\text{:}\quad K_M = -[S]$ oder $\frac{1}{[S]} = -\frac{1}{K_M}$

für $\frac{1}{[S]} = 0\text{:}\quad v = v_{max}$ oder $\frac{1}{v} = \frac{1}{v_{max}}$

Die Werte für 1/[S] und 1/v sind relativ genau ablesbar, und daraus lassen sich K_M und v_{max} bestimmen.

Das Lineweaver-Burk-Diagramm gestattet also eine genauere Bestimmung der Michaelis-Konstanten für ein Enzym (Abb. 5).

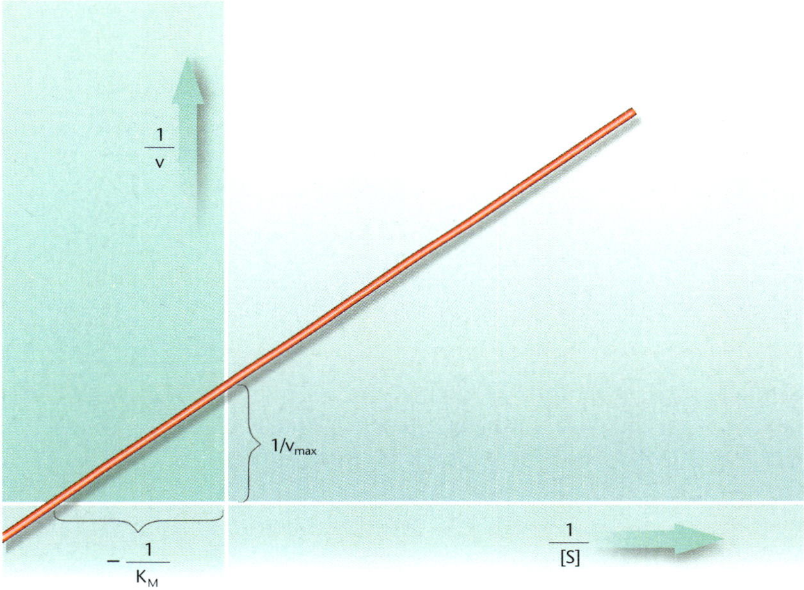

Abbildung 5: Lineweaver-Burk-Diagramm.

Auf weitere Eigenschaften von Enzymen (z. B. Hemmung der Enzymwirkung u. a.) kann hier nicht näher eingegangen werden. Informationen darüber entnehmen Sie bitte den Lehrbüchern.

4.1.1.4 Aufgabenbeispiele

Aufgabe 1

Das Enzym Katalase zersetzt Wasserstoffperoxid nach folgender Reaktion:

$$2\,H_2O_2 \xrightarrow{\text{Katalase}} 2\,H_2O + O_2$$

(Wasserstoffperoxid entsteht z. B. beim Abbau von Fettsäuren in der Zelle.)

Messergebnisse:

[S] in g H_2O_2/100 ml Lösung	v in ml O_2/5 min
1	3,1
2	4,9
3	6,0
4	6,8
5	7,3
6	7,8
7	8,1
8	8,4
25	10,0

Bestimmen Sie die halbmaximale Reaktionsgeschwindigkeit und die Michaelis-Konstante von Katalase nach Michaelis - Menten und nach Lineweaver - Burk!

Aufgabe 2

Berechnen Sie die Reaktionsgeschwindigkeit eines Enzyms bei einer Substratkonzentration von [S] = 5,5 g/100 ml, wenn K_M = 2,33 g/100 ml und $^1/_2\ v_{max}$ = 6,25 ml/5 min betragen!

4.1.2 Wasserstoffspeicherung und Wasserstofftransport

Auf Seite 19 wurde als weiterer prinzipieller Vorgang beim Stoffwechsel der Zelle der Wasserstofftransport genannt. Dabei wurde darauf hingewiesen, dass Trägermoleküle Wasserstoffatome reversibel binden können. Mit Wasserstoff beladene Trägermoleküle können bei Wasserstoff benötigenden Stoffwechselreaktionen ihren Wasserstoff abgeben und damit wieder zur Verfügung stehen.
Ein solches Wasserstoff übertragendes Molekül ist z. B. das $NAD^{\oplus}$:

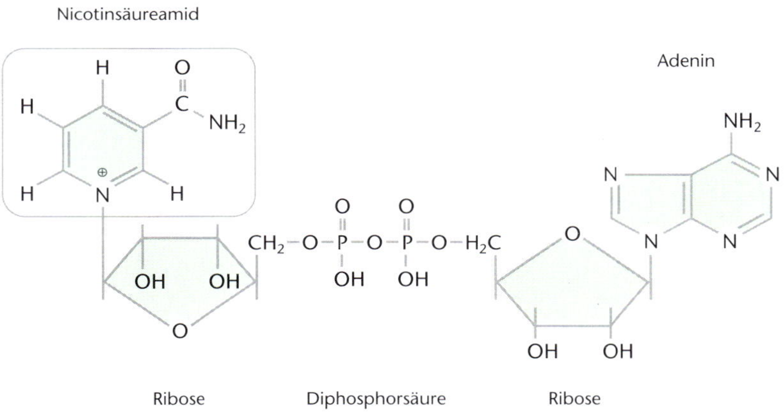

Nicotinsäureamidadenindinucleotid ($NAD^{\oplus}$)

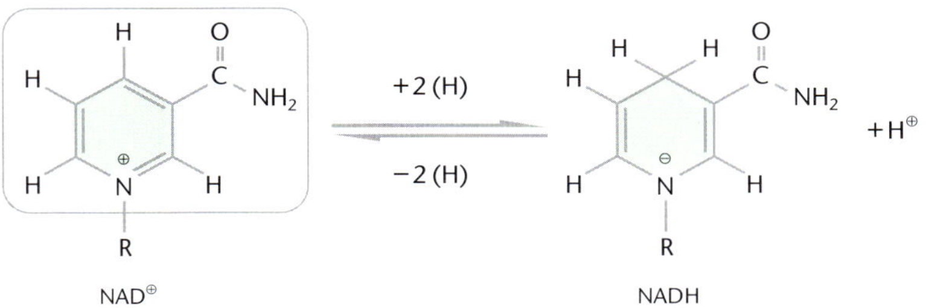

Das $NAD^{\oplus}$ stellt also eine Verbindung dar, die aus dem Nicotinsäureamid und der organischen Base Adenin aufgebaut ist, wobei beide über eine Brücke aus zwei Ribosen und Phosphatresten verbunden sind. Eine

Dreiereinheit aus Ribose, Phosphatrest und Nicotinsäureamid bzw. Adenin wird als Nucleotid bezeichnet. Da zwei solcher Nucleotide in der Verbindung vorliegen, lautet der vollständige Name: Nicotinsäureamid-adenindinucleotid ($NAD^{\oplus}$). Durch das Pluszeichen soll die positive Ladung des Stickstoffatoms im Ringsystem des Nicotinsäureamids zum Ausdruck gebracht werden.

Wie man sich die Wasserstoffübertragung durch $NAD^{\oplus}$ vorstellen kann, zeigt das folgende Beispiel. Dabei werden die beiden Wasserstoffatome eines Wassermoleküls auf $NAD^{\oplus}$ übertragen, wobei aus $NAD^{\oplus}$ die reduzierte Form entsteht ($NADH + H^{\oplus}$, häufig als $NADH_2$ geschrieben). Ein Glycerinaldehydmolekül wird zur Glycerinsäure oxidiert. In einem weiteren Schritt überträgt das $NADH_2$ seinen Wasserstoff auf Brenztraubensäure, wobei diese zu Milchsäure reduziert wird. Das $NADH_2$ geht in die oxidierte Form über und steht wieder zur Verfügung.

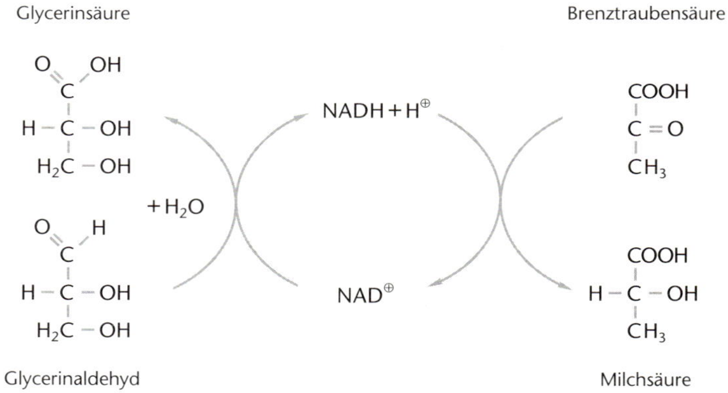

Das $NAD^{\oplus}$ ist auch ein Beispiel für ein Coenzym. Wie man sieht, wird im Gegensatz zum Proteinanteil (Apoenzym) das Coenzym bei der Reaktion verändert; es beteiligt sich also direkt an der Reaktion. Coenzyme bezeichnet man deswegen auch als Cosubstrate.

Weitere Beispiele für Wasserstoff übertragende Coenzyme sind das FAD (Flavinadenindinucleotid) und das $NADP^{\oplus}$. Letzteres unterscheidet sich von $NAD^{\oplus}$ durch eine zusätzliche Phosphatgruppe, die an der Ribose des Adenosins (Adenin-Ribose-Rest) gebunden ist. Die vollständige Bezeichnung des $NADP^{\oplus}$ lautet daher Nicotinsäureamidadenindinucleotidphosphat.

4.1.3 Energiespeicherung und Energietransport

Beim Ablauf exergonisch verlaufender Stoffwechselreaktionen wird Energie frei, die der Organismus zum Aufbau körpereigener Substanz oder zur Muskelarbeit verwenden kann. Auf Seite 19 wurde bereits in diesem Zusammenhang auf die Rolle der Energiespeicherung und Energieübertragung der universellen Verbindung ATP hingewiesen.

ATP ist ein Nucleotid, aufgebaut aus der organischen Base Adenin, dem Zucker Ribose und 3 Phosphorsäuren. Die Phosphorsäuremoleküle sind anhydridartig untereinander zu einer Kette verknüpft und am C_5-Atom der Ribose esterartig gebunden.

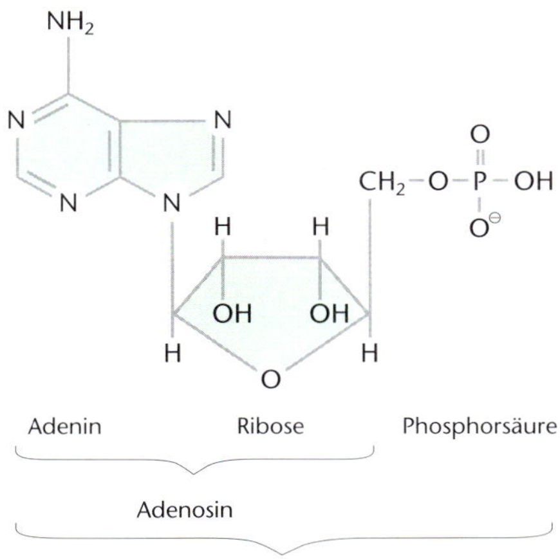

Adenosinmonophosphat (AMP)

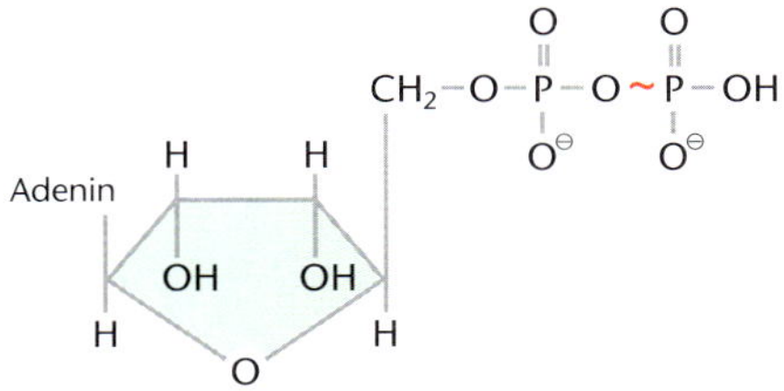

Ad-Rib-Ⓟ~Ⓟ

Adenosindiphosphat (ADP)

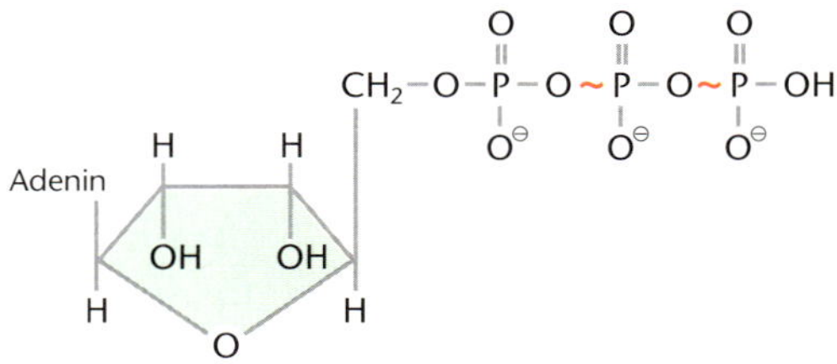

Ad-Rib-Ⓟ~Ⓟ~Ⓟ

Adenosintriphosphat (ATP)

Die Phosphorsäurereste werden durch das Zeichen Ⓟ symbolisiert. Dabei sei darauf hingewiesen, dass eigentlich keine Säurereste, sondern Phosphatreste vorliegen, da die Protonen der OH-Gruppen abdissoziiert sind und negativ geladene Sauerstoffatome zurückbleiben.
Das ATP-Molekül enthält 2 so genannte »energiereiche Bindungen« (~). Dies besagt, dass beim Aufspalten einer solchen Bindung ein relativ hoher Energiebetrag freigesetzt wird. Wird vom ATP der letzte Phosphatrest durch Hydrolyse abgespalten, so entsteht Adenosindiphosphat (ADP) mit nur noch zwei Phosphatresten. Die Reaktion ist stark exergonisch. Die freie Energie beträgt $\Delta G = -30$ kJ/mol. Umgekehrt kann durch Aufnahme dieses Energiebetrages in einer endergonischen Reaktion aus Ⓟ und ADP ATP aufgebaut werden. Auf diese Weise ist die Zelle in der Lage, Energie chemisch zu speichern und bei Bedarf zur Verfügung zu stellen.

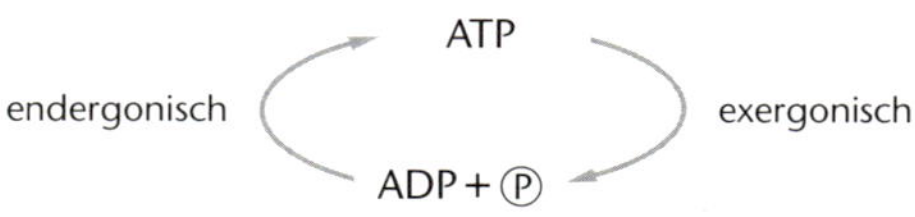

Dieser Kreisprozess läuft in der Zelle aber nicht isoliert, sondern nur in Verbindung mit dem anderen Stoffwechselgeschehen ab. Dabei werden Energie liefernde Prozesse über das System ADP/ATP mit Energie verbrauchenden verbunden, wobei ATP nicht nur die Rolle eines Energiespeichers, sondern auch die eines Energieüberträgers hat. Diese Funktion ist wichtig, weil in der Zelle die Energiefreisetzung und der Energieverbrauch an verschiedenen Orten geschehen.

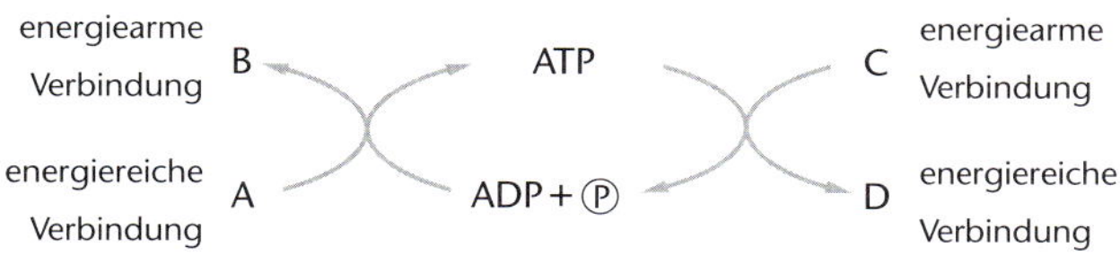

Außer den Funktionen als Energiespeicher und -überträger hat ATP in der Zelle noch eine weitere wichtige Aufgabe. Häufig können Moleküle nur dann im Zellstoffwechsel umgesetzt werden, wenn sie vorher in einen reaktionsbereiten, den so genannten »aktivierten« Zustand gebracht wurden. Zum Beispiel geschieht die Aktivierung des Glucosemoleküls dadurch, dass unter Verbrauch von 1 ATP ein Phosphatrest auf Glucose übertragen wird, wobei Glucose-6-phosphat entsteht. Diesen Schritt nennt man **Phosphorylierung**; er wird durch das Enzym Hexokinase katalysiert. Durch die Umwandlung von Glucose in Glucose-6-Ⓟ ist die stoffwechselaktive Form entstanden.

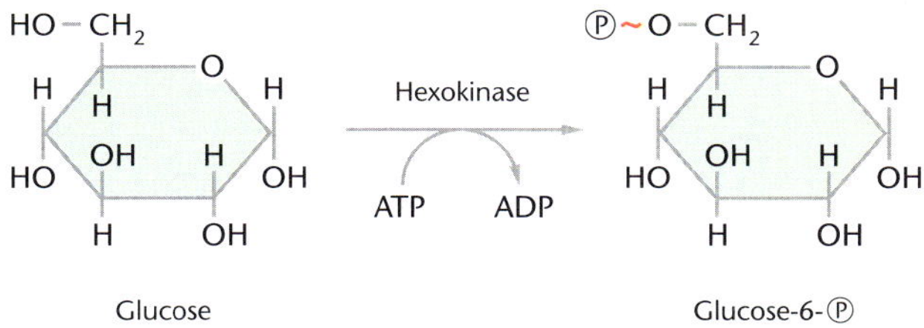

Ausführlicher formuliert:

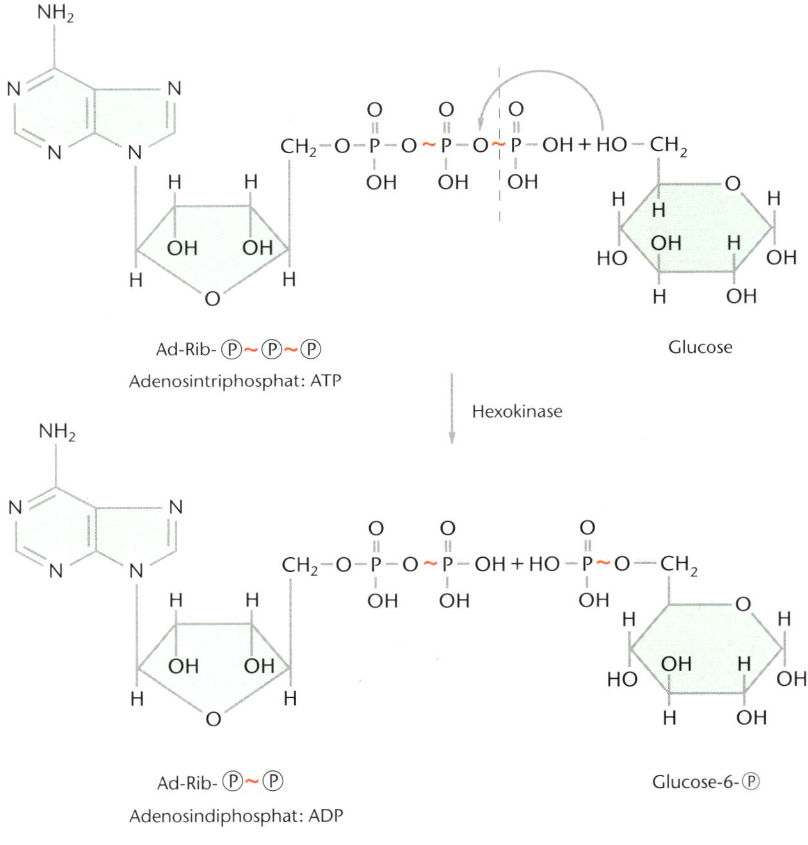

4.2 Verdauung der Nahrung und Resorption

4.2.1 Zusammensetzung der Nahrung

Die Nahrung besteht hauptsächlich aus Kohlenhydraten, Fetten und fettähnlichen Stoffen (Lipoiden), Proteinen, Wasser, anorganischen Salzen und Vitaminen.

Kohlenhydrate und Fette stellen die Energiequellen für den Organismus dar, sie werden deshalb als **Betriebsstoffe** bezeichnet. Kohlenhydrate sollten ca. 50 %, Fette ca. 35 % der Tagesenergiemenge ausmachen. Mit den Kohlenhydraten werden auch die unverdaulichen **Ballaststoffe** aufgenommen, die ein wichtiger Bestandteil einer gesunden Ernährung sind. Bei den Fetten ist darauf zu achten, dass dem Körper solche in ausreichender Menge zugeführt werden, die essenzielle Fettsäuren enthalten. Dies sind vor allem die mehrfach ungesättigten Fettsäuren der Pflanzenfette.

Die Proteine in der Nahrung werden hauptsächlich zum Aufbau des Körpereiweißes benötigt, sie heißen daher **Baustoffe.** Ihr Anteil an der Tagesenergiemenge sollte ca. 15 % betragen. Da der Organismus nicht alle körpereigenen Aminosäuren aus den Nahrungsstoffen herstellen kann, müssen manche Aminosäuren über die Nahrung aufgenommen werden. Solche essenziellen Aminosäuren sind Bestandteil aller Proteine in Nahrungsmitteln tierischer, aber auch pflanzlicher (Kartoffel, Sojabohne) Herkunft.

Die anorganischen Salze sind ebenfalls als Baustoffe unentbehrlich, obwohl sie nur in geringen Mengen aufgenommen werden müssen. Sie liefern die mineralische Substanz der Knochen und Zähne, liegen aber auch gelöst in der Körperflüssigkeit vor und beteiligen sich am Aufbau von Enzymen und Vitaminen.

Vitamine sind so genannte **Wirkstoffe,** die in nur sehr geringen Mengen dem Körper zugefügt werden müssen, aber für die normalen Lebensfunktionen unbedingt notwendig sind. Für einige Vitamine ließ sich zeigen, dass sie Coenzyme sind oder zum Aufbau von Coenzymen dienen. Zum Beispiel ist die Nicotinsäure ein Vitamin der B_2-Gruppe.

4.2.2 Verdauung

Unter Verdauung versteht man die Zerlegung der mit der Nahrung aufgenommenen Makromoleküle in kleinere niedermolekulare Einheiten (Monomere), wobei die Nahrung verflüssigt wird. Diese Vorgänge spielen sich unter Einwirkung von Enzymen in Verdauungsorganen ab. Die Kohlenhydrate werden dabei zu Monosacchariden, die Proteine zu Aminosäuren und die Fette zu Glycerin und Fettsäuren abgebaut.

Organe und Drüsen	pH-Wert	abgebaut werden	durch die Enzyme	zu
Mundraum (Mundspeicheldrüsen)	6,8	Stärke, Glykogen	α-Amylase	Oligosacchariden, z. T. Disacchariden (Maltose)
Magen (Drüsenzellen der Magenschleimhaut)	1,5 bis 2,5 c_{HCl} = 0,1 mol/l	Proteine	Pepsin (Endopeptidase)	Polypeptiden
Zwölffingerdarm (Bauchspeicheldrüse = Pankreas)	6,5 bis 7 (Neutralisation der HCl durch $NaHCO_3$)	Proteine	Trypsin (Endopeptidase) Aminopeptidase Carboxypeptidase (Exopeptidase)	Polypeptiden Oligopeptiden Aminosäuren
		Stärke, Glykogen	α-Amylase	Disacchariden
		Disaccharide: Maltose Saccharose Lactose	 Maltase Saccharase Lactase	Monosacchariden: Glucose Glucose + Fructose Glucose + Galactose
		Fette, Lipoide	Lipase	Glycerin + Fettsäuren
(Leber und Gallenblase: Gallensäuren emulgieren Fette)				
Dünndarm (Drüsenzellen der Dünndarmschleimhaut)	7 bis 8	Polypeptide	Chymotrypsin (Endopeptidasen) Exopeptidasen	Oligopeptiden Aminosäuren
		Disaccharide: Maltose Lactose	 Maltase Lactase	Monosacchariden: (s. oben)

Tabelle: Enzymatischer Abbau der Nahrungsstoffe bei der Verdauung (nach: Löwe, B. und A. Riedl: Stoffwechsel-Ökologie; C. C. Buchners, Bamberg 1987).

Beispiele zu wichtigen biochemischen Reaktionen der enzymatischen Abbauprozesse:

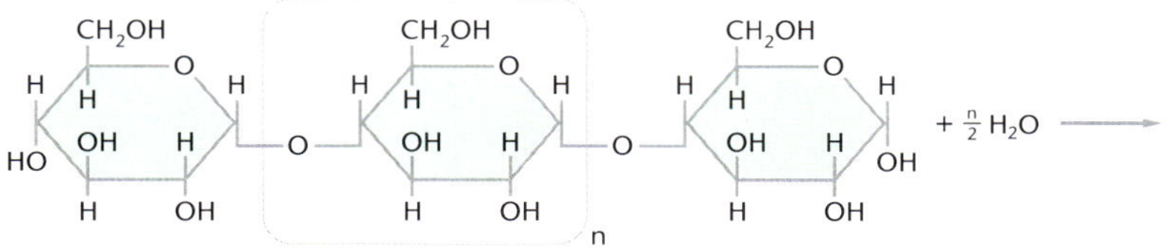

Stärke

(n = mehrere Hundert)

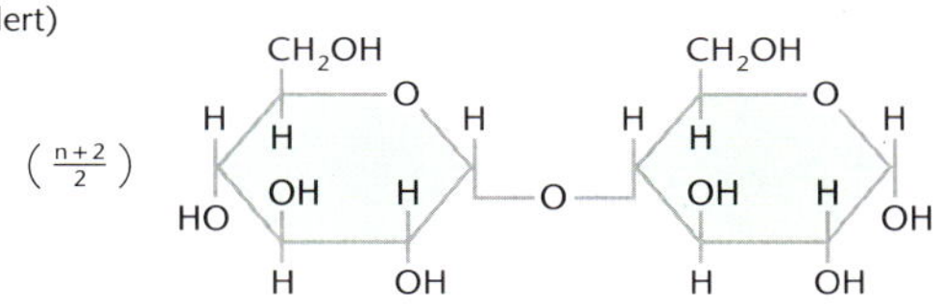

Maltose

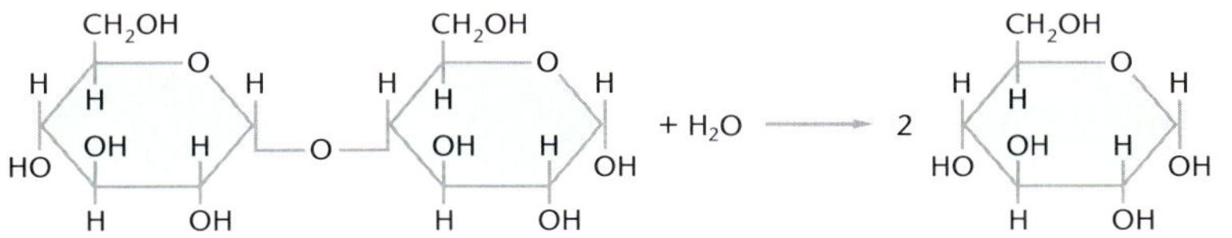

Maltose Glucose

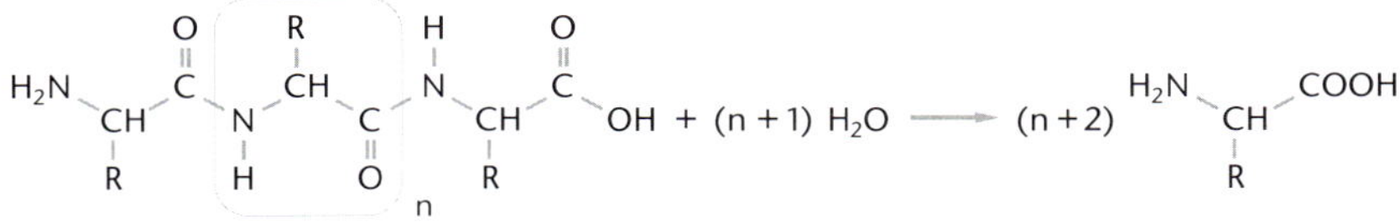

Protein (n > 100) Aminosäure

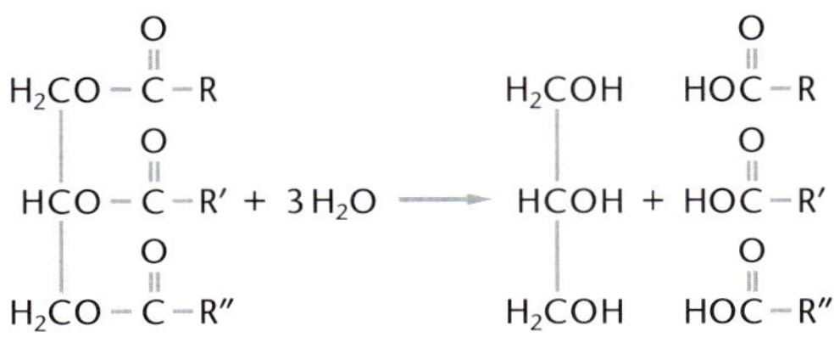

Fettmolekül (gemischtes Triglycerid) Glycerin Fettsäuren

4.2.3 Resorption

Die flüssigen Verdauungsprodukte der Kohlenhydrate und Proteine treten nun durch die Darmwand in die Blutgefäße der Darmzotten über, werden in der Pfortader gesammelt und von ihr zur Leber transportiert. Dort geschieht z. T. ein Umbau der Verbindungen, z. T. eine Speicherung. Über die untere Hohlvene gelangt das Blut mit Verdauungsprodukten außerdem zu den Körperzellen, wo sie aufgenommen werden.
Die Resorption der Fette kann in Form äußerst feiner Tröpfchen erfolgen, wenn diese einen Durchmesser von weniger als 0,5 µm besitzen. Die bei der Fettspaltung entstandenen Fettsäuren und Glycerin werden nur teilweise von den Blutgefäßen der Darmzotten aufgenommen. Ein Teil dieser Spaltprodukte wird beim Durchgang durch die Darmwand zu Fettmolekülen vereinigt. Diese treten zusammen mit längerkettigen Fettsäuren in den Lymphraum der Zotten über. Die Lymphgefäße vereinigen sich zum Lymphbrustgang, der seinen Inhalt in die linke Schlüsselbeinvene abgibt. Mit dem Blutkreislauf werden nun die Produkte der Fettverdauung an die Organe des Körpers verteilt.
Die Resorption von anorganischen Salzen, Vitaminen und Wasser erfolgt sowohl im Dünndarm als auch im Dickdarm.

4.3 Energiehaushalt

Bei allen Lebensvorgängen wird Energie benötigt: z. B. zum Aufbau neuer Körpersubstanz, zur Muskelbewegung, zur Erregungsleitung bei Nerven oder zur Aufrechterhaltung der Körpertemperatur. Die Energie wird in Form chemisch gebundener Energie mit Nahrung aufgenommen.
Die Gesamtheit aller energetischen Vorgänge im Organismus wird als dessen Energiehaushalt bezeichnet.

4.3.1 Energiewerte von Nährstoffen

Die bei vollständiger Oxidation eines Nährstoffes frei werdende Wärmeenergie lässt sich im Kalorimeter als Enthalpieänderung ΔH bestimmen. Diesen Wert bezeichnet man als **physikalischen Brennwert.** Er beträgt für 1 g Glucose 15,7 kJ.
Den entsprechenden Energiewert aus der Oxidation eines Nährstoffes im Organismus bezeichnet man als **physiologischen Brennwert.**

	Kohlenhydrate	Fette	Eiweißstoffe
physikalischer Brennwert (kJ/g)	17,18	38,96	23,88
physiologischer Brennwert (kJ/g)	17,18	38,96	17,18

Tabelle: Mittlere Energiewerte von Brennstoffen.

Vergleicht man die physikalischen Brennwerte mit den physiologischen der drei Grundnahrungsstoffe beim Menschen, so zeigt sich für die Kohlenhydrate und Fette eine Übereinstimmung. Bei Proteinen dagegen weichen beide Werte voneinander ab, und zwar ist der physiologische Brennwert erheblich kleiner. Die Differenz zwischen beiden ist auf die Bildung von Harnstoff aus Eiweiß im Organismus zurückzuführen. Harnstoff ist eine relativ energiereiche Verbindung und wird ausgeschieden.

4.3.2 Kalorisches Äquivalent

Mithilfe der physiologischen Brennwerte der Nahrungsstoffe lässt sich der Energieverbrauch einer Person ermitteln. Dies sei an einem Beispiel erläutert; dabei sei angenommen, dass der Organismus während der Messung nur Glucose oxidativ abbaut.
Für Glucose beträgt der physiologische Brennwert 15,7 kJ/g. Für 1 mol Glucose (= 180 g) beträgt demnach die Enthalpieänderung $\Delta H = -2826$ kJ. Nach der Oxidationsgleichung für Glucose lässt sich die entsprechende Menge Sauerstoff bestimmen:

$$C_6H_{12}O_6 + 6O_2 \rightarrow 6CO_2 + 6H_2O; \Delta H = -2826 \text{ kJ/mol Glucose.}$$

Das heißt, für die Oxidation von 1 mol Glucose werden 6 mol Sauerstoff, das sind 6 · 22,4 Liter = 134,4 Liter, verbraucht und 134,4 Liter Kohlendioxid gebildet.
Bezieht man die abgegebene Wärme auf 1 Liter Sauerstoff, so erhält man eine charakteristische konstante Energiemenge:

$$\frac{2826 \text{ kJ}}{134{,}4 \text{ l}O_2} = 21{,}03 \frac{\text{kJ}}{\text{l}O_2}$$

Diesen Wert bezeichnet man als den **kalorischen Brennwert** oder als **kalorisches Äquivalent**.

Allgemein ausgedrückt, ist das **kalorische Äquivalent** also diejenige Energiemenge, die bei der Veratmung eines Nährstoffes pro Liter Sauerstoff frei wird.
Mithilfe des kalorischen Äquivalents und des gemessenen Volumens an verbrauchtem Sauerstoff (bzw. abgegebenem Kohlendioxid) lässt sich der Energieverbrauch der betreffenden Person berechnen:
Energieverbrauch = kalorisches Äquivalent · verbrauchtes Volumen O_2.
Ermittlung des kalorischen Äquivalents für das Pflanzenfett Tripalmitin:

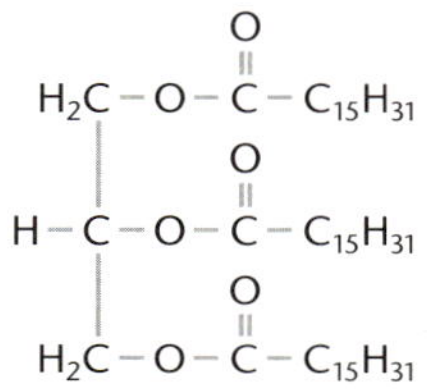

$$\underset{\text{Tripalmitin}}{C_{51}H_{98}O_6} + \frac{145}{2}\,O_2 \rightarrow 51\,CO_2 + 49\,H_2O; \quad \Delta H = -31911\,\frac{kJ}{mol}.$$

Kalorisches Äquivalent (Tripalmitin) =

$$\frac{31911}{\frac{145}{2}\cdot 22{,}4}\;\frac{kJ}{l\,O_2} = 19{,}65\,\frac{kJ}{l\,O_2}.$$

4.3.3 Respiratorischer Quotient (RQ)

Im vorangegangenen Abschnitt wurde das kalorische Äquivalent von Nahrungsstoffen unter der Voraussetzung bestimmt, dass der Organismus während der Messung nur einen einzigen Nährstoff oxidativ abbaut. In Wirklichkeit liegt für die Ernährung aber eine Mischkost vor. Außerdem bezieht der Körper seine Energie aus dem Abbau verschiedener körpereigener Speicherstoffe. Für die Bestimmung des kalorischen Äquivalents und damit des Energieverbrauchs ist also die Kenntnis der veratmeten Stoffe notwendig.

In welcher Zusammensetzung Kohlenhydrate, Fette und Proteine in der Nahrung vorliegen, kann man durch die Bestimmung des Atmungsquotienten **(= respiratorischer Quotient RQ)** ermitteln. Unter dem **RQ-Wert** versteht man das Verhältnis aus dem Volumen des bei der Atmung abgegebenen Kohlendioxids und dem Volumen des verbrauchten Sauerstoffs:

$$RQ = \frac{V_{(CO_2)}}{V_{(O_2)}}$$

Die Bestimmung von RQ-Werten erfolgt beim Menschen mittels Respirationsspirometer.

Die RQ-Werte betragen für Kohlenhydrate 1,0, für Fette um 0,7 und für Proteine um 0,8. Meist werden Werte zwischen 0,8 und 0,9 gefunden; das deutet auf den Abbau eines Nährstoffgemisches hin.

RQ-Wert für Glucose:

$$\underset{\text{Glucose}}{C_6H_{12}O_6} + 6\,O_2 \rightarrow 6\,CO_2 + 6\,H_2O$$

$$RQ = \frac{6\text{ mol } CO_2}{6\text{ mol } O_2} = \frac{6 \cdot 22{,}4\text{ l } CO_2}{6 \cdot 22{,}4\text{ l } O_2}$$

$RQ = 1$

Für Kohlenhydrate: $RQ = 1{,}0$.

RQ-Wert für Tripalmitin:

$$\underset{\text{Tripalmitin}}{C_{51}H_{98}O_6} + \frac{145}{2}\,O_2 \rightarrow 51\,CO_2 + 49\,H_2O$$

$$RQ = \frac{51}{72{,}5}$$

$RQ = 0{,}71$

Durchschnittswert für Fette: $RQ = 0{,}7$.

RQ-Wert für Alanin:

$$2\,CH_3CH(NH_2)COOH + 6\,O_2 \rightarrow CO(NH_2)_2 + 5\,CO_2 + 5\,H_2O$$

Alanin Harnstoff

$$RQ = \frac{5}{6}$$

$RQ = 0{,}83$

Durchschnittswert für Proteine: RQ = 0,8.

Untersuchungen zeigen, dass der Proteinanteil zur Energiebereitstellung beim Menschen im Durchschnitt etwa 15 % ausmacht und relativ konstant ist. Man kann nun für jeden RQ-Wert den entsprechenden Wert für das kalorische Äquivalent berechnen und zuordnen. Dies muss nicht jedes Mal neu geschehen, da entsprechende Tabellen vorhanden sind.

RQ	Kalorisches Äquivalent (kJ/l O_2-Verbrauch)
0,71	19,62
0,72	19,68
0,74	19,79
0,76	19,89
0,78	19,99
0,80	20,10
0,82	20,20
0,84	20,30
0,86	20,41
0,88	20,51
0,90	20,61
0,92	20,71
0,94	20,82
0,96	20,92
0,98	21,02
1,00	21,13

Tabelle: Beziehungen zwischen RQ und kalorischem Äquivalent bei Mischernährung (nach: Schwarzmaier, W. und F. Zauner: Kursheft Energiehaushalt; Ernst Klett, Stuttgart 1981).

Die Bestimmung des Energieverbrauchs bei einer Person in Form des kalorischen Äquivalents lässt aber noch keine grundsätzliche Aussage über den jeweiligen Energieumsatz zu. Dieser ist nämlich außer von der Art der Nahrung noch von verschiedenen anderen Faktoren abhängig, wie zum Beispiel Alter, Geschlecht oder Art der gerade zu verrichtenden Tätigkeit. Um vergleichbare Werte zu haben, benötigt man eine Bezugsgröße. Diese ist der Grundumsatz (= Ruheumsatz).

4.3.4 Grundumsatz (GU)

Der Grundumsatz ist derjenige Energiebetrag, den ein Körper in völliger Ruhe innerhalb einer bestimmten Zeit freisetzt. Diesen Energiebetrag benötigt der Körper also nur dazu, um alle seine Lebensfunktionen aufrechtzuerhalten.

Grundumsatzmessungen erfolgen im nüchternen Zustand.

GU = kalorisches Äquivalent · Anzahl der verbrauchten Liter Sauerstoff (bezogen auf die Zeit von 24 Stunden bei völliger Ruhe)

GU-Messungen beim Menschen ergeben Werte zwischen 5000 kJ/24 h und 7000 kJ/24 h.

Der GU ist z. B. abhängig von der Körpergröße (genauer von der Körperoberfläche), vom Alter und vom Geschlecht.

Bestimmung des Grundumsatzes:

Eine Person verbraucht in einer halben Stunde 7,0 l Sauerstoff. Mittels des gemessenen RQ-Wertes lässt sich ein kalorisches Äquivalent von 20,32 kJ/l O_2 ablesen:

$$GU = 20{,}32 \cdot 7{,}0 \frac{kJ \cdot l O_2}{l O_2 \cdot 0{,}5\ h}$$

$$GU = 20{,}32 \cdot 336 \frac{kJ \cdot l O_2}{l O_2 \cdot 24\ h}$$

$$GU = 6827{,}52 \frac{kJ}{24\ h}$$

4.3.5 Gesamtumsatz

Außer dem Energiebedarf für den Grundumsatz benötigt der Organismus zusätzlich Energie, z. B. für den Ablauf von Verdauungsprozessen, für die Aufrechterhaltung einer konstanten Körpertemperatur bei geringerer Außentemperatur und für Bewegung. Diese zusätzlichen Energie verbrauchenden Vorgänge werden in ihrer Gesamtheit als Leistungsumsatz bezeichnet. Grundumsatz und Leistungsumsatz zusammen ergeben den Gesamtumsatz (= Arbeitsumsatz).

		Energie kJ/Tag	
		m	w
Erwachsene[1]	25 Jahre	10900	9200
	45 Jahre	10000	8400
	65 Jahre	9200	7500
Säuglinge	0–6 Monate	2500	2500
	7–12 Monate	3800	3800
Kinder	1–3 Jahre	5000	5000
	4–6 Jahre	6700	6700
	7–9 Jahre	8400	8400
	10–12 Jahre	10000	8800
	13–14 Jahre	11300	10000
Jugendliche	15–18 Jahre	13000	10500
Schwangere	ab 6. Monat		10900
Stillende			11700

[1] Die Werte gelten für Personen mit vorwiegend sitzender Tätigkeit (Leichtarbeiter).
Für andere Berufsschweregruppen sind folgende Zuschläge erforderlich:

Mittelschwerarbeiter	2500 kJ
Schwerarbeiter	5000 kJ
Schwerstarbeiter	6700 kJ

Tabelle: Empfehlenswerte Höhe der Energiezufuhr (nach: Deutsche Gesellschaft für Ernährung 1975; aus: Unterricht Biologie, Heft 6, 1977, Friedrich, Seelze 1977).

Über die empfehlenswerte Höhe der täglichen Energiezufuhr für den Gesamtumsatz bei gesunder Ernährungsweise gibt die Tabelle auf Seite 44 Auskunft. Daraus ist zu ersehen, dass die notwendigen Energiewerte abhängig sind vom Alter der Person, vom Geschlecht und von der Art der körperlichen Belastung.
Aus den angegebenen Energiewerten und mithilfe der physiologischen Brennwerte lassen sich die täglich zuzuführenden Mengen an Kohlenhydraten, Fetten und Eiweißstoffen ermitteln.

Beispiel: Ein 45-jähriger männlicher Erwachsener benötigt bei vorwiegend sitzender Tätigkeit eine Energiezufuhr von 10 000 kJ pro Tag. Bei einer gesunden Ernährungsweise sollten davon entfallen:

auf Kohlenhydrate	$50\,\% \cong 5000$ kJ/Tag,
auf Fette	$35\,\% \cong 3500$ kJ/Tag,
auf Proteine	$15\,\% \cong 1500$ kJ/Tag.

Daraus ergeben sich die zuzuführenden Mengen an

Kohlenhydraten: $$\frac{5000}{17{,}18}\,\frac{\text{kJ}\cdot\text{g}}{\text{Tag}\cdot\text{kJ}} \approx 291\,\text{g}/\text{Tag}\,,$$

Fetten: $$\frac{3500}{38{,}96}\,\frac{\text{kJ}\cdot\text{g}}{\text{Tag}\cdot\text{kJ}} \approx 90\,\text{g}/\text{Tag}\,,$$

Proteinen: $$\frac{1500}{17{,}18}\,\frac{\text{kJ}\cdot\text{g}}{\text{Tag}\cdot\text{kJ}} \approx 87\,\text{g}/\text{Tag}\,.$$

Mithilfe von Energietabellen von Nahrungsmitteln lassen sich auf diese Weise individuelle Ernährungspläne aufstellen.

4.3.6 Aufgabenbeispiele

Aufgabe 3

Ermitteln Sie das kalorische Äquivalent für das Dipeptid α-Alanylalanin (als Modell für eine Eiweißverbindung)! (Der physiologische Brennwert für α-Alanylalanin beträgt 17,95 kJ/g.)

Aufgabe 4

Ein Nährstoffgemisch habe die folgende Zusammensetzung: 50 % Kohlenhydrate, 35 % Fette, 15 % Proteine.
Bestimmen Sie den RQ-Wert für dieses Nährstoffgemisch!

Aufgabe 5

Bestimmen Sie für ein Nährstoffgemisch gleicher Zusammensetzung wie in Aufgabe 4 das kalorische Äquivalent!

Aufgabe 6

Beispiel für eine Teilaufgabenstellung im Abitur.
Ein 18-jähriger Jugendlicher mit leichter Tätigkeit nehme pro Tag durchschnittlich folgende Mengen an Grundnahrungsmitteln zu sich:
50 g Protein, 150 g Kohlenhydrate, 300 g Fett.

a Welche Verstöße gegen eine gesunde Ernährung liegen vor?

b Berechnen Sie für das Nährstoffgemisch den RQ-Wert!

c Berechnen Sie das kalorische Äquivalent für ein Nährstoffgemisch, wenn bei der RQ-Bestimmung ein Wert von 0,897 ermittelt wurde und davon ausgegangen wird, dass der zur Energiebereitstellung im Körper herangezogene Anteil an Protein durchschnittlich 15 % beträgt!

d Wie groß ist der Grundumsatz, wenn ein Verbrauch von 4 l O_2 pro Stunde gemessen wurde?

4.4 Energiebereitstellung durch Dissimilation

Unter Dissimilation versteht man den Abbau energiereicher Stoffe in energieärmere durch den Organismus zum Zweck der Energiebereitstellung. Dissimilationsvorgänge sind abbauende (katabolische) Reaktionen. Grundsätzlich kann die Dissimilation der Glucose mit Sauerstoff (aerobe Atmung) oder ohne Sauerstoff (anaerobe Atmung) geschehen. Die Energieausbeute ist bei der aeroben Atmung wesentlich höher.

4.4.1 Aerobe Atmung

Chemisch gesehen, ist die aerobe Atmung ein Oxidationsvorgang. Dabei wird Glucose mittels Sauerstoff zu Kohlenstoffdioxid und Wasser umgesetzt. Wie ein Vergleich zwischen der Oxidation im Organismus und der Oxidation im chemischen Versuch (z.B. bei der Verbrennung eines Stückes Würfelzucker) zeigt, bestehen schon bei rein äußerer Betrachtung wesentliche Unterschiede zwischen beiden Vorgängen:

im Versuch	im Organismus
1) Reaktion heftig, Feuererscheinung	Reaktion weniger heftig, schrittweiser Abbau
2) hoher Betrag an Aktivierungsenergie notwendig	Aktivierungsenergie gering (Körpertemperatur), dafür Biokatalysatoren (Enzyme) vorhanden
3) Energie wird an Umgebung abgegeben (geht verloren)	Energie muss gespeichert werden können (ATP)
Verbrennung	Zellatmung

Auch die chemischen Prozesse, die bei der Oxidation im Versuch bzw. im Organismus ablaufen, offenbaren wesentliche Unterschiede. Zwar kann für beide Fälle die Oxidation beispielsweise für Glucose in Form der Gleichung

$$C_6H_{12}O_6 + 6O_2 \longrightarrow 6\,CO_2 + 6\,H_2O \qquad \Delta H = -2826\ kJ/mol$$

ausgedrückt werden. Bei genauerer Untersuchung zeigt sich aber, dass die Gleichung für die Zellatmung eine Summengleichung ist. Die tatsächlich ablaufenden Vorgänge werden unvollständig und dadurch nicht korrekt

wiedergegeben. Dem Leser wird suggeriert, dass die 6 Moleküle CO_2 durch Oxidation der sechs C-Atome der Glucose entstehen und aus dem Glucosemolekül sechs H_2O-Moleküle abgespalten werden. In Wirklichkeit wird aber das CO_2 aus der Glucose unter Beteiligung von Wasser abgespalten und der Wasserstoff der Glucose mittels des Luftsauerstoffs oxidiert; aber gerade das geht aus der Gleichung nicht hervor.
Die aerobe Atmung wird im Folgenden am Beispiel der Glucose dargestellt. Auf den Abbau der Fette und Proteine kann nicht näher eingegangen werden. Nochmals sei darauf hingewiesen, dass Glucose und viele andere Verbindungen nur im aktivierten Zustand in das Stoffwechselgeschehen der Zelle einbezogen werden können. Bei Glucose z. B. wird der aktivierte Zustand durch Phosphorylierung erreicht (siehe Seite 33). Da die zunächst für die Aktivierung investierte Energie später in Form von ATP wieder zur Verfügung steht, spielt der Energieaufwand für die Energiebilanz letztlich keine Rolle.
Eine weitere Vereinfachung wird bei der Darstellung des Glucoseabbaus dadurch vorgenommen, dass für die Verbindungen nicht die Ionenformeln, sondern die Formeln der zugrunde liegenden Säuren verwendet werden. Zum Beispiel wird anstelle des Pyruvatanions (Pyruvat = Salz der Brenztraubensäure) $CH_3 - CO - COO^{\ominus}$ die Brenztraubensäure selbst geschrieben: $CH_3 - CO - COOH$.
Außerdem sei noch bemerkt, dass alle einzelnen Stoffwechselschritte durch spezifische Enzyme katalysiert werden, auf die aber nicht jeweils hingewiesen wird.
Die folgenden Ausführungen geben eine Übersicht über die Vorgänge beim Abbau von Glucose mittels Sauerstoff in der Zelle. Eine genauere Erläuterung erfolgt in den anschließenden Teilkapiteln (Glykolyse, oxidative Decarboxylierung, Citronensäurezyklus und Atmungskette).
Der Abbau der Glucose verläuft nach folgendem Prinzip: 1 Molekül Glucose wird unter Verbrauch von insgesamt 6 H_2O-Molekülen schrittweise zerlegt in 6 CO_2-Moleküle und 24 H-Atome, die gleichzeitig in Wasserstoffträger ($NAD^{\oplus}$, FAD) eingebaut werden (Abbildung 6, nächste Seite).

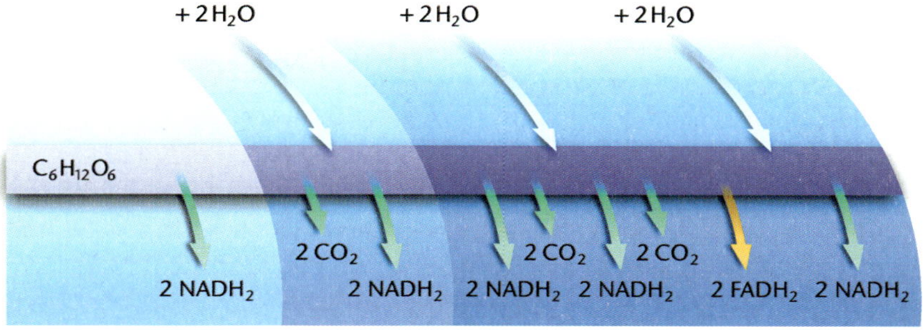

Abbildung 6: Übersicht über die Vorgänge beim Abbau von Glucose mittels Sauerstoff in der Zelle.

Außerdem werden in Glykolyse und Citronensäurezyklus je 2 ATP aus ADP aufgebaut. Erst in der nun anschließenden letzten Schrittfolge der Atmungskette werden die reduzierten Wasserstoffträger oxidiert und aus den H-Atomen mittels Luftsauerstoff Wasser gebildet, wobei die dabei freigesetzte Energie in Form von ATP gespeichert wird:

Da 1 $NADH_2$ ca. 3 ATP und 1 $FADH_2$ ca. 2 ATP liefern, entstehen in der Atmungskette ungefähr 34 ATP bezogen auf 1 Molekül Glucose.

Die Oxidation von Wasserstoff bzw. der Wasserstoffträger durch Sauerstoff vollzieht sich aber nicht in Form einer Knallgasreaktion, bei der plötzlich ein hoher Energiebetrag in Form von Wärme freigesetzt und dadurch die Zelle geschädigt würde. Vielmehr wird die Energie in einer Reihe von hintereinander geschalteten Redoxschritten in kleinen Portionen abgegeben, wobei sie teilweise zum Aufbau von ATP verwendet werden kann.

Die im Anschluss aufgeführten Teilkapitel beschäftigen sich nun etwas genauer mit den eben im Überblick dargestellten Abbauvorgängen der Glucose.

4.4.1.1 Glykolyse

(Abbau der Glucose bis zur Brenztraubensäure)

Für die Aktivierung von Glucose und anschließend von Fructose-6-phosphat (Fructose-6-Ⓟ) werden von der Zelle zunächst 2 ATP investiert. Da diese beiden ATP-Moleküle im letzten Schritt des Abbauweges durch Abspaltung der beiden Phosphatreste und Einbau in ATP wieder zurückgewonnen werden, spielen sie für eine Energiebilanz letztendlich keine Rolle und können beim Aufstellen der Bilanz unberücksichtigt bleiben.

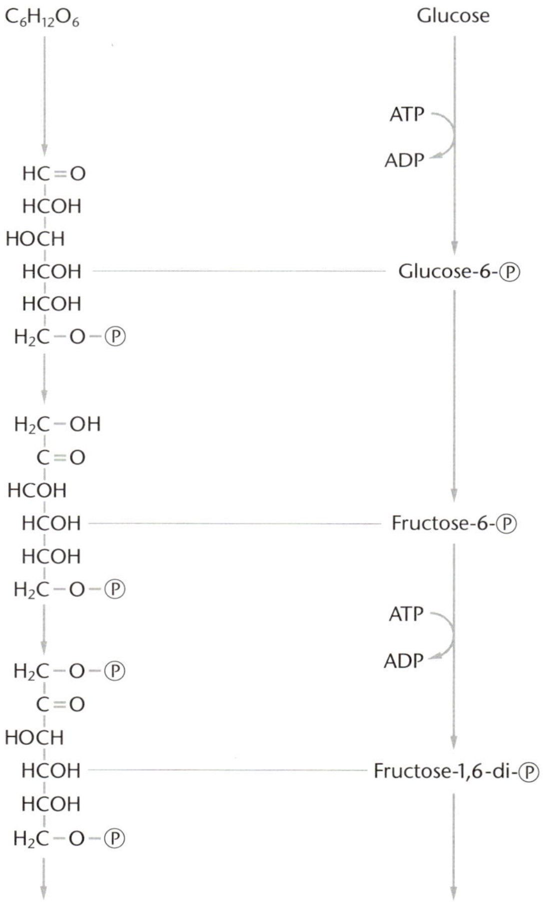

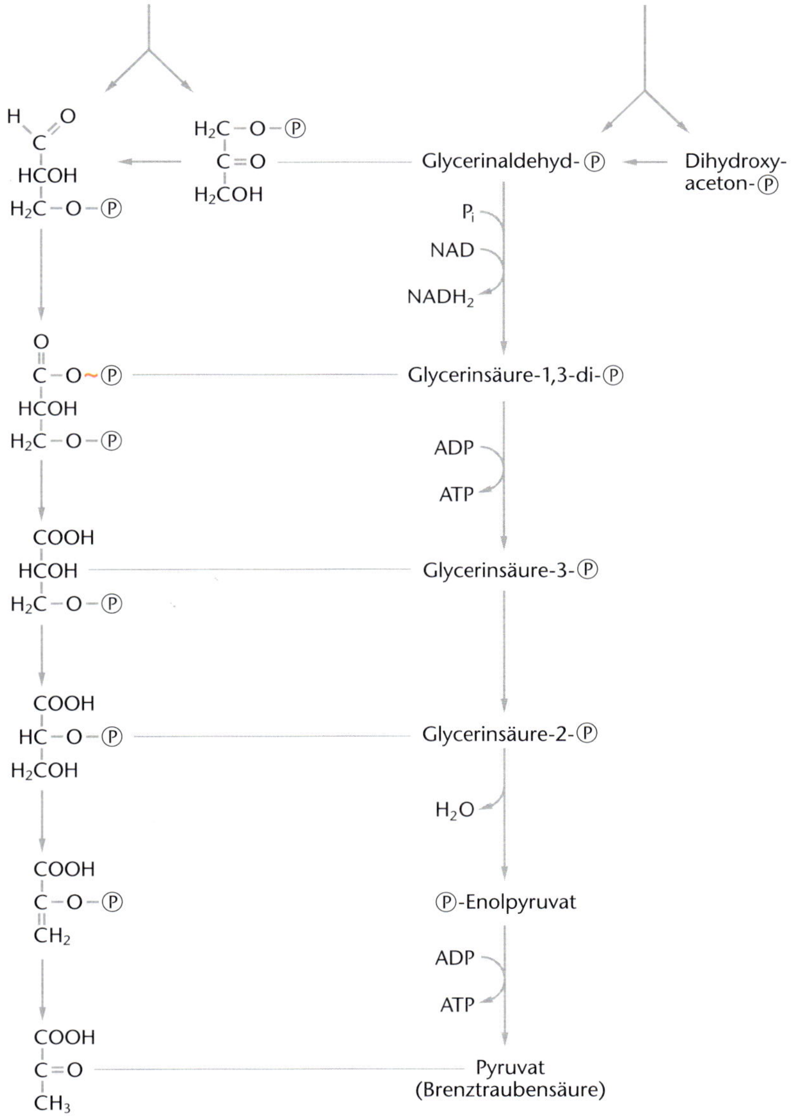
H₂C−O−Ⓟ
C=O
H₂COH
Glycerinaldehyd-Ⓟ
Dihydroxy-
aceton-Ⓟ
Pi
NAD
NADH₂
HCOH
H₂C−O−Ⓟ
C−O~Ⓟ
Glycerinsäure-1,3-di-Ⓟ
ADP
ATP
COOH
Glycerinsäure-3-Ⓟ
HC−O−Ⓟ
H₂COH
Glycerinsäure-2-Ⓟ
H₂O
C−O−Ⓟ
CH₂
Ⓟ-Enolpyruvat
C=O
CH₃
Pyruvat
(Brenztraubensäure)

Der in energetischer Hinsicht entscheidende Energie liefernde Schritt liegt an anderer Stelle des glykolytischen Abbauweges, nämlich zwischen dem (energiereicheren) Glycerinaldehyd und der (energieärmeren) Glycerinsäure. Bei dieser exergonischen Reaktion geht die Energie aber nicht durch Abgabe an die Umgebung verloren, sondern wird zum Aufbau von ATP verwendet. Dies geschieht in der Weise, dass der Glycerinaldehyd unter Beteiligung von anorganischem Phosphat (P_i) dehydriert wird, wobei mit diesem Vorgang eine Phosphorylierung am Aldehyd-C-Atom verbunden ist. Anschließend wird die »energiereiche« Bindung zum Ⓟ gelöst und ATP aufgebaut.

Vereinfacht lässt sich dieser Doppelschritt zur ATP-Bildung so formulieren:

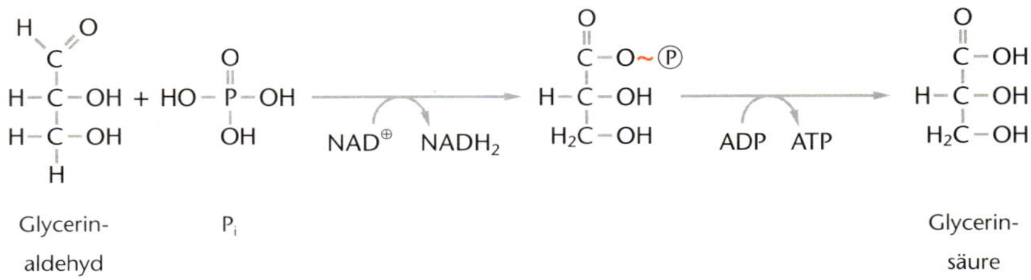

Beim Abbau zur Brenztraubensäure werden also pro Glucosemolekül 2 $NADH_2$ und 2 ATP bereitgestellt. Die Bilanz lautet:

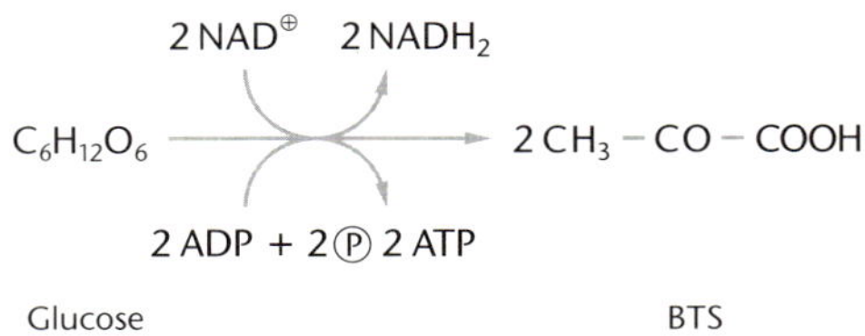

(1)

4.4.1.2 Oxidative Decarboxylierung

Aus der Brenztraubensäure wird nun beim weiteren Abbau Kohlenstoffdioxid abgespalten (Decarboxylierung) und der entstandene Acetaldehyd unter Wasserverbrauch zur Essigsäure oxidiert. Dabei wird der abgespaltene Wasserstoff in $NADH_2$ eingebaut:

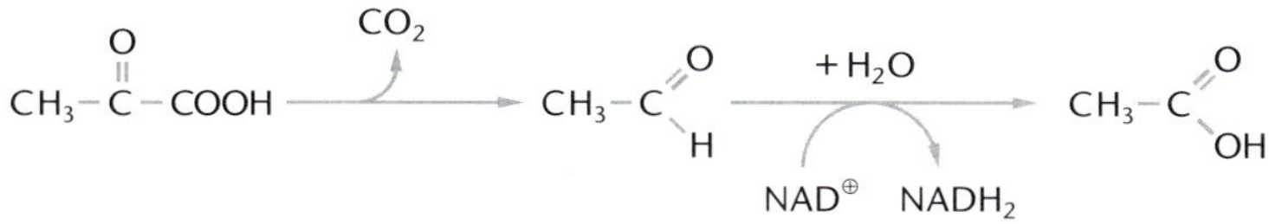

Brenztraubensäure Acetaldehyd Essigsäure

oder kürzer:

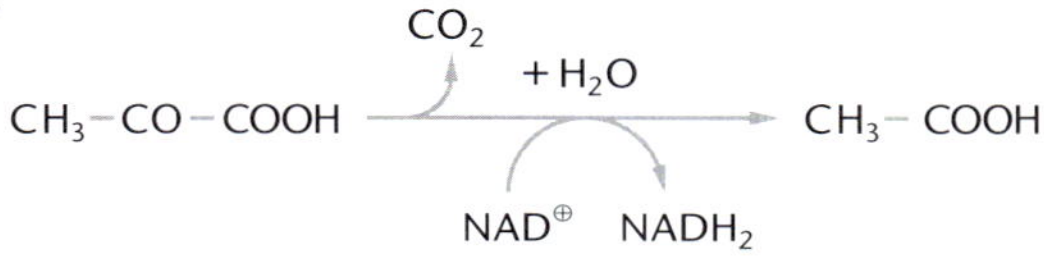

(2)

Im nächsten Schritt verbindet sich die Essigsäure mit der Oxalessigsäure zur Citronensäure, und der Abbauweg mündet in den Citronensäurezyklus ein.

Eigentlich entstehen bei der oxidativen Decarboxylierung nicht der Acetaldehyd und die Essigsäure. Korrekterweise müsste gesagt werden, dass die Brenztraubensäure in einer Reaktion, bei der Coenzym A (HS-CoA) und $NAD^{\oplus}$ beteiligt sind, dehydriert wird, und dies führt zur Bildung von aktivierter Essigsäure (Acetyl-CoA):

$$CH_3-CO-COOH + HS-CoA + NAD^{\oplus} \longrightarrow CO_2 + CH_3-\overset{\overset{\displaystyle O}{\|}}{C}-SCoA + NADH_2$$

Beim Eintritt in den Citronensäurezyklus wird unter Verbrauch von einem Molekül H_2O das Coenzym A aus dem Acetyl-CoA regeneriert, wobei außerdem Essigsäure gebildet wird; unter Anlagerung von Oxalessigsäure entsteht dann die Citronensäure.

Unter Zusammenfassung der Gleichungen (1) und (2) lassen sich die gesamten Abbauvorgänge von einem Molekül Glucose bis zur Essigsäure bilanzieren:

$$C_6H_{12}O_6 + 2\,H_2O + 2\cdot 2\,NAD^{\oplus} + 2\,ADP + 2\,\text{Ⓟ} \longrightarrow 2\,CO_2 + 2\,CH_3-COOH + 2\cdot 2\,NADH_2 + 2\,ATP$$

oder kürzer:

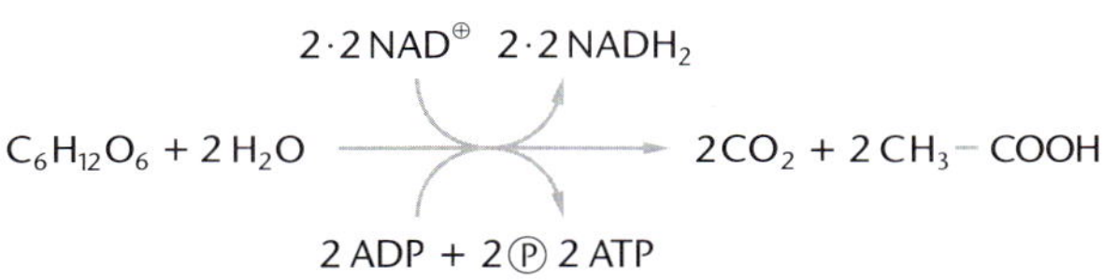

(3)

4.4.1.3 Citronensäurezyklus

(Citratzyklus)

Der Citronensäurezyklus stellt eine Folge von Teilreaktionen dar, in denen eine der beiden Ausgangsverbindungen (Oxalessigsäure) über die einzelnen Zwischenschritte regeneriert wird. Die andere Ausgangsverbindung (Essigsäure), die sich mit der Oxalessigsäure zur Citronensäure verbindet, wird nach und nach in Kohlenstoffdioxid und Wasser zerlegt. Am Ende der Reaktionskette bleibt Oxalessigsäure übrig, die nun wieder mit einem neuen Molekül Essigsäure reagieren kann. Außerdem wird in dem Kreisprozess Energie in Form von ATP gebunden.

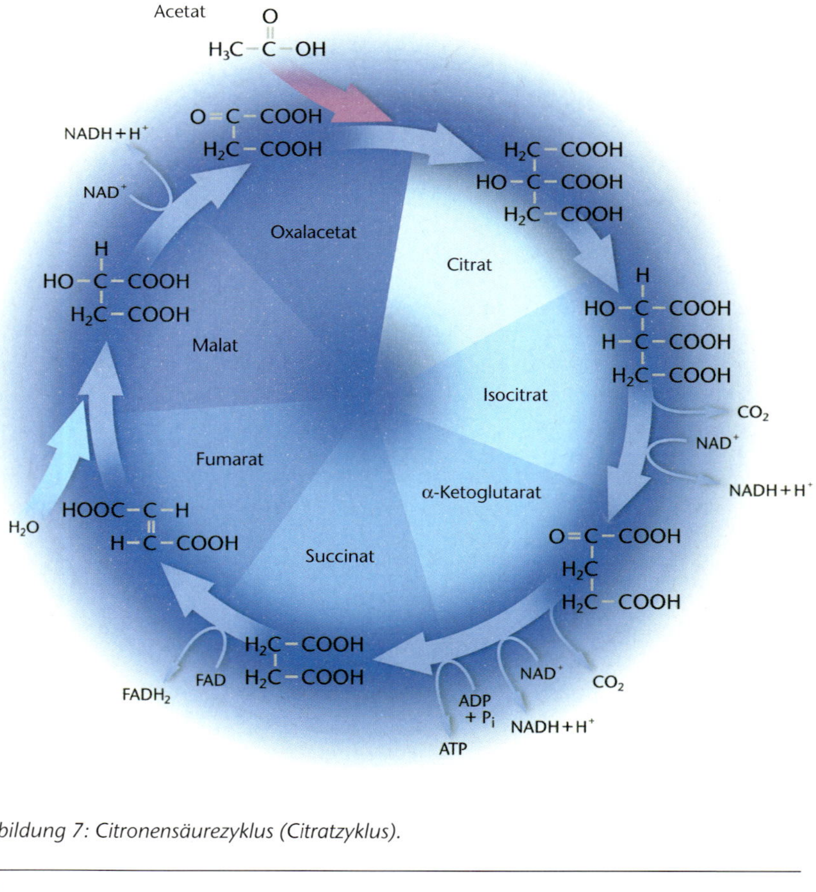

Abbildung 7: Citronensäurezyklus (Citratzyklus).

Bezogen auf 1 Essigsäuremolekül, werden in dem Ablaufgeschehen des Citronensäurezyklus an zwei Stellen je 1 Molekül CO_2 und an vier Stellen je 2 H-Atome abgespalten. Während das Kohlenstoffdioxid für die weiteren Vorgänge der Zellatmung keine Bedeutung hat und vom Blut aus den Zellen abtransportiert werden kann, wird der Wasserstoff an Wasserstoffträger gebunden, und zwar dreimal in Form von $NADH_2$ und einmal als $FADH_2$. Letzteres geschieht bei der Dehydrierung der Bernsteinsäure (Succinat) zur Fumarsäure (Fumarat).

Ähnlich wie in der Glykolyse wird durch die Phosphorylierung mittels anorganischem Phosphat (P_i) und Dehydrierung an einer Stelle im Citronensäurezyklus ATP aufgebaut, und zwar beim Übergang von α-Ketoglutarsäure zur Bernsteinsäure. Ein Molekül Essigsäure ist somit zerlegt und Oxalessigsäure wieder bereitgestellt worden, um ein neues Molekül Essigsäure aufzunehmen. Das Geschehen im Citronensäurezyklus ist vergleichbar mit der Arbeitsweise einer Mühle, bei der das oben hineingegebene Mahlgut der Essigsäure entspricht, die in kleinere Bruchstücke (CO_2, H-Atome) zerlegt wird. Allerdings gilt es beim Citronensäurezyklus zu berücksichtigen, dass zur Energiebindung zusätzlich H_3PO_4 (P_i) und an anderer Stelle (zwischen Fumarsäure und Äpfelsäure) 1 Molekül H_2O aufgenommen werden müssen.

Die Bilanz über die Vorgänge im Citronensäurezyklus lautet:

$$\underset{\text{Essigsäure}}{CH_3COOH} + H_2O + ADP + P_i + 3\,NAD^{\oplus} + 1\,FAD \longrightarrow 2\,CO_2 + ATP + 3\,NADH_2 + 1\,FADH_2$$

oder kürzer:

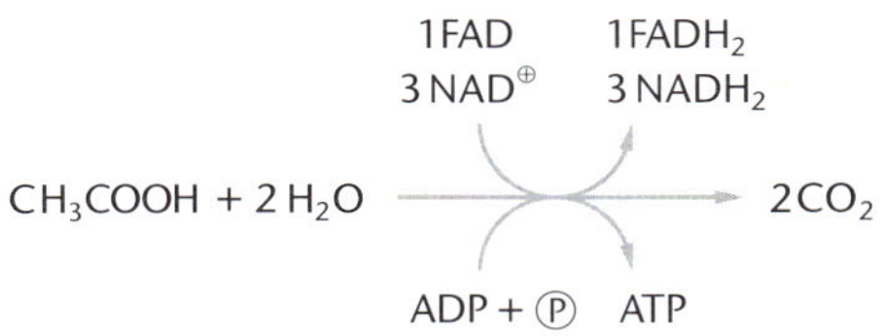

(4)

4.4.1.4 Atmungskette

Bei den bisherigen Betrachtungen der Vorgänge bei der Zellatmung fällt auf, dass an keiner Stelle Sauerstoff unmittelbar beteiligt ist. Außerdem hält sich die Energieausbeute mit 4 ATP pro Molekül Glucose in Grenzen. Andererseits stellte man bei der Untersuchung des Citronensäurezyklus fest, dass dieser nur in Gegenwart von Sauerstoff ablaufen kann. Dabei zeigte sich, dass der Sauerstoff notwendig ist, um die reduzierten Coenzyme $NADH_2$ und $FADH_2$ zu oxidieren, wobei Wasser und eine vergleichsweise große Menge an ATP gebildet werden. Diese – energetisch gesehen wichtigsten – Vorgänge werden insgesamt als Atmungskette oder Endoxidation bezeichnet.

Die Orte, wo die Enzyme für die Redoxreaktionen der Atmungskette in der Zelle lokalisiert sind, sind die **Mitochondrien.** In der Innenmembran der Mitochondrienfalten liegen die Enzyme in derjenigen Reihenfolge vor, wie sie für den Ablauf der Wasserbildung benötigt werden. Eine solche Funktionseinheit von Enzymen bezeichnet man als **Multienzymkomplex.**
Ebenfalls in den Mitochondrien, und zwar im von Matrix erfüllten Innenraum, liegen die Enzymsysteme des Citronensäurezyklus. Die Enzyme der Glykolyse befinden sich dagegen im Cytoplasma.

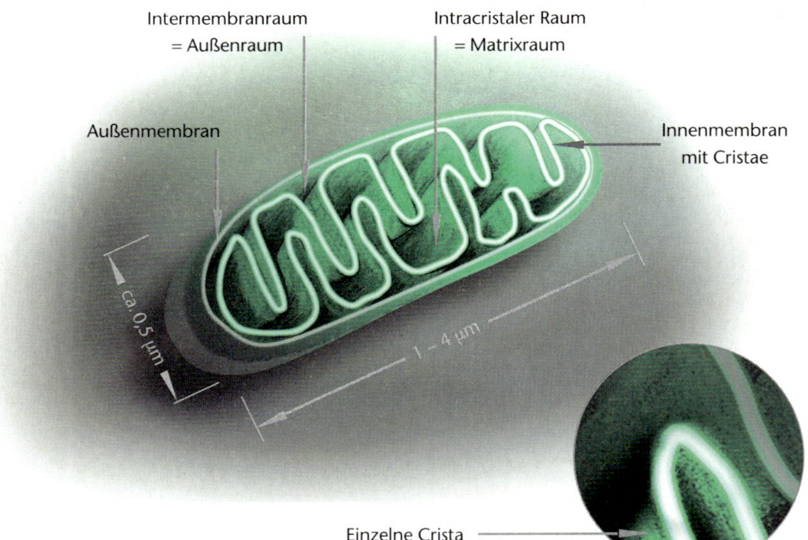

Abbildung 8: Schematischer Längsschnitt durch ein Mitochondrium (cristaler Typ).

Die Redoxpaare der Atmungskette sind entsprechend ihrer Potenzialdifferenz zur Normalwasserstoffelektrode, d.h. nach steigendem Normalpotenzial, angeordnet. Unter den physiologischen Bedingungen der Zelle können allerdings nicht die Normalspannungen E_0 auftreten, da diese für 1-molare Wasserstoffionenkonzentrationen (pH = 0) gelten. Man bezieht daher die Potenziale auf den pH-Wert 7 und bezeichnet sie als E'_0-Werte.

Das Redoxpotenzial ist ein Maß für die Bereitschaft, Elektronen abzugeben bzw. aufzunehmen. Das höher stehende Redoxpaar hat eine größere Bereitschaft, Elektronen abzugeben, das darunter stehende eine größere Bereitschaft, Elektronen aufzunehmen. Auf diese Weise werden Elek-

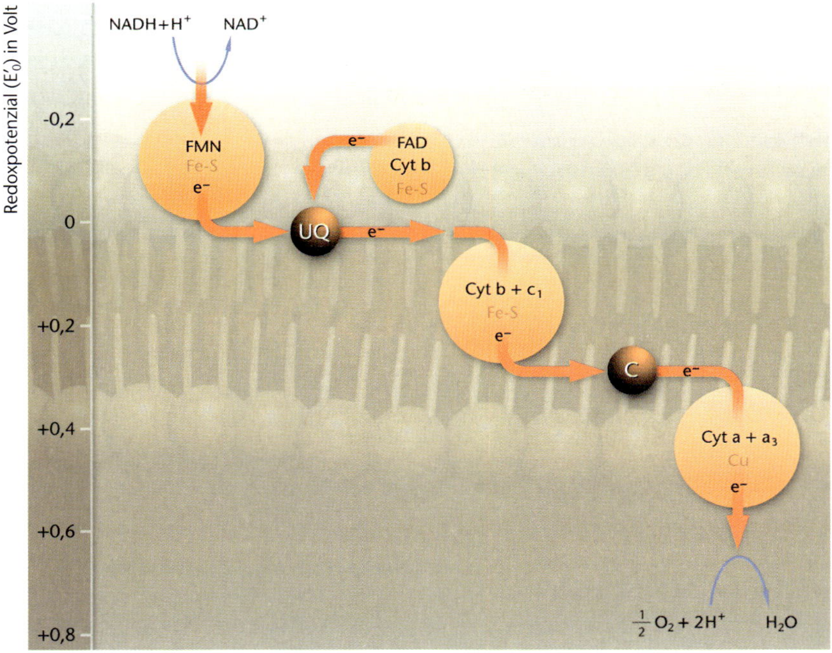

Abbildung 9: Redoxpotenziale der Bestandteile der mitochondrialen Elektronentransportkette. e− -Überträger-Komplexe I–IV und einige ihrer Komponenten.
UQ = Ubichinon, C = Cytochrom c, Cyt = Cytochrome, FAD = Flavin-Adenin-Dinucleotid, FMN = Flavinmononucleotid. (verändert nach: Rensing, L. und G. Cornelius: Grundlagen der Zellbiologie, UTB, Ulmer 1988).

tronen in der Redoxkette der inneren Mitochondrienmembran von Redoxpaar zu Redoxpaar auf den an letzter Stelle stehenden Elektronenakzeptor, ein Sauerstoffatom, übertragen, welches dadurch und nach Bindung von 2 $H^{\oplus}$ zu Wasser reduziert wird ($<O> + 2e^{\ominus} + 2\,H^{\oplus} \rightarrow H_2O$) (Abbildung 9).

In der Redoxkette lassen sich 4 Proteinkomplexe unterscheiden. Jeder dieser 4 Komplexe besteht aus einer bestimmten Anzahl von Polypeptidketten und verschiedenen Coenzymen (FMN, FAD, Cytochrome) sowie Eisen-Schwefel-(Fe-S-)Gruppen bzw. Cu-Atomen. Komplex I überträgt $2e^{\ominus}$ vom NADH + $H^{\oplus}$ auf Ubichinon. Bei diesem Prozess werden 2 $H^{\oplus}$ aus dem Matrixraum durch die innere Mitochondrienmembran in den Außenraum (Intermembranraum) transloziert. Außerdem wird angenommen, dass an den Komplexen III und IV ebenfalls pro $e^{\ominus}$-Paar je 2 $H^{\oplus}$ die Membran passieren. Auf diese Weise wird ein Protonengradient beiderseits der inneren Mitochondrienmembran aufgebaut.

Auf dem Wege zwischen dem Redoxpaar $NAD^{\oplus}/NADH_2$ und dem Redoxpaar $^1/_2\,O_2/H_2O$ durchmessen die $e^{\ominus}$ eine Potenzialdifferenz von etwa 1,13 V:

$$\Delta\, E'_0 = E'_0\,(^1/_2\,O_2/H_2O) - E'_0\,(NAD^{\oplus}/NADH_2)$$

$$\Delta\, E'_0 = +\,0{,}81\text{ V} - (-\,0{,}32\text{ V}) = 1{,}13\text{ V}$$

Dem Wert von 1,13 V entspricht eine freie Energie von ca. –218 kJ pro mol Wasser. Diese Kraft treibt die e^- von der Matrixseite auf die Außenseite der Innenmembran im Mitochondrium.

Wegen der positiven Ladung der Protonen entsteht nicht nur ein Konzentrationsgradient, sondern auch ein Ladungsgradient, was einem Membranpotenzial entspricht. Durch beide Gradienten erfolgt eine Energiespeicherung. Aufgrund des Konzentrationsgefälles und des zusätzlichen Antriebes durch das elektrische Potenzial wandern die Protonen zurück in den Matrixraum, und zwar nur durch den ATP-Synthase-Komplex. Die dabei frei werdende Energie findet zum Aufbau von ATP Verwendung.
Dieser Prozess der ATP-Bildung (auch als Atmungskettenphosphorylierung bezeichnet) basiert auf der zuerst von Mitchell als chemiosmotische Hypothese bezeichneten Vorstellung (Abb. 10).

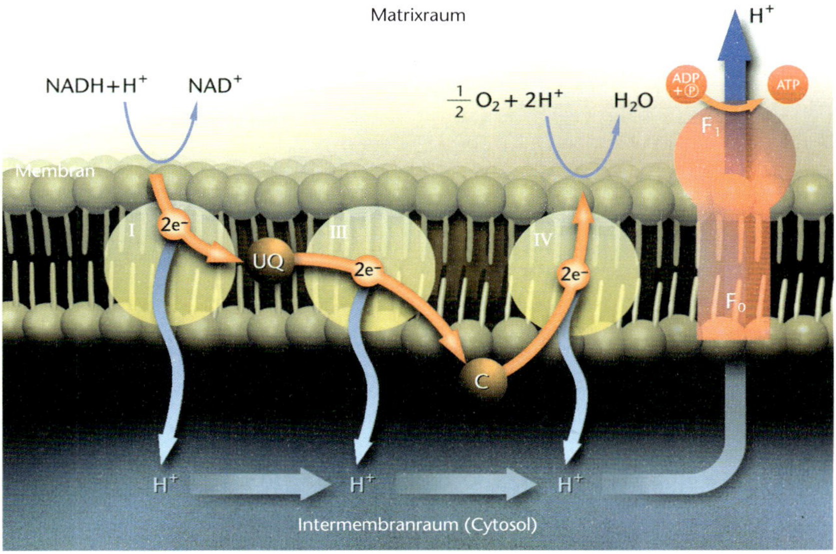

Abbildung 10: Kopplung von Elektronentransport, Protonentranslokation und ATP-Synthese. Links die e^--Übertragungskomplexe I, III, IV. Ubichinon (UQ) und Cytochrom c (C) mit den jeweils aus dem Matrixraum in den Intermembranraum translozierten Protonen. Rechts die ATP-Synthase mit dem Protonenkanal (F_0) und dem katalytischen Teil (F_1) (verändert nach: Rensing, L. und G. Cornelius: Grundlagen der Zellbiologie, UTB, Ulmer, 1988).

Die Bilanz über die Vorgänge in der Atmungskette lautet:

$$1\,NADH_2 + {}^1\!/_2\,O_2 \xrightarrow{3\,ADP + 3\,Ⓟ \;\curvearrowright\; 3\,ATP} H_2O + 1\,NAD^{\oplus} \qquad (5)$$

Pro $NADH_2$ werden also 3 ATP aufgebaut.
Im Falle des Wasserstoffträgers $FADH_2$ können nur 2 ATP gebildet werden, da die Potenzialdifferenz zwischen den Redoxpaaren $FAD/FADH_2$ und $^1/_2\,O_2$ / H_2O geringer ist als zwischen $NAD^{\oplus}/NADH_2$ und $^1/_2\,O_2/H_2O$.

4.4.1.5 Stoffbilanz beim oxidativen Abbau von Glucose im Organismus

Fasst man die Vorgänge von Glykolyse, Decarboxylierung, Citronensäurezyklus und Atmungskette zusammen (siehe Gleichungen [3], [4] und

[5]), so ergibt sich (ohne Berücksichtigung der ATP-Ausbeute) folgende Gesamtbilanz, bezogen auf 1 Molekül Glucose:

$$C_6H_{12}O_6 + 6\,H_2O + 6\,O_2 \longrightarrow 6\,CO_2 + 12\,H_2O$$

Diese Summengleichung der aeroben Atmung macht deutlich, dass die Ausgangsprodukte der biologischen Oxidation nicht Glucose und Sauerstoff sind, sondern Glucose, Sauerstoff und Wasser. Die Glucose wird nicht wie beim chemischen Oxidationsvorgang durch den Luftsauerstoff oxidiert, sondern durch Wasser, und das ausgeatmete Kohlenstoffdioxid entsteht durch Abspaltung aus der Glucose. Dabei werden die Wasserstoffatome aus der Glucose und den Wassermolekülen abgespalten und als $NADH_2$ bzw. $FADH_2$ festgelegt:

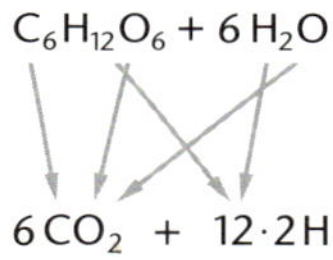

Erst im letzten Schritt des Abbauweges werden in der Atmungskette die Wasserstoffatome mittels Luftsauerstoff zu Wasser oxidiert:

$$12 \cdot 2H + 6\,O_2 \longrightarrow 12\,H_2O$$

4.4.1.6 Energiebilanz

Wie die folgende Tabelle zeigt, entstehen durch den aeroben Abbau von 1 mol Glucose 38 mol ATP:

Von den 38 mol ATP werden allerdings ca. 2 mol ATP durch Stofftrans-

	ATP	$NADH_2$	$FADH_2$	
Glykolyse und oxidative Decarboxylierung	2	4	–	
Citronensäurezyklus	2	6	2	
Atmungskette	4 ATP	≙ 30 ATP	≙ 4 ATP	
Summe	4 ATP	30 ATP	4 ATP	38 ATP

portvorgänge verbraucht, sodass ca. 36 mol ATP pro mol Glucose entstehen.
Beim Aufbau von ATP aus ADP werden 29 kJ/mol ATP gespeichert, d.h., insgesamt werden 26 · 29 kJ = 1044 kJ/mol Glucose in Form von ATP festgelegt.
Da insgesamt 2872 kJ/mol Glucose freigesetzt werden, beträgt der Wirkungsgrad des aeroben Abbaus von Glucose:

$$\text{Wirkungsgrad} = \frac{\text{gespeicherte Energie}}{\text{freigesetzte Energie}} = \frac{1044\ \text{kJ}}{2872\ \text{kJ}} = 0{,}364 = 36{,}4\%$$

Damit übertrifft der Organismus alle Wärmekraftmaschinen wie Dampfmaschine, Ottomotor und Dieselmotor.

4.4.1.7 Abbau der Fette und Eiweißstoffe

Auf den Abbau der Fette und Eiweißstoffe wird hier nur kurz eingegangen (siehe Abbildung 11, folgende Seite). Glycerin als eines der beiden durch enzymatische Hydrolyse entstandenen Spaltprodukte der Fette findet Eingang in die Glykolyse und wird in deren Verlauf zur Essigsäure abgebaut. Die bei der Zerlegung von Fettmolekülen außerdem entstandenen Fettsäuren werden durch mehrmalige Dehydrierung und unter mehrmaligem Verbrauch von Wasser letztlich in Essigsäuremoleküle aufgespalten (β-Oxidation). In beiden Fällen münden die Abbauwege also in den Citronensäurezyklus ein.
Die aus den Proteinen entstandenen Aminosäuren werden desaminiert (Abspaltung der NH_2-Gruppen), und die weiteren Abbauwege münden z.B. über Essigsäure oder α-Ketoglutarsäure ebenfalls in den Citronensäurezyklus ein. Unter Verbrauch von Kohlenstoffdioxid werden die bei der Desaminierung anfallenden Aminogruppen in Harnstoff überführt.

4.4.2 Anaerobe Atmung (Gärung)

Der Abbau von Glucose ohne Beteiligung von freiem Sauerstoff wird als anaerobe Atmung oder Gärung bezeichnet. Wichtige Gärungsvorgänge sind die Milchsäuregärung (im arbeitenden Muskel bei ungenügender Sauerstoffversorgung und bei Milchsäurebakterien) und die alkoholische Gärung (bei Hefepilzen). Die Essigsäuregärung ist kein echter Gärvorgang, da hier Ethanol durch Luftsauerstoff mithilfe von Essigsäurebakterien zu Essigsäure oxidiert wird.

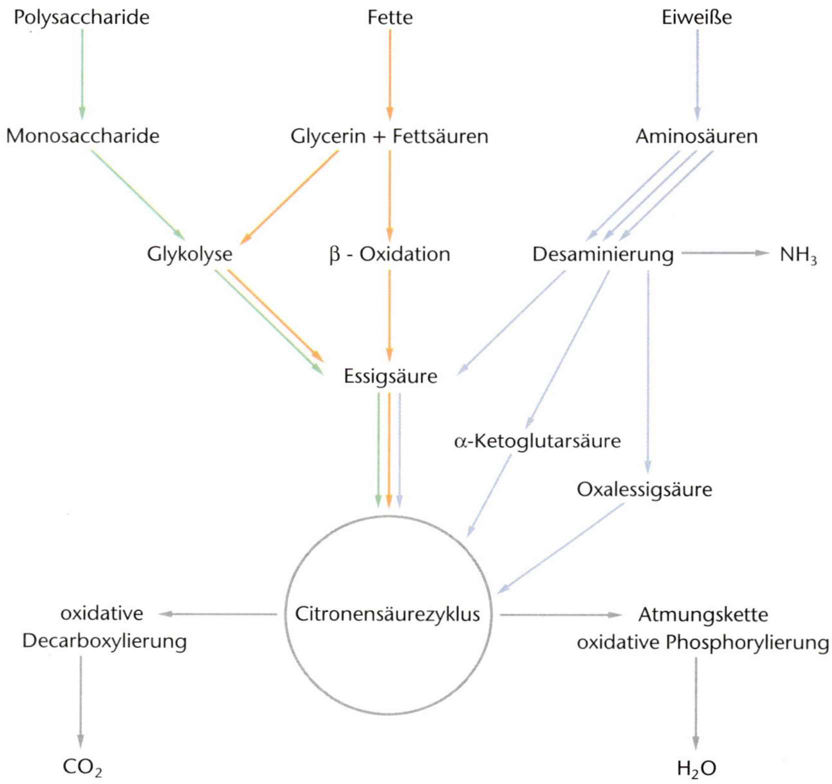

Abbildung 11: Überblick über die Abbauwege der drei Grundnahrungsstoffe. Das Schema veranschaulicht den Abbau der drei Grundnahrungsstoffe in seinen wichtigsten Stufen und zeigt, dass Abbauprodukte aller drei Stoffklassen in den Citronensäurezyklus eingeschleust werden (nach: Fels, G. u. a.: Der Organismus. Eine Einführung in die biologischen Grundprobleme; 2. erw. u. überarb. Aufl., Ernst Klett, Stuttgart 1976).

4.4.2.1 Milchsäuregärung

Wird dem arbeitenden Muskel über das Blut nicht genügend Sauerstoff zur Verfügung gestellt, kann der Glucoseabbau eine Zeit lang auch ohne Sauerstoff ablaufen. Die am Ende der Glykolyse gebildete Brenztraubensäure wird aber nicht oxidativ zu Essigsäure decarboxyliert, sondern hydriert, wobei Milchsäure entsteht. Bei diesem Schritt wird $NADH_2$ verbraucht; das ist unbedingt notwendig, da die Atmungskette infolge des fehlenden Sauerstoffs nicht ablaufen und somit das $NADH_2$ nicht reduziert werden kann.

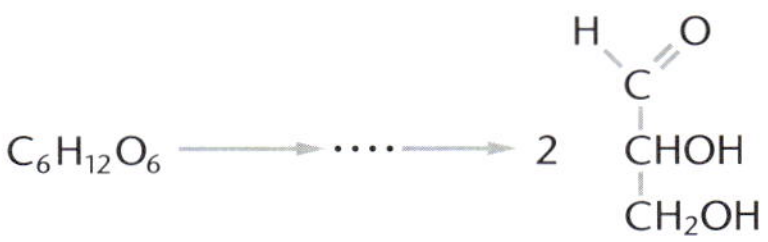

Glucose Glycerinaldehyd

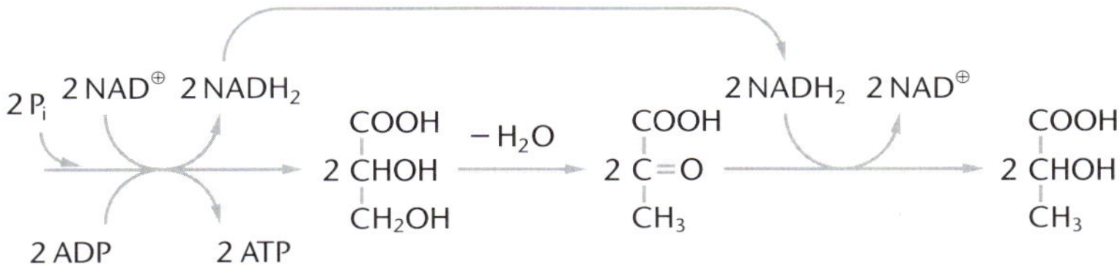

Glycerinsäure BTS Milchsäure

Summengleichung:

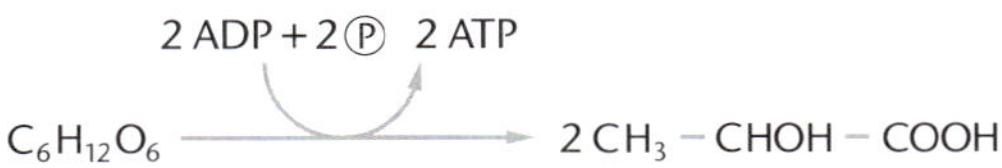

Glucose Milchsäure

Der Gewinn beträgt nur 2 ATP pro Molekül Glucose, da die Milchsäure nicht in den $NADH_2$-liefernden Citratzyklus eingeschleust und das in der Glykolyse gebildete $NADH_2$ in der Gärung selbst wieder verbraucht wird. Die verhältnismäßig energiereiche Milchsäure wird aus dem Skelettmuskel zur Leber transportiert. Die Leber ist stark durchblutet und besitzt somit genügend Sauerstoff zum weiteren oxidativen Abbau.
Die Milchsäuregärung spielt außerdem eine Rolle beim Sauerwerden der Milch, bei der Entstehung von Sauerkraut sowie bei der Bereitung von Joghurt und anderen Milchprodukten durch Milchsäurebakterien.

4.4.2.2 Alkoholische Gärung

Im Unterschied zur Milchsäuregärung wird das $NAD^{\oplus}$ nicht durch Hydrierung der Brenztraubensäure (BTS) zurückgewonnen, sondern durch Decarboxylierung der BTS zum Ethanal und anschließender Reduktion zum Ethanol:

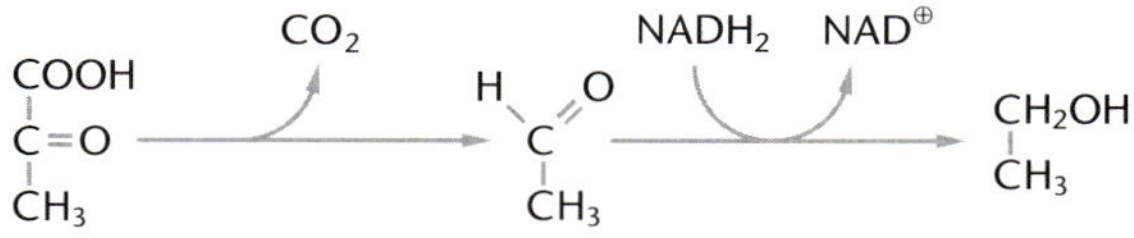

BTS — Ethanal — Ethanol

Summengleichung der alkoholischen Gärung:

$$\underset{\text{Glucose}}{C_6H_{12}O_6} \xrightarrow{2\,ADP + 2\,Ⓟ \;\rightarrow\; 2\,ATP} 2CO_2 + \underset{\text{Ethanol}}{2\,C_2H_5OH}$$

4.4.3 Zusammenfassung

Zusammenfassend lassen sich die verschiedenen Abbauwege der Glucose folgendermaßen darstellen:

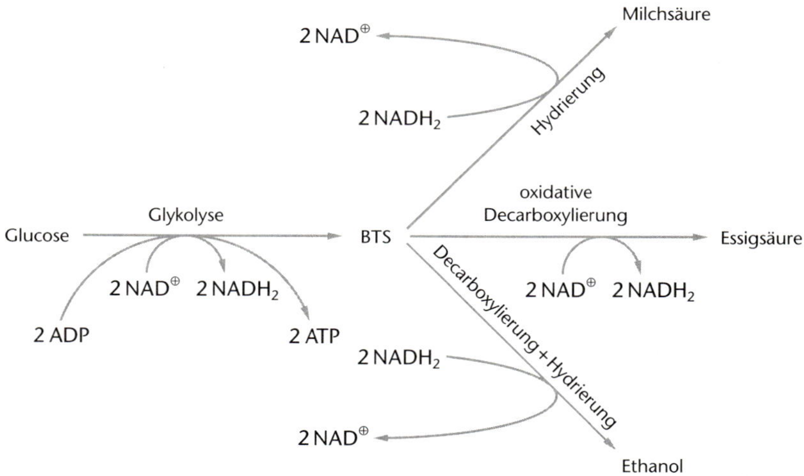

4.5 Energiebereitstellung durch Assimilation

Unter Assimilation wird der Aufbau körpereigener Stoffe aus körperfremden Stoffen verstanden. Im Gegensatz zur Dissimilation sind Assimilationsvorgänge aufbauende Reaktionen, die Energie erfordern. In ihrer Gesamtheit gehören die Assimilationsvorgänge dem Baustoffwechsel (Anabolismus) an. Die Dissimilationsvorgänge werden dagegen im Allgemeinen dem Betriebsstoffwechsel (Katabolismus) zugerechnet. Allerdings ist die Trennung zwischen Anabolismus und Katabolismus nur formal. In Wirklichkeit sind beide Stoffwechselkomplexe ineinander verwoben: Prinzipiell kann jeder Schritt der Abbauwege (Abb. 11) auch in entgegengesetzter Richtung erfolgen, sodass beispielsweise durch Abzweigung aus dem Kohlenhydratabbau ein Syntheseweg zum Aufbau körpereigener Fette oder Proteine möglich ist. Außerdem sind neben den Hauptabbauwegen der Grundnahrungsstoffe eine Reihe von »Nebenwegen« vorhanden, die zum Aufbau von Körperstoffen führen. Zum Beispiel kann der Glucoseabbau in den Pentosephosphatzyklus einmünden, dessen Produkte Zwischenstufen für die Synthese von Körperstoffen darstellen.

Die Energiebereitstellung durch Assimilation geschieht in der Weise, dass energiereiche körpereigene Stoffe aus energieärmeren Nahrungsstoffen synthetisiert werden. Eine solche Ernährungsweise heißt **autotroph.** Die beim Aufbau der Körperstoffe gespeicherte Energie wird später bei der biologischen Oxidation (Atmung) bereitgestellt.

4.5.1 Ernährung der grünen Pflanzen

Für die grünen Pflanzen bilden Kohlenstoffdioxid und Wasser, die aus der Luft über die Spaltöffnungen beim Gasaustausch oder über die Wurzeln aufgenommen werden, die eigentlichen Nährstoffe. Sie sind das Ausgangsmaterial für die Synthese der energiereichen Produkte Glucose und Stärke, die die Pflanze zur Energiebereitstellung durch die Atmung heranzieht.

Zum Gedeihen der Pflanze sind außer den Elementen C, H und O noch weitere Elemente notwendig, die mit den Salzen aus dem Boden aufgenommen werden: N, S, P, K, Ca, Mg, Fe. Die chemische Analyse des Pflanzenkörpers ergibt, dass weiterhin die so genannten Spurenelemente benötigt werden: Mn, Zn, Co, Cu, Mo, Na, B, Cl und Si.

! Das **Gesetz des Minimums** besagt, dass das Gedeihen einer Pflanze sich

nach demjenigen Faktor richtet, der am wenigsten zur Verfügung steht. Steht also nur eines der Elemente nicht in ausreichendem Maße bereit, so kann sich die Pflanze nicht optimal entwickeln, auch dann nicht, wenn alle anderen Faktoren in günstigsten Konzentrationen vorliegen. Ein Mangelfaktor kann also nicht durch ein Überangebot eines oder mehrerer anderer Faktoren kompensiert werden.
Diese Zusammenhänge lassen sich nicht nur auf die genannten abiotischen Faktoren anwenden, sondern auch auf die Licht- und Temperaturverhältnisse. Wie Untersuchungen zeigen, kann man Pflanzenerträge dadurch steigern, dass die Außenfaktoren Licht und Temperatur optimiert werden **(Lichtoptimum, Temperaturoptimum)**.

4.5.2 Fotosynthese

Die grünen Pflanzen nutzen als Energiequelle für ihre autotrophe Ernährungsweise das Sonnenlicht. In einer Reaktionsfolge, die in ihrer Gesamtheit als Fotosynthese bezeichnet wird, werden Kohlenstoffdioxid (als Bestandteil der Luft) und Wasser über Glucose zu Stärke aufgebaut. Die Stärke wird als energiereicher Vorratsstoff in bestimmten Pflanzenteilen gespeichert. Bei Bedarf greifen die Pflanzen auf diesen Vorrat zurück, etwa bei der Keimung oder beim Austreiben von Pflanzenteilen im Frühjahr. Die Stärke wird dabei enzymatisch gespalten und die freigesetzte Glucose den weiteren Stoffwechselprozessen zugeführt.

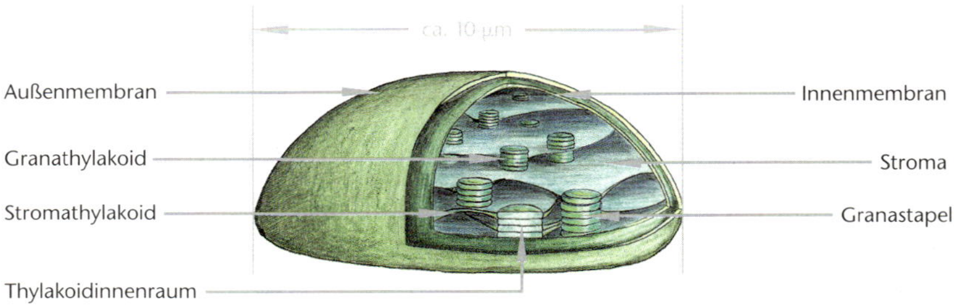

Abbildung 12: Schematisierter Längsschnitt durch einen Chloroplasten (Granatyp).

Der Gasaustausch bei der Fotosynthese (Kohlenstoffdioxidaufnahme, Sauerstoff- und Wasserdampfabgabe) erfolgt über die Spaltöffnungen der grünen Blätter. In den Blättern ist hauptsächlich das Assimilationsgewebe (Palisadengewebe) an der Fotosynthese beteiligt. Die Zellorganellen, in denen die biochemischen Reaktionen der Fotosynthese lokalisiert

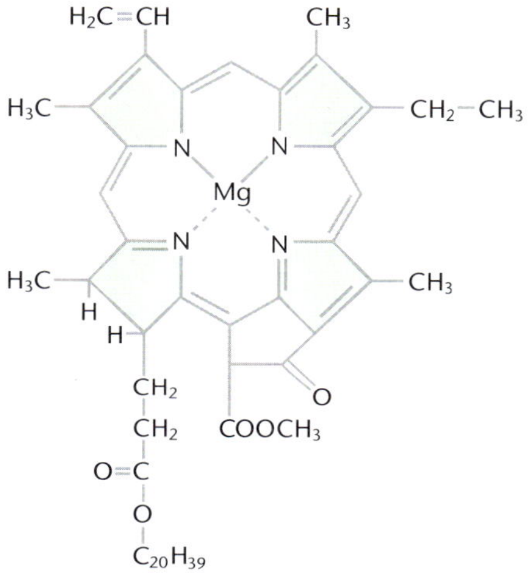

Chlorophyll a

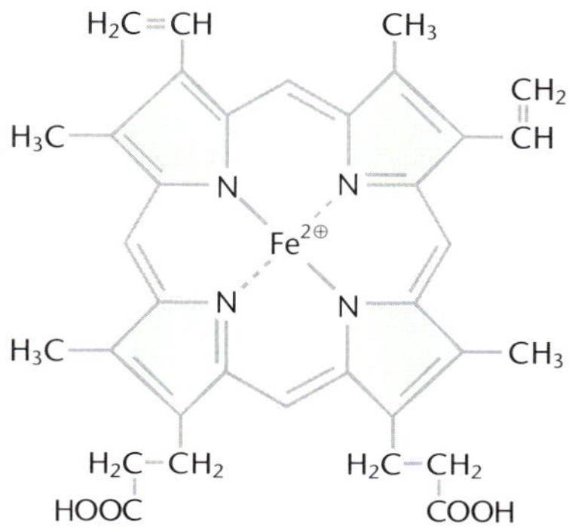

Häm

Abbildung 13: Strukturformeln von Chlorophyll a und Häm. Die Absorption sichtbarer Strahlung durch einen Stoff und damit seine Farbe beruht oft darauf, dass seine Moleküle konjugierte Doppelbindungen besitzen (Aufeinanderfolge von Einfach- und Doppelbindungen zwischen Kohlenstoffatomen). Beim Chlorophyllmolekül sind es 11. Sie sind zu einem Porphinringsystem angeordnet, das chemisch nahe verwandt ist mit Häm (nach Just, E. und K. Schlösser: Energiestoffwechsel, CVK Biologie-Kolleg; CVK Cornelsen-Velhagen & Klasing, Berlin 1976).

sind, sind die Chloroplasten, die besonders zahlreich in den Zellen des Palisadengewebes vorliegen.
Innerhalb der Chloroplasten sind die lichtempfindlichen Pigmente in den Membranen der Thylakoidstapel (Granathylakoide) eingelagert, weshalb diese die Orte der Lichtreaktionen darstellen. Die Dunkelreaktionen erfolgen dagegen im Stroma der Chloroplasten.

4.5.2.1 Die Lichtreaktionen der Fotosynthese

Die Einwirkung von Lichtenergie bei der Fotosynthese erfolgt in der Form, dass durch Lichtabsorption angeregte Elektronen von Molekülen des Chlorophylls a_{II} den Molekülverband verlassen (Lichtreaktion II). Diese durch Licht angeregten energiereichen Elektronen werden zunächst von einem Trägerstoff, dem Plastochinon, aufgenommen, der dadurch reduziert wird. Über eine Reihe anschließender Redoxreaktionen

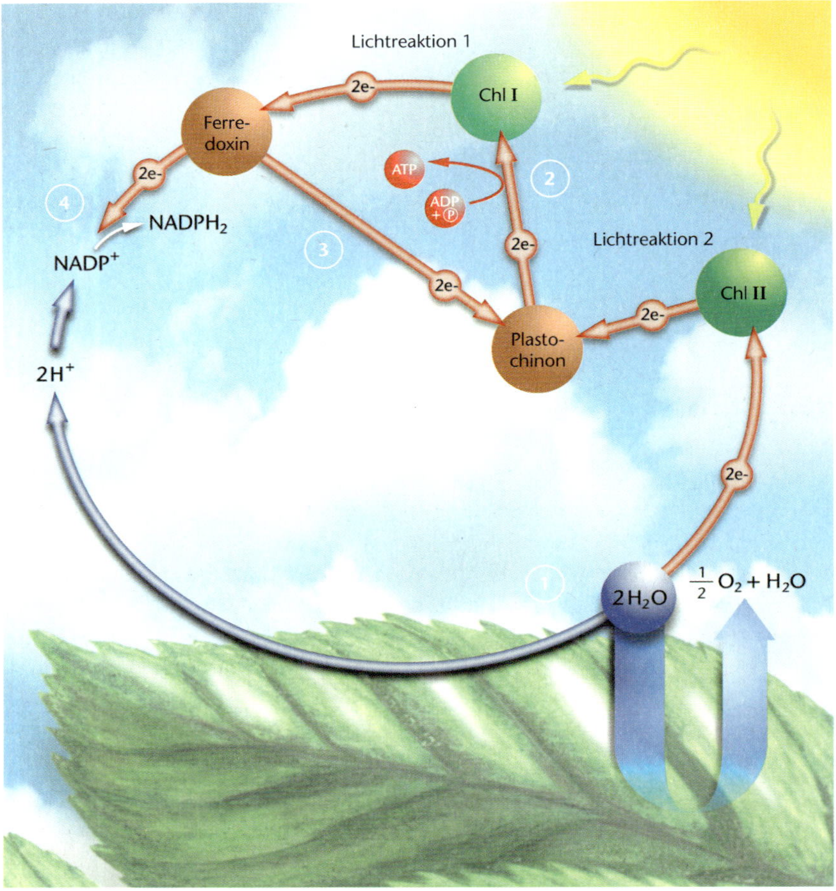

Abbildung 14: Schema zur Veranschaulichung der Vorgänge bei den Lichtreaktionen der Fotosynthese. 1: Fotolyse des Wassers; 2: nichtzyklische Fotophosphorylierung; 3: zyklische Fotophosphorylierung; 4: Bildung von $NADPH_2$. Die Abbildung berücksichtigt nicht die Redoxsysteme mit den Potenzialdifferenzen.

werden die angeregten Elektronen weitergeleitet zum Chlorophyll a_I. Aus dem Molekülverband des Chl a_I sind zuvor durch eine weitere Lichtreaktion (Lichtreaktion I) angeregte Elektronen ausgeschieden, die Elektronenlücken hinterlassen. Diese Elektronenlücken des Chl a_I werden nun durch die Elektronen aus der Lichtreaktion II aufgefüllt.

Die aus dem Chl a_I frei gewordenen energiereichen Elektronen werden zunächst vom Elektronenakzeptor Ferredoxin aufgenommen und treten dann mit Protonen, die einem als Fotolyse des Wassers bezeichneten biochemischen Vorgang entstammen, und mit Molekülen des Coenzyms $NADP^{\oplus}$ zusammen. Das entstehende Produkt ist der energiereiche Wasserstoffträger $NADPH + H^{\oplus}$ ($NADPH_2$). Die Lieferung der Elektronen bei der Fotolyse des Wassers lässt sich durch die folgende Reaktionsgleichung beschreiben:

$$2H_2O \longrightarrow H_2O + \tfrac{1}{2}O_2 + 2H^{\oplus} + 2e^{\ominus} \qquad (1)$$

Der dabei entstandene Sauerstoff wird über die Spaltöffnungen der Blätter an die Umgebung abgegeben. Außer Sauerstoff, der als Abfallprodukt anfällt, liefert die Wasserspaltung die für die $NADPH_2$-Synthese wichtigen Protonen und die Elektronen zum Auffüllen der Elektronenlücken des Chl a_{II}.

Ähnlich wie bei der Atmungskette erfolgt bei den Lichtreaktionen der Fotosynthese der Elektronentransport über eine Reihe von Redoxsystemen. Die Anregung der Chlorophyllmoleküle durch Lichtenergie verläuft endergonisch. Die sich daran anschließenden Vorgänge der Lichtreaktionen verlaufen exergonisch, wobei $NADPH_2$ und ATP gebildet werden. ATP entsteht auf zwei verschiedenen Wegen: Die **nichtzyklische Fotophosphorylierung** liefert ATP infolge der Wasserspaltung und der Freisetzung von Protonen. Daneben besteht die Möglichkeit, dass angeregte Elektronen aus dem Chl a_I über Plastochinon wieder zum Chl a_I zurückkehren und ebenfalls zum Aufbau von ATP führen. Da der Elektronenfluss in sich geschlossen verläuft, spricht man von **zyklischer Fotophosphorylierung.**

Die beiden Chlorophylle a_I und a_{II} haben etwas unterschiedliche Absorptionsspektren: Im langwelligen Bereich besitzt Chl a_I sein Absorptionsmaximum bei 700 nm, das von Chl a_{II} liegt dagegen bei 680 nm. Auch die beiden Maxima im kurzwelligen Bereich sind etwas gegeneinander verschoben.

Untersucht man das Chromatogramm einer Rohchlorophylllösung, so zeigt sich, dass neben Chl a noch weitere Blattfarbstoffe auftreten: Chl b und Carotinoide (Carotine und Xanthophylle). Sie dienen als so genannte Antennenpigmente zum Einfangen des Lichtes und zur Weiterleitung der Energie innerhalb der Fotosysteme zu den eigentlichen Reaktionszentren, in denen sich die Moleküle des Chl a befinden.

Bei der Fotosynthese werden beim Aufbau von einem Molekül Glucose 6 Moleküle Sauerstoff gebildet. In der Fotolyse müssen daher 24 H_2O-Moleküle gespalten werden (siehe Gleichung 1), die außerdem noch zum Aufbau von 12 $NADPH_2$ führen. Bezogen auf 24 Moleküle Wasser liefert die nichtzyklische Fotophosphorylierung 12 ATP. Man nimmt an, dass für

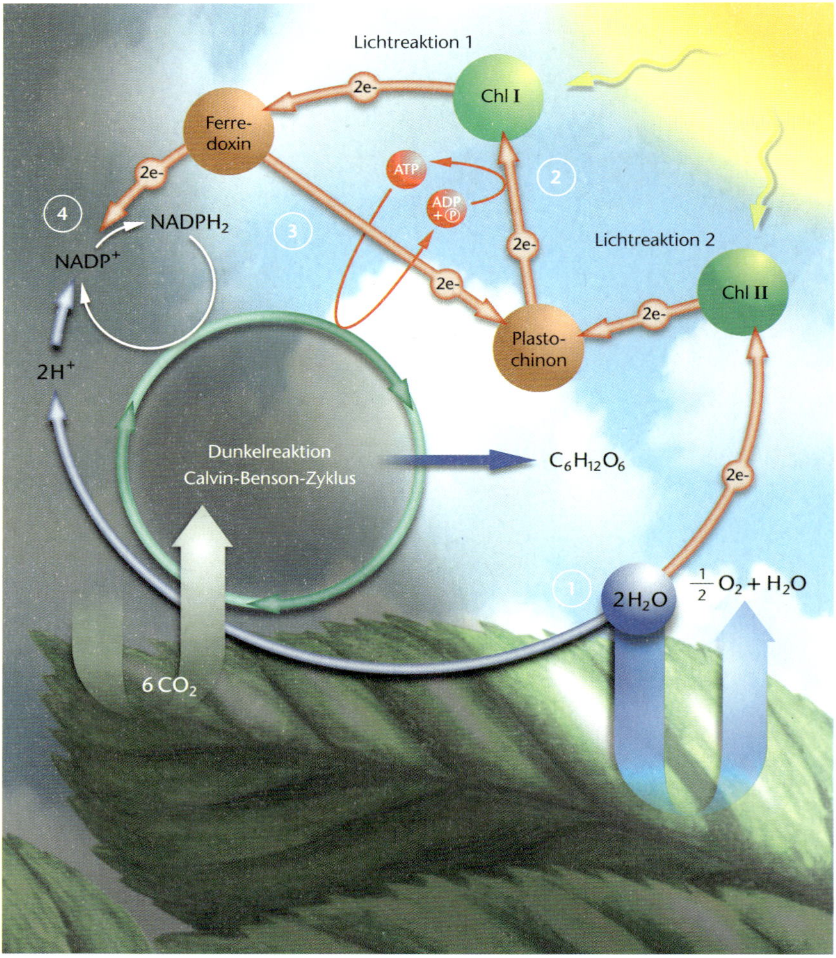

Abbildung 15: Schema zur Darstellung der Zusammenhänge zwischen den Licht- und Dunkelreaktionen bei der Fotosynthese.

die Synthese von 1 Molekül Glucose 18 ATP notwendig sind. Aus der zyklischen Fotophosphorylierung müssen also noch 6 ATP bereitgestellt werden.

Die Bilanz über die Lichtreaktionen lautet somit:

nichtzyklische Fotophosphorylierung:

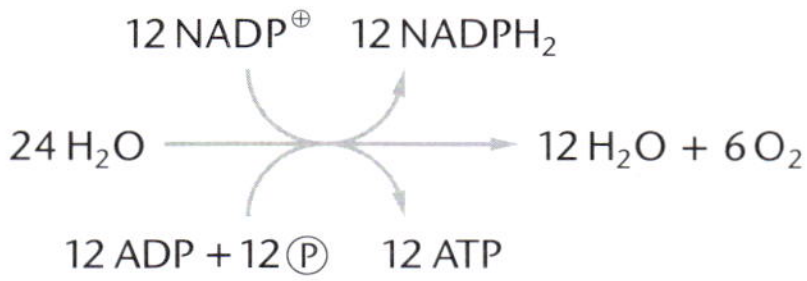

(2)

zyklische Fotophosphorylierung:

$$2\,ADP + 2\,Ⓟ \longrightarrow 2\,ATP \quad |\cdot 3 \qquad (3)$$

$$6\,ADP + 6\,Ⓟ \longrightarrow 6\,ATP$$

Aus Gleichung (2) und Gleichung (3) ergibt sich:

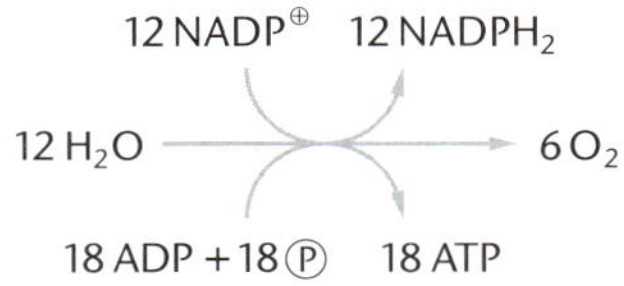

(4)

Zum Zwecke einer ausführlicheren Wiederholung seien die Redoxvorgänge, die zur Bildung von ATP und $NADPH^{\oplus}$ führen, etwas genauer dargestellt: Wie in der inneren Mitochondrienmembran werden die Elektronen in der Thylakoidmembran des Chloroplasten über ein Elektronentransportsystem auf Moleküle mit weniger negativem Redoxpotenzial übertragen. Die ersten Elektronenakzeptoren nach dem Fotosystem II übertragen ihrerseits die $e^{\ominus}$ an den so genannten Plastochinon-Pool (PQ), der die $e^{\ominus}$ an den Cytochrom-b/f-Komplex weitergibt. Dabei werden von den Chinonmolekülen Protonen aus dem Stroma in den Thylakoidraum befördert, was zum Aufbau eines Protonengradienten führt. Dieser Gradient wird ganz ähnlich wie im Mitochondrium zur ATP-Synthese genutzt. Der Cytochrom b/f-Komplex liefert die $e^{\ominus}$ über Plastocyanin an das Fotosystem I, wobei dort die vorher entstandenen Elektronenlücken aufgefüllt werden. Die zuvor durch Lichtquanten herausgelösten $e^{\ominus}$ des Fotosystems I wandern über die Redoxpaare Ferredoxin und Ferredoxin-Reduktase auf die Stromaseite der Thylakoidmembran, wo sie zusammen mit $NADP^{\oplus}$ und $H^{\oplus}$ zum Aufbau von NADPH dienen (siehe Abb. 16). Beim bereits angesprochenen parallel verlaufenden Vorgang der zyklischen Fotophosphorylierung werden die angeregten $e^{\ominus}$ aus dem Fotosystem I vom Ferredoxin nicht auf $NADP^{\oplus}$, sondern auf den Plastochinonpool übertragen und von dort auf die bereits erwähnten Redoxpaare der nichtzyklischen Fotophosphorylierung. Das Ergebnis ist also eine Erhöhung des Protonengradienten und damit der ATP-Ausbeute.

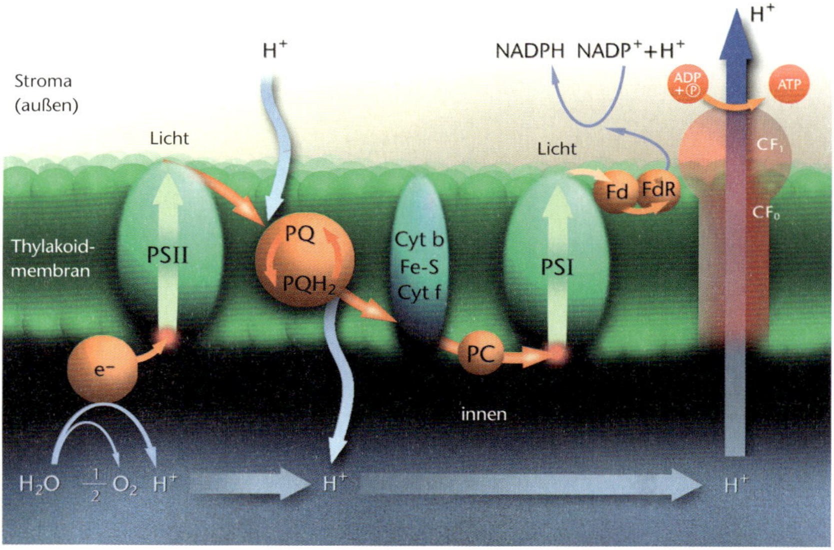

Abbildung 16: Vereinfachte Darstellung der Komponenten der Fotosynthese in der Thylakoidmembran (CF_0, CF_1 = Teile der ATP-Synthase, Cyt b, Cyt f = Cytochrom b_6/f, Fd = Ferredoxin, FdR = Ferredoxinreduktase, FeS = Eisenschwefelprotein, PC = Plastocyanin, PQ = Plastochinon, PS II, PS I = Fotosysteme II und I (verändert nach: Rensing, L. und G. Cornelius: Grundlagen der Zellbiologie, Ulmer, Stuttgart 1988).

4.5.2.2 Die Dunkelreaktionen der Fotosynthese (Calvin-Benson-Zyklus)
Die durch die Lichtreaktionen bereitgestellten energiereichen Produkte $NADPH_2$ und ATP werden nun in einer zyklischen Reaktionsfolge, bei der der Zucker Ribulose als einer der Ausgangsstoffe über mehrere Zwischenverbindungen regeneriert wird, dazu verwendet, um aus dem energiearmen Kohlenstoffdioxid energiereiche Glucose aufzubauen.

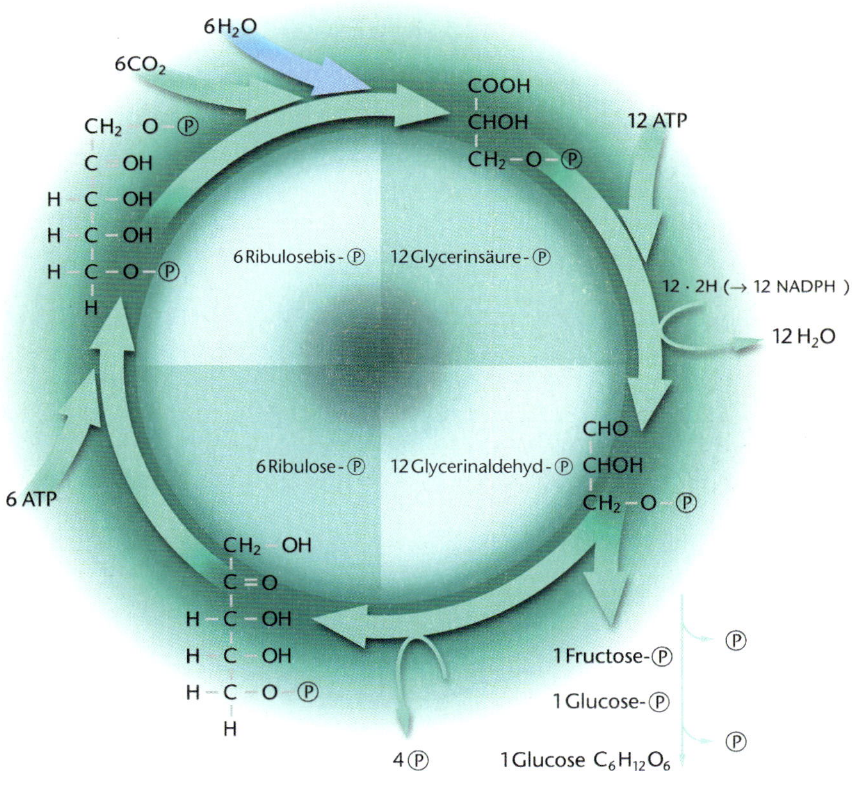

Abbildung 17: Calvin-Benson-Zyklus

Das CO_2 reagiert zunächst mit Ribulose (eigentlich mit der stoffwechselaktiven Form der Ribulose, dem Ribulosebisphosphat) zu 2 Molekülen Glycerinsäure. Nun wird in einem in der Glykolyse entgegengesetzt verlaufenden Reaktionsschritt unter Verbrauch von ATP die Glycerinsäure durch $NADPH_2$ zu Glycerinaldehyd reduziert (ATP und $NADPH_2$ entstammen den Lichtreaktionen). Diese Reaktion ist der entscheidende Energie bindende Schritt im Calvin-Zyklus, da hier der energiereiche Glycerinaldehyd aufgebaut wird:

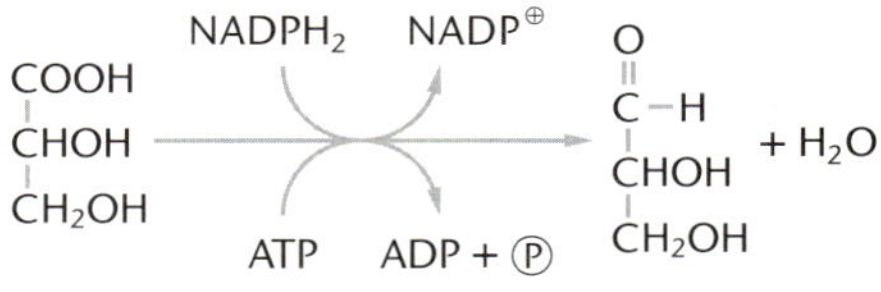

Glycerinsäure   Glycerinaldehyd (Triose)

Von 12 der auf diese Weise entstandenen Triosemoleküle werden im weiteren Fortgang 10 so umgesetzt, dass 6 Pentosemoleküle gebildet werden, die als Ausgangsverbindung (Ribulose) zur Verfügung stehen und 6 CO_2-Moleküle aufnehmen. Die restlichen 2 Triosemoleküle verbinden sich zu einer Hexose, der Glucose, die in weiteren Reaktionen z.B. dem Stärkeaufbau dient.

Wie schon erwähnt, erfolgt die Fixierung des CO_2 nicht durch die Ribulose, sondern durch deren doppelt phosphorylierte Form, das Ribulosebisphosphat. Sechs Moleküle dieser C_5-Verbindung entstehen im Calvin-Benson-Zyklus aus 6 einfach phosphorylierten Ribulosemolekülen (Ribulosephosphat) unter Verbrauch von 6 Molekülen ATP, die zur Fotophosphorylierung herangezogen werden und aus den Lichtreaktionen stammen.

Die Bilanz über die Dunkelreaktionen des Calvin-Benson-Zyklus lautet:

$$6\,CO_2 \xrightarrow[18\,ATP \;\to\; 18\,ADP + 18\,Ⓟ]{12\,NADPH_2 \;\to\; 12\,NADP^{\oplus}} C_6H_{12}O_6 + 6\,H_2O \qquad (5)$$

4.5.2.3 Stoffbilanz über die Licht- und Dunkelreaktionen der Fotosynthese

Für die Synthese von 1 mol Glucose werden in den Dunkelreaktionen 6 mol CO_2 verbraucht, wobei insgesamt 6 mol H_2O gebildet werden. Zum Aufbau der Glucose sind 12 mol $NADPH_2$ zur Reduktion erforderlich, die von den Lichtreaktionen zusammen mit der erforderlichen Energie in Form von 18 mol ATP geliefert werden.

Die Addition der Summengleichungen (4) und (5) ergibt die Bruttogleichung der Fotosynthese.
Die Wassermoleküle zu beiden Seiten der Gleichung werden nicht gegeneinander verrechnet, um auszudrücken, dass sie ganz verschiedenen biochemischen Prozessen der Fotosynthese angehören:

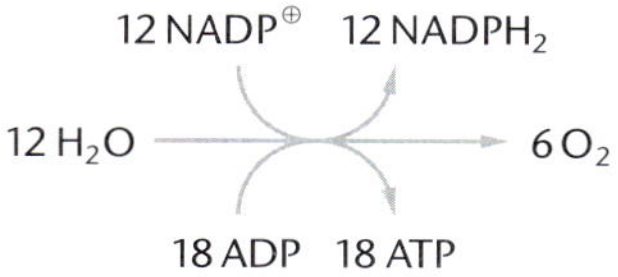

(4)

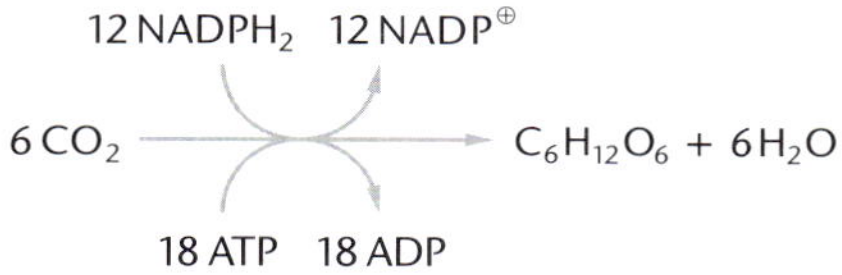

(5)

(4) + (5): Bruttogleichung der Fotosynthese:

$$12\,H_2O + 6\,CO_2 \xrightarrow[\text{Chlorophyll}]{\text{Licht}} 6\,O_2 + C_6H_{12}O_6 + 6\,H_2O \qquad (6)$$

4.5.2.4 Energiebilanz

Wird 1 mol Glucose vollständig zu CO_2 und H_2O verbrannt, so wird ein Energiebetrag von $\Delta G = -2\,872$ kJ frei. Entsprechend muss die gleiche Energiemenge aufgewendet werden, wenn aus CO_2 und H_2O 1 mol Glucose gebildet werden soll.
Als Wirkungsgrad bei der Fotosynthese lässt sich der Quotient aus der durch die Fotosynthese in den organischen Stoffen gebundenen chemischen Energie und der fotosynthetisch wirksamen Energie des einfallenden Lichtes angeben.
Ausgehend von einem Wirkungsgrad (Quotient aus chemisch gebundener Energie und Lichtenergie) von maximal 25 % (unter Laborbedingungen erzielt), ist eine Lichtenergiemenge von 2 872 kJ · 100/25 = 11 488 kJ notwendig, um 1 mol Glucose aufzubauen.
Wird der Wirkungsgrad der Fotosynthese auf natürliche Bedingungen und auf die gesamte Erdoberfläche bezogen, so ergibt sich ein viel geringerer Wert, nämlich nur maximal 0,3 %. Das heißt, nur 0,3 % der Energie des auf die Erdoberfläche auftreffenden Lichtes werden in chemisch ge-

bundene Energie organischer Stoffe umgewandelt. Immerhin ist die entsprechende Ausbeute der Fotosynthese an organischen Stoffen noch gewaltig: Sie beträgt 170 Milliarden Tonnen pro Jahr.

4.5.2.5 Die Fotosynthese als existenzielle Grundlage des Lebens auf der Erde

Die Fotosynthese der autotrophen Pflanzen liefert den heterotroph lebenden Organismen die Nahrungsgrundlage: Die grünen Pflanzen stehen als Produzenten am Anfang der Nahrungsketten.
Die heutige sauerstoffhaltige Erdatmosphäre (oxidierte Atmosphäre) ist nur denkbar auf der Grundlage von Fotosynthese treibenden Organismen. Die Uratmosphäre (reduzierte Atmosphäre) enthielt keinen freien Sauerstoff.
Ohne grüne Pflanzen würde der Kohlenstoff-Sauerstoff-Kreislauf binnen kurzer Zeit zum Erliegen kommen.
Die Fotosynthese liefert indirekt den lebensnotwendigen Ozonschild, der die Erde vor UV-Strahlung schützt.
Für den Menschen ist die Fotosynthesetätigkeit der autotrophen Pflanzen die Voraussetzung für die Nutzung von Energiequellen (Kohle, Öl, Erdgas, Holz).

4.5.3 Chemosynthese

Verschiedene Bakterienarten synthetisieren organische Verbindungen auf autotropher Basis, jedoch ohne Ausnutzung von Lichtenergie. Sie können auch im Dunkeln leben und beziehen ihre Energie z. B. aus der Oxidation anorganischer Salze. Mit dieser Energie werden ATP und $NADPH_2$ aufgebaut, die zur Reduktion von CO_2 herangezogen werden.
Beispiele für solche chemoautotroph lebenden Organismen sind:

- Die nitrifizierenden Bakterien des Erdbodens; sie oxidieren Ammoniumionen (aus der Eiweißzersetzung) zu Nitrit- und weiter zu Nitrationen und tragen so zur Stickstoffbindung im Boden bei.
- Die farblosen Schwefelbakterien (in Schwefelquellen und Kläranlagen), die ihre Energie aus der Oxidation von Schwefelwasserstoff beziehen.

4.6 Aufgabenbeispiele zu Atmung und Fotosynthese

In den folgenden Aufgaben werden Beispiele für die Berechnung von Stoffmengen vorgestellt. Als Ansatz zur Lösung solcher Aufgaben ist zunächst die zugrunde liegende Reaktionsgleichung aufzustellen. Mit ihrer Hilfe lassen sich die entsprechenden stöchiometrischen Mengen angeben. Erst danach kann die eigentliche Rechnung erfolgen.
Für die Lösung der folgenden Aufgabenbeispiele 7–10 gilt die Gleichung mit den stöchiometrischen Mengen:

$$C_6H_{12}O_6 + 6\,H_2O + 6\,O_2 \longrightarrow 6\,CO_2 + 12\,H_2O \qquad \Delta G = -2872 \text{ kJ/mol Glucose}$$

1 mol	6 mol	≙ 36 mol ATP/mol Glucose
180 g	$6 \cdot 22{,}4$ l	≙ $36 \cdot 29$ kJ/mol Glucose

Aufgabe 7

Wie viel mol ATP können durch aeroben Abbau von 500 g Glucose aus ADP aufgebaut werden?

Aufgabe 8

Der Tagesenergiebedarf einer Person beträgt 13 000 kJ. Wie viel Gramm Glucose müsste die Person pro Tag zu sich nehmen, um daraus den gesamten Energiebedarf zu decken?

Aufgabe 9

Wie viel Liter Sauerstoff sind notwendig, um 360 g Glucose zu veratmen? (Berechnung für Bedingungen des Normalzustandes: 0°C, 1,013 bar)

Aufgabe 10

Wie viel Gramm Glucose benötigt eine Person, damit sie durch aeroben Abbau eine Energiemenge von 2000 kJ, gebunden als ATP, ihrem Stoffwechsel zur Verfügung stellen kann?

Aufgabe 11

Welche Energiemenge (in kJ) lässt sich in Form von ATP aus 500 g Glucose bei der alkoholischen Gärung durch Hefepilze bereitstellen?

Aufgabe 12

Durch Fotosynthese sollen 10 g Glucose gebildet werden.
Wie viel Gramm Wasser werden dafür gespalten?
Wie viel Milliliter Sauerstoff entstehen?
Wie viel Milliliter Kohlenstoffdioxid werden assimiliert?

Aufgabe 13

Wie viel Gramm Glucose können aus 10 000 m^3 Luft durch Fotosynthese bei einer grünen Pflanze (Baum) gebildet werden?
(0,03 % CO_2 in der Atmosphäre)

4.7 Lösungsvorschläge

Aufgabe 1

Nach Anlegen der Geraden an die aus den Messwerten gewonnene Kurve ergibt sich durch Ablesen an der senkrechten Achse für v_{max} = 10,2 ml O_2/5 min und für $^1/_2\ v_{max}$ = 5,1 ml O_2/5 min. Durch Ablesen an der waagrechten Achse ergibt sich für

$$K_M = 2{,}2\ g\ H_2O_2 / 100\ ml\ Lösung.$$

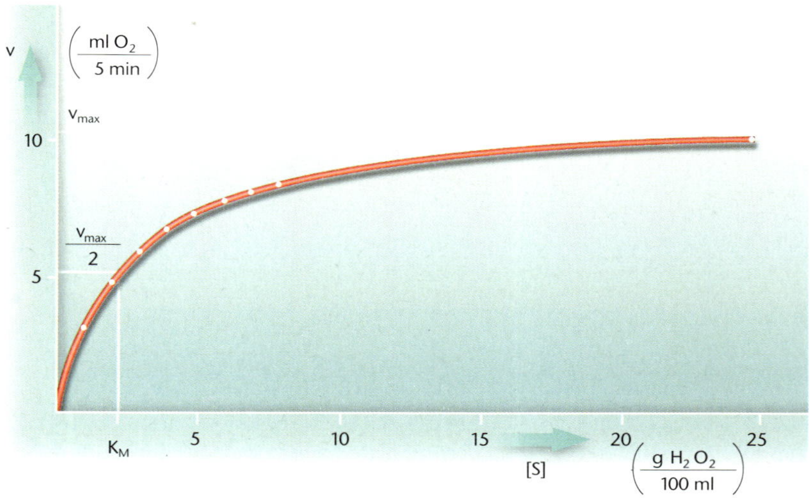

Bestimmung von $^1/_2\ v_{max}$ und K_M für Katalase nach Lineweaver und Burk:

1/[S]	1/v
1,00	0,32
0,50	0,20
0,33	0,17
0,25	0,15
0,20	0,14
0,17	0,13
0,14	0,12
0,13	0,12
0,04	0,10

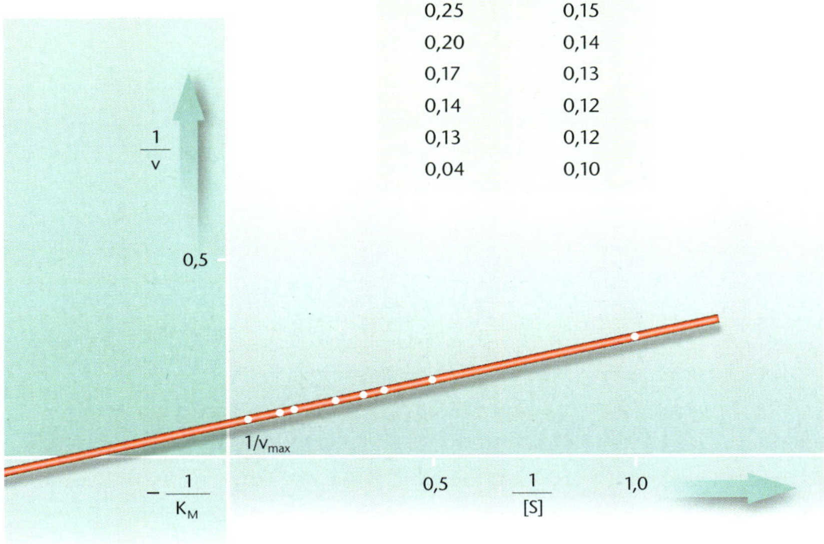

Die Werte für v_{max} und K_M ergeben sich aus den Schnittpunkten der Geraden mit den beiden Achsen:

$$\frac{1}{v_{max}} = 0{,}085 \qquad \frac{1}{K_M} = 0{,}38$$

$v_{max} = 11{,}76$ ml O_2/5 min

$K_M = 2{,}63$ g H_2O_2/100 ml Lösung

$$\frac{v_{max}}{2} = 5{,}88 \text{ ml } O_2/5 \text{ min}$$

Aufgabe 2

$$v = \frac{v_{max} \cdot [S]}{K_M + [S]}$$

$$v = \frac{2 \cdot 6{,}25 \cdot 5{,}5}{2{,}33 + 5{,}5} \; \frac{ml}{5\,min}$$

$$v = 8{,}78\ ml/5\ min$$

Literaturhinweis:

Hassinger H. und R.-D. Wiesbusch: Experimentelle Enzymologie; Studienbücher Biologie; Diesterweg-Salle, Sauerländer, Frankfurt am Main 1977.

Informationen über Enzyme und Enzymkinetik bieten auch die meisten der in der Literaturübersicht aufgeführten Werke (Seite 107).

Aufgabe 3

$$CH_3-\underset{\underset{NH_2}{|}}{CH}-\overset{O}{\overset{||}{C}}-\overset{H}{\overset{|}{N}}-CH(COOH)-CH_3 + 6\,O_2 \longrightarrow 5\,CO_2 + 4\,H_2O + H_2N-\overset{O}{\overset{||}{C}}-NH_2$$

α-Alanylalanin — Harnstoff

Da 1 mol α-Alanylalanin 145 g entsprechen, ergibt sich für das kalorische Äquivalent:

$$\frac{17{,}95 \cdot 145}{6 \cdot 22{,}4} \; \frac{kJ}{l\,O_2} = 19{,}37 \; \frac{kJ}{l\,O_2}$$

Aufgabe 4

$$RQ = 1{,}0 \cdot \frac{50}{100} + 0{,}7 \cdot \frac{35}{100} + 0{,}8 \cdot \frac{15}{100}$$

$$RQ = \frac{50}{100} + \frac{24{,}5}{100} + \frac{12}{100}$$

$$RQ = \frac{86{,}5}{100}$$

$$RQ = 0{,}865$$

Aufgabe 5

Die Werte für die kalorischen Äquivalente für Kohlenhydrate, Fette und Proteine seien 21,1 kJ/l O_2, 19,6 kJ/ l O_2 bzw. 20,1 kJ/ l O_2.

Kalorisches Äquivalent für das Nährstoffgemisch $= \left(21{,}1 \cdot \frac{50}{100} + 19{,}6 \cdot \frac{35}{100} + 20{,}1 \cdot \frac{15}{100}\right) \frac{kJ}{l\,O_2}$

$$= (10{,}55 + 6{,}86 + 3{,}015)\ \frac{kJ}{l\,O_2}$$

$$= 20{,}425\ \frac{kJ}{l\,O_2}$$

Einem gemessenen RQ von 0,865 lässt sich also ein kalorisches Äquivalent von 20,425 kJ/l O_2 zuordnen.

Aufgabe 6

a Bezogen auf die Energiewerte sollte bei einer gesunden Ernährungsweise das Verhältnis von Protein : Kohlenhydraten : Fett im Durchschnitt 15 : 50 : 35 in der Nahrung betragen.
Zunächst müssen also die entsprechenden Energiemengen für die verbrauchten Nährstoffe ermittelt werden:

Protein:	50 g · 17 kJ/g	=	850 kJ	≙	5,6 %
Kohlenhydrate:	150 g · 17 kJ/g	=	2550 kJ	≙	16,9 %
Fett:	300 g · 39 kJ/g	=	11700 kJ	≙	77,5 %
	15100 kJ				100,0 %

Daraus ist zu ersehen, dass

- in der Kost im Durchschnitt zu wenig Proteine und Kohlenhydrate enthalten sind und der Fettanteil zu hoch ist und
- die Gesamtenergiemenge mit 15 100 kJ pro Tag die anzustrebenden Werte von 10 500 kJ/Tag bzw. 13 000 kJ/Tag deutlich übersteigt.

b

$$RQ = \frac{0{,}8 \cdot 10 + 1{,}0 \cdot 30 + 0{,}7 \cdot 60}{100}$$

$$RQ = 0{,}8$$

c

Zunächst werden mithilfe der durchschnittlichen RQ-Werte die prozentualen Energieanteile der Kohlenhydrate und Fette ermittelt.
Der Anteil an Kohlenhydraten sei x%; der Anteil an Fett ist dann (100–15–x)%.

$$0{,}897 = \frac{0{,}8 \cdot 15}{100} + \frac{1{,}0 \cdot x}{100} + \frac{0{,}7 \cdot (100 - 15 - x)}{100}$$

$$89{,}7 = 12 + x + 70 - 10{,}5 - 0{,}7\,x$$

$$18{,}2 = 0{,}3\,x$$

$$x = 60{,}7$$

Der Kohlenhydratanteil beträgt 60,7 %.
Fettanteil = 100 %–15 %–60 % = 24,3 %.

Daraus folgt das kalorische Äquivalent des Nährstoffgemisches:

$$\text{kalorisches Äquivalent} = \left(\frac{20{,}1 \cdot 15}{100} + \frac{21{,}1 \cdot 60{,}7}{100} + \frac{19{,}6 \cdot 24{,}3}{100}\right) \frac{\text{kJ}}{\text{l}\,O_2}$$

$$= 20{,}59\ \text{kJ/l}\,O_2$$

d

$$\text{GU} = \text{kalorisches Äquivalent} \cdot \frac{\text{l}\,O_2}{1\,\text{h}} \cdot 24\,\text{h}$$

$$= 20{,}59 \cdot 4 \cdot 24\ \text{kJ}$$

$$= 1976{,}64\ \text{kJ (bezogen auf 24 Stunden)}$$

Aufgabe 7

180 g Glucose: 36 mol ATP = 500 g Glucose : x
(= 1 mol)
x = 100 mol ATP

Aufgabe 8

180 g Glucose : 2872 kJ = x : 13 000 kJ
x = 814,8 g Glucose

Aufgabe 9

180 g Glucose : (6 · 22,4 l O_2) = 360 g Glucose : x
(= 1 mol) (= 6 mol)
x = 268,8 l O_2

Aufgabe 10

180 g Glucose : 1044 kJ = x : 2000 kJ
(36 · 29 kJ)
x = 344,8 g Glucose

Aufgabe 11

$C_6H_{12}O_6 \rightarrow 2\,C_2H_5OH + 2\,CO_2 + 2\,ATP\ (\triangleq 2 \cdot 29\ kJ)$
180 g
180 g Glucose : 2 · 29 kJ = 500 g Glucose : x
x = 161,1 kJ

Aufgabe 12

$6\,CO_2$	+	$12\,H_2O$	$\rightarrow$	$C_6H_{12}O_6$	+	$6\,O_2$
6 · 22,4 l		12 ·18 g		180 g		6022,4 l

12 · 18 g Wasser : 180 g Glucose = x : 10 g Glucose
x = 12 g Wasser

180 g Glucose : (6 · 22,4 · 1000 ml O_2) = 10 g Glucose : x
x = 7466,7 ml O_2

180 g Glucose : (6 · 22,4 · 1000 ml CO_2) = 10 g Glucose : x
x = 7466,7 ml CO_2

Aufgabe 13

180 g Glucose : (6 · 22,4 l CO_2) = x : (10 000 · 1000 l CO_2 · 0,0003)
x = 4017,9 g Glucose

Kapitel 5

Anforderungen in der schriftlichen Abiturprüfung

5.1 Anforderungsbereiche

In der bereits eingangs erwähnten Vereinbarung der Kultusminister über einheitliche Prüfungsanforderungen in der Abiturprüfung werden die Anforderungen in der Abiturprüfung in drei so genannte Anforderungsbereiche unterteilt, die eine gemeinsame Grundlage für die Erstellung von Abituraufgaben bilden.
Die im Folgenden beschriebenen Anforderungsbereiche stellen zwar auch eine Abstufung nach der Schwierigkeit der Aufgabe dar, sie charakterisieren aber vor allem den Grad an Selbstständigkeit bei der geistigen Arbeit.

Der *Anforderungsbereich I* umfasst:

- die Wiedergabe von Sachverhalten (z. B. Daten, Fakten, Regeln, Formeln, Aussagen) aus einem begrenzten Gebiet im gelernten Zusammenhang;
- die Beschreibung und Verwendung gelernter und geübter Arbeitstechniken und Verfahrensweisen in einem begrenzten Gebiet und in einem wiederholenden Zusammenhang.

Dazu können beispielsweise gehören:

- Wiedergeben einer im Unterricht behandelten Definition;
- Darstellen der aus dem Unterricht bekannten Gesamtbilanz der Fotosynthese;
- Beschreiben eines Graphen.

Der *Anforderungsbereich II* umfasst:

- selbstständiges Auswählen, Anordnen, Verarbeiten und Darstellen bekannter Sachverhalte unter vorgegebenen Gesichtspunkten in einem durch Übung bekannten Zusammenhang;
- selbstständiges Übertragen des Gelernten auf vergleichbare neue Situationen, wobei es entweder um veränderte Fragestellungen oder um veränderte Sachzusammenhänge oder um abgewandelte Verfahrensweisen gehen kann.

Dazu können u.a. gehören:

- Zuordnen und Ergänzen der Aussagen eines Textes zu einem Graphen;
- Anfertigen einer Zeichnung eines experimentell behandelten Blattquerschnitts;
- Erörtern von vorher nicht bekannten Versuchsergebnissen.

Der *Anforderungsbereich III* umfasst planmäßiges Verarbeiten komplexer Gegebenheiten mit dem Ziel, zu selbstständigen Gestaltungen oder Deutungen, Folgerungen, Begründungen, Wertungen zu gelangen. Dabei werden aus den gelernten Denkmethoden bzw. Lösungsverfahren die zur Bewältigung der Aufgaben geeigneten selbstständig ausgewählt und einer neuen Problemstellung angepasst.

Dazu können u.a. gehören:

- selbstständiges Entwickeln von Arbeitshypothesen aus Ergebnissen von Experimenten;
- planmäßiges Auswählen und Entwickeln einer geeigneten Untersuchungsmethode;
- methodenkritisches Erörtern von verwendeten Arbeitsverfahren.

Eine Prüfungsaufgabe für die schriftliche Abiturprüfung soll sich auf alle drei beschriebenen Anforderungsbereiche erstrecken. Die Prüfungsaufgabe erreicht dann ein angemessenes Niveau, wenn das Schwergewicht der zu erbringenden Prüfungsleistungen im Anforderungsbereich II liegt und daneben die Anforderungsbereiche I und III berücksichtigt werden, und zwar Anforderungsbereich I in deutlich höherem Maße als Anforderungsbereich III.
Die drei Anforderungsbereiche seien anhand des Beispiels einer Abiturteilaufgabe erläutert:

5.1.1 Aufgabenbeispiele für die schriftliche Abiturprüfung

Aufgabe 1

a Erläutern Sie kurz, was man unter dem Atmungsvorgang versteht, und geben Sie die entsprechende Summengleichung für Glucose an!

b Welche prinzipielle Abhängigkeit wird durch den Verlauf des Graphen ausgedrückt?

c Erklären Sie die Ursachen für die Anstiegsphase des Graphen!

d Was könnte die Ursache für den scharfen Umknickungspunkt der Kurve bei ca. +48 °C sein?

e Es wird angenommen, hier sei die nächtliche Atmungsrate gemessen worden. Berechnen Sie den Verlust an assimilierter Substanz (in Form von Glucose) bei der Kartoffelpflanze für eine Temperatur von 20°C!

f Entwickeln Sie eine geeignete Versuchsanordnung zur Messung der Atmungsintensität der Blätter von Kartoffelpflanzen in Abhängigkeit von der Temperatur, und beziehen Sie Stellung zu möglichen Fehlerquellen!

Die Teilaufgabe a ist dem Anforderungsbereich I zuzuordnen, da hier die Wiedergabe von gelernten und geübten Sachverhalten verlangt wird.
Die Anforderungen von Teilaufgabe b gehen zwar über die reine Wiedergabe von Sachwissen hinaus, trotzdem entspricht die Aufgabe schwerpunktmäßig dem Anforderungsbereich I, da hier einfache und im Unterricht in ähnlicher Form häufig geübte Zusammenhänge angesprochen werden.
Die Teilaufgaben c, d und e gehören dem Anforderungsbereich II an, da selbstständiges Übertragen von Gelerntem auf neue vergleichbare Situationen gefordert wird.
Teilaufgabe f ist ein Beispiel aus dem Anforderungsbereich III: Neben dem planmäßigen Verarbeiten verschiedenster Kenntnisse zur Erstellung eines komplexen Systems (wie einer Versuchsanordnung) werden methodenkritisches Denken und Erörtern verlangt.

Material:

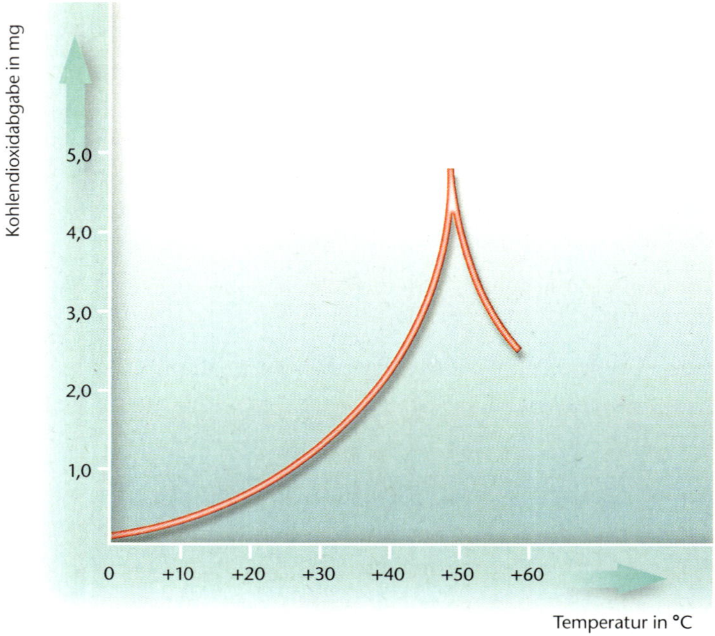

Abbildung: Die Atmungsintensität der Blätter von Kartoffelpflanzen (verändert nach: Fels, G.: Kursheft Ökologie; Ernst Klett, Stuttgart 1984).

5.2 Arten und Aufbau von Abiturprüfungsaufgaben im Fach Biologie

Eine Prüfungsaufgabe kann entweder aus einer einzigen Aufgabe bestehen, oder sie ist aus mehreren voneinander unabhängigen Aufgaben zusammengesetzt.
Besteht die Prüfungsaufgabe aus mehreren thematisch verschiedenen Aufgaben, so soll die Anzahl dieser vom Prüfling zu bearbeitenden Aufgaben so begrenzt werden, dass mit jeder Aufgabe eine selbstständige, anspruchsvolle Prüfungsleistung möglich ist.
Für eine Prüfungsaufgabe des ersten Typs kann die auf Seite 97 vorgestellte Abituraufgabe als Beispiel genommen werden.
Ein Beispiel für eine Teilaufgabe einer Abiturprüfungsaufgabe wäre die Aufgabenstellung auf Seite 87, da die Einzelaufgaben insgesamt weniger Zeit für die Bearbeitung beanspruchen. Für eine vollständige Prüfungsaufgabe müsste noch eine zweite, einem ähnlichen Zeitaufwand entsprechende Teilaufgabe gestellt werden (siehe das folgende Beispiel).

5.2.1 Aufgabenbeispiele für die schriftliche Abiturprüfung

Aufgabe 2

a Legen Sie unter Verwendung einer Summengleichung kurz dar, was man unter Assimilation bei grünen Pflanzen versteht!

b Die Kurven vergleichen Stoffwechselvorgänge der Pflanze A und der Pflanze B. Erläutern Sie am Beispiel **einer** Pflanze den Zusammenhang der drei Kurven!

c Welche Aussagen über die Sauerstoffabgabe der Pflanze A lassen sich aus den Kurven ableiten?

d Geben Sie eine stoffwechselphysiologische Deutung für den unterschiedlichen Verlauf folgender Kurven:
- Atmungs- und Assimilationskurve bei Pflanze A;
- Assimilationskurven von Pflanze A und B!

e Stellen Sie eine Beziehung zu den Lebensräumen der Pflanzen her!

Material:

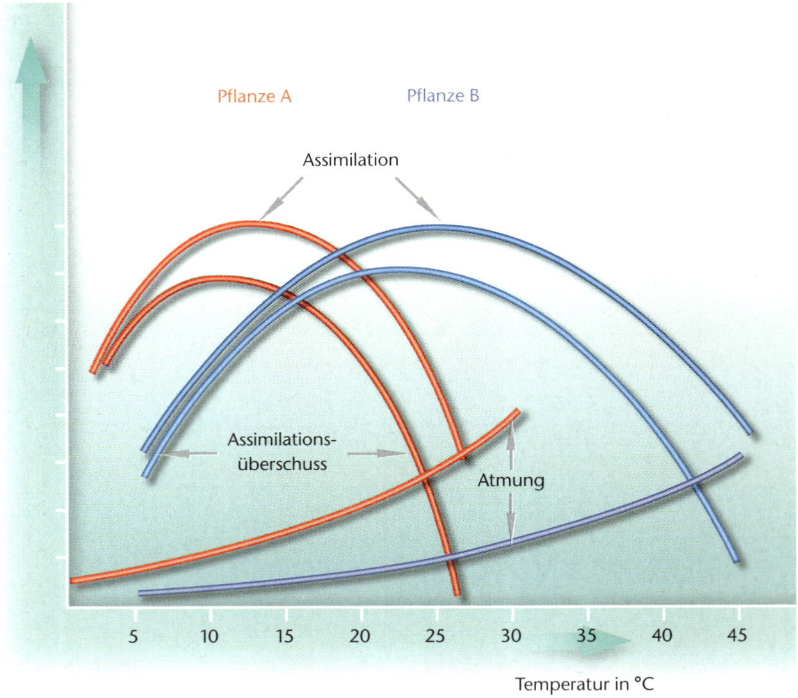

5.3 Formale Gesichtspunkte bei der schriftlichen Ausarbeitung der Abituraufgaben

Bei der schriftlichen Bearbeitung der Abituraufgaben sollten Sie unbedingt auf das Erreichen einer **übersichtlichen Gesamtanlage** achten.
Zu einer solchen Übersichtlichkeit gehört zunächst ein gut leserliches und insgesamt deutliches **Schriftbild** und – soweit nötig – klare und übersichtlich strukturierte **Zeichnungen.** Auf diese Weise lassen sich beim Korrigierenden mit einfachsten Mitteln Missverständnisse vermeiden, die sich bei der Beurteilung nur nachteilig auswirken können.
Das Einhalten eines **Randes** und die **Gliederung des Textes** in Sinnabschnitte trägt nicht nur zu einer größeren Übersichtlichkeit bei, sondern auch – in Zusammenhang mit den oben erwähnten Gesichtspunkten – zu einem positiven optischen Gesamteindruck. Der Korrigierende wird

sich von vornherein gern und interessiert mit dem Geschriebenen auseinander setzen.
Bei mehrseitigen Ausführungen, wie sie im schriftlichen Abitur wohl anzunehmen sind, sind **nummerierte Seiten** sowie Hinweise auf Fortsetzung des Textes auf Seiten anderer Bögen unerlässlich. Ergänzende Abschnitte können so nicht übersehen werden.
Beachten Sie unbedingt die Regeln für **Rechtschreibung, Zeichensetzung** und **Grammatik**; sie sind notwendig für die Klarheit dessen, was Sie mitteilen wollen. Unter Umständen können positive Gedankenansätze bei der Beurteilung nicht berücksichtigt werden, weil sie durch fehlerhafte Anwendung der Regeln im Schriftbereich nicht klar genug zum Ausdruck kommen.
Noch einmal: Achten Sie bei der schriftlichen Ausfertigung auf eine möglichst große Klarheit in der Darstellung; sie erleichtert die eigene gedankliche Durchdringung des Problems, sie lässt beim Korrigierenden keine Missverständnisse aufkommen und versetzt ihn in eine positive Grundstimmung – schon vor der Auseinandersetzung mit dem Text.
Diese psychologische Wirkung sollten Sie nicht gering einschätzen!

5.4 Sachliche Gesichtspunkte bei der schriftlichen Ausarbeitung von Abituraufgaben

Achten Sie sehr darauf, dass die Beantwortung der Aufgabenstellungen nicht nur **richtig,** sondern auch **vollständig** geschieht! Dies setzt natürlich voraus, dass der Aufgabentext vorher gründlich durchgelesen wird. Unterzieht man sich dieser Mühe, dann lässt sich leicht ein anderer, aber häufiger Fehler vermeiden: **Aufgabenstellung und Antwort passen nicht zueinander,** bzw. die Antwort geht an der Aufgabe vorbei und muss als falsch gewertet werden.
In diesem Zusammenhang häufig zu beobachtende Fehler seien an Aufgabenbeispielen erläutert:

Aufgabe:
Erläutern Sie die Verdauung der Kohlenhydrate anhand von chemischen Formeln und Reaktionsgleichungen!

Mögliche Antwort des Prüfungskandidaten:
Formulierung der beschrifteten Reaktionsgleichungen zum Abbau von Stärke und Maltose zu Glucose.

Eine solche Antwort ist unbefriedigend und würde wahrscheinlich höchstens mit »ausreichend« bewertet werden. »Erläutern anhand von Formeln und Gleichungen« bedeutet nämlich, eine ausführliche Darstellung des Sachverhaltes geben, und zwar in Form eines Textes unter zusätzlicher Heranziehung von Formeln und Gleichungen! Zur Beantwortung der Aufgabe könnte man also so vorgehen, dass man zunächst die beschrifteten Gleichungen für den enzymatischen Abbau von Stärke und Maltose formuliert. Daran anschließend, könnte man den Sachverhalt in einen Text fassen und dabei die Reaktionsabläufe erläutern (was versteht man unter Verdauung und unter enzymatischer Katalyse?; Enzyme; Hydrolyse; Orte der einzelnen Verdauungsprozesse u. a.).

Aufgabe:
Erklären Sie die Unwirksamkeit von Enzymen bei höheren Temperaturen!

Mögliche Antwort des Prüfungskandidaten:
»Enzyme zeigen eine Temperaturabhängigkeit in der Form, dass ihre Aktivität mit steigender Temperatur zunimmt, und zwar um das 2- bis 3fache pro 10 °C Temperaturerhöhung (RGT-Regel). In mittleren Temperaturbereichen haben Enzyme ein Temperaturoptimum, d. h., ihre Aktivität ist hier am höchsten. Ab einer Temperatur von ca. 40°C verlangsamt sich die Umsatzgeschwindigkeit von Enzymen und erreicht zwischen 50°C und 60°C den Nullwert.«

Diese Antwort enthält *einen*, aber *entscheidenden* Fehler: Sie **beschreibt** die Temperaturabhängigkeit der Enzymaktivität, **aber erklärt** sie **nicht!** »Erklären« bedeutet, Ursache und Wirkung zueinander in Beziehung setzen; oder anders ausgedrückt: Antwort geben auf die Frage »wieso?«.
In unserem Aufgabenbeispiel hätte der Prüfling keine Beschreibung der Temperaturabhängigkeit bei Enzymen liefern dürfen, sondern auf die Ursache der Beobachtung eingehen müssen, wieso Enzyme bei höheren Temperaturen unwirksam sind, also auf die Denaturierung des Proteinanteils der Enzyme.

Um eine möglichst große **Klarheit** in Ihren Aussagen zu erreichen, sollten Sie auch um eine **gedanklich logische Verknüpfung** der Einzelsätze bemüht sein. Eine Satzreihung, bei der einzelne Sätze ohne inneren Bezug hintereinander stehen, kann zur Verwirrung des Korrigierenden beitragen oder erschwert zumindest das Verständnis. Haben Sie Schwierig-

keiten beim schriftlichen Niederlegen Ihrer Gedanken, empfiehlt sich eine zumindest abschnittsweise Vorformulierung des Textes und eine anschließende Übertragung in die Reinschrift.
Abschließend sei noch bemerkt, dass die Qualität einer Darstellung sehr stark vom treffsicheren Gebrauch von Ausdrücken abhängt. Der Mehraufwand für das Suchen **qualifizierter Fachausdrücke** lohnt sich bestimmt. In diesem Zusammenhang sei auch auf den notwendigen und richtigen Gebrauch der **Fachsprache** hingewiesen.

5.5 Lösungsvorschläge

Aufgabe 1

a Oxidation von Glucose zu Kohlenstoffdioxid und Wasser unter Energiefreisetzung; Summengleichung:

$$C_6H_{12}O_6 + 6\,O_2 \longrightarrow 6\,H_2O + 6\,CO_2$$

b Angaben auf der
Abszisse: Temperatur in °C;
Ordinate: CO_2-Abgabe/Zeiteinheit.
Also grundlegende Aussage:
Der Graph stellt die CO_2-Abgabe/Zeit bei der Kartoffelpflanze in Abhängigkeit von der Temperatur dar. Dabei zeigt sich, dass die CO_2-Abgabe mit zunehmender Temperatur bis zu einem Maximalwert ansteigt und danach abfällt.

c Genauere Betrachtung der Anstiegsphase des Graphen:
bei + 10°C: ca. 0,2 mg CO_2,
bei + 20°C: ca. 0,6 mg CO_2,
bei + 30°C: ca. 1,2 mg CO_2,
bei + 40°C: ca. 2,2 mg CO_2.
Beim Kurvenanstieg liegt also keine proportionale Beziehung vor. Bei einer Temperaturerhöhung um 10°C erfolgt in etwa eine Verdoppelung der CO_2-Abgabe. Diese Beobachtung deutet auf die Beziehung hin, dass die Reaktionsgeschwindigkeit stoffwechselphysiologischer Prozesse bei einer Temperaturerhöhung um 10°C auf das 2- bis 3fache ansteigt (RGT-Regel).

d Bei hohen Temperaturen werden die Atmungsenzyme thermisch geschädigt und verlieren ihre katalytischen Fähigkeiten.

e Eine Temperatur von +20 °C entspricht einer CO_2-Abgabe von ca. 0,6 mg CO_2. Reaktionsgleichung für die Veratmung von Glucose:

$$C_6H_{12}O_6 + 6\,CO_2 \longrightarrow 6\,CO_2 + 6\,H_2O$$

$6 \cdot 44$ g CO_2 : 180 g Glucose = 0,6 mg CO_2 : x

$$x = \frac{180 \cdot 1000 \cdot 0{,}6}{6 \cdot 44 \cdot 1000}\ \text{mg}$$

x = 0,41 mg

Bei einer Temperatur von +20°C werden von der Kartoffelpflanze ca. 0,4 mg Glucose pro Zeiteinheit veratmet.

f Beispielsweise Verwendung einer spirometerähnlichen Apparatur; verschiedene Versuchsansätze mit konstanten Bedingungen (z. B. gleiche Blattmassen, gleiche Luftfeuchtigkeit).

Aufgabe 2

a Aufbau energiereicher Verbindungen im pflanzlichen Organismus aus Kohlenstoffdioxid, Wasser und Lichtenergie mithilfe von Chlorophyll:

$$6\,CO_2 + 6\,H_2O \xrightarrow[\text{Chlorophyll}]{\text{Licht}} C_6H_{12}O_6 + 6\,O_2$$

b Mit ansteigender Temperatur: Zunahme der Atmungstätigkeit (stetiges Ansteigen der Atmungskurven), Zunahme der Assimilationstätigkeit bis zu einem Optimum, anschließend Absinken; Assimilation minus Atmung = Assimilationsüberschuss.

c Die Sauerstoffabgabe ist durch die Kurve des Assimilationsüberschusses gekennzeichnet.

d Ansteigen des Atmungsstoffwechsels mit zunehmender Temperatur, eventuell RGT-Regel; Optimumskurve abhängig von der Aktivität der beteiligten Enzyme; unterschiedliche Optima, unterschiedliche obere Temperaturgrenze.

e Wärme- und Kältepflanze.

Hinweise zum Vorgehen bei der Bearbeitung von Aufgaben in der schriftlichen Prüfung

Stellen Sie sich zu Beginn der Prüfung einen **Zeitplan** auf! Kalkulieren Sie dabei auch **Arbeitspausen** ein und genügend Zeit, das Geschriebene noch einmal durchzusehen!
Lesen Sie alle Aufgaben, die zu einem Themengebiet gehören, in **Ruhe** im Zusammenhang durch! Geraten Sie beim Auftreten von Unklarheiten oder Verständnisschwierigkeiten nicht gleich in Panik! Probleme lassen sich nur durch Nachdenken und in Ruhe lösen. Bedenken Sie auch, dass sich vieles zunächst »schlimmer« anhört, als es sich nach einiger Zeit der Auseinandersetzung darstellt!

Bearbeiten Sie die Aufgaben in der **vorgegebenen Reihenfolge!** Die einzelnen Aufgaben sind in der Regel so abgefasst, dass sie vom einfacheren zum komplexeren Sachverhalt fortschreiten. Damit liefern die vorherigen Aufgaben bzw. deren Lösungen die gedanklichen Voraussetzungen für die darauf folgenden Probleme. Beginnen Sie also nicht mit Teilaufgaben, die Ihnen zunächst leichter erscheinen; diese Vorgehensweise wäre unökonomisch.
Wenn Sie allerdings merken, dass Sie bei einer Aufgabe tatsächlich nicht mehr weiterkommen, dann sollten Sie sich nicht festbeißen, sondern zügig zur nächsten Aufgabe übergehen. Nach längerer Auseinandersetzung mit dem gesamten Problemkreis wird Ihnen manches mit der Zeit klar. Lassen Sie daher in ihrem Skript genügend Platz, um eventuell später das Fehlende nachzutragen!

Überlegen Sie bei jeder einzelnen Aufgabe genau, wo das **eigentliche Problem** liegt! Klären Sie, was noch zum weiteren Zusammenhang gehört! Grenzen Sie die Problemstellung gegenüber unwesentlichen und nicht mehr zum Thema gehörenden Aspekten ab!

Wenn Sie sich über die Problemstellung ausreichend klar geworden sind, sollten Sie sich nun überlegen, wie Sie die Problemlösung angehen. Stellen Sie sich in diesem Zusammenhang die Fragen:

- Welche **Lösungsansätze** sind in den Informationen der **Aufgabenstellung** mit den dazugehörigen Unterlagen (Text, Abbildungen) bereits enthalten?
- Welche Informationen habe ich selbst dazu in meinem **eigenen Wissensbesitz**?

Achten Sie bei Ihren schriftlichen Ausführungen auf **gedankliche Vollständigkeit!** Haben Sie, wie oben geschildert, bei der Problemsichtung Unwesentliches vom Wesentlichen getrennt, so sollten Sie nun alle Teilaspekte, die zum Gesamtproblem gehören, auch aufgreifen und zu Papier bringen. Machen Sie also nicht den Fehler und verfallen angesichts der Fülle der zu bewältigenden Arbeit in eine gewisse »Schreibfaulheit«! Auf der anderen Seite sollten Sie bedenken, dass Ihre Darstellung durch Wiederholungen oder bloße Umformulierungen an neuen gedanklichen Ansätzen verarmt und somit in Geschwafel ausartet.
Formulieren Sie – zumindest bei schwierigen Passagen – Ihre Gedanken schriftlich **zunächst auf Konzeptpapier** vor, und fertigen Sie erst anschließend die Reinschrift an! Das ist nicht nur für ein angenehmeres Schriftbild förderlich, es trägt vor allem dazu bei, dass Sie und der Korrigierende einen besseren Durchblick haben. Letztlich wird Ihnen dadurch ein treffsicherer Gebrauch von **Fachausdrücken** gelingen.
Nehmen Sie sich nach Bearbeitung aller Teilaufgaben zu einem Thema die Zeit, noch einmal alles durchzulesen! Dabei lassen sich wichtige Ergänzungen anbringen und fachliche Fehler korrigieren.

Kapitel 7

Beispiel für eine schriftliche Abiturprüfungsaufgabe

Die Vorgehensweise bei der Bearbeitung einer schriftlichen Abituraufgabe soll nun an einem Beispiel erläutert werden.
Die Bearbeitungszeit für diese Abituraufgabe beträgt maximal 120 Minuten.

Davon entfallen auf

Durchlesen der Aufgabenstellung zu Beginn	ca. 10 Minuten,
abschließendes Durchlesen	ca. 10 Minuten,
Pausen	ca. 10 Minuten.

Insgesamt verbleiben also rund 90 Minuten als reine Arbeitszeit. Für die Beantwortung jeder einzelnen der 5 Teilaufgaben können demnach 18 Minuten verwendet werden. Die Zeitangabe von 18 Minuten ist natürlich ein Durchschnittswert; er kann nur als Richtzeit angesehen werden: Einzelne Aufgaben (3. oder 4.) werden weniger Zeit erfordern, bei den anderen Aufgaben kann dafür etwas länger verweilt werden.

7.1 Aufgabenstellung

Aufgabe 1

Die Zimmerpflanze Bryophyllum calycinum gehört zu den Sukkulenten. Die pH-Messung des Zellsaftes ihrer dickfleischigen Blätter führt zu folgendem Ergebnis: Der pH-Wert ist morgens am niedrigsten und abends am höchsten.

a Vergleichen Sie die Kurven A und B (Anlage 1), und setzen Sie die Kurve A in Beziehung zur oben beschriebenen pH-Messung!

b Beschreiben Sie den in Anlage 2 dargestellten Zellstoffwechsel von Bryophyllum calycinum! Geben Sie anstelle der Strukturformeln die Namen der Verbindungen an! Entscheiden Sie, welche Vorgänge (1 bis 8) nachts und welche tagsüber ablaufen! Markieren Sie die Pfeile in Anlage 2 mit dunkler (= nachts) bzw. mit heller Farbe (= tags)!

c Begründen Sie, wieso das mit * gekennzeichnete CO_2 nicht direkt wieder an den CO_2-Akzeptor gebunden wird!

d Begründen Sie, wieso die im Plasma gebildete Säure in die Vakuole transportiert wird!

e Vergleichen Sie den Mechanismus der CO_2-Fixierung von Bryophyllum calycinum mit dem entsprechenden Mechanismus einer krautigen, einheimischen Pflanze! Fassen Sie die Ergebnisse tabellarisch zusammen! Erläutern Sie die ökologische Bedeutung der CO_2-Fixierung von Bryophyllum!

Material: Anlagen 1 und 2

Ihre ***Vorkenntnisse:***
Sie kennen folgende Inhalte:

- Fotosynthese und Atmung bei einheimischen, krautigen Pflanzen;
- Definition des pH-Wertes;
- Anpassungen von Pflanzen an ihren Standort.

Material:

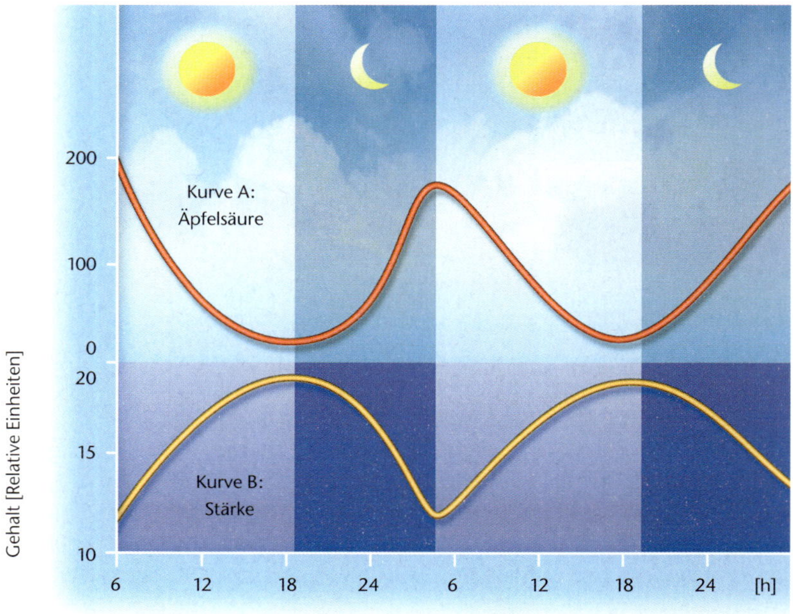

Anlage 1

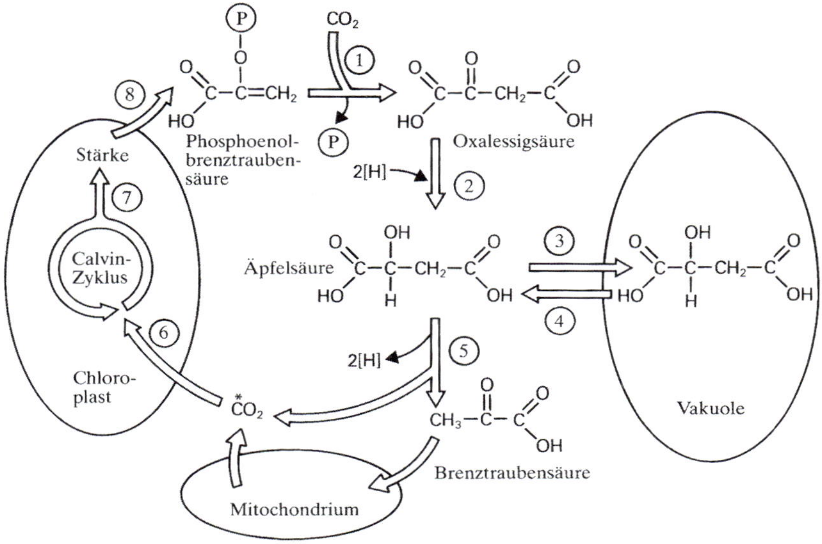

Anlage 2

7.2 Lösungsvorschläge

Aufgabe 1

a

Problem:

- beide Kurven vergleichen, d. h. Unterschiede und Ähnlichkeiten der beiden Kurvenverläufe beschreiben; eventuelle Abhängigkeiten herausstellen.
- Kurve A in Beziehung setzen zu den pH-Wert-Messungen.

Lösungsansätze

durch in der Aufgabenstellung enthaltene Informationen:

- in der Abbildung die Beschriftung der Koordinaten mit Einheiten und Dimensionen;
- der Verlauf der Kurven für Äpfelsäure (HOOC – CHOH – CH_2 – COOH) und Stärke;
- die Abhängigkeit des pH-Wertes in der Zellvakuole von der Tageszeit.

durch Informationen aus eigenem Wissensbesitz:

- Bedeutung des pH-Wertes;
- Abhängigkeit des pH-Wertes von der Säurekonzentration, im vorliegenden Fall von der Konzentration der Äpfelsäure.

Lösung:

	Äpfelsäuregehalt	Stärkegehalt
Licht (Tag)	fallend (5.⁰⁰ Uhr – 19.⁰⁰ Uhr)	steigend
Dunkel (Nacht)	steigend	fallend

Es scheint ein Zusammenhang zwischen Stärkeabbau und Äpfelsäureaufbau und umgekehrt zu bestehen. Da morgens die Konzentration an Äpfelsäure am höchsten ist, muss die pH-Messung niedrige Werte ergeben; abends ist der Gehalt an Äpfelsäure am niedrigsten, dies wird durch höhere pH-Werte deutlich.

b

Problem:

- Beschreibung des Zellstoffwechsels von Bryophyllum anhand der Abbildung;
- angeben, welche Vorgänge nachts und welche tagsüber verlaufen; keine Erklärungen!
- Pfeile markieren.

Lösungsansätze:

- Zur Beschreibung des Zellstoffwechsels sind die auf dem Arbeitsblatt vorgegebenen Informationen zu benutzen. Dabei ist auf den Gebrauch der Fachsprache zu achten!
- Weiter heranzuziehende Informationen: Gehalt der Vakuole an Äpfelsäure während des Tages und nachts.

Lösung:

Das atmosphärische CO_2 wird an Phosphoenolbrenztraubensäure gebunden. Es entsteht Oxalessigsäure (Vorgang 1). Diese wird zu Äpfelsäure reduziert. Reduktionsmittel ist NADH + $H^{\oplus}$ (Vorgang 2). Die im Plasma gebildete Äpfelsäure wird in die Vakuole transportiert (Vorgang 3). Diese Vorgänge laufen nachts ab.
Am Tag finden die Vorgänge 4–7 statt: Äpfelsäure gelangt aus der Vakuole ins Plas-

ma (Vorgang 4). Sie wird dort durch $NAD^{\oplus}$ oxidiert und anschließend decarboxyliert. Es entsteht Brenztraubensäure, die in den Mitochondrien in den Citronensäurezyklus eingeht (Vorgang 5). Das bei der Decarboxylierung der Äpfelsäure frei gewordene CO_2 wird zusammen mit dem respiratorischen CO_2 im Calvin-Zyklus zum Aufbau von Stärke verwendet (Vorgänge 6 und 7).
Der Stärkeabbau (Vorgang 8) zu Phosphoenolbrenztraubensäure erfolgt nachts.

c

Problem:

Begründen, wieso $\overset{*}{C}O_2$ nicht an den Akzeptor Phosphoenolbrenztraubensäure gebunden wird.

Lösungsansätze:

- Aus den vorherigen Überlegungen wird klar, dass die Äpfelsäure nachts gebildet und im Verlauf des Tages abgebaut wird.
- Das $\overset{*}{C}O_2$ aus den Vorgängen der aeroben Atmung in den Mitochondrien entsteht zu einer anderen Tageszeit als der CO_2-Akzeptor.

Lösung:

Das CO_2 wird am Tag gebildet. Der CO_2-Akzeptor wird jedoch nachts gebildet. Er dient nur zur Bindung des atmosphärischen CO_2.

d

Problem:

Begründen, wieso die Äpfelsäure in die Vakuole transportiert wird.

Lösungsansätze:

- Bedeutung und Aufgaben von Zellvakuolen (u. a. Ablagerung von Stoffwechselendprodukten, vorübergehende Speicherung von Reservestoffen);
- in Zellvakuolen keine Vorgänge des Zellstoffwechsels;
- pH-Abhängigkeit von Stoffwechselprozessen (pH-Abhängigkeit der Enzymkatalyse);
- pH-Änderung in der Vakuole kann aber keine Auswirkungen haben auf den Stoffwechsel im Cytoplasma.

Lösung:

Eine Speicherung von Äpfelsäure im Plasma würde eine Veränderung des pH-Wertes bedeuten. Die Wirksamkeit der im Plasma vorhandenen Enzyme ist jedoch pH-abhängig.

e

Problem:

- CO_2-Fixierung vergleichen zwischen Bryophyllum und krautiger Pflanze; Unterschiede, Ähnlichkeiten;
- Tabelle anfertigen;
- ökologische Bedeutung der CO_2-Fixierung bei Bryophyllum aufzeigen.

Lösungsansätze:

- Aus den Aufgabenstellungen bzw. aus dem Arbeitsblatt sind die folgenden Informationen ersichtlich:
  Art des CO_2-Akzeptors;
  Ort der CO_2-Fixierung;
  zeitlicher Zusammenhang zwischen CO_2-Fixierung und Stärkebildung;
- entsprechende Stoffwechselerscheinungen bei krautigen Pflanzen sind gelernter Wissensbesitz;
- zusätzliche Informationen aus der Ökologie: Anpassungen von Pflanzen an entsprechende Standorte;
- Aufnahme von CO_2 und Transpiration durch Spaltöffnungen.

Lösung:

	Bryophyllum	krautige Pflanze
CO_2-Akzeptor	PEP	RibDP
Ort der CO_2-Fixierung	Cytoplasma	Stroma
CO_2-Fixierung/ Stärkebildung	zeitlich getrennt	keine zeitliche Trennung

Sukkulente Pflanzen sind an trockene Standorte angepasst. Um die Transpiration durch die Spaltöffnungen niedrig zu halten, sind diese am Tag geschlossen. Die Aufnahme von atmosphärischem CO_2 erfolgt nachts bei geöffneten Spaltöffnungen.

Kapitel 8

Die Vorbereitung auf die Abiturprüfung

Die Stofffülle, die Sie in einem Fach für die Abiturprüfung zu beherrschen haben, ist beträchtlich. Allein unter Berücksichtigung des Zeitansatzes von fünf Wochenstunden Unterricht über einen Zeitraum von vier Halbjahren in der Studienstufe ergibt sich eine vorzubereitende Menge an Lehrstoff, die ohne systematische Vorgehensweise nicht zu bewältigen ist. Die Aufstellung eines **Zeitplans** und der **frühzeitige Beginn der Vorbereitungsphase** (schon im Halbjahr 13/2) sind daher unbedingt notwendig.
Grundlagen Ihrer Vorbereitung sollten das im Unterricht verwendete **Lehrbuch** und Ihre **Mitschriften** sein. Der Stoff des vorausgegangenen Unterrichts liefert nämlich die Voraussetzung für die Abituraufgaben. Außerdem geben die im Unterricht angefertigten Notizen Auskunft über Schwerpunktsetzungen durch den Lehrer, wodurch natürlich die Vorbereitung wesentlich erleichtert wird. Mitschriften stellen jedoch nur dann echte Hilfen dar, wenn der Unterricht der letzten Schuljahre regelmäßig und unter stetiger, intensiver Mitarbeit besucht wurde!
Es empfiehlt sich, entsprechend Ihrem Zeitplan, den vorzubereitenden Stoff in **Stoffabschnitte** einzuteilen. Beim vorliegenden Thema »Stoffwechsel und Energieumsatz« könnten das z. B. die Teilthemen *Enzyme*, *Wasserstoffspeicherung und Wasserstofftransport* sowie *Energiespeicherung und Energietransport* sein. Sie können natürlich Ihre Einteilung auch nach dem Konzept Ihres vorausgegangenen Unterrichts vornehmen, wobei sich dann andere Einheiten oder andere Reihenfolgen ergeben. Wichtig ist, dass die Stoffabschnitte nicht zu umfassend gewählt werden, sondern einen relativ eng begrenzten Zusammenhang beinhalten, damit sie überschaubarer bleiben. Durch diese Strukturierung lässt sich der gesamte Stoff leichter merken und gegebenenfalls kurz wiederholen.
Sie sollten sich prüfen, ob Sie das auf Seite 15 angesprochene allgemeine Grundlagenwissen als eigenen Stoffabschnitt ansehen wollen oder nicht. Wenn Sie sich über die Gliederung der Abschnitte klar geworden sind, beginnen Sie mit der Durcharbeitung des Lehrstoffes. Gehen Sie dabei so vor, dass Sie vor dem eigentlichen Lernen und Einprägen **zunächst alle Verständnisschwierigkeiten ausräumen!**

Zur Überprüfung, ob Sie das Wesentliche an einem Problem erfasst haben, können Sie sich folgende Hilfen geben:

- Stellen Sie sich die Fragen: Was ist eigentlich gemeint? Was soll ausgedrückt werden?
- Geben Sie sich die Antworten in eigenen Sätzen, ohne die Arbeitsvorlagen zu Hilfe zu nehmen!
- Stellen Sie Vergleiche mit anderen, aber ähnlichen Phänomenen an; klären Sie dabei Ähnlichkeiten und Unterschiede!
- Überlegen Sie sich selbst Anwendungsbeispiele!
- Besorgen Sie sich u. U. weiterführende Literatur, eventuell solche mit Aufgabenstellungen!

Nachdem Sie alle fachlichen Probleme beseitigt haben, können Sie dazu übergehen, sich den Stoff einzuprägen. Achten Sie aber dabei darauf, dass Sie **nicht alle Inhalte einfach auswendig lernen!** Dies würde bei der Stofffülle und den vielen Details ohnehin nur sehr bedingt zu schaffen sein. Stellen Sie vielmehr die im Text angesprochenen Probleme in den Vordergrund, und richten Sie darauf Ihr Augenmerk! Formulieren Sie zunächst die wesentlichen Gedanken zum jeweiligen Problem (eventuell schriftlich)! Beispiele und zugehörige Details haben nun einen »Aufhänger« und können sich leichter einprägen.
Im Gegensatz dazu sollten Sie sich allerdings **wichtige Definitionen und Gesetze** sowie die Bedeutungen von **Fachausdrücken** dem **Wortlaut** nach einprägen.
Gehen Sie auf diese Art und Weise alle Abschnitte des gesamten Themas nach und nach entsprechend Ihrem Zeitplan durch. Als sehr vorteilhaft hat sich herausgestellt, wenn dabei der Stoff in wesentlichen Punkten (siehe oben!) mitnotiert wird. Sie erhalten damit zum Schluss ein handliches »Konzentrat« des gesamten Gebietes, mit dem sich gut bei der sich jetzt anschließenden **Wiederholungsphase** arbeiten lässt.
Ihren Zeitplan sollten Sie so einrichten, dass einige Tage vor dem Prüfungstermin zumindest keine neuen Stoffgebiete mehr vorzubereiten sind. Die verbleibende Zeit ist einfach zu kurz, als dass neuer Stoff noch fester Bestand Ihres Wissens werden könnte. Außerdem ist die Gefahr sehr groß, dass bereits vorhandenes Wissen »zugeschüttet« oder mit dem neuen durcheinander gebracht wird.

Kapitel 9

Die Abiturprüfung

9.1 Der Tag der Abiturprüfung

Sie sind nun am Ende Ihrer Vorbereitungen für die Abiturprüfung angelangt. Sie können das beruhigende Gefühl besitzen, alles getan zu haben, was zum erfolgreichen Bestehen der Prüfung notwendig ist; Sie haben die beste Voraussetzung, ohne Hektik die letzte noch vor Ihnen liegende Hürde zu meistern. Das Einnehmen von Schlaf- und Beruhigungsmitteln ist überflüssig und auch aus einem ganz anderen Grunde nicht zu empfehlen: Eine gewisse Grundnervosität vor einem derartigen Ereignis ist natürlich und sogar notwendig; der Körper mobilisiert dadurch seine geistigen Kräfte und ist somit für die zu bewältigenden Aufgaben besser gerüstet.
Achten Sie darauf, dass Sie am Morgen des Prüfungstages (und auch an den Tagen davor) gut ausgeschlafen sind! Vermeiden Sie Hektik, indem Sie sicherheitshalber früher als notwendig aufstehen und sich auf den Schulweg begeben! Auf diese Weise lassen sich Zeit raubende Zwischenfälle (z.B. Busverspätung) auffangen. Wenn Sie dennoch nicht pünktlich zur Prüfung erscheinen können, sollten Sie umgehend die Schule benachrichtigen.

9.2 Die mündliche Abiturprüfung

In der mündlichen Prüfung sind die Aufgabenarten grundsätzlich die gleichen wie bei der schriftlichen Prüfung. Als Ausgangspunkt dient eine begrenzte, gegliederte Aufgabe. Sie wird Ihnen zu Beginn der Vorbereitungszeit schriftlich vorgelegt.
Andererseits stellt das mündliche Abitur eine andere Form der Prüfung dar, womit auch andere Anforderungen verbunden sind: Neben Sachwissen sind Fähigkeiten gefordert, wie z. B. sich sprachlich verständlich und in logischem Zusammenhang auszudrücken, sachgerecht zu argumentieren, auf Fragen und Einwände einzugehen und gegebene Hilfen aufzugreifen. Dazu gehört als einfachste Voraussetzung, dass Sie laut, deutlich und nicht überhastet sprechen. Mit diesem Verhalten zeigen Sie auch, dass Sie sich sicher und den Anforderungen gewachsen fühlen.
Ergreifen Sie die Initiative, indem Sie bei der Beantwortung der Aufgabenstellung von sich aus auf möglichst viele Aspekte eingehen und damit Ihre Kompetenz zeigen! Dadurch werden viele Zwischenfragen des Prüfers überflüssig, und Sie werden nicht von vornherein unnötigerwei-

se in die Defensive gedrängt. Allerdings sollten Sie auch nicht versuchen, das Gespräch unter allen Umständen an sich zu reißen.
Und zum Schluss: Sie haben die »Abiturhilfen« durchgearbeitet und verstanden; Sie waren auch sich selbst gegenüber ehrlich und haben die Hinweise zum Ausgleich möglicher fachlicher Defizite ernst genommen. Sie können also getrost davon ausgehen, dass Sie die besten Voraussetzungen für einen guten Prüfungsverlauf haben. Eigentlich kann nichts mehr schief gehen! Außer, Sie vergessen einen der wichtigsten Grundsätze in allen Prüfungen: Die Nerven nicht verlieren!
Lassen Sie sich nicht gleich durch Aufgaben aus der Ruhe bringen, für die Sie die Lösungen nicht sofort parat haben! Bleiben Sie gelassen und vor allem: Besinnen Sie sich auf Ihr Können! Dies wird Ihnen die nötige Zuversicht und das Selbstvertrauen geben, um mit klarem Kopf an die Lösung der Aufgaben heranzugehen und sie zu einem erfolgreichen Abschluss zu bringen.

Allgemeine Unterrichtswerke für Biologie:

- Biologie heute S II, hg. v. Wolfgang Miram und Karl-Heinz Scharf. Neuausg. Hannover: Schroedel-Schulbuchverlag, 1998.
- Blume, Dieter u. a. Der Organismus. Neuausg. Stuttgart u. a.: Klett-Schulbuchverlag, 1994.
- Linder, Hermann u. a.: Biologie. Hannover: Schroedel-Schulbuchverlag, ^{2}1998.

Spezielle Werke zum Thema Stoffwechsel und Energieumsatz:

- Biochemie. Ein Lehr- und Arbeitsbuch für die Oberstufe an Gymnasien, bearb. von Bernd Löwe. Neudr. Bamberg: Buchner, 1993.
- Fogg, Gordon E.: Photosynthese. A. d. Engl. Stuttgart: Klett, 1979.
- Hassinger, Horst und Wiebusch, Rolf-Dieter: Experimentelle Enzymologie. Frankfurt am Main: Diesterweg-Salle, 1977.
- Just, Eberhard und Schlösser, Kurt: Energiestoffwechsel. Bielefeld: Cornelsen-Velhagen & Klasing, ^{2}1981.
- Lechner, Konrad: Biochemie. München: Bayerischer Schulbuch-Verlag, ^{3}1995.
- Rensing, Ludger und Cornelius, Gerd: Grundlagen der Zellbiologie. Stuttgart: Ulmer, 1988.
- Scharf, Karl-Heinz und Weber, Wilhelm: Stoffwechselphysiologie. Neudr. Hannover: Schroedel-Schulbuchverlag, 1995.
- Stoffwechsel, Ökologie. Ein Lehr- und Arbeitsbuch für die Kollegstufe, bearb. von Bernd Löwe und Alexander Riedl. Neudr. Bamberg: Buchner, 1987.

Die DUDEN-Bibliothek für Schüler
die **Schülerduden**

Rechtschreibung und Wortkunde
Ein Nachschlagewerk und Arbeitsbuch zur alten und neuen Rechtschreibung und zum Wortschatz mit rund 17 000 Stichwörtern. Alle neuen Schreibungen sind rot hervorgehoben. 384 Seiten.

Wortgeschichte
Warum heißt der Maulwurf Maulwurf? Hier findet sich die Antwort. Über 10 000 Stichwörter, zahlreiche Abbildungen und Tabellen. 491 Seiten.

Bedeutungswörterbuch
Welche Bedeutungen können zum Beispiel „Experiment" und „explodieren" haben, und wie werden die Wörter korrekt verwendet? 461 Seiten.

Die richtige Wortwahl
„Gehen, laufen, schreiten, wandeln, marschieren, schleichen": der Weg zum stilistisch sicheren Ausdruck. 553 Seiten mit 14 000 Wörtern und Wendungen.

Grammatik
Eine Sprachlehre mit Übungen und Lösungen, speziell für den Deutschunterricht entwickelt. 544 Seiten.

Fremdwörterbuch
Wie schreibt man „relaxed", und was bedeutet dieses Wort eigentlich? Fremdwörter begegnen uns in Schule und Ausbildung. Und da ist es wichtig, sie sicher im Griff zu haben. Rund 20 000 Fremdwörter auf 480 Seiten.

Lateinisch – Deutsch
Wortschatz und Grammatik für den modernen Lateinunterricht in der Neufassung des „Taschen-Heinichen". 30 000 Stichwörter auf 465 Seiten.

Die Literatur
Absurdes Theater, Naturalismus, Einakter: Dieses Sachlexikon definiert die zentralen Begriffe der Literatur. Rund 2 000 Stichwörter, ein tabellarischer Abriss der abendländischen Literatur, zahlreiche Abbildungen und ein Personenregister. 512 Seiten.

Die Kunst
Von der Gotik bis zum Graffito: die wichtigsten Epochen und Stilrichtungen in Text und Bild. Rund 3 000 Stichwörter, 96 Farbtafeln, zahlreiche Abbildungen, Register. 528 Seiten.

Die Musik
Was ist „Farbenhören", was „weißes Rauschen"? Rund 2 500 Stichwörter, Notenbeispiele, 250 Bilder und Zeichnungen, Literaturverzeichnis, Register. 488 Seiten.

Die Religionen
Von alten Naturreligionen bis zu modernen Sekten. Ursprung und Geschichte aller Religionen. Rund 4 000 Stichwörter, 200 Abbildungen, Literaturverzeichnis, Register. 464 Seiten.

Die Philosophie
Scholastik, Logik, Metaphysik: Einblick in Modelle und Schulen der Philosophie. Rund 1 100 Stichwörter, Literaturverzeichnis, Register, Übersicht. 492 Seiten.

Die Psychologie
Das Grundwissen der Psychologie in über 3 500 Stichwortartikeln. Kurzbiographien zu den wichtigsten im Text genannten Personen. Behandelt werden unter anderem Themen wie: die Dominanz der neuen Medien, Essstörungen und Medienpsychologie. Auch die Weiterentwicklungen in einzelnen Teilbereichen der Psychologie wurden berücksichtigt. 468 Seiten.

Die Pädagogik
Schule, Ausbildung und Erziehung. Rund 3 000 Stichwörter machen Pädagogik anschaulich. Zahlreiche Abbildungen, Tabellen, Diagramme, Literaturhinweise, Register. 419 Seiten.

Die Mathematik I
„Mathe" leicht verständlich für die Sekundarstufe I. Über 1000 meist zweifarbige Abbildungen, zahlreiche Beispiele, Register. 539 Seiten.

Die Mathematik II
Höhere Mathematik auf einen einfachen Nenner gebracht. Sekundarstufe II. Über 500 meist zweifarbige Abbildungen, zahlreiche Beispiele, Register. 478 Seiten.

Une vie à brûler

Du même auteur

American Express
Éditions de l'Olivier, 1995
Petite Bibliothèque américaine, 1997

Un sport et un passe-temps
Éditions de l'Olivier, 1996
Petite Bibliothèque américaine, 1997

Un bonheur parfait
Éditions de l'Olivier, 1997
Petite Bibliothèque américaine, 1999

Tout ce qui n'est pas écrit disparaît
édition hors commerce
Petite Bibliothèque américaine, 1998

JAMES SALTER

Une vie à brûler

Traduit de l'américain
par Philippe Garnier

OUVRAGE TRADUIT AVEC LE CONCOURS
DU CENTRE NATIONAL DU LIVRE

ÉDITIONS DE L'OLIVIER

Certains noms figurant dans ce livre ont été changés pour éviter tout embarras éventuel à des personnes vivantes ou décédées. Il s'agit de Faith (chapitre I) ; Anita (chapitre III) ; Miss Cole, Demont, Neal, Paula, Leland, O'Mara (chapitre IV) ; Brax, Miles (chapitre V) ; Garland (chapitre VI) ; Ilena, Miss Bode, Edoardo (chapitre IX) ; la veuve Woods, Sis Chandler (chapitre X).

Le traducteur tient à remercier son copilote Jean-Claude Castellano pour sa relecture attentive de la première partie.

L'édition originale de cet ouvrage est parue chez Random House Inc., New York, 1997, sous le titre : *Burning the Days.*

ISBN : 2.87929.178.X

Avec ma plus profonde gratitude,
à ma femme Kay et à Bill Benton,
pour leur aide inestimable.

Préface

Ce livre est, jusqu'à un certain point, l'histoire d'une vie. Pas l'histoire complète qui, comme c'est souvent le cas, est au-delà du racontable – ne serait-ce que la longueur, plus long que Proust, sans compter les répétitions.

Ce que j'ai fait, c'est écrire sur les gens et les événements qui furent importants pour moi, et dire la vérité bien que ne me fiant, ici et là, qu'à la seule mémoire. *Votre langue est votre pays*, disait Léautaud, mais on peut en dire autant de la mémoire qui est aussi, de par la marque qu'elle laisse, une aune à quoi se mesure la valeur des choses. Je suppose que l'on pourrait tout aussi bien soutenir le contraire, que ce que l'on choisit d'oublier est tout aussi révélateur, mais passons. Je ne sais pourquoi j'entends les mots d'e.e.cummings dans *L'Énorme Chambrée* : *Oh, oui, Jean*, écrivait-il, *je n'oublie pas, je me souviens bien...*

En plus de ma propre mémoire, je me suis appuyé sur les souvenirs de quelques autres, ainsi que sur les lettres, journaux intimes et tout ce que j'ai pu trouver.

Si vous pouvez voir un instant la vie comme une grande maison avec chambre d'enfants, séjour, salle à manger, chambres, bureau et ainsi de suite, aucune qui vous soit familière mais toutes bien éclairées, les chapitres qui suivent équivalent, d'une certaine manière, à regarder par les fenêtres de cette maison. Certains occupants ne seront que brièvement entrevus. Les visiteurs vont et viennent. À certaines fenêtres vous auriez peut-être souhaité rester plus longtemps, mais hélas. Comme c'est le cas de toute maison, on ne peut pas tout voir à l'intérieur.

J'ai été amené à écrire ce livre par mon éditeur, Joe Fox, qui après avoir lu dans *Esquire* en 1986 une sorte d'essai intime – lequel n'était pas conçu comme un chapitre – intitulé "La Femme du capitaine", m'a pressé d'en écrire plus. Après quelque hésitation, j'ai commencé.

J'ai trouvé difficile, plus peut-être qu'il n'y paraîtra, d'écrire sur moi. Comme le deuxième chapitre le montre, j'ai été éduqué à croire que le moi n'est pas ce qui compte, et j'ai longtemps vécu ainsi. De plus, revisiter le passé était comme de traverser constamment un *Bergschrund*, le profond abîme entre ce qu'était ma vie avant que je ne la change complètement, et ce qu'elle fut par la suite.

Résultat, ce fut long à écrire. Fatigué de l'introspection, je m'arrêtais pendant des mois avant de m'y remettre. Le plus triste c'est qu'en bout de course, Fox, qui avait attendu loyalement sans broncher durant tout ce temps, soit mort avant de voir les pages finales. C'est à lui que ce livre doit son existence.

J'ai par le passé écrit sur les dieux et je l'ai parfois fait ici. Cela semble être une inclination. Je n'idolâtre pas les dieux mais j'aime savoir qu'ils sont là. La faiblesse, toute humaine soit-elle, m'intéresse moins. J'ai donc écrit seulement sur certaines choses, l'essentiel à mes yeux. Tout le reste est banal.

Lorsqu'on est jeune, on se figure que ses préoccupations sont celles de tout le monde. Plus tard, il devient clair qu'il n'en est rien. Au final, pourtant, elles le deviennent bel et bien. Nous sommes tous pauvres en définitive. Les répliques ont été dites. La scène est vide et nue.

Au préalable, cependant, il y a la représentation.

Le rideau se lève.

J. S.

PREMIÈRE PARTIE

Pronaos

Le chroniqueur véritable de ma vie, un homme aux yeux noyés, grand, mou d'apparence, vint me trouver à la cérémonie pour me dire, comme s'il avait attendu très longtemps pour cela, qu'il savait tout. Je ne l'avais jamais vu auparavant.

J'avais cinquante ans et quelques. Il n'était pas beaucoup plus vieux, mais d'une certaine manière faisait figure d'ancien. Il se souvenait de moi enfant, assis dans une voiture à cheval sur Hope Avenue à Passaic. Il avait la date de ma naissance, "le dix juin 1925, c'est bien ça ? Votre photo était dans le *New York Times* quand vous étiez capitaine en Corée et veniez juste de descendre trois avions. Vous avez épousé une fille de Washington, D.C. Vous avez quatre enfants."

Il continua ainsi sur le même registre. Il connaissait des détails intimes, certains un peu mélangés, comme quelqu'un qui a les poches remplies de bouts de papier. Il s'appelait Quinton ; il travaillait dans une poste et on l'appelait, je l'appris plus tard, l'Historien, en manière de dérision, comme si sa passion était inutile, voire embarrassante. Comme s'il essayait de faire son important. "Vous êtes allé à Horace Mann, disait-il. L'entraîneur de foot c'était Tillinghast."

En fait, l'entraîneur était un homme grisonnant aux jambes arquées nommé Tewhill. Tillinghast était le proviseur. À mon sens une erreur mineure.

Il y a votre vie telle que vous la connaissez et aussi telle que les autres la connaissent, peut-être incorrectement, mais à laquelle on doit attacher quelque importance. Il est difficile de vous rendre compte que vous êtes observé d'un certain nombre de points de vue, qui, pris ensemble, ont une valeur.

Sa femme le suppliait de me lâcher. Moi j'étais stupéfié par ce qu'il savait. "Quarante-quatre, State Street. C'était la maison de votre grand-mère, non ? Vous aviez droit à la soupe aux lentilles et au steak chaque fois que votre père vous amenait la voir – il prenait un taxi une fois par mois."

La maison en bois délabrée qui faisait le coin, avec ses marches en ciment qui descendaient dans la cour, le repas au menu invariable et dont j'étais friand, pris sur une table carrée dans la cuisine, puis l'heure qui s'écoulait ensuite où, sans rien à faire, je restais assis sur l'escalier pendant que mon père parlait à sa mère, causait des choses qu'il avait en train tout en essayant de la rassurer, je suppose. Le chauffeur attendait en silence assis dans le taxi.

Mon père et moi faisions ces visites ensemble. Ma mère ne venait jamais. Le West Side de Manhattan en remontant le long de la rivière, ces dimanches matin vides, à regarder par la vitre, les lugubres et interminables immeubles d'habitation d'un côté, et tout au loin, resplendissant, le George Washington Bridge qui venait d'être construit. La fumée de cigare, odorante et écœurante, s'échappait par le haut de la vitre de mon père, qui parfois fredonnait doucement, comme pour lui seul. De la radio du chauffeur nous parvenaient les paroles emportées du fervent prêtre antisémite qui avait son émission tous les dimanches, Father Coughlin. Ses phrases farouchement répétées déferlaient sur moi. Les temps étaient difficiles. Le chauffeur gagnait cinq dollars pour le trajet, y compris les deux heures d'attente avant de nous ramener. C'était toujours un chauffeur différent, un taxi hélé dans la rue sans plus de manières.

Nous passions sous le grand pylône chantourné à l'extrémité est du pont, qui comptait toujours beaucoup pour moi depuis que mon père m'avait dit qu'à l'origine il devait y avoir un restaurant au sommet. Un ascenseur montait à l'intérieur de la structure d'acier et nous l'avions pris une fois, peut-être dans mon imagination, y compris la vue olympienne.

L'Hudson fut la rivière de ma jeunesse, la rivière du soleil couchant et des bateaux en forme de pièces montées, ma rivière à moi bien que je n'eusse jamais senti ne serait-ce qu'une goutte de son eau sur ma main ou sur mon front. Plus d'une fois j'ai parcouru le pont à pied, en me penchant par-dessus le parapet pour regarder l'eau sombre à une distance infinie en bas, parfois suffisamment chanceux pour voir un bateau d'excursion blanc fendre les eaux, son pont supérieur ensoleillé rempli de fauteuils comme un auditorium dont on aurait ôté le toit. Une fois l'an, en une longue ligne vers la mer, la Flotte y ancrait des croiseurs au nom de villes lointaines et des cuirassés qui seraient coulés plus tard à Pearl Harbor. D'un point le long de la berge, des vedettes vous amenaient les visiter. J'y étais allé plusieurs fois, grimpant les échelles d'acier, debout sous les énormes canons. L'équipage en pantalon blanc évasé dans le bas, les virils officiers, les ponts en bois – c'était quelque chose dont on pouvait être fier, l'unique défense de l'innocente république désarmée dans laquelle j'étais né.

Sur la rive de l'autre côté, perché sur la masse verte des Palisades, se trouvait un autre lieu remarquable, une boîte de nuit nommée le Riviera – aussi une boîte de jeu, d'après ce que j'avais entendu dire, moderne à la Le Corbusier – qui un jour avait brûlé entièrement et avait été reconstruite. Elle était liée par son propriétaire à toute une série d'endroits légendaires plus anciens comme le Silver Slipper, le Cotton Club et d'autres encore.

Par des routes qui nous étaient alors familières nous poursuivions notre chemin, traversant de sévères quartiers vidés par le shabbat, mon père disant vers la fin au chauffeur par où passer, exactement où tourner, jusqu'à ce que nous arrivions devant le pavillon familier.

Ma grand-mère, le visage émacié et triste mais pour l'instant souriant, venait à la porte de la cuisine. Elle habitait avec mon arrière-grand-père, un terrifiant vieillard de plus de quatre-vingts ans originaire d'un *shtetl* de Pologne, toujours mal rasé et à l'odeur épouvantable – c'était probablement de l'incontinence – qui restait surtout confiné à l'étage.

Son nom était Jacob Galambia, probablement une *concoction* qu'un officier d'immigration lui avait attribuée d'office. Columbia, les voisins l'appelaient. Lui et ma grand-mère étaient descendus du Canada, et elle avait été aux cours du soir pour apprendre l'anglais après son mariage et la naissance de ses enfants. Comment avait-il gagné sa vie, je pense ne l'avoir jamais su. Il était trop vieux pour être affectueux, et la râpe cruelle de sa barbe me brûlait la figure. Mon père était poli avec lui mais ne lui prêtait guère attention.

Je parle ici à la légère d'un écart de temps considérable. Cet arrière-grand-père était né aux environs de 1850. On m'amenait lui rendre visite, moi, petit garçon qui ne savait rien de lui. Il me sera peut-être donné de regarder avec étonnement un petit-fils né en l'an 2000 ou plus. Cent cinquante ans. Des mondes ont disparu...

Il y avait aussi, de ce côté de la famille, un mari divorcé – mon grand-père – et une tante, la sœur de mon père, nommée Laura. C'est à ses obsèques, bien des années après que les visites mensuelles à ma grand-mère eurent cessé, que le barde, laissez-moi l'appeler ainsi par respect, avait surgi, et qu'il m'avait subjugué en me récitant ma vie. Je l'avais regardé se faire emmener, tel un enfant contrarié.

*

Sur leurs vieux jours, ma mère et sa sœur, qui étaient veuves toutes les deux et logeaient ensemble, triaient le passé, leur enfance à Washington, D.C., où elles étaient nées, comme leur mère, la maison sur Upsher Street, leur père si strict, ceux de la famille qui étaient devenus riches, les soupirants. Le Major Sledge, qui était tombé amoureux de Selma, la sœur aînée, avant la Première Guerre mondiale. Il travaillait à la Maison Blanche, un commandant *en temps de paix*, précisaient-elles avec emphase. Il voulait l'épouser et l'emmener à Chicago. Leurs parents n'avaient pas voulu le permettre. Qu'est-il advenu du Major Sledge ? Ni l'une ni l'autre ne le savait.

Des quatre sœurs, Mildred, ma mère, était la plus belle, aussi la plus jeune et la plus obstinée. Elle eut une jeunesse animée – la monotonie ne vint que plus tard – les bals de country-clubs, ceux des ambassades, elle les faisait tous ; l'ambassade d'Argentine était la meilleure.

"De France, corrigeait ma tante.

– Non, d'Argentine."

Elles se remettent à parler de la famille, identifiant les branches de l'arbre généalogique. Leur père avait deux frères et une sœur. Un des frères était...

"Photographe, dit ma tante.

– Non, dentiste.

– Je croyais qu'il était photographe."

Ma tante, la plus jeune après ma mère, était blonde et aimait rire. Elle avait été mariée deux fois, longtemps à un avocat sans succès qui était mon oncle favori. Elle lui cirait ses chaussures et l'envoyait se faire couper les cheveux régulièrement. Sa clientèle était appauvrie. "*Counselor*", ils l'appelaient. Il rédigeait les contrats et les baux, à l'occasion s'occupait d'un divorce. Une partie de son travail consistait à essayer d'encaisser les loyers.

"Qui c'est ?" criaient les gens à travers la porte.

Quand il le leur disait, ils hurlaient, "Casse-toi ou je te botte le cul !"

Courtaud, un peu enveloppé, habile aux cartes et aux tours, il jouait aussi du piano et écrivait des chansons. Il avait les cheveux foncés et se déplumait sur le dessus. Ses doigts étaient courts, riches en poils noirs et soyeux sur le dessus, comme ses avant-bras. Il avait fait l'école dentaire – c'était là qu'il avait connu ma tante, à la clinique de l'université, pendant qu'il lui arrangeait les dents –, mais par la suite il avait changé de discipline et s'était décidé pour une autre forme d'extraction.

Sa patience et son enjouement me le rendaient cher. Lui et Frances n'avaient pas d'enfants. J'étais leur substitut. Ma mère et moi prenions le ferry de Weehawken, large avec des coursives de chaque côté pour les passagers, l'odeur de goudron et de saumure dans l'air, le pont qui montait et descendait en rythme. Mon oncle nous attendait sur l'autre rive dans sa voiture, une berline d'occasion. À cette époque il y avait des usines le long de la rivière, et plus haut, perchée sur les hauteurs, la solide structure des montagnes russes au milieu d'une fête foraine. Nous n'allions jamais à la foire, mais au lieu de cela dans toute une succession d'appartements situés dans des immeubles de brique sombre, souvent dans des rues en pente. Assis sur un canapé dans le séjour, captivé, je regardais des pièces de monnaie se volatiliser en un claquement de doigts pour réapparaître derrière mon oreille, et des as monter comme par enchantement à la surface d'un jeu de cartes pourtant bien battues. Le banc du piano était bourré de ses chansons et il y avait dans le porte-magazines, comme il me fut donné de le découvrir une fois, des revues de nudisme cachées derrière le *Saturday Evening Post*.

Je n'étais plus un enfant et je faisais déjà mes études, lorsque cet oncle merveilleux rentra un jour chez lui en se plaignant d'étourdissements et fut mis au lit. On l'expédia à l'hôpital – "Je ne pense pas qu'ils aient opéré", avait dit vaguement ma tante – et environ un mois plus tard il s'enfuyait avec sa secrétaire. Ma mère, m'annonçant la nouvelle, expliqua qu'il était malade, d'une tumeur au cerveau, et qu'on l'avait placé dans un asile. En réalité, lui et la secrétaire occupaient la maison de campagne de sa mère sur la côte ; il mourut peu après, peut-être d'une manière assez proche de l'histoire inventée. Je ne sais pas où il est enterré.

Familles de peu d'importance – tant de perdu, des histoires entières, il n'y a pas la place pour tout. Il n'y a que les générations qui s'avancent comme la marée, les années remplies de bruit et d'écume, qui sont ensuite balayées et englouties par le reste. C'est ce dont on hérite, à vivre dans les villes.

"Tu sais ce qu'il faisait, le père de Poppa ? demande ma mère.

– Il était dans le lin, il avait un atelier de tissage, répond ma tante.

– Il était brasseur."

Non, non. Elles ergotent ainsi tant et plus sur lui et sur l'autre oncle, dentiste ou photographe, qui était venu en visite au début du siècle mais n'aimait pas l'Amérique, et était retourné en Europe.

"À Francfort, dit ma tante.

– Moscou", corrige ma mère.

L'arbre n'est que vaguement esquissé, l'*arbor consanguinitatis*. Étant jeune, leur père vivait avec sa grand-mère parce que ses parents avaient divorcé, et on l'avait expédié en Amérique à cause d'une histoire avec la bonne. C'est ainsi que, sans le vouloir, il avait échappé aux guerres et à la vague de destruction sans précédent qui en résulta. En Amérique, il épousa une femme dont la mère, mon arrière-grand-mère, avait été mariée à un prince polonais nommé Notés.

"Un prince ?

– Peut-être qu'il était général, concède ma mère. En tout cas il était important." À soixante-dix ans c'était encore une femme belle et hautaine, malheur au serveur ou à la vendeuse qui l'oubliait. Un portrait au fusain exécuté avec style lorsqu'elle avait la quarantaine – traits délicats, vagues cernes sous les yeux, long cou gracieux – lui ressemblait encore beaucoup. Elle lisait le journal tous les jours, y compris les réclames. Chaque jour, elle faisait trois kilomètres à pied.

Ma mère a vu mon père pour la première fois, en photo tout du moins, dans le journal. Elle avait dix-huit ans. Plus tard, entièrement par hasard, on les a présentés. Ses parents à elle l'aimaient beaucoup, spécialement sa mère. Ils se sont mariés à Baltimore en 1924. C'était dans la matinée. Ils sont retournés à Washington, ils ont déjeuné, ensuite le jeune marié est reparti au travail à New York. Il n'est revenu qu'un mois plus tard.

Fils unique, né dans les premières heures d'un matin de juin, le jour le plus chaud qu'on pût imaginer, je fus mis au monde par un docteur que j'aurais plaisir plus tard à me représenter sous les traits de William Carlos Williams – l'époque et l'endroit auraient pu coller –, mais qui en fait se nommait Carlisle. La soirée avait apporté un soulagement à la chaleur sous la forme d'un orage terrible. J'aimerais croire que je peux m'en souvenir, et que mon amour pour les tempêtes de toutes sortes provient de cet orage initial, mais j'étais plus probablement endormi, fatigué du passage, ma jeune mère de vingt et un ans également épuisée, mais immensément heureuse de ce qui venait de se terminer et de ce qui l'attendait. Le tonnerre secouait les fenêtres, la pluie crépitait. L'année était 1925, l'hôpital Passaic General.

L'un de mes oncles possédait une usine de matériaux d'insonorisation. Cet oncle, Maurice, était grand et sardonique, avec une moustache cirée. À une époque, il avait aussi une décapotable de grand style, une Cord, dans mon souvenir toujours garée en épi dans la rue que nous habitions à New York – une rue transversale qui, alors comme aujourd'hui, était d'une largeur exceptionnelle. Il était ingénieur en quelque chose. Lui et ma tante Sylvia s'étaient connus à Atlantic City, mais l'usine, qui fit faillite durant la Dépression, était du côté de Philadelphie, et c'était là qu'ils habitaient. Ils avaient maison, bonne, voitures. Ils partaient en vacances chaque été. Les sœurs ne lui rendaient jamais visite, tellement elles le détestaient.

"Il n'a jamais rien fait après 1932, disait de lui ma tante.

– Un voyou", commentait ma mère.

Sur ses vieux jours, devenue veuve, Sylvia avait perdu l'esprit. Chez sa fille, elle se levait au milieu de la nuit pour faire ses valises, et finit par prendre un train toute seule à trois heures du matin. On l'installa par la suite dans un petit appartement, mais les gens la volaient, se plaignait-elle. Une femme s'était introduite chez elle et avait tout volé, argent, chéquier, clés. Elle avait une nouvelle fois appelé la police.

"Comment est-elle entrée ? demandait ma mère.

– Elle est entrée.

– Mais la porte était fermée à clé, la serrure venait d'être changée.

– Elle est venue par le plafond", expliquait calmement Sylvia, "la putain de voleuse."

L'argent et les clés furent trouvés fourrés sous un sofa, avec des sous-vêtements. Le chéquier calait un pied de commode.

Elles étaient allées se promener une heure après ça. Sylvia était calme et lucide. Elle avait l'immense patience des fous. Sa fille refusait de s'occuper d'elle. Ses sœurs, au prix de longs trajets en autobus, prirent le relais.

*

Nous avons habité New York quand j'ai eu deux ans, d'abord dans une pièce louée chez une femme, un appartement sur 98th Street, ensuite quelques pâtés de maisons plus loin dans notre propre appartement sur West End Avenue, une large rue sans caractère pour familles bourgeoises. Mon père avait fait construire plusieurs maisons dans le New Jersey, sans guère de profits. À New York, son ambition trouva sa place.

Dans la ville qui prit forme pour moi, la première fois, il y avait de grands immeubles d'habitation qui s'étendaient à perte de vue dans chaque direction. Sur les rues transversales étaient les maisons individuelles, dont beaucoup avaient été divisées en chambres à louer. Le long de Riverside Drive il y avait des propriétés intactes, échouées là comme attendant que meure quelque croulant patriarche. Derrière, dans les cours sinistres, des hommes apparaissaient encore parfois avec des meules, hélant au son d'une cloche les ménagères ou les gens de cuisine pour d'éventuels couteaux ou ciseaux à affûter. La nature se résumait aux arbres et au parc étroit coincé le long de la rivière, et peut-être à l'une de ces rares tempêtes de neige, quand la circulation mourait dans les rues et que le silence du monde nous enveloppait. Les vendeurs de journaux, appelés "newsboys" bien qu'adultes, arpentaient souvent la rue en fin de journée en répétant à tue-tête, *Édition spéciale ! Édition spéciale !*, quelqu'un d'assassiné, quelque chose d'écroulé ou de coulé. Une rue plus loin, à peine tourné le coin, la police se rassemblait devant une maison particulière et barrait la rue en prévision d'une fusillade avec un célèbre criminel qu'ils avaient traqué là, Two-Gun Crowley.

Malgré cela, j'étais autorisé à me rendre à l'école tout seul et à pied, ceci dès la petite classe, et à rester jouer dehors ensuite. Les salles de classe étaient présidées par d'invincibles femmes à cheveux blancs : Miss Quigley – peut-être est-ce elle qui m'a appris à lire –, Miss McGinley.

Nous étions assis en rangées selon le mérite, les meilleurs élèves devant. Des notes étaient données chaque mois aussi bien pour les devoirs que pour la conduite. On nous faisait – mais ça c'était un peu plus tard – nous lever pour réciter des poèmes par cœur. Une sorte d'anthologie était ainsi fournie dans laquelle était apprise la langue héroïque.

Une grande partie de l'enfance reste et restera claire à jamais, le premier numéro de téléphone, le nom (Tony) du liftier qui nous faisait peur, le son pur – quand j'étais au lit, malade et mort d'ennui – de la clé dans la porte de l'appartement, qui voulait dire que ma mère était enfin de retour avec le livre illustré que je voulais.

Rétrospectivement, on peut voir que ma vie était celle d'un garçon obéissant. J'étais proche de mes parents et en admiration devant mes institutrices. Je n'avais pas de camarades vulgaires ni délinquants. Les portiers tyranniques, irlandais et italiens, tout comme les gardiens, des hommes en tricot de corps aux accents inconnus, étaient mes seuls ennemis. Il n'y avait pas de paradis, mais il y avait un enfer d'obscurs couloirs en sous-sol, encombrés de poubelles dans lesquels je craignais de m'aventurer. J'étais un enfant de la ville, pâle, choyé, pas dégourdi.

*

C'est tout juste si je me rappelle notre premier appartement, dans lequel nous avons habité des années. Les rues dehors sont plus distinctes, le groupe d'enfants dans lequel on m'avait enrôlé, dirigé par une jeune femme dont je ne puis complètement conjurer les traits agréables et qu'on appelait Mademoiselle, l'ami nommé Junior qui vivait plus chichement dans une rue de côté, mais qui possédait quelque chose d'impensable, un chien énorme, un berger allemand.

Nous n'avions ni chien, ni chat, ni réunions de famille. Mon père recevait des amis, généralement un ou deux à la fois, et je me souviens d'eux, l'entrepreneur chauve et bonasse avec ses lunettes cerclées d'acier, le juge de paix, et d'autres, des hommes solides et joviaux à la poignée de main meurtrière, l'air plein d'assurance. Certains avaient des voitures. Généralement quand je les voyais ils étaient en route pour jouer au golf, ou en revenaient.

Ma mère avait ses amies aussi, Ann, Harriet, Eileen, Rose. Des femmes d'après-midi. Peut-être déjeunaient-elles. Toutes étaient mariées, mais à une ou deux exceptions près, je voyais rarement leurs maris. Les femmes étaient chaleureuses et aimables, plaisantes à côtoyer. Elles n'avaient pas encore trente ans, avec des jambes soyeuses et des sourires étincelants. Peut-être allaient-elles danser le soir. Mes parents jamais, et ils allaient rarement à des soirées.

Je ne savais rien, réellement, de la vie de ces femmes. J'étais un petit garçon, une sorte de chouchou. Je ne savais même pas où elles habitaient pour la plupart. On me mettait parfois avec leurs enfants, mais il n'en résulta jamais d'amitiés.

À New York à cette époque, l'époque des jours interminables, on se faisait raser chaque matin chez un barbier ; les complets et les chaussures venaient de chez De Pinna, et les maîtresses, du personnel qui travaillait au bureau ou dans le quartier des ateliers de confection. Du moins était-ce ainsi que vivait mon père, tout comme Berry, son cousin et ami de toujours, celui dont il était le plus proche.

Bel homme quoique complètement chauve, Berry était un célibataire qui avait fait de la boxe dans la marine. Il vivait à l'hôtel aux abords du parc et portait un béret sans la moindre gêne. À l'enterrement de mon père, sans expression, fidèle, il avait éclaté en sanglots de façon inattendue quand on commença à descendre le cercueil, criant le nom de mon père. “George, sanglotait-il, George...”

Mon père était en train de se faire une place dans le monde. Il était généralement de bonne humeur, chantait en s'habillant – *Otche chornia* était une des chansons qu'il aimait particulièrement, *Les Yeux noirs*. Il inventait des paroles à lui, ne connaissant que les toutes premières, “*Otche chornia, I prekrasnia...*” Souvent il s'absentait le soir, pour affaires. Il y avait des disputes. Avec moi il se montrait amical, affectueux, mais jamais vraiment intime. Il était au-dessus des enfantillages, et le sport l'indifférait. Je n'ai jamais ressenti l'absence d'amour, seulement son absence d'intérêt pour moi. Il se peut que ma mère ait ressenti la même chose.

D'aussi loin que je me souvienne il était absorbé par lui-même. En promenade dans la rue, il ne voyait les choses qu'incidemment, tant il restait dans ses pensées. Une chose dont il était certain, par contre : il réussirait. Des pièces se mettaient déjà en place, il commençait à se faire une réputation et voyait des hommes importants. Une fois il me présenta à Jack Dempsey, le champion au menton bleu qui à cette époque était l'image même du sport, l'air à l'affût, élancé. Mon père avait négocié un bail pour lui, et ils étaient en bons termes. Dempsey devait avoir la quarantaine lorsque je le rencontrai, plus populaire encore qu'il ne l'avait été sur le ring quand, au rythme du chant de mort qu'il se fredonnait et des coups puissants qu'il assenait en mesure, il avait abattu des géants, Willard et Firpo, dans des combats devenus légendes. Il était impressionnant de taille, avec des pommettes d'Indien. Ses mains étaient énormes et puissantes. J'avais dix ou onze ans et je me rappelle comme il me dominait de sa hauteur. Je serai plus grand et plus costaud que Dempsey, me dit mon père tandis qu'on s'éloignait. J'aurai un gauche comme le sien. P'tit Pote, comme il m'appelait. Puis son esprit partait sur d'autres choses, perspectives et rêves divers.

Il était en affaires avec quelqu'un du nom de Lignante, un homme charmant aux manières européennes qui avait épousé une fille de juge. Lignante construisait Hampshire House, un resplendissant édifice sur Central Park South, et mon père lui prêta une grosse somme d'argent, soixante-quinze mille dollars, sans nantissement en garantie, mais contre la promesse d'une part dans l'immeuble lorsqu'il serait terminé. C'était en 1929. Le Krach ruina Lignante, qui mourut par la suite en Italie. L'argent, une somme considérable pour l'époque, ne fut jamais remboursé. Il y eut d'autres calamités, mais aucune de cette ampleur.

Dans les papiers de mon père à sa mort se trouvait encore le billet à ordre, presque exactement de la taille d'un chèque bancaire, que Lignante avait signé. C'était comme les paquets de roubles que j'avais vus une fois dans la malle que gardait un camarade de classe dans sa chambre, Azamat Guirey, dont la mère était une princesse géorgienne, et dont les parents avaient fui la Russie après la révolution. En dépit de ce que l'on sait, quelque chose s'attache au papier qui a jadis eu de la valeur.

*

Enfant, je ne savais rien de tout cela. L'été nous allions à la mer, à Atlantic City, chez mes grand-parents maternels : ma mère, mes cousins, mes tantes et moi. La voiture traversait les terres basses si vives du littoral et franchissait les ponts, la terre perdant ses couleurs près du bas-côté, et nous, les enfants, installés à l'arrière dans un compartiment séparé, le strapontin, le vent dans les cheveux, nous agitions les bras fous de bonheur. L'odeur de la mer était dans l'air et le soleil aux fenêtres des chambres. Le rythme de la vie était établi par les adultes, mais les plaisirs insouciants étaient pour nous.

Nous jouions toute la journée sur le sable, là où c'était le plus lisse, l'océan vert chuintant à nos pieds. Non loin au large se trouvait l'épave noire d'un petit caboteur. Nous ne pouvions nous en approcher, mais il est resté coincé là, dans ma mémoire, la mer qui enflait par-dessus et se retirait ensuite, l'eau qui retombait de ses flancs comme des draps. Quelques années plus tard, en notre absence, le *Morro Castle*, un navire de croisière, brûla à l'horizon causant une grande perte de vies humaines.

Le goût des premières choses perdure. J'ai dans la bouche la fraîcheur des tomates croquées au sel, les œufs brouillés que faisait ma grand-mère, les tasses bues en nageant. Il reste dans mon cœur un attachement puéril pour ces cousins que je ne voyais que rarement et qui plus tard disparurent entièrement de ma vie.

Les étés qui suivirent, on m'envoya en colonie de vacances. Leurs propriétaires, des hommes cordiaux, venaient à l'appartement durant l'hiver avec un appareil de projection pour nous montrer des parties de base-ball, des réfectoires perchés sur des collines, et des petits garçons plongeant d'un tremplin de six mètres. Sur la pression imperceptible d'un bouton, les garçons quittaient l'eau comme par magie, les pieds devant, et s'envolaient pour se remettre debout sur le plongeoir. "On enseigne ça aussi."

Les camps étaient toujours situés sur un lac, un lac avec sangsues. La pelouse était pelée et sèche, les moniteurs enclins à vous cataloguer d'une louange ou d'un surnom fatal. Un soir par semaine, les longs bancs de bois étaient disposés en rectangle – le ring de boxe – avec d'autres bancs derrière pour les spectateurs. On était choisi pour combattre une fois ou deux durant l'été. Dans le coin opposé, des gants beaucoup trop grands pour lui au bout de ses bras filiformes, se tenait le stoïque adversaire. Parfois le résultat était déjà donné sur son visage, victoire ou défaite assurée. Trois rounds au milieu des hurlements, votre coin qui redoublait d'instructions. La douleur cuisante des coups, surtout sur la figure, qui faisait monter de honteuses larmes aux yeux.

À High Lake, le premier camp où je suis allé, le plus redoutable à la boxe était un garçon râblé qui n'avait qu'un bras. Le droit manquait à partir du coude. Il se ruait sur vous et vous balançait le moignon arrondi. J'ai oublié son nom, Miller, je crois, mais pas la façon dont la chair était roulée serrée à l'extrémité manquante. C'était comme se faire taper dessus à coups de matraque.

Au second camp, celui dans le New Hampshire où je suis allé trois ou quatre ans d'affilée, on m'opposa à mon meilleur ami, lequel, j'étais payé pour le savoir, avait un sacré caractère. Il s'appelait Royal Marcher. Il avait aussi une mère rousse des plus attirantes, ainsi qu'une sœur cadette que nous dédaignions mais qui fit une irruption surprenante et sensuelle dans mes rêves quelques années plus tard. Agile, sûr de lui, plus léger que moi de quelques kilos, il restait assis dans le coin opposé, la mine glaciale. Lorsque nos regards se croisaient c'était comme s'il ne me reconnaissait pas. Le gong retentit.

Nous avançons l'un vers l'autre, nos gros gants levés devant nous, frappant légèrement, nous nous observons l'un l'autre derrière une droite tenue tout près de la joue. Les directs viennent de trop loin. Ils frôlent à peine la peau. De temps à autre il y en a un plus percutant. Je guette son éventuelle colère plus qu'autre chose. Je ne vois qu'un masque émacié, inexpressif.

Entre les rounds, à mon oreille, le moniteur qui me sert de soigneur me donne ses instructions, "Crochète du gauche. Il porte sa garde trop basse." J'acquiesce. C'est l'été où les premiers poils pubiens soyeux apparaissent, sans que l'enfance soit terminée pour autant.

Le gong retentit pour le deuxième round. Fort de ce conseil expert, je contourne lentement sur la droite, sors mon gauche une ou deux fois, avant de décocher un grand crochet. Il l'atteint avec une force imprévue en plein sur la mâchoire. Je le vois chanceler, abasourdi. "Encore ! Encore !" j'entends crier. J'envoie plusieurs directs, puis un crochet, qui le frappe en plein de nouveau. Il s'abrite derrière ses gants. Le sang, oublieux de l'amitié, me monte à la tête. Je me sens triomphant, mais déloyal aussi. Royal me tient à bout de bras jusqu'à la fin du round.

Au troisième round, instruit lui aussi, plus malin, il tient sa droite plus haute et expédie quelques crochets à sa façon que j'esquive en dansant. Les juges, conscients de ce que veut dire le verdict, décrètent match nul. Nous gardons chacun notre fierté, et lui son sacré caractère.

Il y avait des sociétés secrètes – *honor societies*, comme on les appelait – dont les procédures n'étaient pas dévoilées. La sélection survenait à la nuit, après l'extinction des feux. Couchés dans nos lits, nous observions les lampes de poche recouvertes d'une main se déplacer de manière excentrique dans le dortoir jusqu'à ce que quelqu'un sente une tape sur lui et qu'on lui dise de se lever. Nous avions tous le cœur battant. Rien n'était requis pour être choisi ; c'était selon une certaine forme de popularité, incalculable, en vérité. C'était une distinction qui enfonçait toutes les autres, même les médailles et accessits distribués en fin d'été. Certains garçons étaient populaires. Ils étaient les vrais avatars.

C'est en colonie de vacances qu'on tenait sur sa paume les délicats tritons rouges trouvés dans des lits de mousse, qu'on apprenait des chansons cochonnes, pures dans les jeunes bouches, qu'on entendait de curieux points de vue, et qu'on découvrait les étoiles. Il y avait le piquant des couvertures en laine rêche contre la fraîcheur des nuits de montagne, le confort de la simple prière qui nous unissait *Now I lay me down to sleep...*, les appels de clairon, les compétitions, les levers et baissers de drapeau sur une hampe en bois immense et peinte en blanc. Nous faisions des marches de douze, quinze kilomètres, qui s'arrangeaient toujours pour finir à une épicerie de campagne où il y avait des bouteilles fraîches d'un breuvage amer en provenance de Nouvelle-Angleterre appelé Moxie, et des bonbons à un penny.

Il y avait des fermes abandonnées au sol jonché de journaux jaunis vieux d'un demi-siècle, des excursions de trois jours en canoë sur d'immenses lacs nordiques, et la semaine des couleurs où on jouait aux vies, avec ses airs entraînants tirés d'opéras, *Parsifal* ou *Aïda*, “Forts de dix mille hommes nous chantons, hommes d'Orange...” et les feux de camp qui y mettaient fin avec d'énormes bûches craquantes crachant des volutes d'étincelles dans l'air, le camp ayant au préalable été divisé en deux groupes qui concouraient farouchement pour le championnat.

Il y avait des phonographes et des disques, des appareils photo en forme de boîte à chaussures, des badines sacrées gravées au canif, et un week-end où des voitures montaient la route pierreuse, amenant les parents pour une unique visite. Mon père avait un maillot de bain dont le haut était rayé et paraissait solitaire sur le ponton de bois d'où nous nagions ensemble. Il ne me posait aucune question sur le base-ball – piètre joueur, on m'avait exilé au fond du champ droit, où je voyais occasionnellement d'incroyables *fly balls* fuser presque à la verticale de la batte tout au loin, atteindre leur zénith pour ensuite augmenter de vitesse, petites, blanches et meurtrières, commencer à descendre comme je reculais désespérément sur le sol inégal. Ma mère et lui m'encouragèrent à apprendre le tennis, encore que sans grande conviction, vu qu'ils ne jouaient pas eux-mêmes. Ensemble, mais ceci bien des années après, ils s'aventuraient parfois sur un terrain de golf.

Les noms de mon enfance – ceux de la colonie ou du cours élémentaire – étaient Dickie Davega, George Overholt, Neil Wald, Jamie Falk, et Larry Sloan, que je reconnus plus tard dans les pages de *Marjorie Morningstar*[1] et dont la sœur était danseuse de cabaret,

1. Roman d'Herman Wouk. *(N.d.T.)*

toute en jambes et en airs supérieurs ; elle passait devant nous sans nous voir.

Nous avions déménagé dans l'East Side, un grand immeuble, le Croydon, fendu de deux cours profondes sur Madison Avenue. Nous y avons d'abord occupé un appartement, puis un autre dans lequel nous sommes restés des années.

Nous avions déménagé par simple nécessité, celle de trouver un endroit moins cher, posant temporairement nos valises à Atlantic City et dans un hôtel sur Central Park South dont mon père connaissait le propriétaire.

Je n'avais qu'à traverser la rue pour aller à ma nouvelle école, l'une des plus réputées de la ville, un vieux monument en brique rouge, démoli depuis mais toujours visible, si je puis dire, sous la forme des gares de chemins de fer londoniennes. Le voisinage était aisé, le quartier des bas de soie, comme on l'appelait, avec une portion plus pauvre aux approches de la rivière, Yorkville, en majorité allemande et irlandaise. La directrice de l'école, chenue et informe, Emily Nosworthy, était une femme d'une espèce jadis répandue – instruite, raide, et très probablement célibataire. Pas question de bagarres dans la cour de récréation ni d'échauffourées dans les couloirs, et les femmes sous ses ordres étaient tout autant à craindre.

Un après-midi, dans son appartement, un camarade de classe et moi essayions de dessiner ce à quoi pourrait bien ressembler une fille déshabillée. Nous n'en avions jamais vue ni l'un ni l'autre, pas même un dessin dans un livre. Les esquisses de Picasso vinrent bien plus tard, l'*Iris* de Rodin, buste nu, jambe de travers, et nous n'avions jamais entendu parler de Courbet. L'art de la photographie ne faisait que naître.

Il y avait un autre ami, plus proche, qui habitait à une rue de chez moi, dont la vie était en grande partie gouvernée par la carrière de sa mère, une mère que je voyais rarement. Elle était pianiste et donnait des concerts à Carnegie Hall. Son fils, Alec, avait les yeux bleus et toujours l'air un peu débraillé, la languette de sa ceinture perpétuellement pendante. Nous jouions seuls dans sa chambre. Tous les autres étaient invisibles dans cette famille : Nadia, sa mère, isolée et répétant derrière des portes-fenêtres doublées de rideaux ; son frère aîné, qui faisait déjà ses études et suivait un régime pour se fortifier les poumons – quatre pas en inhalant, quatre pas en expirant, ensuite cinq au pâté de maisons suivant, et ainsi de suite.

La chambre d'Alec était dans le fond de l'appartement. Nous faisions de la lutte sur son lit en fin d'après-midi, la porte fermée, sans prendre garde au son lointain du piano. La pièce donnait sur une cour sept ou huit étages plus bas et faisait face à d'autres fenêtres ternes et anonymes. Un après-midi comme tous les autres, comme la lumière tombait, nous remarquâmes une silhouette dans un autre appartement non loin du sien, un étage plus bas et d'autant plus proche que l'immeuble était en U. C'était une jeune femme, tout à fait seule. La pièce dans laquelle elle allait et venait – une salle de bains – était violemment éclairée, et la moitié supérieure de la fenêtre baissée. Dans notre chambre les lampes n'avaient pas été allumées, et, nous dissimulant pour épier, nous tombâmes à genoux.

Elle fit passer le pull qu'elle portait par-dessus sa tête, disparut et réapparut un moment plus tard tout en dégrafant son soutien-gorge. Je me rappelle l'incroyable brillance de sa chair, l'aveuglante nudité, et notre désespoir lorsqu'elle passa hors de notre vue. Nous n'avons pas échangé un mot. Nous avons attendu dans un silence absolu. C'était l'heure crépusculaire. Cette boîte vide illuminée était plus attirante qu'aucune scène. Comme par obéissance, elle réapparut. Je ne pouvais, c'est simple, me rassasier d'elle, pas plus que retenir ce que j'avais vu.

Aucun chasseur à l'aube, assassin ou traqueur, n'a ressenti plus grande joie. Elle marchait devant nous, se tournait, relevait ses cheveux et les attachait. Elle se penchait légèrement en avant pour enlever ce qui lui restait de vêtement et se redressait, sacrée et incomplète, les yeux baissés sur quelque chose, probablement une balance. Je ne pouvais imaginer le poids de cette substance immortelle. Elle était sans poids. Elle était faite de gloire. Et puis brusquement elle fit un pas de côté pour entrer dans quelque invisible coin douche ou baignoire. Autant dire qu'elle quitta cette terre. Je n'avais jamais, jusqu'à ce moment, rencontré le paradoxe d'un rêve frappant jusqu'à l'extase, et pourtant destiné à s'évanouir.

Aussi éblouissant fût-il, il était également banal. Tout le monde a connu ça, comme nous le faisions alors pour la première fois.

*

À une femme qui faisait du porte-à-porte, ma mère avait acheté, aux alentours de 1930, une collection en six volumes qui s'appelait *My Bookhouse*. Les couvertures étaient en papier à la cuve vert foncé, avec une grande illustration au milieu, une belle femme en blanc, peut-être, avec de longs cheveux et une couronne de nénuphars jaunes et dorés. J'avais d'autres livres pour enfants, mais pas un seul que j'aimais pareillement, jusqu'à la dévotion. Du premier au sixième tome la lecture augmentait en difficulté, et bien que j'eusse défiguré les deux premiers, à partir du troisième je me mis à les traiter avec respect. Je connaissais la plupart des histoires par cœur, *Du pêcheur et de sa femme* des frères Grimm, et *L'Honnête Bûcheron*, à qui l'on offrait une cognée d'abord en or, puis en argent, pour remplacer celle qu'il avait perdue, mais qui les refusait en disant que la sienne n'était qu'en acier, et qui, en récompense, les recevait toutes les trois.

Il y avait Dickens, Byron, la Bible, Tolstoï, les contes et légendes de bien des pays, ainsi que des poèmes. Il se peut que les textes aient été un brin modifiés, édulcorés – je crois que j'en avais conscience même à l'époque –, mais seulement pour les choses considérées comme trop brutales pour les jeunes lecteurs. Le mot "net" par exemple, était omis d'une phrase dans laquelle une femme cruelle arrachait, "coupait net" la langue d'un moineau, laissant croire à l'enfant impressionnable que la langue n'avait été qu'incisée. Les livres étaient richement illustrés. Dans le tome quatre ou cinq se trouvait la “Ballade de l'est et de l'ouest” de Kipling. Cela faisait quatre pages. Je connaissais chaque mot, chaque détail des illustrations. Le héros du poème, le fils du colonel, fringant et élancé, portait un casque colonial avec une pièce de coton blanc pendant derrière, ainsi qu'un cordon attaché sur son pistolet. Il se peut que je l'aie confondu dans mon imagination avec le prince de Galles, qui était le chéri de l'époque.

La ballade tournait autour d'une épique poursuite au galop. Un hors-la-loi haut en couleur – je devais le retrouver plus tard dans le *Hadji Murat* de Tolstoï, infirme et indomptable – a volé avec sa bande un cheval d'une garnison britannique sur la frontière au nord-est de l'Inde. L'animal, de surcroît, se trouve être la jument favorite du colonel. Le fils du colonel, un commandant, galope seul à sa poursuite. Dans un col traître il aperçoit enfin la jument avec sur son dos l'audacieux voleur, Kamal, et une poursuite sans merci s'ensuit. *Il a tiré une fois, il a tiré deux fois, mais la balle sifflante est passée à côté...* même Tolstoï a plus tard décrit le son gai que font les balles. Le jour s'amenuise. Au martèlement des sabots, ils continuent toute la nuit. Son cheval pratiquement épuisé, le fils du colonel chute en sautant un ruisseau ; voyant cela, Kamal rebrousse chemin, fait tomber le pistolet de la main du cavalier à terre, et en le tirant le remet sur pied. Les voilà face à face à présent, et après un échange de menaces ils s'avouent le lien qui les lie désormais, deux rivaux qui ont tout donné. Leur code est le même, tout comme les qualités viriles qu'ils admirent. Au cours d'un serment sacré ils se déclarent frères de sang, et Kamal envoie son fils unique servir désormais comme garde du corps de son adversaire. *Probable qu'on t'élèvera au rang de Ressaldar tandis qu'on me pendra à Peshawar.*

Je n'ai inventé aucun jeu autour du poème, ni pris la pose devant la glace comme l'un de ses personnages ; je l'ai simplement placé près de mon cœur. Finalement, je suppose, le poème s'est révélé faux à mes yeux, en ce sens que je n'ai jamais trouvé d'adversaire à aimer aussi fort qu'un camarade, mais toujours j'ai gardé une place ouverte au cas où cela se produirait.

De toutes les vertus cardinales, c'était la force d'âme que le poème brandissait haut, avec peut-être un soupçon de miséricorde. La force d'âme, je m'en rendais compte, était sacrée. Ma vie était trop pauvre pour qu'il me fût donné de savoir si j'en possédais. J'étais blanc de peau, choyé. Dans la rue je fuyais les bandes de voyous. Tunney, l'adversaire le plus fameux de Dempsey, faisait chaque jour macérer ses poings dans la saumure pour les rendre invulnérables, m'avait dit mon père, pour les durcir, et c'était dans une sorte de saumure que j'espérais me tremper.

*

C'est mon père qui s'occupa de mon éducation sexuelle. Il le fit en m'emmenant voir le docteur de famille, qui avait un cabinet sur Park Avenue et un bureau d'angle impressionnant. Une fois assis tous les trois, le docteur commença par me demander – et il voulait une réponse honnête – si je me touchais. Je ne comprenais pas ce qu'il voulait dire. Il se montra un peu plus précis. "Non", dis-je, et c'était vrai. Il sembla presque déçu, mais entreprit néanmoins de décrire comment la vie était créée. L'œuf, expliqua-t-il, ne pouvait produire un poussin tout seul. Il y avait besoin de quelque chose d'autre. Je restais asssis à l'écouter, sans bien comprendre de quoi il parlait. Il avait le faciès rude et le poil argenté comme celui d'un airedale. Mon père – je me souviens de lui comme ayant toujours eu un confortable double menton – écoutait lui aussi avec application.

L'autre chose nécessaire, continua le docteur, était une sorte de déclic pour faire démarrer le processus. Il me demanda si je savais ce qui fournissait ce déclic. Il attendit, mais je n'avais pas de réponse. Le coq, expliqua-t-il.

Cette image désormais bien en place, aussi improbable me parût-elle, il se mit, avec grande discrétion, en y mettant comme qui dirait des gants de chirurgien, à décrire le principe du déclic tel qu'il s'appliquait aux humains. Je saisis plus ou moins, sans pour autant trouver ça intrigant.

Je ne me rappelle plus ce que mon père m'a dit une fois partis. Il se peut qu'il m'ait demandé si j'avais des questions que je n'avais pas voulu poser chez le docteur. Je suis certain que ma réponse a été été non. Sur quoi mon père s'est sans doute dit qu'il avait fait ce qui était attendu de lui.

Aux anniversaires, assis en cercle, nous jouions à "*spin the bottle*". Un garçon faisait tourner une bouteille sur elle-même comme une toupie et devait embrasser la fille sur laquelle elle pointait, le plus souvent avec embarras. Je me penchais maladroitement sur Regina, la fille brune du fleuriste grec, ou Gisela, fragile et blonde. Les baisers ne voulaient rien dire. Les filles avaient cet âge où rien ne les distinguait de nous sinon leurs cheveux longs et leurs instincts.

En dernière année d'école primaire, un ami à l'esprit vif et aux cheveux bouclés me posa un après-midi la même question d'entrée en matière que le médecin de famille. Cette fois-ci je mentis.

"Combien de fois ?" demanda-t-il.

Oh, je ne pouvais pas les compter, dis-je, et je donnai le premier chiffre qui me vint à l'esprit, modeste mais à mes yeux pas inconséquent non plus. "Douze ou treize." Je fus récompensé par une stupéfiante révélation. "Tu connais Faith ? fit-il.

– Oui.

– Je l'ai fait avec elle.

– Non ?

– Dans l'appartement de ses parents", dit-il. Il ajouta une phrase indélébile : "Elle écarte si bien les jambes."

Le courage insensé d'un tel acte. C'était inimaginable. Il habitait du côté de 3rd Avenue. Elle, dans un immense immeuble tout ce qu'il y avait de chic sur Madison, une forteresse. Encore aujourd'hui il demeure pour moi une sorte de repère. Au fil des ans, la ville a fini par en être pleine, certaines rues transversales, des immeubles d'angle, des hôtels.

Ce qu'il avait fait avec Faith, pourtant, bien que je fusse sidéré de l'audace, ne me rendait pas envieux. Je n'étais pas en mesure d'apprécier. J'en reconnaissais la témérité mais j'étais incapable d'en imaginer le plaisir ou même de remplir les blancs de ce qui l'y avait mené. Comment s'était-il trouvé dans son appartement ? Dans sa chambre ? Qu'avait-il bien pu lui dire – je ne pouvais qu'imaginer un refus abrupt – pour l'amener à l'acte ?

Un midi, des mois plus tard, en feuilletant les magazines chez un buraliste, je tombai sur un fascicule à couverture bleue. Quelqu'un l'avait placé là, caché derrière une revue ; cela ne faisait pas partie de l'inventaire. J'ai oublié le titre provocant, mais je subis une véritable conversion en commençant à lire. S'y trouvait décrit sans ambages tout ce que le docteur et mon ami s'étaient bien gardés de clarifier, la méthode, les détails précis, la sensation physique. La porte s'était brusquement ouverte, à peine, assurément, mais j'étais intensément captivé. Baissant le fascicule de façon à ce que personne ne puisse voir, je lus et relus les pages ; en tremblant presque de cette découverte, comme quelqu'un trouve un pli secret, je dissimulai le précieux objet là où je l'avais trouvé, et quittai la boutique. J'allais essayer certaines choses, et tout ce que j'avais lu se révéla juste avec le temps.

Bien plus tard, à un déjeuner, j'étais assis à côté d'une femme aux yeux verts, une poétesse, qui déclara d'une voix hautaine qu'on n'apprenait rien dans les livres, que c'était dans la vie qu'on apprenait, la passion, l'expérience. L'hôte, un beau septuagénaire, l'entendit et protesta. Ses cheveux étaient blancs. Sa voix possédait la légère stridence de l'âge. “Non, tout ce que j'ai jamais appris, dit-il, m'est venu des livres. Sans eux je serais dans le noir.”

J'ignorais s'il parlait de Balzac, de Strindberg ou même de John

O'Hara, à qui sa sœur avait été mariée et dans les livres duquel on peut beaucoup apprendre, surtout des choses troublantes, mais j'essayai incidemment de penser à des livres qui m'avaient instruit, et parmi eux, non sans importance, se trouvait le fascicule à couverture bleue et ses vingt pages anonymes qui décrivaient le seul jeu qui importe au monde des grandes personnes.

*

Naguère comme maintenant, les meilleures semaines de l'année étaient celles de Noël. Dans le coin du séjour se tenait l'arbre sombre sous lequel, au petit matin, on pouvait découvrir les cadeaux, des choses inespérées, un train électrique vert, énorme et parfait, avec les portières des longs wagons qui s'ouvraient sous la pression, et une massive locomotive exactement comme celles auprès desquelles les gens faisaient figure de nains sur le quai de Penn Station.

Lorsque je fus un peu plus âgé, treize ou quatorze ans, c'est à Washington que nous passions les fêtes de Noël. Les grandes voûtes de Union Station, remplies d'haleines blanches, les colonnes en pierre de la longue façade, les vastes avenues, et le Capitole baigné de lumière. Mon cousin, qui était plus vieux et champion d'échecs, ainsi que mon oncle, imposant, large de figure et chauve, étaient là pour nous accueillir. La maison, dans un quartier modeste, était petite mais c'était une maison – il y avait une cave, une cour à l'arrière –, et cela suffisait à la rendre excitante. Il neigeait, les pelouses étaient blanches, le front et les épaules des statues, le toit des pavillons douillets. La neige tombait oblique, la neige des fêtes et de leurs nombreuses réceptions, où j'étais toujours le plus jeune, mais d'une certaine manière accepté en tant que visiteur de l'extérieur.

Harold, mon cousin, avait seize ans, un âge exaltant : cela voulait dire qu'il pouvait conduire. La voiture familiale était une Plymouth. Et nous voilà partis dans la nuit pour des adresses excitantes dans des rues de sa connaissance. Nous étions de familles ordinaires, mais ses camarades d'école venaient de milieux fortunés, certains tout au moins : des garçons qui auraient leur place dans l'entreprise familiale, et des filles ravissantes. Il y en avait une, brune à jupe de velours, dont j'étais amoureux. Elle s'appelait Gloria. Ce premier soir elle me sourit. Je ne pouvais croire que j'étais en train de lui parler, ni qu'une ou deux soirées plus tard elle s'en souviendrait encore. Je cédai enfin aux défis de mon cousin et l'appelai au téléphone. J'étais censé l'inviter à sortir avec moi. D'une voix chaleureuse, Non, elle ne pouvait pas, dit-elle, elle était déjà prise, mais ne pourrais-je pas la rappeler une autre fois ? J'étais extatique. À mon sens, c'était un triomphe.

Nous faisions de la luge sur une colline près de la maison. Nous y rencontrâmes une jeune fille en fleur dont le père était officier dans les Marines, et qui habitait dans les parages. Bientôt nous en fûmes à partager une luge. J'étais assis derrière elle, les bras autour de sa taille, à dévaler la pente pour nous renverser dans les tas de neige, mes mains montées d'un cran comme par accident, restant tous deux étendus là un moment avant de nous relever et de remonter en toute hâte. Des descentes effrénées, répétées encore et encore...

Penses-tu qu'elle... ? demandai-je à mon cousin en toute incertitude. Oui, dit-il, mais la séduire, en dépit des plans que nous fîmes, se révéla au-dessus de mes capacités. Au lieu de cela, nous avons bu du chocolat chaud dans la cuisine, et lorsqu'il fut clair qu'il n'y avait personne dans la maison, soudainement devenue prudente, elle s'enfuit.

Le plaisir, tout innocent, qu'un chacun aurait pu prendre. Les chambres nues et glaciales de ces années, les nuits de désir dans le noir. Était-ce supposé en aller autrement ? Pas vraiment.

Ces Noëls ayant déteint, peut-être, les autres m'ont toujours paru excitants, comme quelque invitation attirante. C'est le Noël romantique qui prend barre sur le reste, le Noël 5th Avenue avec tous les magasins, les visages luisants dans le froid, les Noëls de bureau avec leur abandon, le Noël à Paris dans un hôtel grand comme un timbre-poste près de Notre-Dame, Noël à Chamonix et son casino si vivement éclairé, tous d'une certaine manière étaient les descendants des jeunes fêtes bondées de 1938 et 1939.

*

Mes professeurs avaient tous été des femmes. En école préparatoire ce furent des hommes, nés vers la fin du dix-neuvième siècle et en majeure partie diplômés d'institutions et d'universités de la côte Est. C'étaient des hommes aux principes et aux préjugés fortement ancrés. Le professeur de latin, aussi redouté que sa matière, était un M. Nagle, célibataire exigeant et pince-sans-rire avec des cheveux roux, des habitudes inflexibles, et un stylo à encre dont il dévissait cérémonieusement le capuchon pour prendre quelque chose en note. Son humour, auquel s'ajoutait un certain dédain, ainsi que ses critères exigeants, en faisaient l'un de nos préférés. Zéro garanti, prévenait-il, à qui écorchera l'orthographe de Nagle.

L'histoire était obligatoire les six années durant, et le professeur d'histoire américaine était un M. Martin, autre titan, les cheveux blancs, impérieux, son sempiternel costume bleu taché de craie. Il avait l'habitude de corriger les compositions trimestrielles tout en écoutant la radio. Il serait difficile de dire exactement ce qu'on apprenait de lui. En plus de l'histoire, il enseignait sa version personnelle de l'anthropologie, ainsi qu'un cours d'hygiène et de morale. "Ne jamais l'avaler" était une de ses admonitions – il parlait du flegme, mais les garçons les plus délurés ricanaient. Réaction qui l'amenait à ce qu'il savait être une préoccupation constante. "Tâchez d'éviter de penser à ça, autant que possible, conseillait-il ; cela ne vaut pas la peine d'attraper la maladie. Le pire c'est encore les livres, prévenait-il. Ils sont bien pires que les photos." Sa classe était du côté de l'école qui faisait face au terrain d'athlétisme où tôt le matin, avant les cours, nous jouions à un jeu sans règles, souvent dommageable pour nos vêtements, appelé "*rip-ball*", tous contre un, un seul lièvre ventre à terre, la meute à ses basques jusqu'à ce qu'il n'en puisse plus ou soit rattrapé. C'est là que je me rappelle avoir vu Kerouac harnaché d'épaulières et de crampons, râblé et vif sur pied dans des matchs contre Peddie et Blair[1]. En tenue de football, court sur pattes, il faisait voyou. Il se repliait en arrière pour réceptionner les ballons de volée, et, une fois la balle attrapée, filait comme le vent.

L'école, Horace Mann, était à Riverdale, au nord de la ville proprement dite. Elle était essentiellement "Anglo" d'inspiration, il n'y avait que des garçons, et l'éthique prédominante était que nous étions responsables de notre propre destinée et devions remplir nos obligations envers la société. Il n'était pas question de déterminisme à la Büchner ou à la Ibsen, doctrine selon laquelle les actes ont des causes irrésistibles. Nous n'étions pas ce que des forces inconnues faisaient de nous, mais plutôt ce que nous faisions de nous-mêmes. Le matin, dans l'auditorium, nous entonnions *Men of Harlech* – "Aurez-vous droit à votre nom dans un récit ?" – et, comme l'école était affiliée à Columbia, *Roar, Lion, Roar*.

Quel effet cela eut-il, je ne puis dire. J'étais un élève acceptable bien qu'à la traîne en sport, inconnu sur le terrain d'athlétisme et remplaçant dans l'équipe de football. Je me rappelle une jeunesse faite d'amitié, sans pessimisme, bien qu'à des milliers de milles au loin la guerre en Europe eût déjà commencé. Non loin de là où nous habitions, dans Yorkville, ils passaient des films de propagande allemande, *Sieg im Westen*, et un peu plus tard, *Feldzug in Polen*, avec des femmes dans le hall du cinéma qui collectaient pour le fonds de soutien allemand aux victimes de guerre. *Le bruit lointain de la bataille*[2]. Nos sympathies allaient naturellement aux Anglais, et nous lisions fébrilement, dans des journaux qui n'existent plus, comment des croiseurs

1. Écoles préparatoires rivales. *(N.d.T.)*
2. Paroles de la chanson mentionnée plus haut, *Men of Harlech*. *(N.d.T.)*

britanniques avaient piègé le cuirassé de poche *Graf Spee* dans un estuaire sud-américain. Du coup, nous inventions nos propres batailles navales, brillantes comme seuls peuvent en inventer les écoliers, avec des règles compliquées pour bouger, engager, endommager, et ravitailler des flottilles de modèles réduits sur des parquets d'appartements ; combats sans fin, souvent avec diagrammes et compte rendus rédigés après coup, de telle sorte que des années plus tard les gens qui ne les avaient jamais vues mais n'en avaient qu'entendu parler demandaient à se les faire décrire.

Kerouac n'était qu'un étudiant de troisième cycle parmi d'autres, les "*ringers*", comme on les appelait, enrôlés chaque année comme renfort pour les équipes de l'école. Plus âgés, moins fins, arborant déjà sur leurs joues l'ombre de l'âge d'homme, ils étaient à la fois héros de l'école et outsiders. Je n'ai jamais adressé la parole à aucun d'eux ; il n'y avait rien à dire. Une année ou deux au-dessus de nous, ils buvaient de la bière, portaient nonchalamment leurs livres d'une main, et savaient conduire. Kerouac nous sidéra en soumettant des nouvelles à la revue littéraire, un acte qui pour un "*ringer*" défiait absolument les conventions. Il ne se présenta néanmoins jamais dans les bureaux du magazine. C'eût été trop contre nature.

Les athlètes avaient des petites amies, généralement restées dans les trous de province d'où ils venaient. Nous-mêmes avions des amies, ou plutôt nous connaissions des filles. Certaines allaient à l'école jumelée à la nôtre, Lincoln, d'autres étaient leurs amies, une coterie variable de New-Yorkaises, aisées pour la plupart, très surveillées par leurs parents. Elles habitaient vers 70th, 80th, ou 90th Street, certaines plus loin, dont une très belle dans un immeuble avec une grille en fer du côté de West 60th Street. Aux bals de l'école qui se tenaient en ville le samedi soir, une partie d'entre elles étaient susceptibles de faire leur apparition, et il y avait des fêtes sur Park Avenue avec bol de punch dans la salle à manger, tapis roulé, et parents hors de vue dans une chambre éloignée, ou partis au cinéma.

L'ennui de ces sauteries, notre sophistication de collégiens, les slows dansés dans les pièces à la lumière tamisée. Il n'y avait ni moments de passion ni portes qui claquaient. Nous n'avions pas d'histoires d'amour à cet âge. Pour un godelureau de quinze ans il n'y avait pas de mots pour dire : *Je t'aime. Je te donnerai ce que tu voudras*. Le peu de messages qui s'échangeaient étaient taquins ou cherchaient à faire de l'esprit. Garçons, nous rêvions à l'adage *quantum vis*, "autant qu'il te plaira", mais il n'en fut jamais rien. Pas plus qu'il n'y avait de couples véritables. Tout était trop formel et familier.

Je porte en moi malgré tout le souvenir de ces filles, les dernières de la race, leur fraîcheur et leur vivacité, leur refus de se laisser abuser. Je passe devant les immeubles qu'elles habitaient, qu'elles habitent, celles qui sont parties vivre ailleurs, qui se sont mariées, celle qui ne l'a jamais été, celle qui est tombée folle.

Parmi les camarades d'école ayant accédé à quelque notoriété, il y a Julian Beck. Dandy et nul en sports, il faisait l'objet de moqueries dès qu'il avait le dos tourné et il en était probablement conscient – il suivait le principe de Cocteau, quel que soit le trait qui vous vaut des critiques, forcez-le. Osseux du poignet, il virevoltait de production en production sur la scène de l'école, dont un Hamlet à long nez quelque peu fofolle, et quinze ans plus tard, après s'être essayé à la peinture, il prit la direction d'un théâtre underground et se métamorphosa en visionnaire en montant un spectacle aussi frappant que dérangeant, *The Connection*. Le théâtre était improvisé, en haut d'un escalier étroit. Étonné qu'une pièce sur la drogue puisse être aussi distanciée, je n'en reconnus pas l'aspect prémonitoire, mais elle brillait comme un diamant. J'ai rencontré Beck plusieurs fois par la suite, mais le niveau est toujours resté superficiel ; en un sens, il ne tenait pas à me parler. Il m'avait dépassé et n'était pas disposé à se voir abordé selon les anciens termes.

Il en fut de même avec Kerouac, bien que je ne l'eusse jamais revu. Je reconnus sa photo, un visage sensible et sombre, dans la vitrine d'une librairie sur la jaquette d'un épais premier roman. C'était *Avant la route*. J'en lus les critiques par la suite, pleines de louanges. À cette époque j'avais déjà essayé d'écrire un roman, et échoué. Le sien était lyrique et répétitif, et, pour moi, un vrai crève-cœur. Ce qu'il avait accompli me sidérait.

Dans un entretien lu plus tard, je découvris l'aspect qui avait été si peu soupçonné chez lui. On le questionnait sur le haïku, et il avait dit avec enthousiasme, Oui ! Et puis, littéralement sous nos yeux, comme on épluche une pomme en un seule pelure continue, il avait entrepris de condenser un incident – une feuille morte poussée par une bourrasque sur le dos d'un minuscule moineau – en trois vers succincts, s'y reprenant à plusieurs fois, raturant des mots au vol, pourrait-on dire. Je me revois assister à une classe dans laquelle un de nos professeurs favoris essayait d'attiser notre intérêt pour le haïku et ses dix-sept syllabes, mais son essence, de grandes choses évoquées par des petites, nous dépassait largement.

Le nom du professeur était Richard Wooster. Il était jeune et avait un large sourire pénétrant. Kerouac ne le connaissait pas, pas plus qu'à mon avis Wooster n'a jamais rencontré le garçon hâbleur de Lowell. Parmi les professeurs, M. Wooster était celui dont je me sentais le plus proche. Lorsqu'il fut conscrit dans la Marine, il m'écrivit comme à un égal. Dans la vie qui suivit, j'allai le voir juste après avoir publié un roman. Il s'était marié entre-temps et avait quatre ou cinq enfants. Il était gris de cheveux, mais toujours souriant. Il me reçut dans le séjour de la grande maison désordonnée dont il avait sans aucun doute rêvé. Je voulais lui montrer que sa foi en moi n'avait pas été vaine, mais je ne suis pas certain de ce qu'il voyait – à son sourire, on aurait dit qu'il ne se souvenait pas bien. Ses enfants m'avaient remplacé, et la vie désormais l'accaparait. Comme si les années scolaires avaient été une plante grimpante que quelque chose aurait coupée, et qu'elles étaient tombées à terre.

*

Je goûtai mon premier canard dans la salle à manger d'un appartement aux tons argent, un peu en retrait de 5th Avenue. En face de moi, ne remarquant rien qui sortait de l'ordinaire, était assis mon ami. Présidant en bout de table se trouvait son beau-père, Jonas Reiner, un homme imposant, plein d'humour, qui possédait des fabriques de sous-vêtements, et à l'autre bout la blonde mère de mon ami, Ethel.

Parmi les mères de mes amis, c'est elle qui jetait le plus d'éclat. Elle qui avait le plus d'aplomb et de style. Elle était la fille d'un docteur qui, pendant la crise de 29, lui téléphona pour demander : "Es-tu raide fauchée ?" Elle avait 25 ans, mariée à son premier époux, avec deux enfants. Elle avait cinq mille dollars à son nom et sa note chez Bergdorf était de quatre mille huit cents. "Oui, avait-elle dit, toi aussi ?

– Mm, mais j'ai déjà été fauché avant, et j'espère bien l'être encore", lui dit son père.

À mes yeux, elle avait quelque chose de royal, affectée mais souriante, avec ses cheveux blond cendré relevés en masses sur la tête, et la soie de ses robes qui chuchotait. Jamais je ne l'ai vue dans la cuisine – il y avait une cuisinière – ou un aspirateur à la main, pas même changer de chaussures, croisant les jambes et enlevant l'une pour en enfiler une autre. Peut-être y avait-il des matinées en fin de semaine où, en peignoir bordé de fourrure, elle brouillait des œufs et préparait un plateau pour le porter à son mari au bout du couloir. Elle suggérait le somptueux.

Son fils, Wink, était mon ami. Lorsque nous étions de jeunes garçons, nous nous réunissions en groupe dans sa chambre pour jouer aux cartes. Il produisait parfois des pièces d'or de cinq ou dix dollars pour prouver qu'il était paré contre toute malchance prolongée. Je n'avais jamais vu de pièces d'or et en ignorais même l'existence. Elles se révélèrent prophétiques. Plus tard, il devint agent de change, avec une place à la Bourse. L'argent affluait. Il avait une femme belle et extravagante, une maison à Westchester. C'était après la guerre. Fortifiés par des racines qui remontaient à loin, nous étions des amis très proches. J'étais à son mariage, et plus tard j'ai été parrain de son premier enfant. L'argent que j'avais dans les années 50, il le doubla et le tripla pour moi, et j'avais l'impression de m'élever avec lui, bien que dans une moindre mesure.

Puis, dans les années qui suivirent, ce fut la vie entre hommes, les soirées passées à tout se confier dans des bars, *uptown*. Il me tenait au courant – sa femme, son beau-frère, ses associés. Nous allions au football ensemble, et au Mexique. Le championnat mexicain des poids welter se disputait dans une énorme salle délabrée dans la banlieue de Mexico. Nous étions assis au deuxième rang avec une femme que nous avions rencontrée, une blonde qui se disait la petite amie d'un ancien joueur des Chicago Bears. Avait-il perdu une jambe, ou était-ce le cancer ? Je ne me souviens plus. Je revois par contre le vaste océan de cheveux des plus noirs autour de nous, n'appartenant qu'à des hommes. Il n'y avait pas une seule autre femme dans la salle et, un peu éméchée, celle avec qui nous étions se remarquait comme un phare. Les mollets nus des boxeurs dansaient devant nos yeux et du sang giclait à flots de coupures au visage. Du balcon, la bière pleuvait, ainsi que des journaux auxquels on avait mis le feu. C'était le cinquième ou sixième round. Le chaos montait.

"Il faut que j'aille au petit coin", dit-elle. Nous étions pressés les uns contre les autres. L'allée d'accès s'élevait vers le fond entre des étendues d'hommes. "Il faut que j'aille au petit coin", dit-elle encore. "Qui veut m'accompagner ?"

Nous ne bougeâmes ni l'un ni l'autre. Je la suivis des yeux comme elle se dirigeait seule en haut de l'allée, sur ses talons aiguilles, ses hanches parlant clairement, semblait-il, sous la robe. Elle était positivement emblématique. Rangée après rangée, tous les visages se tournaient pour regarder. J'étais sûr que nous ne la reverrions plus.

Nous nous retrouvâmes néanmoins pour arpenter les rues obscures avec elle, en quête d'un taxi, pratiquement sans éclairage nulle part, mais avec des chiens qui aboyaient, invisibles.

Aux combats de coqs, on buvait de la tequila en léchant du sel sur le dos de la main. Wink avait cessé d'évaluer les coqs comme ils étaient fièrement exhibés à la ronde. À la place, il lisait les cotes, inscrites sur des planchettes que des hommes portaient en circulant dans la pénombre. Il tendait des liasses de billets, qu'ils prenaient en acquiesçant. C'était des pesos, cela ne comptait pas. Les taxis étaient en pesos, l'hôtel, les larges boulevards qui défilaient. Nous nous imprégnions d'air latin, soûls d'altitude. La ville était une galaxie. Les filles arrivaient dans la salle en bas et s'alignaient, souriantes. Leurs dents étaient abîmées, pour la plupart. L'une d'elles était Cubaine. Je n'étais jamais allé à Cuba. Nous y allâmes – les palmiers, sa chambre nue avec les volets, les rues pâles à l'aube.

Peut-être tout cela existe-t-il encore. Je n'y suis jamais retourné. En voiture nous avons poussé jusqu'à Cuernavaca, ensuite jusqu'à la mer. La plage connaissait l'ombre des premiers grands hôtels. Les jambes blanches, nous l'arpentions. Il y avait une mince femme brune en bikini noir ; elle aurait pu être Mexicaine, mais ne l'était pas. Nous nous sommes assis avec elle pour bavarder. C'était une amie du dramaturge anglais John Osborne, elle avait un étui à cigarettes en or avec une inscription gravée de sa main pour le prouver.

Il se peut qu'elle ait aussi eu droit à une partie de sa fortune, ou peut-être à celle de quelqu'un d'autre. Elle avait acheté un hors-bord pour le jeune Mexicain avec qui elle vivait, afin qu'il puisse obtenir une concession de ski nautique. Nous le prîmes pour aller dans des îlots reculés, mangeant dans des cabanons de plage où il n'y avait que trois ou quatre assiettes mais toujours des bouteilles de bière glacées sorties d'on ne savait où. Nous la retrouvions le soir aussi. Le jeune Mexicain ne disait jamais un mot.

Par la suite, à New York, je l'aperçus à plusieurs reprises, une fois au Veau d'Or avec l'étui à cigarettes sur la table près de son assiette. Elle paraissait très citadine et aisée, très loin de la vie de va-nu-pieds. Cette époque était révolue pour elle. Je voulais en apprendre plus sur elle, sur Osborne et sur le passé, mais elle se refusa à en révéler plus.

Mon amitié avec Wink semblait indestructible, et mon attachement pour sa mère se fit plus fort. Il devint de l'amour, pas l'amour que je ressentais envers ma propre mère, mais quelque chose d'adulte et d'à part. Il serait plus juste de dire que je répondis à son amour, la chaleur était d'abord venue d'elle.

Durant les années de guerre elle habitait New York, où je la voyais fréquemment pendant que ma famille était à Washington. Plus tard elle s'installa dans une propriété à Ossining. J'oublie dans quel ordre les choses se sont passées – elle divorça de son mari et il tomba malade –, toujours est-il que son visage se creusa et qu'il mourut. À Ossining elle surgissait de la lumière, un déplantoir dans sa main gantée. Il y avait une piscine, une salle de séjour encastrée en contrebas, un chien. Avais-je lu *Pacifique sud*[1] qui venait juste de paraître, demandait-elle ? Je devais *absolument*. La guerre était finie. Nous nous étions rendus à Ossining en voiture dernier modèle, peut-être celle de Wink. Sa mère avait eu des difficultés à lui former le goût, aussi rabattait-elle ses efforts sur moi.

Elle avait un neveu également, le fils de cette sœur tant admirée, Peter, qui grandit plus ou moins en même temps que nous. C'était un garçon replet et crédule. Sa mère espérait le voir faire sa médecine, mais il avait une autre ambition. À la fin de ses études, il l'avoua à Ethel : il voulait avoir une galerie, il rêvait d'art. Elle l'emmena dîner chez un célèbre marchand de sa connaissance, où Peter resta assis en silence tandis qu'on lui expliquait en détail les impossibilités de son choix, la quasi-certitude de ne pas réussir, et la déception garantie de sa mère. À la fin il rassembla son courage pour dire, “Je ne suis pas le fils de Dorothy, je suis celui d'Ethel. J'ai le droit à l'échec.”

1. Le premier succès de James Michener. *(N.d.T.)*

Il y eut un moment de silence, puis le marchand dit : "Tu auras mon soutien."

J'avais deux gravures, un Chagall jaune marqué *hors commerce*, et un Picasso, achetés à Peter à l'époque où sa galerie, sise dans une maison aux murs blancs, en retrait de 5th Avenue, était florissante. J'aurais voulu avoir un Matisse mais ne pouvais me le permettre.

*

Dans le courant de l'été 1941 mon père, qui avait été lieutenant plus de vingt ans auparavant, fut rappelé dans l'armée avec le grade de commandant. Il était en poste à Atlanta dans les bureaux du Génie. Je ne me souviens plus de quel aéroport, mais je pris mon baptême de l'air en descendant le voir dans un grand appareil argenté avec une roue d'atterrissage sous la queue. Il me fit faire la tournée des usines de munitions sur la Tennessee River, près de Huntsville, et sur la Coosa River, en Alabama. Sur un étroit pont de bois quelque part en rase campagne, un mulet était couché sur le flanc – il tirait un chariot et s'était fait renverser par un camion militaire qui lui avait cassé une patte. Il gisait là patiemment, aussi patiemment qu'il avait vécu son existence, un animal gris, usé, qui attendait l'homme aux traits creusés parti chercher un fusil.

Mon image séduisante de la guerre avait été principalement formée par un livre que nous avions, avec une couverture grise sur laquelle le titre était écrit en austères capitales noires, et qui avait une épigraphe si exaltante que je la connaissais par cœur : *À l'Ouest rien de nouveau*, d'Erich Maria Remarque, l'absolu testament de la Première Guerre mondiale, le livre qui ne vous épargne rien. Je n'étais pas préparé à voir les actes en vrai, même s'ils faisaient partie de quelque obscur lever de rideau.

Il y eut un coup de feu. Le bruit se distinguait du reste. Il m'écœura, comme l'impact d'un corps qui tombe de haut. Le mulet gisait là, sans existence, sans nom. Au bout de quelques minutes nous fûmes à même de continuer notre route.

Mon père, même s'il portait des barrettes de commandant, ne semblait pas authentique. Peut-être était-ce parce qu'il ne commandait pas d'hommes, chose pour laquelle il n'était probablement pas fait. Au bout d'à peine quelques mois il fut muté à Washington, et durant trois ans ma mère y résida, bien qu'il fût par la suite envoyé aux Indes et en Angleterre. Durant une partie de ces trois ans, personne ne savait comment se terminerait la guerre, et les ordres de mission vous ordonnant de traverser les mers pour rejoindre telle ou telle unité étaient revêtus d'une grande importance, lestés comme ils l'étaient du poids de l'inconnu. Certains pouvaient être des arrêts de mort, encore que ce fût rarement le cas pour les officiers d'état-major.

Il passa colonel et se mit à s'imaginer pouvoir aller plus haut, mais cette bonne fortune fut réservée à des hommes de moindre envergure, du moins c'est ainsi qu'il voyait les choses. Il avait l'admiration et même l'amour de ses subordonnés, mais ce sont ceux qui sont au-dessus de vous qui comptent.

La guerre le détruisit. Une fois finie, il ne fut plus jamais capable de s'intégrer. Tout avait changé, disait-il. Les vice-présidents de banques n'étaient plus à même de vous confier des terrains ou des propriétés pour en faire quelque chose, et il n'y avait plus de douairières avec des hôtels sur les bras qui voulaient vous charger de les vendre. Il se mit à travailler pour de grosses firmes à New York et à Chicago, mais jamais plus les choses ne furent comme avant. C'était le grandiose qui l'attirait. Sa manière d'opérer tenait du lyrique. Il vivait de louanges et du stimulus qu'il en tirait, et ne donnait toute sa mesure que lorsque les pleins feux étaient sur lui.

L'ami chauve et entrepreneur, Secoles, avait exhorté ma mère à obtenir le divorce pour l'épouser. Mon père était un brave type, confiait-il, mais il n'arriverait jamais à rien. Tandis que lui, Secoles...

C'est une prophétie qui ne tomba jamais dans l'oreille de mon père, mais graduellement – c'était aussi une question de malchance, deux ou trois mains qu'il n'avait su gagner, pourrait-on dire ; des promesses non tenues – sa foi en la réussite en prit un coup. Il avait un faible pour les prédictions grandiloquentes. "M. Brady, je crois au destin. Je vous ai dit qu'ensemble nous construirions une ville entière là-bas, et nom de nom, c'est ce que nous allons faire." Pour que cela sonne vrai il faut de l'aplomb, et c'est cela qu'il perdit, petit à petit. L'argent suivit le mouvement. Contrairement à ce que conseille M. Micawber, il me semble que dans la vie ceux qui dépensent sans compter s'en tirent mieux, et que ceux qui sont près de leur sous, moins bien. Il y a au moins une exception : celle de mon père.

En automne 1957, la banque lui réclama le montant d'un prêt sur des obligations de compagnies aériennes. Il les avait achetées à 120 – elles étaient à 62. Il avait perdu soixante-dix mille dollars à la Bourse. Il ne lui restait plus rien. Il lui faudrait se défaire de l'appartement, dit-il, il ne pouvait plus se permettre le loyer. Il avait un ami très proche, un avocat à qui tout réussissait, avec une clé de Beta Kappa et beaucoup d'assurance. "Tu ne pourrais pas lui expliquer ta situation et lui demander son aide ?

– Non.

– Pourquoi pas ?

– Il ne voudrait plus rien avoir à faire avec moi."

Il avait de la chance, dit mon père, de ne pas posséder d'arme. Sinon, il se serait tiré une balle.

Finalement, honteux d'être vu, il se mit à traîner au lit, incapable de réunir l'énergie nécessaire pour se rendre au travail. Ses chaussures de luxe, toutes cirées, étaient alignées dans le placard, ses nombreux costumes. Le contenu de ses poches était sur la commode à côté de son carnet de chèques épuisé, son bracelet-montre en or, sa monnaie, quelques cigares. Ses cheveux avaient viré au blanc, la ligne du menton au flou. Il était fini.

Le père d'Herman Melville, son commerce d'import-export ayant fait faillite, devint banqueroutier. *Il abandonna la lutte, devint malade mental et mourut.* Melville avait treize ans. J'en avais trente et un lorsque mon père commit le même acte inoubliable. Il était comme un cheval à bout de forces. Nous essayions de le pousser. Il allait juste faire un somme d'une demi-heure, disait-il. Nous restions assis dans la salle de séjour, ma mère et moi, écrasés par la fatalité tandis que dans la ville qu'il avait voulu subjuguer il restait au lit, en plein après-midi, avec le vacarme de la circulation dans la rue, les hauts immeubles qui faisaient briller leurs fenêtres mortes, les mouettes posées sur l'eau.

Je me rappelle deux choses qu'il disait en cette période, comme en triste résumé : "Ils ne m'oublieront jamais" et "Je suis mort". Il avait raison sur les deux points.

Peu de temps après, il fut hospitalisé. Pour achever le tout, deux jours avant qu'il ne meure, l'acheteur d'un immeuble dont il avait négocié la vente se tua en avion alors qu'il se rendait à New York pour signer le contrat. Cela s'était passé à l'aéroport de La Guardia. Les eaux glacées – c'était en janvier – recouvrirent le tout.

*

Des décennies, une éternité plus tard, je me réveille en pleine nuit avec une étrange sensation dans la poitrine du côté fatal – serait-ce mon cœur ? C'est une sensation que j'ai eue avant, une sensation courante, comme un muscle pris de crampe, qui s'en ira probablement comme elle l'a toujours fait, sauf qu'il est quatre heures du matin et que mes pensées, je ne sais trop pourquoi, se tournent vers mon père. Nous n'arrivions pas à l'encourager, nous ne pouvions le faire continuer. C'était cruel de continuer d'essayer. Lui voulait que cela s'arrête. "Il y a déjà peu de gens en ce monde qui se soucient de ce que vous devenez", disait-il. Ma mère, bien après, affirma que le mariage avait été une erreur, qu'elle l'avait su très tôt, mais qu'elle n'avait pas eu le courage d'agir. Elle resta loyale jusqu'au bout.

Je repense aux visites sans espoir chez les psychiatres, aux électrochocs, aux sorties en voiture sans but à la campagne, rien que pour s'échapper. Je pense à lui marchant dans la rue, préoccupé, le pâle sillage de fumée de cigare après lui, les promenades aveugles pendant lesquelles son esprit ressassait les impossibilités, les retournant une à une, encore et encore.

*

Ethel Reiner, passée la quarantaine, se décida pour le théâtre. Elle fit un bref et passionnant apprentissage avec un producteur chevronné nommé Saint Subber, et se mit ensuite à produire toute seule. Après quelques traversées en eaux calmes, dirons-nous, elle prit hardiment les commandes d'un vaisseau de ligne sous la forme d'une gigantesque version musicale de *Candide* avec pour compositeur Leonard Bernstein, et pour le livret, comme on appelle cela si curieusement, une autre redoutable figure, Lillian Hellman, avec qui il était inévitable qu'elle eût des mots.

Candide fut un triomphe et une catastrophe, dans cet ordre. Ses rodages en province, avant de venir à New York, furent étourdissants. Afin de l'amener à la perfection, il y eut quelques petits changements de dernière heure, et puis quelque chose de difficile à identifier se produisit. Le ressort avait été remonté un tour de trop. Il y eut la réception chez Sardi's après la représentation, quelqu'un avec un transistor pressé contre l'oreille pour entendre la critique au flash de onze heures et demie. Elle était désastreuse, et les millions investis furent perdus.

Dans son appartement cette nuit-là, la productrice défaite fit une crise d'hystérie, et quelques mois plus tard – l'humiliation était trop grande – elle battit en retraite en Angleterre, temporairement, jusqu'à ce que le moment soit convenable pour rentrer.

Elle avait perdu son assurance et la réputation qu'elle s'était faite, mais pas son style. Parmi les invités de la réception qui suivit le second mariage de son fils, elle paraissait souveraine en noir et attirait autant l'œil que la séduisante Hollandaise, une hôtesse de l'air, qui était la mariée. “Ma chère, lui dit Ethel, je vous verrai sans doute très peu durant cette vie, mais dites-moi” – elle tenait un petit écrin en velours contenant une paire de boucles d'oreilles en diamants, chacune était une seule pierre brillante de la taille d'une dent –, “est-ce que vous avez les oreilles percées ?” Les boucles d'oreilles étaient son cadeau de mariage. À son crédit, la belle-fille dont le répondant n'avait pas encore été testé, écrivit le lendemain matin une note d'appréciation qui disait, en son intégralité, *Chère Ethel, Merci pour les boucles d'oreilles. Barbara.*

En fait, je devais la revoir en Europe, bien plus tard. Elle avait trouvé un homme, un Anglais divorcé, qui partageait ses goûts. Il n'avait pas de fortune mais connaissait le monde et était d'un tempérament égal. Il l'aida à repartir, ou du moins à ramasser les morceaux.

Il paraissait solide en maillot de bain à Èze-sur-Mer, bien découplé. Il avait trois blessures de guerre, mais elles avaient presque disparu. Je me souviens de la journée à cause de son grand calme, l'horizon presque gommé. Il marcha un certain moment dans l'eau, puis s'éloigna en nageant. Elle mit un bonnet de bain blanc, les doigts glissés dessous pour bien l'étirer comme il faut, et nagea à sa poursuite. Pendant longtemps, seuls nageurs en vue, ils jouèrent dans le doux roulis de l'eau. Nous les regardâmes jusqu'à ce qu'ils ressortent, révélés lentement comme une épreuve photographique.

Ils vivaient sur son argent à elle, comme elle le lui rappelait fréquemment, mais cela valait la peine. Ils finirent par se marier. Elle devint Mme Bezencenet. Il avait dix ans de moins qu'elle.

Ils voyagèrent – il y eut les années égéennes, la lumière purifiante. Je les voyais à Londres, et à Paris. L'idée d'entreprendre quelque chose, une pièce ou un film, lui restait en tête.

En Espagne – c'était la fin des années 60 – ses jambes commencèrent à enfler. Puis ses chevilles ; elles se remplirent de fluide. Finalement elle alla à l'hôpital. À la longue, après traitement, le fluide partit, mais laissa dans son sillage quelque chose de plus terrible. C'était de la sclérodermie, un durcissement de la peau et des tissus en dessous. On se pétrifie lentement. Ils retournèrent en Angleterre, où se trouvaient les spécialistes mondiaux de cette maladie, mais les docteurs pouvaient peu et ne promettaient rien.

J'allai la voir. Elle avait acheté une maison villageoise à Denham, à environ quarante minutes de Londres. Je pris le train de Marylebone Station un dimanche matin, le compartiment inondé de soleil et vide. C'était la mi-octobre. Je descendis le long chemin à travers champs de la gare au village, puis la rue silencieuse jusqu'à la maison.

Elle entra dans la pièce, imposante et traînant les pieds. Elle avait les larmes aux yeux. Nous nous installâmes dans la bibliothèque, qui donnait sur un large jardin, pour boire du champagne, mais après y avoir goûté, elle déclara, "Il n'est pas bon.

– Chérie, c'est celui qu'on boit toujours", dit son mari. Il sortit la bouteille du seau en argent pour lui montrer l'étiquette, Piper-Heidsieck.

"Viens palper ma jambe", me dit-elle.

Je posai ma main dessus et mon cœur défaillit. C'était comme une jambe de momie, comme le couvercle d'un coffre en bois. Elle était enchâssée dedans à vie. Son cercueil, plus macabre que beaucoup, était déjà prêt. Il était en forme de corps : le sien. Elle ne pouvait pas se lever d'un fauteuil par elle-même. C'était à ce point avancé.

Durant les mois qui suivirent je revins la voir. Nous dînâmes dans sa chambre. Un ami, un pianiste qui lui rendait visite, avait préparé le repas. Nous avons mangé sur une nappe rose avec des serviettes neuves et roides, des verres resplendissants, du vin. Elle était couchée, adossée à des oreillers, dans son lit. Nous aurions pu être à Saint-Moritz, où elle se serait, disons, démis le genou. Au bout d'une heure elle semblait changer à vue d'œil, de façon effrayante. Ses traits se transformaient, fondaient en un masque d'épuisement et de mort. Le clocher sonnait minuit.

Elle ne dînerait plus jamais dans de bons restaurants, demandant parfois au garçon de lui prêter ses lunettes pour lire le menu, ni ne jouerait, ivre, aux tables du White Elephant, ni ne se ferait ramener de Londres tard dans sa Rolls.

C'est à peu près à cette époque que son neveu, Peter, mourut d'une crise cardiaque dans un hôtel de Munich, où il était pour affaires. C'était complètement inattendu, encore que peut-être pas par lui. Cela faisait des mois qu'il sentait des douleurs dans le bras gauche.

Elle reçut la nouvelle stoïquement. Au bout d'un moment elle fit remarquer que son premier souvenir dans la vie était celui de sa propre mère dans son cercueil. Ethel avait quatre ans.

Un an plus tard, à la Barbade pour la dernière fois, elle mourut.

Enfants, nous avions passé beaucoup de temps, Wink et moi, assis près des fenêtres noyées de lumière, à jouer avec ardeur à des jeux de société contre elle et son mari. Plus tard elle avait essayé de me guider, d'être une amie véritable, peut-être plus. Son appartement en terrasse à New York m'était disponible à tout moment lorsqu'elle s'absentait de la ville, et une fois un long télégramme, le seul jamais reçu, me trouva je ne sais comment alors que je gisais gravement malade dans un hôpital en France. Il était d'elle.

Je ne me suis pas souvenu de ces choses, elles font simplement partie de moi. Je ne me suis pas laissé dériver jusqu'à elles, elles font partie du vaisseau.

Je retournai à Denham à l'automne. Là le vieux mur en brique penchait toujours le long du sentier, défoncé par les arbres. Au loin, les champs étaient mouchetés de mouettes. Les feuilles tombées au fond des flaques sur la promenade étaient encore vertes.

Je passai devant le Swan, où nous mangions souvent, la demeure appelée Wrango, d'autres encore avec leurs toits inégaux. Enfin j'arrivai à Hills House, la sienne. À travers les stores, dans la lumière matinale, j'arrivais à distinguer une table sans rien dessus.

La maison avait été vendue. Elle reposait à côté, dans le cimetière de l'église, intruse parmi les vieilles familles, les Barrett, Tillard et Wyld, chacune avec sa pierre à la tête et au pied qui se fondait à la terre. Plus récente que celles-ci, vouée à être moins visitée, une plaque de marbre au mur près du garage du cottage. Là se trouvait son nom, *Mère Dévouée, Épouse Aimante et Aimée.* Et en dessous : 1904-1971. Elle était née la même année que ma mère.

*

Voilà la cité immortelle – la tombe de Grant avec son dôme lointain en ces premiers jours, les grands immeubles d'habitation avec leurs entrées reluisantes, leurs portiers et les auvents verts qui vont jusqu'au bord du trottoir. Le Metropolitan Museum flanqué des espaces verts fatigués où nous jouions dans son ombre, et le large parapet au premier étage sur lequel on pouvait s'asseoir tout près du bord, les jambes ballantes, pour regarder les défilés. Les propriétés et les hôtels particuliers qui ne nous disaient, à nous enfants, absolument rien.

On nous montrait le passé dans les grandes largeurs, l'aile égyptienne avec ses tombeaux reconstitués et ses bas-reliefs peuplés de silhouettes raides aux yeux en amande, et puis, au musée d'histoire naturelle, de l'autre côté du parc, les squelettes de baleines et de dinosaures. On ne m'emmenait que rarement au théâtre, et jamais au concert.

C'est ainsi que je grandis, issu de la ville et donc libre de ne pas l'adorer. Je connaissais les rues, les lignes de métro, la vapeur qui sort des sous-sols, les magasins et leurs propriétaires, les cinémas, les sons divers. Tout à mon sens était émoussé par l'intimité. Je n'étais pas encore conscient de la cité invisible – la cité sexuelle, sa géographie fixée à jamais en mémoire par des actes d'amour, Greenwich Avenue,

3rd Avenue, 11th Street, le Chelsea, l'hôtel des Beaux-Arts – et je me sentais attiré par ce que j'imaginais exister dans ce monde hors de portée.

En 1948, alors que je me trouvais dans les îles Mariannes avec l'équipage d'un convoi aérien, je m'entaillai la jambe sur du corail et la plaie refusa de cicatriser. La septicémie s'installa graduellement. Nous avions poursuivi notre vol jusqu'en Chine et Pékin. Tout le haut de ma jambe était couvert de chancres, mes pantalons de treillis collaient dessus en une demi-douzaine d'endroits. À Pékin, un docteur européen, un Italien, offrit de me soigner pour cinquante dollars-or, ce qui pour lui voulait dire dollars américains. La Chine connaissait une inflation galopante à l'époque. D'énormes paquets de billets, attachés avec de la ficelle, étaient tout juste suffisants pour un repas.

Je n'avais pas cinquante dollars. Nous rentrâmes à Shanghai. À ce stade, j'étais brûlant de fièvre, et durant le vol de rapatriement dans le lent appareil qui bourdonnait haut au-dessus de la mer, j'écoutais la musique éthérée du délire.

À l'hôpital d'Hawaii, dans le silence ensoleillé, je m'endormais parfois avec un livre oublié sur mes genoux. Le livre était touffu et surécrit, même si ce n'était peut-être pas mon opinion à l'époque ; les pages étaient comme des dalles, et le dialogue souvent artificiel, mais les dernières lignes lorsque j'y parvins finalement me firent monter le sang au visage. C'était *L'Ange banni*, le dernier d'une série d'épais romans dans lesquels l'auteur à peine déguisé, Thomas Wolfe, talentueux et incompris, passait sa vie à tempêter, en quête de gloire, d'amour et de notoriété.

C'était à New York, la cité foisonnante, que l'invincible auteur, son brillant directeur littéraire et la riche femme mariée qu'il avait pour maîtresse, poursuivaient leurs vies respectives en phrases hypnotiquement répétées. Je me perdais dans le livre et dans les possibilités qu'il décrivait. Je laissais son épaisseur et sa force déferler sur moi. Le fait qu'il fût essentiellement banal et trop sérieux m'indifférait. C'était comme passer trois nuits dans un train avec un étranger débraillé – Wolfe était en fait un géant, une sorte de Pantagruel sudiste qui écrivait debout, sur le dessus du réfrigérateur, dit-on même, les pages tombant en désordre par terre –, un homme qui parle incessamment, capable de faire se dissoudre pour vous tout ce que vous avez connu auparavant. Foxhall Edwards était le nom du fabuleux directeur littéraire dont le personnage était basé sur Maxwell Perkins, qui, dans la réalité s'occupait de Wolfe chez Scribner's, et il était de notoriété publique qu'une femme du nom d'Aline Bernstein avait servi de modèle pour l'Esther Jack du livre.

Cela faisait plus de cinq ans que je n'étais pas rentré chez moi à Manhattan, sauf pour de brèves visites, et maintenant elle était de nouveau devant moi, effrontée, excessive, ce n'était pas le profil de la ville de mon enfance, mais d'une ville qui aurait pu l'être. Je ne ressentais pas le besoin d'y retourner, je comprenais plutôt qu'elle était authentique, que d'y avoir été enfant représentait un avantage, dont je pourrais peut-être un jour faire usage. Wolfe écrivait avec l'excitation envieuse de l'outsider. Moi, bien qu'exilé, j'étais du cru.

*

À présent il neige, une de ces formidables tempêtes qui commencent par estomper, puis oblitérer le ciel. La neige s'abat sur les immeubles, et les fait ressembler à des paquebots en mer, amortit tout de son silence. Les rues deviennent blanches, tous les rebords et les arbres, les manches de pardessus, les auvents. Bientôt la neige a enveloppé la terre, et pourtant, heure après heure, elle continue de tomber. Les voitures et leurs phares dérivent dans la blancheur. Toute la nuit durant il neige. Jamais la ville n'a paru plus intime, plus prodigieuse.

Le matin il neige toujours. Les avenues ont disparu, les feux de croisement au bout des longues perspectives vides passent futilement du rouge au vert, et ainsi de suite. Il n'existe plus qu'une seule architecture à couper le souffle : celle des lignes blanches.

À part certaines tours, c'est essentiellement la ville qu'ont connue mon père et mon grand-père. Je sais beaucoup de choses sur la vie de mon père – pas la maison dans laquelle il a grandi, ni son école –, mais presque rien de celle de mon grand-père. Il avait une participation dans un hôtel près de Saratoga, dit ma mère, un hôtel en bois dans le style néo-grec – comme il s'agit de son beau-père, elle est vague sur les détails. J'y ai passé un été étant enfant. Je crois revoir la large véranda – peut-être les souvenirs ne sont-ils pas authentiques –, les fauteuils en osier, les portes vitrées, les crachoirs en bronze, et l'odeur déplaisante de renfermé qui y régnait.

C'était l'été 1928. Dans le lointain, bien que personne n'entendît, grandissait le bruit imperceptible d'une grande source qui allait se transformer en grondement. Les événements – le Krach – semblent avoir arraché l'hôtel des mains de mon grand-père. Pourquoi ne m'a-t-il pas assis près de lui, même à cinq ou sept ans, pour me raconter l'histoire épique, recréer l'endroit avec ses mains ? Je ne sais pas. Pour dire la vérité, je ne me rappelle pas l'hôtel, je me rappelle à peine mon grand-père. Quoi qu'il ait su, quoi qu'aucun d'eux ait su, cela est perdu. Il se peut que quelques lambeaux de ce que signifiait leur vie m'aient été transmis, mais les choses qui comptent, l'esprit et le caractère, les ambitions, les relations conjugales, les difficultés, le sort des amis – de tout cela je n'ai rien.

Nous connaissons directement, comme témoin, peut-être cinq générations, la nôtre évidemment de façon plus nette ; dans une direction celle de nos parents et grand-parents, dans l'autre les enfants et petits-enfants. Dans mon cas, beaucoup en a été retranché. Le passé est au petit bonheur. Je pense à cette remarque d'un ministre anglais décidant de prendre sa retraite en Cornouailles, dans la ferme qui était dans sa famille depuis le dix-septième siècle. Ce sont les hommes sans racines, disait-il, qui sont les vrais pauvres de ce siècle.

En même temps, il y a l'exultation de savoir que l'histoire commence avec son enfance, que tout autour de soi, immeubles, parcs, propriétés, musées, n'est qu'une sorte de décor, l'arrière-plan pour quelque chose de beaucoup plus important : sa propre existence. Cette existence, le rôle vedette, est ce qui en fait constitue la ville – c'est elle la cité véritable, la cité de la mémoire et du triomphe, celle qui dure, indifférente aux larmes. L'hôtel décati à flanc de colline, abandonné depuis longtemps ou rasé, ses terrains de tennis envahis de mauvaise herbe, les clôtures affaissées, tout cela n'a aucune signification. Cela n'annonçait rien, ni n'infléchissait en rien votre destin.

Il faut

Mon père, raie au milieu, fier et sûr de lui, avait été premier de sa promotion. Brillant inconnu venu de nulle part, doué d'un talent pour les mathématiques et d'une mémoire prodigieuse, il avait terminé juste devant un rival dont le père avait été premier de la promotion 1886.

L'école était West Point, et il avait aussi été *first captain*[1], encore que pour moi ce fût plus difficile à imaginer. De toute manière, lorsque j'étais enfant, la gloire s'était estompée depuis longtemps. Il avait démissionné au bout de quelques années et peu de preuves demeuraient. Il y avait une paire de bottes d'équitation, quelques *yearbooks*, et, dans un fourreau remisé dans le placard, un sabre d'officier avec son nom et son grade gravés sur la lame.

Une fois par an, sur la commode, le matin, il y avait une magnifique médaille sur un ruban noir, gris et or. C'était une identification à son nom pour le dîner d'anciens élèves qui s'était tenu au Waldorf le soir précédent. Il aimait ces occasions ; elles avaient lieu vers la fin de l'hiver et il y était quelqu'un, plus ou moins admiré. George Horowitz '19, disait le carton blanc encastré en haut du ruban. Son prénom, Louis, lui déplaisait.

1. Titre honorifique ("capitaine des anciens") attribué au premier de la classe en dernière année. *(N.d.T.)*

Lorsque je fus plus grand il m'emmenait avec lui aux matchs de football, que nous quittions durant le dernier quart-temps. Army était une équipe avec beaucoup de cran en dépit de sa faiblesse, et ils venaient au Yankee Stadium affronter Notre Dame. Derrière nous, les tribunes n'étaient qu'une masse grise, la voix éraillée à force de crier ses encouragements, et une fois un rugissement s'éleva lorsqu'un demi, remplaçant de troisième choix, rapide sur ses jambes fluettes, trouva le moyen de se faufiler à travers la ligne de défense et courut en biais de façon incroyable, gagnant près de quatre-vingts yards avant de se faire plaquer. S'il avait marqué, Army aurait gagné.

Finalement j'allai à la même école que mon père. Je n'en avais jamais eu l'intention. Il s'était arrangé pour me faire nommer second admissible en me demandant de lui faire la faveur de préparer l'examen d'entrée – c'était au printemps 1942. J'étais déjà accepté à Stanford et travaillais pour l'été dans une ferme du Connecticut, dormant à même un matelas dans le grenier étouffant tout en rêvant à la vie sur la Côte, lorsque soudain arriva un télégramme. Contre toute attente, le principal et le premier admissible avaient tous les deux été recalés, l'un à l'examen physique et l'autre à l'écrit, et on me faisait savoir que j'étais admis. Je savais ce que mon père voulait pour moi, plus que tout. C'est ainsi qu'à dix-sept ans, vain, l'esprit gâté par les poèmes, je me préparai à entrer à cette académie de West Point si éloignée de mes préoccupations. J'y réussirais, espérait-on, comme il l'avait fait.

*

À la mi-juillet, sur la pente raide qui monte de la gare, nous marchions en groupe. Je ne connaissais personne. Comme les autres je portais une petite valise dans laquelle seraient remisés les vêtements que je n'allais plus revoir pendant des années. Nous passions entre de grands bâtiments silencieux et traversions une route qui passait sous des arbres. Quelques minutes plus tard, après avoir signé une déclaration de consentement, nous nous tenions en file agitée dans le hall, à essayer de mémoriser la phrase qu'il fallait employer pour s'adresser au sergent-chef des cadets. Elle devait être énoncée à très haute voix, et exactement. Sous peine de devoir quitter et refaire la queue. Les cris étaient constants, et derrière la porte de la caserne sourdait un bruit inquiétant comme vivant, qui s'emballait tel le rugissement d'une chaudière quand on ouvrait la porte. C'était le vacarme de ce qu'on appelait "*The Area*", les élèves des classes supérieures, dont certains hurlaient, d'autres sussuraient, d'autres encore sifflaient comme des serpents. Ils répétaient les mêmes ordres encore et encore tout en fondant sur les rangs nerveux qui se tenaient pétrifiés au garde-à-vous, encore en civil, déjà sommés de ne regarder que droit devant. L'air écumait de violence. La chaleur vous coulait dessus.

Je me trouvais dans un endroit semblable au Clongowes Wood College de Joyce, qui lui avait causé un si long frisson d'effroi. Il y avait les mêmes entrées sombres, les façades gothiques, les bastions de coin arrondis aux sommets crénelés, les mêmes fenêtres de prison. Devant se trouvait une grande étendue vide qui était le champ d'exercice, la Plaine.

C'était la dure école, la forge. Pour y pénétrer il vous fallait franchir, le premier jour, les portes d'un enfer. Les ordres pleuvaient, incompréhensibles pour la plupart. Perpétuellement au garde-à-vous, cheveux fraîchement tondus, menton rentré et tremblant, houspillés par des voix dont nous ne voyions pas la provenance, nous nous tenions plantés droit ou courrions comme des insectes d'un endroit à l'autre, à plusieurs reprises au magasin des cadets, retournant chaque fois avec des piles de vêtements et d'équipement. Certains avaient le courage d'abandonner immédiatement, d'autres se faisaient bouler à petit feu. Tel compagnon de chambre, au bout du troisième voyage chez le fourrier, n'était jamais revenu : il avait simplement poursuivi son chemin jusqu'à l'entrée principale située un mille plus loin. L'après-midi, dans nos uniformes neufs, on nous réunit et on nous fit marcher en formation jusqu'à Trophy Point pour prêter serment.

Je me rappelle surtout les sons, l'orchestre de fer, les piétinements sur les escaliers, la stridence des sonneries, les cris, les *Yes, No, I do not know, sir !*, le claquement de soixante ou soixante-dix crosses de fusils touchant le sol presque en même temps. La vie n'était qu'anxiété, pas de course, et rassemblements précipités. Parmi les choses dont j'ignorais tout, il y avait l'exercice et le maniement d'armes. Nombreux étaient les nouveaux cadets qui venaient d'écoles "d'étain", comme on les appelait, ou des Gardes nationaux, et qui savaient tout cela, jusqu'aux couplets idiots que vous deviez apprendre par cœur, quelles réponses vous deviez faire aux questions les plus triviales, sans parler des dictons qui remontaient à la guerre du Mexique. Combien de gallons d'eau dans le réservoir, combien de noms sur le monument, qu'avait dit Schofield [1], quelle était la définition du cuir ? Tout cela devait vous sortir automatiquement de la bouche, mot pour mot.

Tout était tradition, le jargon, le drap de laine gris, les hauts cols noirs des tenues de sortie, les pantalons blancs amidonnés que vous enfiliez debout sur une chaise. De tous temps, l'effectif de l'École [2] avait passé l'été sous la tente, une ville de toile sur la Plaine avec des rues de caillebotis – Camp d'été comme on l'appelait, avec ses poses fraternelles sur les instantanés et ses cadets de dernière année nonchalamment appuyés contre des mâts de tente ; c'était une des rares choses qui n'avait plus cours. Le code d'honneur était en vigueur, système d'autodiscipline dont on nous rebattait les oreilles dès le tout début, qui appartenait aux cadets plus qu'aux autorités et dont la punition la plus sévère était une forme de mise en quarantaine nommée la "mise au silence". Quelqu'un coupable d'avoir violé le code et qui refusait de démission-

1. *Schofield's Fixed Opinion*, traité remontant à la guerre du Mexique. *(N.d.T.)*
2. Deux régiments constituaient le "*Corps of Cadets*", autrement dit "*The Corps*" dans l'usage courant et les chansons. *(N.d.T.)*

ner pouvait être mis au silence, ses camarades de classe ne lui adressant plus jamais la parole de tout le reste de sa vie, sauf pour raisons officielles. On lui assignait une chambre à lui tout seul, et l'une des rares fois où l'on reconnaissait son existence, c'était à un bal – s'il apparaissait, tout le monde quittait la piste, le laissant seul avec sa cavalière et l'orchestre. Même ses plaisirs étaient frappés de quarantaine.

West Point était un bastion de traditions, et son nom en était le poinçon. L'institution attirait des hommes sans complications, honnêtes, protestants, souvent de la campagne – encore qu'il y ait eu des figures comme Poe, Whistler, et même Robert E. Lee, qui déclara par la suite que la plus grande erreur de sa vie fut d'avoir choisi une éducation militaire.

Je me rappelle la sueur, la chaleur et la soif, le bonheur interdit de boire goulûment au robinet. Aux défilés, trois ou quatre la semaine, la musique de la fanfare flottait au-dessus du bourdon des constants bizutages. Elle semblait d'un autre monde, hors de portée. Il y avait cette impression de traversée sans espoir, d'exil qui durerait des années. Au loin, des femmes en robe légère se promenaient avec les officiers, et la belle demeure blanche du directeur brillait comme un jouet. Sous le soleil terrible quelqu'un dans le rang derrière ou à côté de vous se met à osciller, fait un pas involontaire, puis, comme un boxeur va au tapis, chute la tête la première. Les fusils jonchent le sol. Une fois terminé, un officier [1] marche parmi eux comme parmi les morts sur un champ de bataille, relevant les numéros de série.

Bang ! la porte s'ouvre subitement. D'un bond nous sommes sur pied. Hautain, cambré, ganté de blanc, un sergent de cadets entre nonchalamment dans la chambre. Il nous jette un regard. "Qui êtes-vous messieurs ? Nommez-vous ! Plus fort", ordonne-t-il. Il se tourne

1. "*Tactical officer*" ou "*Tac*" : officier assigné à chaque compagnie de cadets comme superviseur. Généralement craint, il se distinguait des autres officiers comme les professeurs. *(N.d.T.)*

vers les casiers au mur sur lesquels nous nous sommes escrimés des heures durant pour l'inspection. Chaque chose a son étagère et sa place propre, les plis sont nets et coupants, les sous-vêtements comme des bloc-notes, les parements en lin impeccables, les chaussettes noires.

"À qui est ce casier ?" demande-t-il avec dédain. Sans attendre la réponse, il balaye le contenu d'une étagère par terre. "Un vrai désastre. Vous appelez ça plié, vous ? Recommencez." Étagère après étagère, un casier après l'autre, tout valse par terre. "Refaites-le correctement cette fois, vous m'entendez ?"

Une haine implacable vous monte au front. "*Yes, sir !*"

*

L'un de mes premiers compagnons de chambrée était fils de député. Il avait vingt ans. À Chicago, révéla-t-il, il partageait un appartement avec deux prostituées. Comme pour le prouver, il fumait, se promenait en sous-vêtements, et ne s'étonnait de rien. Nous étions pour la plupart encore mal dégourdis, rien que des adolescents, et sa superbe nous apparaissait comme la marque d'une chose enviable dont il était déjà familier : la dissipation. Nous dévalions et remontions les escaliers ensemble, mais aux rassemblements nous étions éloignés l'un de l'autre. Là j'étais à côté d'un grand garçon maigre doté d'un rire caquetant et d'une étonnante irrévérence. Il était fils de colonel et venait de Hawaii, ayant traversé le continent en pullman et passé la nuit sur la couchette du bas avec une femme qui n'arrêtait pas de gémir, "mon fils, mon fils". Il s'appelait Horner ; avec le temps il m'a fait connaître les joies du rhum, des cartes, et pour achever le tout, du sumac vénéneux.

Le plus urgent était de s'arranger pour trouver sa place, ne pas se faire remarquer, devenir comme les autres. Mon père y était parvenu, même si, sachant désormais à quoi m'en tenir, je ne comprenais vraiment pas comment il avait fait. Je ne me le rappelais que se promenant d'une allure princière ; jamais je ne l'avais vu courir, je ne pouvais me l'imaginer sacrifiant à l'épuisante routine quotidienne.

Mais il était également difficile de n'être rien ni personne, sans visage dans les rangs, et sans louanges. Dans une autre file d'attente, cette fois au magasin des cadets, où on nous prenait nos mesures pour les uniformes d'hiver, l'un des tailleurs, un M. Walsh, frêle et jaune de cheveux, remarqua mon nom et me demanda si j'étais le fils du chef de la promotion 1919. Pour la première fois, j'eus le sentiment d'appartenir à quelque chose, d'avoir un passé honorable.

Ce que vous aviez été auparavant avait son importance – les capacités athlétiques, bien sûr – mais ce n'était pas toujours suffisant pour vous en tirer. La qualité qui importait était plus insaisissable ; je suppose qu'on pourrait l'appeler dignité, mais ce n'était pas vraiment cela. C'était plus proche de l'endurance.

En dessous de moi se trouvait la chambre de l'ancien *quarterback*[1] suppléant de Boston College. Il avait eu droit à un bracelet-montre pour sa participation au Sugar Bowl. Elle avait des lettres en guise de chiffres autour du cadrant, S, U, G, A, R, etc., et il y avait de minuscules diamants entre les mots, si je me souviens bien. Nash était venu pour jouer au football. L'époque où les joueurs venaient réellement de l'École, surtout avec des résultats moins que spectaculaires, était en passe d'être révolue, et à cause de la guerre, gagner était devenu un sujet qui primait tout. Nash avait une tête d'Irlandais et une nature intacte. Il avait un peu roulé sa bosse, et son enthousiasme pour la vie d'élève officier était limité. Il se mettait au garde-à-vous en rentrant le cou à regret, comme une tortue. De plus en plus, il se sentait au-dessus de tels enfantillages, et l'irritation se voyait sur son visage. "Tenez-vous droit, M. Nash, épaules en arrière !"

Un jour qu'on le tourmentait, il fit l'inconcevable : il cessa sim-

1. Distributeur de jeu. *(N.d.T.)*

plement d'obéir. L'effet fut galvanisant – ils lui tombèrent dessus comme un essaim, presque trépignant de rage. Au rassemblement pour l'ordinaire il marchait calmement au pas jusqu'au réfectoire, à l'aise avec ce qui lui arrivait, l'air détaché du condamné. Il était au-delà de la punition. La cérémonie de fin d'année qui marquait la fin du statut de "*plebe*" (bleubite) s'appelait la "reconnaissance". En chuchotements incrédules nous nous passions le mot : *Nash s'est reconnu lui-même.*

Ce qui était, bien sûr, impossible – il fut déclaré inapte et partit peu après. Le dernier souvenir que j'aie de lui se situe au dernier étage du casernement où nous avions nos chambres, un après-midi d'enfer. Il existait une forme de punition pour les fautes générales ; elle portait l'appellation bénigne d'"exercices de tenues", et avait lieu une ou deux fois la semaine. La liste de ceux qui devaient y participer était lue à voix haute durant l'appel : à telle et telle heure, les cadets de première année dont les noms suivent se rendront aux éviers de la Xe division. Les éviers était le nom pour le sous-sol, la salle de chauffe avec ses tuyauteries, ses casiers et ses remises. Là, dans une obscurité pratiquement sans soupirail, l'eau chaude des douches ouverte à fond pour faire de la vapeur et le rendre encore plus insupportable, avait lieu un programme d'exercices soutenus, interrompu par une unique annonce : chacun avait exactement cinq minutes pour regagner sa chambre et revenir en tenue différente. C'était alors la ruée dans les escaliers pour monter se changer, redescendre quatre à quatre, et reprendre l'exercice. C'était comme les recrues dans *À l'Ouest rien de nouveau*, quand on les fait "changer de trains" sans arrêt, la prétendue leçon que l'on n'oublie jamais. Les différentes tenues étaient décrites article par article dans le livret de règlements, lequel, en plus de tout le reste, en pleine confusion, devait être consulté. "Exercice D !" Le cri désespéré retentissait, et c'était la ruée pour monter les dernières marches, trente secondes déjà écoulées.

Dans le couloir, assis sur une rampe et en T-shirt, donc en double infraction, se trouvait Nash, le Blue Book du règlement à la main. Il fumait un cigare et nous en lisait calmement les articles, les répétant à la demande tandis que nous nous démenions comme des beaux diables à enlever et à enfiler nos tenues. Bonne chance, appelait-il dans notre dos, comme nous dévalions l'escalier. Ce fut sa représentation d'adieu.

Si Nash s'était seulement repenti et en avait subi les conséquences, il aurait pu, cette année-là ou celle d'après, trotter sur le terrain et devenir célèbre, mais il en est qui sont nés pour jouer impétueusement leur vie sur un geste et conserver leur fierté.

*

Vous n'étiez jamais seul. C'était par-dessus tout ce qui caractérisait cette vie. Enfant, j'avais toujours eu ma chambre pour moi seul, et quoique suffisamment familier avec les couloirs chahuteurs et les jeux d'écoliers, ceux-ci n'existaient que temporairement. Ensuite il y avait la maison avec son calme, les lampes le soir, la riche odeur du dîner.

Il n'y avait rien de tout cela à West Point. Partout nous étions les uns sur les autres, comme sur un navire transporteur de troupes, à faire la queue pour se laver et se raser. Au petit jour, dans la grande fournaise de la vallée de l'Hudson, nous nous tenions durant de longues périodes au plus strict garde-à-vous, toute la journée devant nous, avec des élèves des classes supérieures qui circulaient derrière nous, maussades et dangereux. Pour faire passer les minutes, je me rabâchais des vers, parfois à la cadence des tambours dont les coups étaient durs comme des projectiles, *La fois où tu as gagné la course pour ta ville*[1]... Perdu et enseveli, mais pour le moment seul avec moi-même, emmitouflé de mots.

Comme cadet, je ne promettais guère, pas le pire, mais à la traîne. Faisant partie des plus jeunes, et immature pour mon âge, je ne

1. "*To An Athlete Dying Young*", poème d'A. E. Housman. *(N.d.T.)*

possédais ni la sagesse des garçons de la campagne, qui connaissaient les bêtes et savaient s'y retrouver dans une quincaillerie, ni la vraie dureté du citadin. J'avais été forcé d'apprendre un nouveau vocabulaire et des sens nouveaux, ce qu'on entendait par "ciré", par exemple, ou "soigneusement plié". Pour les prises d'armes et l'inspection, nous portions des accessoires qui remontaient au dix-huitième siècle, baudriers blancs croisés et fausse sacoche à cartouches, plastron et boucle de ceinturon astiqués jusqu'à reluire comme des miroirs. Le soir, dans le vestibule de la chambre, avant l'extinction des feux, nous restions à briquer tout cela fiévreusement. Nous utilisions des gommes à crayon et du rouge de joailler pour enlever soigneusement les moindres imperfections, et le reste était accompli avec une étoffe à reluire continuellement pliée et repliée. Cela prenait des heures. La résonance du métal contre le sol – un plastron échappant des mains de quelqu'un – était un bruit aussi terrible que de laisser tomber un objet de famille.

*

À la fin de l'été, on nous assignait à des compagnies régulières. Elles étaient au nombre de seize, chacune constituée de cadets sensiblement de la même taille. Déployées sur un seul long rang pour la revue, les compagnies les plus grandes se tenaient à chaque bout, descendant en dégradé jusqu'aux plus petits au milieu. Les lois de la perspective faisaient que l'unité entière paraissait de taille uniforme, et au défilé, baïonnettes inclinées sur un même angle, jambes jaillissant d'un seul mouvement, chaque particule de l'ensemble semblait ainsi bien mise et reluisante. Les compagnies de grands étaient tenues pour être détendues et pas très militaires dans leur comportement en casernement, mais avec les nabots c'était l'opposé. Ne serait-ce que passer devant leurs casernements était jugé périlleux. Ce n'était pas seulement des histoires, mais un fait reconnu.

Les bâtiments de casernement étaient disposés autour de vastes quadrilatères nommés *areas*. La *Central Area* était la plus ancienne, et de chaque côté d'elle se trouvaient les *South Area* et *North Area*, plus un petit appendice près du gymnase appelé *New North*. Ces aires étaient distinctes, comme des provinces, même si vous les traversiez tous les jours. Au-delà et hors de vue se trouvaient les arrondissements ombragés qui auraient pu faire passer West Point pour une sereine petite ville fluviale. Dans la clémence de septembre, avec les classes sur le point de commencer, elle s'installait dans sa routine. Un soleil automnal tombait sur les terrains de sport, mais le ton véritable était wagnérien. Nous passions devant les grandes maisons, toutes alignées sur une longue file, celles des colonels qui dirigeaient les facultés, dont certains étaient des connaissances ou des camarades de promotion de mon père, de vieilles demeures en brique dans lesquelles j'allais être invité un dimanche à déjeuner.

Mes nouveaux compagnons de chambrée venaient du Texas et du Michigan, l'un carré de mâchoire et dru de poil, l'autre beau garçon et teutonique. Bob Morgan était le Texan. J'essaie de me souvenir s'il fumait, mais c'était sûrement l'autre qui m'avait appris cela. Morgan venait d'une bourgade nommée Spur, juste un point sur la carte ; le soleil et la poussière du Texas lui avaient fait les yeux pâles.

Notre ardoise était vierge. Tous les démérites reçus durant l'été avaient été enlevés et nous étions comme libérés en conditionnelle. Les démérites constituaient une opprobre et comme une sorte de dette. Il nous en était permis quinze par mois. Au-delà, c'était la punition, qui consistait en marches forcées, une heure pour chaque démérite, un taux d'échange inflexible. Ces heures se purgeaient sur l'*Area*, à aller et venir au pas, fusil sur l'épaule, et avec elles nous apprenions une nouvelle leçon : à l'inspection qui avait lieu avant que les punitions ne commencent, les démérites pleuvaient fréquemment. Pour une éraflure accidentellement faite sur une chaussure ou pour le moindre voile de ternissure sur le laiton, vous pouviez recevoir plus d'heures de punition que celles que vous étiez là pour purger.

Nous avions acquis des talents de majordome, supposés être ceux de la gentry. Nous portions pyjamas et peignoirs de bain, fixe-chaussettes aux mollets. Les ongles étaient roses à force d'être brossés, et les cheveux coupés chaque semaine. Nous apprîmes à retirer un chapeau d'uniforme sans en toucher la visière, à dormir sur des pantalons soigneusement pliés sous le matelas pour les repasser, à annoncer menus, anniversaires et films du week-end avec leurs vedettes. Comme aux majordomes, on nous donnait notre dimanche, mais seulement après l'office obligatoire.

Il y avait une exception à cela. Le vendredi soir, dans un théâtre vide, environ vingt-cinq d'entre nous assistions au service juif, assis sur des chaises pliantes, y compris l'un des hommes les plus respectés de ma compagnie, un élève de seconde année nommé Sohn. Au bout d'une heure d'office, éternel et en rien connecté à la rude vie que nous menions, nous retournions au pas à nos chambrées, où tout le monde étudiait ou se préparait pour l'inspection du lendemain matin. Je me sentais gêné de m'être absenté. Bien que personne n'eût jamais rien dit, je me sentais, en un sens, déloyal. Finalement je cessai d'y aller, pour aller à la chapelle avec le régiment.

Bien sûr, vous ne pouviez pas juste cesser – vous ne pouviez à la limite qu'essayer – et je me retrouvai n'appartenant à aucun des deux groupes, mais il me semblait que Dieu était Dieu, comme le proclament elles-mêmes les Écritures, et que ce qui me distinguait essentiellement était une culture tenace, aux racines immémoriales, que de toute manière je voulais écarter.

Trois fois par jour, par trois portes séparées, le Corps au grand complet entrait à l'ordinaire tel un ordre religieux et se tenait debout en un silence bourdonnant – toujours plein de messes basses et de menaces – jusqu'à ce que l'ordre, “Prenez place !”, soit donné. Avec le raclement des chaises, le grondement du repas commençait. Les repas étaient une terreur constante, et, comme pour la rehausser, on annonçait vers la fin les ordres du jour, qui comprenaient souvent de graves punitions infligées par le conseil de discipline du régiment ou de la brigade. À chaque tablée de dix, les élèves des classes supérieures siègeaient à un bout, les bleus à l'autre. Nous mangions au garde-à-vous, les yeux fixés sur nos assiettes, parfois inclus dans la conversation comme un serviteur amusant, mais le plus souvent silencieux ou braillant une information. À tout moment, après avoir été cogné contre la table, une tasse ou un verre pouvaient valser à travers la table et vous arriver dessus. La bleusaille chargée du service levait les yeux sans attendre, criant "Tasse, s'il vous plaît !" C'était une pratique interdite, mais populaire. C'était une affaire sérieuse de ne pas réussir à l'attraper au vol, puisqu'il pouvait en résulter un bris de verre ou de céramique, et donc des démérites possibles pour un élève de classe supérieure. Il était préférable de recevoir une tasse sur la poitrine, ou même en pleine tête.

"Redressez-vous !" était un ordre fréquent. Cela voulait dire "Arrêtez de manger", la conséquence de ne pas avoir su faire quelque chose – avoir passé le mauvais plat, ou mis du lait dans le café de quelqu'un qui ne le prenait jamais ainsi – et pouvait avoir comme résultat d'être privé de manger, bien que généralement un ordre de dernière minute vous permît d'engloutir quelques bouchées. Un peu plus loin, dans ce qu'on appelait le coin de l'équipe régimentale, les athlètes, y compris des bleus, mangeaient au repos.

Tel celui d'un suzerain héréditaire, le bon vouloir du chef de table était absolu. Certains étaient indulgents, avec un penchant pour la taquinerie et les moqueries de potaches. D'autres étaient plus venimeux, et la plupart des compagnies avaient une table "Sibérie", gouvernée par un personnage sévère porté sur la discipline, dans notre cas un Grec en fin d'année, laid, sombre et sans humour. Dans l'assignation des tables, vous y étiez progressivement relégué, et une fois arrivé là, parmi les incorrigibles, vous éprouviez même une sorte de fierté.

C'était l'année de Stalingrad. Un samedi soir, après une victoire de l'équipe de football, alors que nous mangions au repos, un serveur que j'avais fini par connaître, un homme âgé qui avait des problèmes de pieds, me montra une coupure de journal tirée de son portefeuille. Provenant d'un journal anglais, fragile et oubliée, c'était la notification officielle de la Victoria Cross qu'il avait obtenue à Passchendaele. Oui, il l'avait reçue, se souvenait-il calmement, bien que ce qui venait avec, une boîte de cigarettes en fer-blanc, lui eût paru beaucoup plus important à l'époque. Il parlait avec un léger accent ; il était belge. J'ai oublié comment il avait fait son compte pour finir là, un civil s'usant les talons à servir à table. Au-dessus de nos têtes, couvrant un mur entier, une frise dépeignait les grands capitaines de l'histoire, alors que, anonyme à leurs pieds, se traînait un des leurs.

*

L'heure précédant l'aube, silence partout, dans l'air le mordant du premier coup de froid de l'automne. L'*Area* vide, les couloirs tranquilles.

La chambre était au premier juste en face de l'escalier, les cartons blancs avec les noms sur la porte. J'attendis un moment, l'oreille tendue, et tournai prudemment la poignée. Dedans il faisait noir, les fenêtres à peine discernables. À angle droit, séparés par des bureaux, se trouvaient les lits. Waters, un capitaine aux joues perpétuellement bleues qui commandait le bataillon, en occupait un. Mills, sergent et chef de groupe, dormait dans l'autre. Je ne les entendais pas respirer ; je n'entendais rien, le silence était complet. J'avais peur d'émettre le moindre son.

"Sir !" criai-je, et, hurlant mon nom, je poursuivis, "Au rapport selon instructions, dix minutes avant le réveil !" Un son étouffé répondit, "Faites pas tant de bruit". C'était Mills. Il rajusta plus haut sa courtepointe et grommela comme en arrière-pensée, "Rentrez le menton".

Je demeurai debout dans le noir. Plus rien, pas même le tic-tac d'une pendule ni le craquement d'un radiateur. Les minutes s'étaient arrêtées. J'allais peut-être rester là pour toujours au garde-à-vous, invisible et ignoré, tandis qu'ils poursuivraient leurs rêves.

C'était Mills qui m'avait ordonné de venir ainsi, pour je ne sais plus quelle faute de conduite, chaque matin durant une semaine. Il commandait mon groupe, mais de plus il était fameux, connu de tous, comme le roi des chèvres.

Le premier de la classe était célébré ; pas le deuxième, ni aucun de ceux qui suivaient. C'est seulement quand vous arriviez à la fin qu'un nom devenait de nouveau impérissable, le dernier de la classe, la chèvre, et c'était d'une fierté légitimement fondée qu'une chèvre pouvait se prévaloir. Custer avait été dernier de sa promotion, Grant avait failli l'être. La chèvre était l'Achille des cancres. Il était champion du fond. Devant lui se trouvait le gros de la classe avec ses figures exceptionnelles et aussi ses médiocres ; derrière lui il n'y avait rien, que l'oubli.

C'était un triomphe comme un autre, si vous n'étiez pas fait pour les études, que de finir en queue. Ceux avec des notes pires que les vôtres étaient éliminés, ceux légèrement meilleurs se retrouvaient perdus dans la masse. Mills avait un peignoir de bain couvert d'étoiles. Chacune représentait un examen de rattrapage, la dernière chance, tout ou rien dans une matière où il avait été recalé – son peignoir en était resplendissant. Cela lui venait naturellement ; son père avait fait de son mieux dans sa tentative, terminant en queue de la promotion 1915, cinquième avant la fin. Mills connaissait les responsabilités de l'hérédité. Il avait repoussé les assauts d'élèves de moindre distinction qui cependant désiraient se propulser jusqu'à la renommée. Blond et beau garçon, il était facile à admirer et loin d'être sans dons. On disait qu'une retraite bien exécutée comptait parmi les plus difficiles des opérations militaires, et certains commandants y excellaient. Cela voulait dire passer au bord de l'abysse, frôler le désastre, et survivre d'un cheveu. C'était un domaine spécial avec ses tensions et ses actes désespérés, comme ceux qui le tout dernier jour faisaient exprès de renverser de l'encre sur leurs plans en dessin industriel quand il ne restait rien d'autre, aucune issue possible, à essayer.

Mills était également bon athlète. Il venait de Caroline du Nord et avait fait un an à la Citadelle[1]. Il y avait de la joie de vivre en lui et une sorte de tendresse qui n'avait rien à voir avec la simple gentillesse.

On ne m'avait rien dit de plus. Je demeurai debout en silence. Il n'y avait plus ni présent ni futur. Ils ne prêtaient pas attention à moi, mais d'une certaine manière j'étais important, preuve de leur pouvoir. Je commençais à avoir le tournis, comme si le sol se dérobait sous moi et que j'allais tomber. J'avais oublié depuis combien de temps j'étais là ; le temps semblait s'être arrêté lorsqu'au loin tout à coup arriva une seule détonation bien distincte : le canon du réveil.

Immédiatement, comme une machine démoniaque, le vacarme commence. Dehors, des tambours explosent. Quelqu'un crie dans le couloir, "Sir, plus que cinq minutes avant le rassemblement ! Uniforme, tenue de sortie grise avec capote ! Cinq minutes, sir !" Il y a de la musique qui joue. On peut entendre les piétinements à l'étage au-dessus et dans les escaliers. Les ruches de cadets encore somnolents dégorgent. Les tambours reprennent.

Dans la chambre, pas un seul mouvement. C'est tranquille comme dans une crypte. Quatre minutes avant le rassemblement. Ils n'ont pas bougé. Les bleus sont déjà en place avec des espaces entre eux qui seront remplis par des anciens pas pressés. De nouveau les tambours. Trois minutes.

Quelque chose ne va pas. Pour je ne sais quelle raison, ils ne vont pas au rassemblement, mais si je suis en retard ou, éventualité impensable, si je le rate entièrement... La clameur continue, clairons, tam-

1. Académie militaire renommée pour sa discipline de fer, imitation sudiste de West Point. *(N.d.T.)*

bours, portes qui claquent. Plus que deux minutes à présent. Dois-je dire quelque chose, oserai-je ? Au dernier moment une voix lasse murmure, “À ton poste, patate”.

Je me précipite en bas des marches et dans le froid. Il reste moins d'une minute. Me faufilant en toute hâte en faisant des angles droits, je rejoins ma place dans les rangs alors que deux silhouettes passent près de moi, capotes claquantes, poitrines nues en dessous : Waters et Mills. S'escrimant sur les derniers boutons, Waters arrive devant le bataillon juste comme le vacarme s'éteint et que la dernière sonnerie retentit. Il paraît instantanément calme et résolu, comme s'il avait attendu patiemment depuis le début. D'une voix claire et profonde, il ordonne : “Rapport !”

Je n'existais pas pour Waters, et à peine pour Mills. Nous marchions au pas un samedi tôt dans la journée, nous allions à la rivière, où l'École au grand complet monta à bord d'un bateau blanc à plusieurs ponts pour se rendre à New York. Au match de football, cet après-midi-là, pressé dans la cohue de la mi-temps, Mills vint vers moi en sens inverse, par chance derrière une très belle fille, tout contre elle, un air parfaitement innocent sur le visage. En me croisant, il m'adressa un clin d'œil.

Sa classe termina plus tôt que prévu, ce mois de janvier 1943, pressée par la guerre. Il y eut une ovation incroyable lorsqu'il monta sur le podium chercher son diplôme, et j'avais confusément la même impression qu'eux, qu'il m'appartenait. J'ai longtemps repensé à lui après, à l'aisance et au noble visage du dernier de sa promotion.

*

Dans la sécurité de cet automne, je sombrai. Les démérites se remirent à pleuvoir – chaussures mal cirées, fusil sale, retard au sport, manuel égaré –, il y en eut cinquante rien que le premier mois. Un soir au réfectoire une clameur spontanée s'éleva lorsqu'il fut annoncé qu'à la demande d'un maréchal britannique – je crois qu'il s'agissait du maréchal Dill – toutes les punitions étaient annulées. Selon la tradition, un visiteur distingué avait le droit de faire cela. Les acclamations me passèrent au-dessus de la tête, si je puis dire, mais pas l'amnistie : cela voulait dire trente-cinq heures de punition effacées, sept semaines de marche.

Tout de même, je me trouvais emporté comme par un courant. Je me sentais perdu. Il y avait toujours des têtes que vous ne reconnaissiez pas, des rassemblements qui se tenaient personne ne savait où, la pression des emplois du temps chargés, le formalisme des cours, l'impersonnalité de toutes les figures d'autorité, allant du lointain directeur aux officiers tactiques de la compagnie… il était facile de voir pourquoi l'endroit était surnommé la Fabrique. C'était un monde masculin. Dans le gymnase, nous nous battions, nous faisions de la lutte à un contre un, nous nous rentrions dedans sur des terrains dans la pénombre, lors de championnats régimentaux, et arrivions au souper les phalanges écorchées. Il n'y avait pas de femmes à part celles de l'infirmerie et quelques secrétaires endurcies, mais il y avait l'existence des femmes, toujours, dehors. Un jour, un élève de dernière année reçut sa lessive avec un mot épinglé au bas de pyjama qu'il avait envoyé à la blanchisserie pourvu d'une tache durcie. Une des blanchisseuses avait écrit, *La prochaine fois que ça vous prend, appelez-moi.*

L'hôpital était un étroit bâtiment en granit construit à l'aplomb de la route, comme un pavillon. Là, on faisait connaissance avec d'autres convalescents, et on formait de brèves mais intenses amitiés qui vous dépassaient. Je me rappelle un beau visage dur qui venait de l'autre régiment [1]. Nous restions assis des heures durant à bavarder dans la salle d'eau carrelée de blanc. Une petite vrille tremblante me fait me demander pourquoi il me trouvait si admirable – il se trouvait

1. Le "Corps", l'Académie, est constituée de deux régiments, formant une brigade. *(N.d.T.)*

dans une sorte de pétrin non spécifié – mais, fiévreux et me remettant de la grippe, je ne posais pas de questions. Ses frères avaient été tués à la guerre, me dit-il. Pendant plusieurs jours, il me parut le parfait compagnon. Ensuite il disparut.

Nous étions prisonniers. Le monde déclinait. Il y avait des cadets qui pissaient au lit et d'autres qui pleuraient. L'un s'est pendu. Je repensais parfois aux amis d'enfance avec lesquels j'avais passé des heures et des heures. Je voyais bien que nous nous éloignions les uns des autres ; jamais plus je ne les retrouverais.

Dans une salle du gymnase sombre comme le cuir, nous nous tenions face à face en deux rangées, les gants aux poings, pendant qu'un ex-champion à jambes d'oiseau donnait ses instructions. Sa voix était éraillée et son accent fleurait la rue. C'était comme si la craie saupoudrée sur le sol du ring avait donné à sa peau son ton cendré permanent. Il se déplaça le long de la rangée et s'arrêta devant moi. Nous étions en train de nous entraîner, à échanger des coups. "Frappe-moi", ordonna-t-il. J'hésitai. "Allez vas-y", commanda-t-il. Il se tenait très près.

Je frappai. Il esquiva en arrière, délié et alerte. "Encore", dit-il. J'essayai plus fort. "Allez, fit-il, ce coup-ci touche-moi." Je m'avançai d'un pas, ratai mon coup à nouveau, et quelque chose de massif s'écrasa contre ma tempe. Je restai là avec mon oreille qui résonnait tandis qu'il expliquait mon erreur – j'avais baissé ma droite pendant que j'envoyais mon gauche. Il se traînait comme un vieux pensionné, mais ses poings étaient comme du ciment.

Sous l'arche obscure des poternes se trouvaient des panneaux éclairés où étaient postées les notes de chaque classe, en fin de semaine. Morgan était déjà recalé en mathématiques, et j'étais en difficulté avec les langues. "Ne vous en faites pas, avait dit le professeur, un commandant, cela va devenir plus difficile." Nous restions à étudier après l'extinction des feux, avec une lampe de poche, épuisés et faisant notre possible pour comprendre les phrases en italique dans le manuel d'algèbre rouge. J'essayais de les expliquer à Morgan et de lui faire résoudre des problèmes ; il paraissait buté dans son incapacité. "Reposons-nous une minute." À genoux côte à côte sur le parquet froid, nous somnolions, avec juste le torse qui reposait sur le lit. Souvent nous étudiions passé minuit dans les toilettes.

*

Le cadeau du maréchal fut vite dilapidé. Mon nom apparaissait sur le tableau de punitions trois ou quatre fois la semaine ; je faisais des heures et des heures de marche et regagnais ma chambre la nuit tombée, déshydraté par le froid et la fatigue, remettais mon fusil sur le râtelier, retirais mes baudriers et mon plastron, m'asseyeais pour souffler quelques minutes avant de me nettoyer pour dîner.

La punition avait sa morale, qui était de l'éviter, mais je n'y arrivais pas. Il y avait quelque chose d'étranger et de rebelle en moi. L'aisance avec laquelle les autres s'en tiraient m'était un mystère. Je perdais espoir.

Dans la chambre du *first captain*, dans le plus ancien des cantonnements, il y avait les noms de tous ceux qui avaient eu cet honneur. Je voulais la voir, y passer un moment et trouver mes marques, comme cela s'était produit jadis dans la queue au magasin des cadets. Un dimanche en fin d'après-midi, sans rien dire à personne, je m'y rendis – rien ne l'interdisait – et restai debout devant la porte. Je faillis rebrousser chemin, et puis, impulsivement, je me décidai à frapper.

Le *first captain* était en T-shirt. Il était à son bureau en train d'écrire du courrier, et son compagnon de chambre en train de plier du linge. Il leva les yeux. "Oui, monsieur, qu'est-ce que c'est ?"

J'expliquai tant bien que mal pourquoi j'étais venu. Il y avait une cheminée et sur le mur juste à côté se trouvait une longue planche vernie, avec les noms dessus. On me dit de la consulter. La liste était par année ; "De quelle promotion est votre père ?" demandèrent-ils.

Je cherchai son nom, mais pour je ne sais quelle raison ne le trouvai pas. Mes yeux parcoururent la colonne une nouvelle fois.

“Alors ?”

C’était inexplicable. Je n’arrivais pas à le trouver ; il n’y était pas. Je ne savais que dire. Il y avait une erreur quelque part, fut tout ce que je parvins à bredouiller. Je me sentais absolument vide et honteux.

Mon père, dans une lettre, fut à même d’expliquer. Les membres de sa promotion, en temps de guerre, avaient terminé tôt et étaient retournés à West Point après l’armistice comme élèves officiers. Comme lieutenant le plus haut en grade, à cause de ses résultats académiques, mon père s’était retrouvé *student commandant*. Il appelait cela être *first captain*, et je réalisai plus tard que je n’aurais jamais dû soulever le sujet.

Lors d’une visite qu’il me fit de Washington nous nous promenions sur la pelouse de l’hôtel Thayer baignée de soleil hivernal. Des portions du large fleuve scintillaient comme de la lumière. Je voulais qu’il me conseille et, regardant par terre d’un air morose, récitai des passages de *Dover Beach*. À quoi tendre, et en quoi croire ? Cela deviendrait plus clair avec le temps, dit-il finalement. Il n’avait jamais abandonné West Point. Il croyait en son institution et serait un jour enterré près de l’ancienne chapelle. Il comptait sur l’école pour m’affermir, pour me fixer, comme l’aiguille tremblante d’une boussole se fixe sur le pôle, un processus sur lequel il ne s’étendit pas mais qui, dans son cas, avait plus ou moins réussi.

C’était une école non de professeurs mais de leçons, pour beaucoup jamais formulées, très peu d’entre elles oubliées, et certaines que je me suis efforcé d’oublier. Il y avait cette idée qu’on pouvait être changé, que West Point pouvait faire de vous un aristocrate. C’était vrai en un sens ; elle se basait sur la vie stoïque au grand air qui est le domaine de l’aristocrate : sports, chasse, épreuves. Dans le fond, cependant, c’était une école de classes moins privilégiées sans réelles connexions avec le grand monde. Vous étiez un aristocrate aux yeux de sergents et d'officiers de réserve, des hommes qui croyaient au mythe.

C'était un endroit de mornes émotions, un grand orphelinat, glacial d'apparence, rigide dans ses exigences. Il y avait de la gentillesse à l'occasion, mais peu d'amour. Les professeurs n'aimaient pas leurs élèves, ni l'entraîneur le *fullback*[1] maculé de boue – le mot n'était jamais prononcé, bien que j'eusse souvent entendu son contraire. À la place il y avait la camaraderie et des critères qui semblaient les plus élevés possible. Cela comprenait la confiance en soi et la mort si nécessaire. West Point ne faisait pas le caractère, elle l'exaltait. Elle enseignait à croire en la difficulté, à payer de sa personne, et à dormir, dirons-nous, à la dure. Devoir, honneur, patrie. Les grandes vertus étaient gravées dans la pierre au-dessus des entrées et dans l'or des bagues de promotion, non pas les vertus classiques, ni en fait des vertus du tout, mais bien des ordres. Dans la vie vous pouviez connaître la défaite et voir les valeurs que vous respectiez tomber dans l'obscurité et la disgrâce, mais jamais celles-ci.

L'honneur arrivait en deuxième, mais à bien des égards il était le plus important. Le devoir pouvait encore être esquivé, la patrie allait de soi, mais l'honneur était indivisible. La parole d'un officier ou d'un cadet ne pouvait être mise en doute. On ne trichait pas, on ne mentait jamais. Le soir une question était adressée à travers la porte, "Tout est en ordre, sir ?", et la réponse était toujours la même, "Tout est en ordre". Cela voulait dire que quiconque était supposé être là y était vraiment, et personne d'autre – une seule voix répondait pour tous. Absences, présences, toute la routine fonctionnait sur la même base et tout ce qui était écrit ou signé était absolument vrai. Même la violation la plus mineure était grave. Il y avait un conseil d'honneur ; ses délibérations étaient solennelles ; à ses jugements il n'y avait aucun recours possible. Le conseil ne possédait pas de pouvoirs disciplinaires réels.

1. Arrière. *(N.d.T.)*

Il était si auguste que quiconque était déclaré coupable – et il n'y avait pas de degré dans la culpabilité, seulement les pouces tournés soit vers le haut, soit vers le bas – devait démissionner ; c'était attendu de lui. Presque toujours il le faisait. L'inadvertance pouvait parfois excuser une violation au code de l'honneur, mais pas grand-chose d'autre. La nouvelle se répandait vite – Untel s'était fait épingler sur l'honneur. Quelques jours plus tard il y avait un lit vacant.

*

À Noël cette année-là, à part quelques élèves de dernière année qui, pour une raison ou une autre, avaient choisi de ne pas partir, nous étions seuls à rester. Morgan était voué à l'échec, et finalement fut recalé. Il y était résigné depuis un certain temps. Il avait voulu jouer au football, comme il l'avait fait dans les championnats scolaires de l'Ouest du Texas devant des gradins branlants, mais n'en eut jamais l'occasion ; les maths lui avaient barré la route. Je connaissais ses rêves simples mais honnêtes, son torse musculeux, jusqu'au tempérament et au prénom de sa petite amie (c'était Nona).

Il ne réussit pas à l'examen de passage. Il s'engagea dans les parachutistes avec le douteux prestige d'avoir été boulé à West Point, et par la suite gagna son brevet d'officier sur le champ de bataille. Je recevais d'occasionnelles lettres écrites au crayon avec des petits noms comme "bucko" dedans. Il fut blessé en Italie et déserta de l'hôpital pour rejoindre son unité qui entre-temps combattait en France. Il faisait des reconnaissances, activité qui occasionnait de lourdes pertes, et un jour une lettre arriva – c'était la première que je recevais de Paris de toute ma vie ; il était là-bas en permission de quatre jours au cours de l'automne 1944, il avait la plus belle fille de toute la ville, elle avait un manteau de fourrure qui coûtait dix mille dollars. Ce fut, je crois, la dernière lettre. Je le perdis de vue. Je me trouvais moi-même engagé dans des choses cruciales. La ligne était coupée.

En hiver il y avait défilé entre les casernements plutôt que sur la Plaine – la fanfare, le claquement des mains sur les fusils, l'éclat de l'acier, les premières compagnies qui passaient devant. L'un des premiers défilés, sous la pluie, fut pour la cérémonie de remise de diplôme de la classe de janvier. Une fois terminé ils marchaient sous le préau dans toute la munificence de leurs uniformes, Roberts, Jarrell, Mills, tous les autres. Les caisses en bois avec leur nom et leur nouveau grade marqués au stencil attendaient d'être expédiées, les caves étaient jonchées de choses dont ils n'avaient plus l'usage, qui en l'espace d'une seule journée avaient perdu leur valeur, des choses de cadet qu'ils n'avaient ni distribuées ni vendues, livres scolaires, papier. Le lendemain matin, eux comme les caisses avaient disparu. C'était comme un ménage qui divorçait ; avec eux s'en allait d'une certaine manière l'idée qu'on s'était faite de l'ordre et de la légitimité. La nouvelle dernière année semblait ne pas avoir fait ses preuves – elle existerait toujours dans l'ombre de celle qui venait de partir.

*

Un après-midi, vers la fin de l'hiver, nous commandâmes nos bagues de promotion. C'était un objet qui possédait du pouvoir, à la fois insigne et récompense. Une bague lourde, en or, que l'on portait à l'annulaire de la main gauche, celui de l'alliance, avec l'écu de l'École tourné à l'intérieur jusqu'au diplôme. Après, il était retourné de façon à ce que les armes de l'Académie soient le plus près du cœur. À l'intérieur étaient gravés votre nom et "United States Army". J'avais décidé que je voulais avoir quelque chose de plus, peut-être pas le *Non serviam* de Lucifer, mais une coda. Quelqu'un, je le savais, quelque part, retirerait cette bague de mon doigt sans vie et trouverait à l'intérieur les mots par lesquels je me verrais sanctifié. La file d'attente avançait, le vendeur remplissait les formulaires de commande et expliquait les mérites des différentes pierres précieuses.

Pourrais-je avoir quelque chose de plus gravé sur ma bague, demandai-je ? Comment ça, quelque chose de plus ? Je n'étais pas certain ; je n'avais pas décidé, et j'avais l'impression de prendre trop de temps. Finalement il marqua "à venir" dans l'espace réservé à ce qui devait être gravé.

À mon insu, on m'avait entendu. Ce soir-là, à l'ordinaire, avant le "Prenez place", un capitaine de cadets furetait entre les tables, chuchotant une question ici et là. Je ne l'avais jamais vu auparavant. C'était moi qu'il cherchait. Je le vis contourner la table, et le moment d'après il était debout à côté de moi. Étais-je celui qui ne voulait pas de "United States Army" sur sa bague ? demanda-t-il à voix basse. Avant que j'aie une chance de répondre il continua d'une voix glaciale, "Si vous ne trouvez pas l'armée des États-Unis assez bonne pour vous, vous est-il jamais venu à l'idée que vous pourriez ne pas être assez bon pour l'armée des États-Unis ?" Sur mon autre flanc un autre visage était apparu. Ils convergeaient de loin. "N'avez-vous pas dit que vous démissonneriez juste avant le diplôme ?" dit quelqu'un. C'était vrai, je l'avais dit. "Juste par facétie, sir." Je sentais la transpiration sur mon front. "N'avez-vous pas dit que vous n'étiez venu ici que pour l'éducation ? – Non, sir !"

Leurs voix étaient lourdes de dédain. Ils voulaient voir à quoi je ressemblais, disaient-ils, ils voulaient se souvenir de la tête que j'avais. "Monsieur, le Corps veillera à ce que vous gagniez votre bague." Il était inutile d'essayer d'expliquer. Qui les avait mis au courant, je ne l'ai jamais su. J'ai compris bien plus tard que c'était quelqu'un de ma classe, bien sûr. Le pire, c'est que tout ceci s'était déroulé devant ma compagnie. J'étais un rebelle confirmé, un inadapté.

Les incidents vous forment, les événements imprévus, les épreuves invisibles. Je défiai cette école. J'encaissai ses châtiments et sa haine. Je rêvais de dévoiler l'histoire, d'en faire mon triomphe. Il y avait à la bibliothèque un livre légendaire censé avoir été écrit par un cadet, contenir des descriptions incriminantes, et avoir été supprimé, tous les exemplaires détruits sauf un. Il s'appelait *The Tin Soldier*[1] et n'était pas dans le fichier du catalogue, et personne n'admettait en avoir jamais entendu parler. C'était une sorte de mirage littéraire, bien que le titre semblât réel. Et si un tel livre n'existait pas, alors j'en écrirais un. Tout ce printemps je songeai au pouvoir qu'il posséderait, durant les heures sans fin passées à aller et venir sur l'*Area*, l'arme à l'épaule. Mince et sans pitié, il serait publié en secret et lu par tous. À part cela, j'étais indifférent et j'essayais de m'en tirer en en faisant le moins possible, puisque ce que je ferais ne serait jamais suffisant.

En même temps, un autre désir s'était allumé en moi, celui de devenir un homme. Je ne l'avais pas reconnu comme tel parce que j'en avais rejeté les formes. *Essaie d'être des nôtres*, avaient-ils dit, et je n'avais pas pu. C'était cela qui me hantait, bien que je ne voulusse pas l'admettre. Je luttais contre tout, cela me paraît clair maintenant, parce que ce que je cherchais, c'était un sentiment d'appartenance.

Puis, en plein soleil, la musique flotta au-dessus de nous, et lorsqu'elle prit fin – le dernier défilé en tant que bleus, celui que l'on croyait ne jamais devoir arriver –, nous nous retournâmes, et dans un moment d'allégresse, ayant tout oublié, serrâmes la main de ceux qui nous avaient tourmentés. Faisant le premier pas, ils vinrent nous trouver dans les rangs, et, plein de dégoût pour moi-même, je me retrouvai à serrer la main d'hommes à qui je m'étais juré de ne jamais le faire.

Ainsi l'année prit-elle fin. J'y suis retourné maintes fois depuis. La rivière est lisse et la glace s'accroche à ses berges. Les arbres sont nus. Par la fenêtre ouverte, de l'autre rive, parvient le bruit d'un train, le léger mais distinct cliquetis des roues sur les éclisses, le train d'Albany ou Montréal avec ses wagons éclairés et ses nappes blanches, la traînée floue du luxe dont nous sommes toujours exclus.

1. Le soldat de plomb. *(N.d.T.)*

Le soir la caserne, vue de la Plaine, ressemble à une cité. Elle nous contient tous, nous ne sommes vus de personne, étudiant les déterminants, les ordres généraux, le droit. J'avais interminablement battu le pavé des quadrilatères intérieurs, consumé de colère contre ce qui était exigé de moi. Dans la pénombre, les fanions de tenue [1] pendaient mollement. Dans quelques minutes ce serait l'extinction des feux, et puis déjà le lendemain en un éclair. Dix minutes pour le rassemblement. Quelle tenue portons-nous, je demande, où allons-nous ? Les sonneries se mettent à retentir. Tout le monde disparaît. La chambre, les couloirs, sont vides. Tout en finissant de m'habiller, je dévale l'escalier.

II

Cet été-là, après la permission, nous partîmes en manœuvres, un camp près d'un lac, baraquements en bois, champs de tir, et champs de manœuvre de toutes sortes. Premier été comme ancien. Au soleil de cette nouvelle liberté, les amitiés poussaient comme la mauvaise herbe. Nous tirions à la mitrailleuse et apprenions à rouler des cigarettes. Dans les temps morts, je restais étendu sur mon lit à lire. Je connaissais par cœur des vers de *L'Amour et la Mort* de Powys et les réservais à une fille mince et spirituelle qui monta de New York plusieurs week-ends. Elle était la fille d'un journaliste célèbre. Nous dansions, nous nagions, nous nous promenions dans les endroits permis, où les phrases sensuelles tombaient à plat, inutiles contre elle. J'étais déçu. Les mots avaient été écrits par quelqu'un d'autre mais je les avais assumés, ils étaient miens. Je posais comme faisant partie

1. *Uniform flags :* petits fanions carrés indiquant la tenue exigée ce jour-là. *(N.d.T.)*

d'une génération condamnée. *Ils ne vieilliront pas comme nous qui restons vieillissons....* Elle ne prenait pas ça au sérieux. "Pose un baiser au dos de tes lettres, tu veux bien ?" lui demandai-je. Ces choses-là étaient remarquées par le préposé au courrier.

Il y a toujours une dernière semaine de manœuvres avant le retour, passée à creuser jusqu'à l'épuisement pour s'entendre dire ensuite, sans ménagement, que nous partons occuper d'autres positions ; et plus profond, disent-ils, creusez plus profond. Il y a le nouveau commandant de la compagnie, si énergique, des loupes plein la figure, qui semble m'avoir à la bonne et pour qui je ferais n'importe quoi, tant je suis grisé par cette attention. Son affection pour moi était sûrement imaginaire, mais la mienne pour lui ne l'était pas. Il était la personne pour laquelle je m'étais morfondu tout ce temps, intelligent, patricien, et mû par le sens du devoir – cela devint un mot important, quelque chose de valeur, comme un métal dense enfoui dans la terre, et qui aurait pu guider vos actions. Il y avait des actes qui devaient être accomplis ; il y avait des visages qui se tourneraient vers vous et compteraient sur vous.

Cette année-là nous étudiâmes Napoléon et d'obscures campagnes du côté du lac de Garde. Il y avait des flèches rouges et bleues marquées sur la carte, mais fort peu de détails exaltants, les positions respectives à Eylau, les feux de camp, la neige, l'empereur au teint blafard qui porte du vison, l'horizon obscur et les bras qui se tendent. Nous apprenions les mouvements de troupes et les chiffres. Nous étudiions la guerre de Sécession et parfois, dans le réfectoire, il nous arrivait de la rejouer, comme le jour de l'anniversaire de Robert E. Lee, avec les bleus à une table chantant *Dixie* et d'autres quelques mètres plus loin *The Battle Hymn of the Republic* de plus en plus fort, les veines gonflant sur leurs cous et les chefs de table écarlates dans leur ardeur pour les encourager. Nous analysions les batailles de la Première Guerre mondiale et ce qui pouvait être connu factuellement de la Seconde. Nous apprenions à mener les hommes, en partie dans des textes allemands, qui nous étaient donnés pas tant pour que nous puissions connaître l'ennemi que pour leurs qualités propres : rien dedans ne touchait la politique ou la race.

Il y en avait un intitulé *Der Kompaniechef*, le commandant de compagnie. Cette figure jeune mais expérimentée n'était rien moins qu'un exemple vivant pour chacun de ses hommes. Solitaire, à moitié obscurci par ceux qu'il commandait, semblable à eux mais sans leurs défauts, discipliné, modeste, toujours de bonne humeur, il était à la fois maître et serviteur, de caractère admirable dans les deux cas. Son autorité véritable ne reposait ni sur des épaulettes ni sur le grade, mais sur une vie modèle qui lui donnait le droit d'exiger tout des autres.

Un officier, écrit Dumas, *est comme un père avec de plus grandes responsabilités qu'un père ordinaire.* Ce que ses hommes mangeaient, il le mangeait, et seulement lorsque le dernier s'endormait, épuisé, se couchait-il à son tour. Son privilège consistait en ces obligations qu'on exigeait de lui et en ces devoirs plus difficiles que ceux de tous les autres.

Le commandant de compagnie était quelqu'un que les difficultés ne pouvaient décourager, que les privations ne pouvaient écraser. Ce n'était pas sa force qui était indomptable mais quelque chose de plus profond, son esprit. Non seulement il devait faire obéir ses hommes, mais ceux-ci devaient le faire lorsqu'ils étaient absolument épuisés et qu'ils se querellaient entre eux, lorsqu'ils étaient au bout du rouleau et qu'un autre ordre absurde arrivait d'en haut.

Il pouvait se montrer sévère, mais seulement lorsque c'était nécessaire, et dans ces cas-là brièvement. Il fallait que ce soit juste, il fallait que cela nettoie les choses comme un orage violent et soudain. Lorsqu'il veillait sur ses hommes, il était conscient que cent cinquante familles lui avaient confié leurs fils. Parfois, sans se faire annoncer, il circulait le soir parmi ces fils pour leur parler, ou simplement pour rester assis avec eux à boire une bière, non plus dans le rôle d'un supérieur mais dans celui d'un aîné, d'un camarade qui voyait les choses comme eux. Il allait parmi eux comme jadis les rois allaient anonymement parmi leurs sujets, pour entendre leurs vraies pensées et apprendre à les connaître. Parmi ses plus importantes qualités se trouvaient la décence et la compassion. Il n'était pas insensible, il n'était pas de bois. Spécialement en temps de détresse, comme un décès dans la famille d'un soldat, il apportait lui-même la nouvelle – cela ne devait être attendu de personne d'autre – et il accordait une permission, si possible, avant qu'elle soit demandée, exprimant lui-même sa sympathie par quelques mots. Jamais des liens pareils ne pourraient être rompus.

Il n'était pas le capitaine sur le champ de manœuvre, le mannequin promu pour des états de service immaculés. Il n'était pas quelqu'un qui restait à l'arrière, un ambitieux, un carriériste. Il était d'une autre race, quelqu'un dont la vie était jointe à celle de ses hommes, qui avait atteint le sommet de la condition humaine, admiré, craint, et aimé de ses hommes, quelqu'un de stoïque et d'endurci dont dépendait la bataille entière, quelqu'un presque voué à faillir.

Je connaissais cette figure hypothétique. Je l'avais vue à l'école primaire, latente parmi ceux de dernière année, et l'avais parfois entr'aperçue à West Point. Sa description était comme un portrait qui émergeait trait par trait. J'avais presque peur de reconnaître le visage. Il ne faisait pas son important, cela n'avait plus cours, nous étions au-dessus de cela, dépouillés de cela. Lorsque je lus que parmi les qualités requises du leader se trouvait le sens de l'humour nécessaire pour avoir une perspective équilibrée et indomptable, lorsque je réalisai que j'avais cru instinctivement en chacune de ces qualités, je fus subjugué de bonheur, comme lorsque vous découvrez une carte que vous ne pouvez pas croire avoir eu la chance de tirer, à ce moment précis de la partie.

Je n'osais y croire, mais j'imaginais, je songeais, je rêvais je ne sais comment, que ce visage était le mien.

*

Je me mis à modifier non pas ce que j'étais vraiment, mais ce que je paraissais être. Insatisfait, impatient de devenir meilleur, comme s'il s'était agi de vieux vêtements, je me défis de la paresse et de la rébellion de la première année et recommençai comme neuf.

Au dos de la porte, que l'officier d'inspection ne regardait jamais vu qu'elle était brutalement ouverte toute grande quand il faisait son entrée, j'avais fixé un acte de foi, tiré de ce qui me restait d'un article lu quelque part ; ce texte disait en substance que les officiers entrés en grand nombre dans l'armée durant les deux guerres mondiales avaient beau lui avoir apporté les grands dons du peuple américain (écrivais-je sans grand enthousiasme), c'était West Point qui lui avait donné des critères de devoir et de performance aussi précis que les blocs de mesure Hoke dans une usine de machines-outils. D'autres officiers pouvaient à l'occasion mentir ou tricher un petit peu, mais l'armée toute entière savait qu'un West Pointer était de parole, sans réserve ni exception. D'autres officiers pouvaient parfois adopter un raisonnable mouvement de retraite, mais un West Pointer essayait toujours de faire ce qu'on lui disait, quand bien même il en irait de sa perte et de celle de son unité. Un matin, je regardai l'officier de service tandis qu'à la fin de son inspection, en ayant apparemment entendu parler, il poussait la porte en la refermant et lisait en silence ce qui était écrit au dos. C'était un officier de cavalerie, moustache et uniforme impeccables. Son visage était sans expression. Le règlement interdisait d'avoir quoi que ce fût sur les murs ou sur la porte, mais une fois sa lecture terminée il sortit sans un mot.

Je subissais une conversion, d'un être divisé et consciemment inférieur, comme l'a décrit William James, en un autre, plus unifié et comme il faut, pour user de son expression. Je me voyais comme l'héritier de gens qui m'étaient inconnus, de ceux passés avant moi, le frère de mon nouveau compagnon de chambre, pour n'en citer qu'un, John Eckert, qui était sorti diplômé de l'école deux ans plus tôt et était à présent pilote de bombardier en Angleterre. J'avais une photographie de lui et de son épouse, que je gardais dans mon bureau, le pilote avec son calot incliné de façon crâne, la jeune femme, la clarté de leurs traits, leur distinction. Peut-être est-ce en partie à cause de ce cliché qu'il m'est venu l'idée de devenir pilote. Ce fut en tout cas une branche de plus jetée sur le feu. Lorsqu'il fut tué en mission peu après, je ressentis une secrète exaltation envieuse. Sa vie, les morceaux que je connaissais d'elle, me semblait digne d'avoir été vécue, complète. Il avait laissé quelque chose derrière lui, une femme qui ne l'oublierait jamais ; j'avais sa photo. La mort semblait le plus pur des actes. Confortablement loin d'elle, je n'avais pas peur.

Il y avait des images de la lutte dans les airs sur tous les fronts, les pilotes de chasse de retour de missions au plus profond de l'Europe, les heures de rendez-vous encore inscrites à l'encre au dos de leurs mains, les mitrailleurs avec de véritables châles de projectiles sur les épaules, sourire aux lèvres et prêts à tout, je les voyais, je me voyais, dans le vacarme et le tonnerre du décollage, un monde de lits de camp encore chauds, de cigarettes, d'annulations de vol, tout ce qui avait compté jusqu'alors emporté à jamais. Puis les longues heures d'anxiété comme la formation pénétrait de plus en plus loin en ciel ennemi jusqu'à ce que soudain, signalés par des voix heurtées, très haut au-dessus, apparaissent les premiers d'entre eux, comme flottant, inoffensifs, et puis les voici qui virent, qui descendent en ouvrant le feu, qui fondent sur nous, intouchables dans leur vitesse. Cela canonne partout ; le ciel est griffonné de fumée et d'explosions noires, et puis cela arrive, quelque chose de grand et de crucial qui s'arrache de l'appareil, une vaste étendue d'empennage, et nous commençons à basculer, lentement tout d'abord et puis plus vite, tout en échangeant des cris et en tombant.

C'était cela la mort : laisser une photographie derrière soi, une femme de vingt et un ans, le récit de ce qui s'était passé. Que souhaiter de plus que l'on se souvienne de vous ? De continuer à vivre dans l'histoire d'autrui ? Plus que tout je ressentais le désir d'être débarrassé du passé sans distinction, de n'appartenir à rien ni personne, sauf à la guerre. En même temps j'avais envie du contraire, patrie, famille, Dieu, pas nécessairement dans cet ordre. Dans la mort je les obtiendrais ou serais débarrassé de l'envie ; je serais enfin l'autre que je désirais tant devenir.

Cette personne à l'armée, ce n'était pas moi, a écrit Cheever après la guerre. Dans mon cas, elle l'était. Je ne savais pas que l'armée voulait dire dents cariées, logis sinistres, des hommes étroits d'esprit et des colonels qui portaient des lunettes de soleil. N'importe qui appartenant aux classes laborieuses peut être soldat. J'imaginais des campagnes comme celles de César, le soleil descendant sur des contrées boisées, des camps fortifiés au sommet de collines, des aubes fraîches. L'armée c'était cela ; c'était comme une femme bien habillée ; je la voyais me sourire et je me poussais du col en me redressant.

L'armée. Au bal on joue les dernier airs, les plus sentimentaux, les favoris. Je danse avec une fille nommée Pat Potter, blonde et élégante, que je connais de je ne sais plus où. Il y a des moments où l'on fait partie intégrante de la beauté véritable, partie du spectacle. On joue *Army Blue*, la chanson d'adieu matrimoniale. Cent, deux cents couples sont sur la piste. L'armée. Têtes familières. Cette immense fraternité dans laquelle on vous fait lentement plier à ses façons. Cette grande famille dans laquelle tout le monde va toujours de l'avant, même en dormant.

Les sévères commandements étaient devenus mes commandements, la chose plus dure que le triomphe, comme dit le poète. Bien des années plus tard, en Géorgie, je descendais d'avion en uniforme de capitaine derrière un homme qui boitait. Nous fîmes une pause en bas des marches. “Tu te souviens de moi ?” demanda-t-il. C'est alors que je reconnus qui il était, le fils d'un ami de mon père, dont j'avais fait connaissance alors qu'il était dans la classe en dessous de moi. "Qu'est-ce que tu deviens ? dis-je. Tu n'es plus dans l'armée, tout de même ?"

Il était à la retraite, dit-il, mais c'était drôle, il pensait souvent à moi.

"Qu'est-ce que tu veux dire ?"

Les choses se mirent à me revenir tandis qu'il parlait. Comme bleu il avait joué au football en dépit de sa petite taille. Il était *quarterback*. L'automne suivant, il m'avait demandé mon avis : devait-il continuer et essayer d'être pris dans l'équipe – ses chances étaient des plus minces – ou abandonner et aller ailleurs comme manager ? Il y avait une place ouverte comme assistant ; il était d'Atlanta, et le manager de l'équipe première était traditionnellement quelqu'un de Géorgie. C'était une place inespérée et il serait sur les rangs pour en hériter.

Le manager était quelqu'un qu'on pouvait envier, j'étais d'accord là-dessus, mais pas admirer. Même s'il n'était que deuxième remplaçant au poste de *quarterback*, il serait tout de même dans l'équipe, et, qui sait ? son heure viendrait peut-être dans les dernières secondes de quelque match épique. Immaculé et frêle, il pourrait quitter le banc de touche et les mener à la victoire.

Cela sonnait effectivement comme un conseil à moi. Il l'avait suivi, et la semaine suivante s'était fait casser la jambe à l'entraînement. Il était resté plus d'un mois à l'hôpital et avait pris tellement de retard dans ses études qu'il n'avait jamais pu rattraper, terminant bien plus bas dans sa classe qu'il n'aurait dû, de telle sorte qu'il n'avait pas pu avoir le Génie comme il le souhaitait, mais l'Infanterie. En Corée il reçut un éclat de mortier qui lui mit les jambes en charpie et fut mis à la retraite pour raisons médicales. Sa carrière était finie.

"Je suis désolé d'apprendre ça, lui dis-je.

– C'est à toi que je le dois", dit-il.

*

L'homme le plus authentique que j'aie jamais connu était sombre, la peau presque cireuse, le front haut, et les cheveux noirs comme l'Asie, Kelton Farris – Nig, comme on l'appelait, ou Bud. Il venait d'un trou perdu nommé Conway, pas loin de Little Rock, et tous les bleus qui venaient de l'Arkansas étaient censés connaître un discours apocryphe donné durant la session parlementaire, quand il avait été proposé de changer le nom de l'État, ou du moins sa très particulière prononciation. "Mister Speaker, Mister Speaker, bordel de dieu", commençait l'adresse – j'oublie les nombreuses grossièretés outrageuses, bien que je les aie toutes sues à l'époque. "Quand j'étais un garçon de quinze ans d'âge, j'avais une pine comme un épis de maïs et je pouvais pisser jusqu'au milieu de la Ouachita River. *Out of order, out of order* ![1] Y'a intérêt, nom de Dieu, qu'elle était *out of order*[2], si elle l'avait pas été j'aurais pu..." et ainsi de suite. Ceux qui la racontaient se rendaient populaires, au même titre que les imitateurs ou les joueurs de banjo. Refaites-nous le coup de l'Arkansas, réclamaient des anciens, comme on convoquerait un bouffon favori. Mais ce n'était pas quelque chose d'aussi folklorique qui faisait remarquer Farris. Ce n'était pas quelque chose qu'on pouvait apprendre par cœur.

En y repensant, je m'aperçois que plus tard, officiers à Salt Lake City, Manille, Hawaii, partout où on allait au milieu d'inconnus, c'était lui et personne d'autre qu'on voulait connaître. Cela tenait à son apparence, qui était masculine et qui, d'une certaine manière, établissait un critère en la matière. Tel que je le revois, il possédait un lustre comme une pièce de bois, quelque chose de durable et de poli. Mais il y avait aussi sa façon de se conduire ; il était complètement nature, comme un animal. Si j'use du terme "animal" pour le décrire, ce n'est pas à son aisance que je fais allusion, mais aux

1. À l'ordre, à l'ordre ! *(N.d.T.)*
2. Hors d'état, détraquée. *(N.d.T.)*

réactions naturelles auxquelles il laissait libre cours. Il était sans flamboyance ni sans cette sorte d'empressement qui révulse. Même encore maintenant, il m'arrive d'entrer dans une pièce en me demandant comment il ferait, imperturbable, sûr de lui, s'attirant l'intérêt des gens, leur admiration. Les têtes ne se tournaient peut-être pas littéralement, mais quelque chose dans l'équilibre de la salle changeait, comme dans une solution quand on y ajoute un électrolyte.

J'ai essayé de déterminer ce qui créait cet effet. Je le vois debout, marcher, sourire, comme avec une femme dont on a peur, je ne sais pas ce qu'il va dire, sauf que ce sera quelque chose que j'envie, probablement pour sa franchise. Vous pouviez être constamment avec lui, même vous sentir ennuyé par lui, sans en découvrir plus pour autant. L'intimité ne le trahissait pas, aucun examen ne pouvait révéler sa magie. C'était comme le scintillement sur la mer, qui, pris dans une écope, disparaît. Il lui avait été donné quelque chose qui n'a pas de prix, le pouvoir d'attirer, d'inspirer confiance. Vous ne pouviez l'imaginer mort – quoi qu'il arrive, il s'en tirerait. Cela se lisait sur lui. La nature elle-même en faisait la promesse.

Irrésistible auprès des femmes, bien sûr, et leur portant un intérêt normal. Elles, par contre, se montraient plus insistantes. Bien qu'il ne fût pas encore marié, il désirait placidement le mariage, et il portait la marque de l'homme de famille : frères, oncles, beaux-parents, un monde dans lequel la famille était tout, c'était une chose acceptée – les femmes reconnaissaient cela immédiatement comme étant la chose authentique et désirable chez lui. Seul avec elles, j'en suis sûr, il se comportait naturellement, je veux dire par là sans retenue inutile. Une fille lui dit une fois : "J'ai tout de suite su que tu avais fait West Point à ta manière de plier ton pantalon sur le dos de la chaise." J'imagine que c'est l'après-midi qu'il fait cela, avec la lumière qui passe à travers les stores. Je me souviens que quelques années plus tard, étant revenu à Conway exprès pour se marier, il avait annulé la cérémonie à la dernière minute. Il dit à sa fiancée que cela ne marcherait jamais, qu'il ne la connaissait pas vraiment, bien qu'on les ait considérés comme un couple depuis le secondaire. Elle protesta. Elle n'avait pas changé depuis cette époque ; cela faisait sept ans. Eh bien, si elle n'avait pas changé, il savait que lui l'avait fait pour deux.

Nous avions beau venir de la même compagnie, ce n'est qu'à l'école de vol en descendant ensemble au Texas, l'été de notre promotion, avec les avions kaki qui cuisaient au soleil comme des voitures abandonnées, que nous étions devenus amis. À Salt Lake City, attendant d'être envoyés outre-mer, nous volions ensemble au-dessus du grand lac désolé et de son sol enneigé. Nous extirpant de lits moites à Manille à quatre heures du matin au cri des coqs, nous filions vers Nichols Field à travers des rues rances pour le vol matinal au Japon, devenus pilotes de transport, réduits à cela par l'après-guerre, et encore plus tard nous fûmes basés ensemble à Honolulu, habitant de vieux quartiers en bois pour célibataires, le genre de bâtisses qui dans le Sud repose sur de courtes piles de briques. J'avais une décapotable jaune dernier modèle qui était venue sur le *Lurline*. Farris avait une chambre revêtue de panneaux de cèdre qu'il avait trouvés, sciés et cloués planche par planche de façon experte, mais bon, comme tous les gars de la campagne, il savait tout faire. Un des ses mots favoris était “idiot”. Cela pouvait s'appliquer à n'importe qui et n'importe quoi, et dégonfler son importance. Une fois il s'est chargé d'un soldat renfrogné qui lui cherchait des noises, en le menaçant d'écrire une lettre à sa mère.

Ce fils d'agent d'assurance était un soldat-né. Il l'avait appris à force de faire à pied le demi-mille de route boueuse qui allait de l'endroit où s'arrêtait le revêtement jusqu'à sa maison, et l'été en faisant sept milles en voiture à cheval avec ses frères pour travailler vingt-cinq hectares de terre mal défrichée que son père avait achetés près de la rivière. Il était *d'origine*, autochtone, comme son père, tous deux un éclat d'Amérique. Des jours sans nombre leur avaient donné forme, comme l'eau avec la pierre. Les choses qu'ils savaient ne faisaient aucun doute pour eux, et c'était les choses importantes. Il y avait des officiers durant la Grande Guerre qui se promenaient calmement sous les balles durant une attaque, marchant à la mort comme à un déjeuner ou à la parade. C'était enivrant de voir des hommes capables d'un tel dédain. Vous aviez beau essayer, cependant, vous ne pouviez imaginer Farris dans le rôle. Sa force résidait dans son bon sens, sa simplicité. Sous les palmiers, un soir, nous montions les marches de pierres lisses du Hickam Club pour nous rendre à un bal costumé. Une fille que je trouvais très attirante à l'époque s'approchait. Elle portait un corsage déchiré et décolleté, des talons aiguilles, des bas résille, et une rose dans les cheveux. Derrière passaient des pirates, des cow-boys et des Cléopâtre. Farris l'accueillit, "Salut, Carol", et, considérant sa tenue : "Je croyais que c'était censé être un bal costumé."

Ensuite nous fûmes séparés. J'allai à Washington et on l'envoya en Europe. Paris était comme tout le monde le décrivait toujours, écrivait-il, les danseuses ne croient pas en la nécessité de s'habiller. Je visitai l'Europe pour la première fois en 1950 et le trouvai à Wiesbaden, confortablement logé dans le meilleur hôtel qui ait survécu – tapis épais, rideaux qui avaient un jour été blancs ; il avait été réquisitionné par les forces d'occupation. Tout autour il y avait des maisons rasées. Les villes, comme les femmes, sont tendres envers les vainqueurs. Wiesbaden était vétuste, mais tout le monde – femmes de chambre, chauffeurs, commerçants – se montrait plein de déférence et d'ardeur au travail. On aurait dû les avoir de notre côté, me dit Farris ; ils avaient voulu nous rejoindre à la fin pour combattre les Russes ensemble, pas une si mauvaise idée que ça. Était-il sérieux ? demandai-je. On allait le faire tôt ou tard, me dit-il. Je me demandais s'il avait une petite amie allemande ; il n'y en avait aucune en évidence.

Dans les salles vieillottes et opulentes nous buvions avec des femmes officiers et des secrétaires, et vers la fin de ma visite j'empruntai sa voiture pour me rendre dans le sud de la France, mon insondable ignorance me laissant penser qu'il y ferait un temps d'été. De l'hôtel Martinez déserté, je regardais la mer grise et essayais mon français sur le barman.

J'allais revenir en juillet ou au mois d'août ; nous irions à Londres, ou descendrions en Grèce. Les glorieux étés vides de la jeunesse. Je ne suis pas revenu ; j'avais d'autres choses plus importantes à faire, j'oublie évidemment quoi. Je le revis environ deux ans plus tard en Caroline du Sud après mon retour de Corée. Il était toujours dans les transports de troupes, et il se peut que j'aie même porté un ruban ou deux, me disant qu'on les admirerait. J'avais cette idée d'avoir accompli quelque chose qu'il n'avait pas fait.

Parfois quand vos grands moments arrivent vous vous en rendez compte, et parfois ils n'émergent que du passé. Peut-être est-ce la même chose avec les gens. De cette période c'est son visage, plus que tous les autres, qui demeure. Il monta les échelons jusqu'à devenir général de brigade et mourut de façon inattendue, d'une crise cardiaque, tout de suite après la retraite. Lui parti, c'est un peu de l'âme de la promotion qui s'en alla pour moi. Occasionnellement, dans la rue ou dans un public, une foule, vous voyez une personne disparue, sa réplique – une seconde version faite par la nature. Je n'ai jamais vu Farris, cependant. Je n'avais jamais connu quelqu'un comme lui et n'en connaîtrai plus aucun. Les vieux *first captains* comme nous, Pershing est supposé avoir dit à MacArthur, ne doivent jamais craquer. Lui n'aurait jamais craqué, j'en ai la certitude.

Quant à savoir de quoi il était fait, de quel rare élément, peut-être le saurai-je un jour finalement, peut-être me le dira-t-il dans l'obscurité, l'ombre où il s'est retiré. Nous nous baladerons sans but, comme par voie fluviale en France sous les arbres aux énormes feuilles plates, ou le long du Rhin, libérés du désir et du temps, comme des patients dans un hôpital qui ne sortiront plus jamais ; il me dira ce qu'il se rappelle, et finalement je comprendrai.

*

Il reste des images, des matchs Army-Navy à Baltimore et l'excitation électrique du matin, la première chute de neige sur la Plaine, les voix de la chorale s'élevant angéliquement de l'*Area* plongée dans le noir à Noël. Je me rappelle le long trajet à pied pour retourner du Thayer, presque au pas de course à l'approche de minuit, la marche au pas pour se rendre aux cours, au vieux cimetière, au stade, partout. La géographie de West Point était la somme de ses distances. Nous n'avions droit ni de nous marier, ni de boire, ni d'avoir une voiture, encore qu'il nous fût permis de conduire. Une des idoles de l'École était supposée avoir fait entrer une fille en douce dans le coffre d'une voiture. Elle avait passé la nuit dans la caserne et même assisté au rassemblement du réveil en imperméable, ses longs cheveux dissimulés. Comme audace, c'était de la première eau, bien supérieur à boire de l'alcool. L'une des rares actions que j'admirais plus encore prit place à l'ordinaire avec quelqu'un de ma classe, un garçon nommé Benson. Il était en seconde année. Le chef de table, un élève de dernière année, était du Sud, et l'un des "bleubites" à la table était noir – il y avait à peine une poignée de Noirs dans l'école. Le chef de table, parlant comme si le bleu n'était pas là, était en train de discourir sur les nègres. Si jamais il entendait parler de quelqu'un, spécialement d'un deuxième année, qui se montrait gentil avec un de ces êtres-là, il veillerait personnellement à ce qu'il soit renvoyé de l'école. Sans un moment d'hésitation Benson tendit le bras à travers la table vers le bleu : "Je m'appelle George", dit-il en lui serrant la main.

*

Il y eut une visite médicale spéciale à l'hiver 1944 concernant les yeux : aligner deux bâtons dans une sorte de boîte à chaussures illuminée en tirant sur des ficelles – "Suis-je suffisamment bon pour l'armée de l'air, sir ?" – et identifier les couleurs en choisissant diverses pelotes de fil. En avril, ceux qui avaient réussi, autant dire des centaines, dont mes deux compagnons de chambrée et moi, furent envoyés en école de vol dans le Sud et le Sud-Ouest. Nous croyions à peine à notre chance ; nous y allâmes comme on va en vacances, par le train. Derrière nous, nous laissions les cours, les inspections, et de nombreux défilés en grande tenue. Devant nous c'était la liberté, et la joie de partir pour des mois.

Icare

Traversant la Virginie plongée dans le noir, les lèvres impatientes et collantes de Southern Comfort, une fille et moi bavardions dans le couloir. Elle était mariée, son mari parti à l'armée. Je ne me souviens plus d'où sortait la bouteille – si elle était à elle ou si nous l'avions eue par l'employé des wagons-lits. Le sol vibrait sous nos pieds, le soufflet entre les wagons grinçait. Elle venait d'un petit patelin quelque part et portait une robe en coton. Le train faisait des embardées dans des virages pris lentement, le métal couinant comme si un message courait dessus. Nous ne voyions que nos visages respectifs. J'avais dix-neuf ans, en route pour l'école de pilotage élémentaire. Les autres étaient dans les wagons-lits derrière nous ; la plupart étaient couchés. En un rien de temps nous nous étreignions furieusement. Une femme mariée dans un train la nuit, son corps serré fort contre le mien. “Pete, gémissait-elle, oh, Pete...”

Je lui avais dit que mon nom était Peter Slavek – tiré d'un livre d'Arthur Koestler. Je reliais tout ensemble, fatalisme, sexe, guerre. Dans mon imagination j'étais déjà pilote, beau, exsudant la liberté, avec les vents qui s'enroulaient autour de mes jambes. Je n'avais aucune idée réelle de ce qui m'attendait, les vastes ciels du Southwest avec leurs nuages et leurs traits de lumière, les bourgs traversés par des rails de chemin de fer, les loges maçonniques, une région déprimée faite de petits lacs avec des cabanes décaties au milieu des pins, un pays de Bible, l'air pur à force de pauvreté et d'émissions religieuses. Peu importe, j'étais partant.

Arthur Koestler avait aussi écrit sur un pilote de la RAF nommé Richard Hillary, très connu à l'époque. Hillary avait été pilote de chasse durant la bataille d'Angleterre – les champs herbeux avec les avions comme des insectes qui rebondissent dessus, le ciel plein d'escarmouches. Il avait failli se tuer lorsque la verrière coulissante de son appareil en flammes s'était bloquée, l'empêchant de s'éjecter. Je connaissais par cœur sa belle tête suturée. Il avait écrit un livre sur ses expériences intitulé *Falling Through Space*. Les chapitres se terminaient souvent comme un glas : de cette mission Peter Pease, de cette mission Rupert Machinchose, de cette mission encore un autre, n'est pas rentré.

Hillary, notait Koestler, brûla trois fois – c'était seulement la première fois quand sa verrière avait refusé de s'ouvrir. Ils le rafistolèrent – son visage en porterait le luisant témoignage aussi longtemps qu'il vivrait –, il retourna à ses vols et à un second accident, fatal celui-là. Il mourut brûlé vif. Ses vœux avaient été que son corps fût incinéré et que ses cendres fussent éparpillées au-dessus de la mer, et pour compléter le cycle il en fut ainsi fait. Il avait vingt-trois ans. Je ne me souviens pas s'il était marié ou non, mais il y avait de nombreuses lettres d'amour à une fille en particulier.

Nous avons depuis longtemps oublié ces filles, vouées à marcher seules ou avec leurs parents sur l'allée qui mène à l'église du village, des filles dont les espoirs s'étaient volatilisés. Elles étaient les fruits tombés par terre. Je désirais désespérément connaître ces filles, mais aussi me rendre coupable de les avoir spoliées, que mes cendres soient cause de leur malheur.

Et puis il y avait Saint-Exupéry. Il me séduisait tout autant. Je l'avais lu, sans plaisir de prime abord, en français, ligne par ligne en cherchant constamment les mots dans le dictionnaire. C'était l'un des favoris du professeur de français. Je finis par l'aimer tout seul

– c'était ce qu'il savait que j'admirais, son esprit entier, plus que ses exploits –, et des années plus tard mon sentiment fut confirmé par une femme qui me dit que sa liaison de jeunesse avec lui était l'épisode qu'elle chérissait le plus de sa vie.

Elle l'avait connu lors d'une soirée à New York aux alentours de 1941 ou 1942. Elle était belle, européenne d'allure. Elle tomba amoureuse instantanément, au premier coup d'œil. Il était arrivé en Amérique peu après la chute de la France, au printemps 1940. Je me l'imagine – il s'agit là de la période noire d'une longue guerre dans laquelle il finira par se perdre, sans qu'on en sache plus sur son sort – comme un peu terne, en costume croisé gris, avec peut-être une tache au revers qu'il ne se serait pas soucié d'enlever. Tel un ancien boxeur dont la carrière s'est terminée une décennie auparavant, il s'est empâté. Déplumé, mais avec un visage lisse et comme juvénile rayonnant d'une intelligence limpide, à sa boutonnière il porte un point rouge de distinction.

Elle tente de lui parler, il le lui faut absolument, "*Monsieur...*", mais son français est sans espoir. Elle essaie en anglais, sans succès. Finalement elle lui dit carrément, "*Wollen Sie mein numéro de téléphone* ?"

Puis elle rentre chez elle et attend, jusque tard dans la nuit. Le téléphone noir et buté ne sonne jamais. Le lendemain, pourtant, il appelle, et les ardentes lettres d'amour qu'il lui écrira par la suite, elle devait les garder toute sa vie.

Il y eut aussi sa liaison, à je ne sais plus quel bout du monde, au milieu des palmiers californiens ou des forêts d'Afrique Orientale, avec Beryl Markham – deux âmes extatiques, quelque peu jalouses l'une de l'autre. Au fil des ans, Saint-Exupéry réussit à passer, pour moi, du rang de simple figure culturelle à celui, plus enviable, de chair et de sang.

Ces traces de pas, j'allais les suivre.

*

Pine Bluff, Arkansas, sur le ceintre d'une rivière paresseuse, est là où nous apprîmes à voler. Le terrain se trouvait à l'est de la petite ville. L'école de vol était dirigée par des civils.

Nous logions en chambrées et étions divisés en groupes – quatre aspirants par instructeur – par ordre alphabétique, cela va sans dire, encore qu'inexplicablement je me fusse retrouvé avec Marlow, Milnor et Mahl. Notre instructeur était un vieux pilote, disons la quarantaine, qui pulvérisait sur les récoltes et venait d'un patelin au sud-ouest de l'État nommé Hope, qu'il décrivait comme étant la capitale mondiale de la pastèque. Il s'appelait Basil York. Nous n'étions probablement que quelques-uns parmi des douzaines d'autres auxquels il avait appris à piloter, comme nous le rappelait le sévère appel pour l'aspirant suivant à se tenir prêt quand l'appareil rentrerait du vol précédent. Nous attendions, guettant le numéro de l'avion, sans aucune chance de demander à celui qui venait de descendre ce qui s'était passé, ce qu'ils avaient fait en l'air, et de quoi nous méfier.

Premiers vols, l'instructeur dans le cockpit arrière, les cahots quand on roule sur l'herbe et qu'on se tourne au vent, la queue qui pivote, la poussière qui se soulève, et puis le bruit abrupt, sauvage, du moteur. Le sol défilait à toute vitesse, les roues rebondissaient, et tout à coup nous nous élevions dans le vacarme pour voir la ligne bleue des arbres au-delà des limites du champ d'aviation et, en bas, les toits courbes des hangars qui disparaissaient. Maintenant c'étaient les champs qui étaient visibles, qui paraissaient nager dans toutes les directions. La terre devenait sans limites, l'horizon, encore jamais vu auparavant, s'élevait pour délimiter le monde, et nous étions en l'air, sans structure.

En regardant par-dessus bord, je ne pouvais y croire, le bruit, le vacarme ferraillant du moteur, les coups de boutoir du vent, et le pays plat en dessous qui s'étendait en larges rectangles avec ses chemins de terre, l'éclat d'un toit par-ci par-là, des eaux lisses. On parlait de “lignes de section” sans que cela eût la moindre signification. En l’air elles avaient tôt fait d’être réelles.

Nous dépassions les mille pieds. Je me sentais aussi désemparé qu’assis sur une chaise à cette hauteur. Nous montions encore, à quinze cents, deux mille pieds, l’altitude pour les décrochages, la première des manœuvres enseignées. Le nez fonce dans l’air bleu en montant toujours plus haut, plus haut sans ménagement, quelque chose se passe qui vous donne un haut-le-cœur, comme si le fond du siège s’apprêtait à lâcher, et la voix sèche du moniteur explique tout cela tandis qu’en l’air l’avion, presque immobile, se met à vibrer tout à coup, puis à tomber. Maintenant voilà ce qu’il me fallait faire, instruisait sa voix détachée : réduire les gaz, redresser le nez, plus haut, c’est ça, c’est bon, maintenir comme ça...

Il y avait les vrilles, bloquer la gouverne de direction juste avant d’amorcer un décrochage et de se laisser tomber, avec l’avion qui tournait et tournait sur lui-même comme une hélice d’érable. Il y avait l’anxiété de tenter d’effectuer comme il fallait des “S” le long d’une route, avec le vent qui vous faisait faire une boucle plus grande que l’autre à moins d’augmenter un peu plus votre gauchissement.

Une heure s’est écoulée. Toutes les directions ont fondu, la terre est trop vaste et trop confondante pour qu’il soit possible de dire où nous sommes. Ce n’est que plus tard qu’on comprend que les routes suivent les points cardinaux, nord-sud, est-ouest. Le monde et tout ce qu’il contient, la rivière, les fermes, les routes et les voitures isolées, ne savent pas que nous sommes là, bourdonnant au-dessus. Le terrain n’est nulle part en vue. Comme dans le désert, tout ce qui est visible se ressemble presque lorsqu’il dit, “O.K., ramène-nous au bercail”. Ce doit être par là, pensez-vous, encore qu’il n’y ait rien pour le confirmer. Au bout de quelques minutes, sans un mot mais d’un air comme dégoûté, il corrige brusquement le cap de quatre-vingt-dix degrés.

Rien de ce que vous avez fait n’a été satisfaisant, les décrochages pas assez en piqué, les “S” pas assez réguliers, le nez de l’avion partant continuellement d’un côté ou de l’autre alors qu’on vous dit de le maintenir droit et de niveau, tout ce qui pouvait s’emballer, glisser ou dériver l’a fait.

Dans le lointain, comme par magie, le terrain apparaît, et avec précision, parfois expliquant ce qu’il fait, il entre dans le couloir d’approche et atterrit de façon experte. Ma combinaison de vol est noire de sueur. Les traits figés, découragé, je m’extirpe de l’avion aussitôt garé. Un autre se tient là pour prendre ma place.

*

Tout était fer-blanc, les hangars en tôle ondulée qui brillaient au soleil, les avions à cockpit ouvert, les dieux en fer-blanc. Nous étions censés voler solo dans quelques heures, pas moins de quatre ni plus de huit. Si vous n’étiez pas capable de décoller et d’atterrir par vous-même, vous étiez recalé. Les jours étaient remplis de cours, briefings, vols, le son des avions, leur odeur. On nous avait mêlés à des aspirants réguliers de l’Air Force, dont certains étaient plus âgés et avaient volé auparavant. Nous marchions au pas avec eux, entonnions leurs chants, dont la vulgarité était désarmante, et continuions à chaque vol de partir en vrille à trois mille pieds tout en nous récitant mécaniquement la formule : couper les gaz, manche au tableau, pause, gouvernail à l’opposé... Même au bout de trois ou quatre vols, je ne comprenais toujours pas complètement ce qu’était supposée être une chandelle et je ne me faisais qu’une vague conception de comment atterrir.

Comme les premiers bourgeons qui apparaissent, des individus se mettaient à voler solo. La nouvelle de qui l’avait fait se répandait immédiatement. Le faciès rougi par le soleil, dans le cockpit arrière, Basil York répétait encore et encore les desiderata comme nous entrions dans le circuit de piste : “Vingt-cinquante et cinq cents, vingt-cinquante et cinq cents.” Il voulait dire révolutions de moteur et altitude d'approche. “Quand vous piloterez des B-17, disait-il de sa voix haut perchée, je veux que vous entendiez encore ça : vingt-cinquante et cinq cents.” Nous avions commencé d'exécuter l'atterrissage ensemble, nez en l'air, gaz complètement coupés, tous les deux sur le manche. Je connaissais son laïus, “commence à redresser, remets un peu de gaz, commence l'arrondi, bien, c'est ça, retiens-le maintenant, retiens-le...” Le problème, c'est que je ne savais pas ce que tout cela voulait dire.

Il y a cette histoire que j'ai entendue plus tard, celle de l'instructeur qui avait son tour favori pour les élève pilotes qui avaient des difficultés pour atterrir. Après avoir épuisé les moyens habituels, quelque part au-dessus du circuit de piste, il secouait le manche d'un côté et de l'autre, heurtant les genoux de l'aspirant – les manches arrière et avant étaient connectés –, histoire d'obtenir son attention. C'est alors qu'il retirait la goupille qui retenait le manche arrière en place et, comme l'aspirant se démettait le cou pour voir ce qui se passait, l'agitait en l'air et le balançait par-dessus bord, faisant signe du doigt à l'élève, *Toi, à toi de jouer*, pointant le doigt vers le bas. Cela marchait toujours. Un jour, pour un lambin de plus, il secoua le manche furieusement, le brandit d'un geste dramatique, et le balança par-dessus bord. L'élève acquiesça sans rien dire, se pencha, détacha son manche, et, tout en ignorant les hauts cris de l'instructeur, le jeta lui aussi. Il regarda l'instructeur apeuré sauter de l'avion en parachute pour ensuite, gloire assurée, ramasser le manche de rechange qu'il avait secrètement amené à bord, regagner le terrain, et atterrir.

Afin de maîtriser la complexité des circuits de piste, je m'étais fait, pour m'y référer rapidement, un petit carton avec le diagramme de chaque couloir possible dessiné dessus. L'entrée se faisait toujours à quarante-cinq degrés sur une branche vent arrière, mais se figurer le tout à l'envers et se diriger droit sur le point qu'il fallait prêtait à confusion, et rien ne semblait plus faire enrager York que quelqu'un qui se mettait à tourner du mauvais côté. Le pire c'était quand les vents changeaient alors que vous étiez éloigné du terrain ; le circuit avait varié, et tout ce que vous vous étiez efforcé de retenir ne servait plus à rien.

Une semaine passe ainsi. Nous volons jusqu'à un terrain auxiliaire, un grand champ à cinq ou dix minutes de là. Il y a de la terre nue près des bordures, là où les avions se sont posés de façon répétée.

"Essayons quelques atterrissages", dit-il. Nerveux, je passe en revue mentalement ce qu'il faut et ne faut pas faire. "Tu te poses bien trois fois et je descends."

Nous approchons pour le premier. "Ta vitesse, maintiens-là comme ça, instruit-il. C'est bien. Maintenant redonne des gaz. Commence l'arrondi."

Je ne sais trop comment, cela marche. À peine un heurt quand les roues touchent. "Bien." En douceur, je pousse la manette des gaz en avant et nous voilà repartis.

Le deuxième atterrissage est pareil. Je ne suis pas certain de ce que j'ai fait, mais peu importe, j'essaie de le répéter pour le troisième. Presque avec assurance je tourne une nouvelle fois en finale. "T'es bon", dit-il. Je surveille ma vitesse alors que nous descendons. Le terrain herbeux approche, le troisième, décisif.

"Arrête-toi complètement", instruit-il. Je réduis les gaz. La vitesse se met à baisser. "Garde le nez en bas, avertit-il tout à coup. Nez en bas ! Surveille ta vitesse !" Je sens une main sur le manche. L'avion commence à trembler. Sans que j'y touche la manette des gaz bondit en avant, mais nous tombons toujours, sans être retenus par le rugissement. Avec une horrible secousse nous touchons terre, rebondissons, et retombons de nouveau. Il prononce un seul mot de mépris. Une fois ralenti, il dit "roule par là-bas, à gauche". Je suis ses instructions. Nous nous arrêtons.

"C'était nul. Tu as fait ton arrondi à vingt pieds d'altitude. Autant que je puisse en juger, tu vas nous tuer tous les deux." Je le vois s'extirper. Il sort du cockpit et se tient debout sur l'aile. "Tu le prends tout seul", dit-il.

Ce consentement, ces mots que je ne pouvais même imaginer. Seul dans l'avion, je fais ce que nous avions fait chaque fois, je roule jusqu'au bout de la zone dénudée, je tourne, et presque mécaniquement j'avance la manette des gaz. Je ressens en cet instant – je m'en souviendrai toujours – le frisson de l'irréalisable. Récitant pour moi seul, exubérant, immortel, je sens l'appareil quitter le sol, par-dessus les fermes et les champs de foin, faisant le bruit d'une énorme mouche bourdonnante. Je suis hors de portée, au-delà de la barre, nerveux mais sans effroi, ne sachant rien, certain de tout, avec mon serre-tête en toile, ma mine enfantine, ma manche enragée par le vent comme je tends un bras extatique dehors, l'exaltation, la divinité, enfin !

*

Le soir, dans les baraquements en bois peints en blanc qui nous servaient de chambrées, non loin du tarmac, nous parlions avions, tout comme dans le vacarme du mess des élèves, et sur les bus délabrés qui tanguaient jusqu'au patelin. Nous arpentions les rues en groupe, sans but, passant devant des cabinets d'avocats avec des noms peints en doré sur les fenêtres. Il y avait des rails qui passaient au centre de Pine Bluff sur lesquels se déplaçaient des trains de marchandises avec une lenteur toute provinciale. Il y avait le dôme doré du palais de justice et le massif Pines Hotel, d'un âge avancé même à cette époque, avec une entrée en portique, des balcons, et des chambres mystérieuses. Des quartiers résidentiels silencieux avec leurs grandes maisons en bardeaux ou des plus petites posées à même le sol, nous ne savions rien. Après la vie désolée du patelin, tous ces dimanches-là, nous n'étions que trop contents de regagner l'aérodrome.

Nous volions moins souvent avec l'instructeur. Le printemps était déjà bien avancé, le ciel frais rempli de nuages qui signifiaient le beau temps – le temps, qui pouvait tant compter, était déjà une préoccupation. Plus tard dans la journée les nuages devenaient denses comme des tours, sertis de lumière ; des nuages épiques, transpercés par ce qui restait de soleil. Un après-midi, seul, j'aperçus loin là-haut à leur cime un B-24 qui se déplaçait comme un grand vaisseau de ligne. Ébloui par sa distance et son altitude, je virai pour le suivre comme une chaloupe jusqu'à ce qu'il disparaisse.

Sur un terrain auxiliaire deux rangées de paniers à pêches avaient été placés à intervalles réguliers de chaque côté d'une large piste. Une croix était marquée sur le sol environ à mi-course. C'était pour taper dans le mille, en quelque sorte. Si vos roues touchaient cet endroit, vous aviez un score parfait, c'est à dire zéro. Dix pieds d'écart c'était un dix, vingt pieds un vingt, et ainsi de suite. On faisait la moyenne de ces notes, qui devait rester en dessous d'un certain chiffre, je ne me souviens plus, soixante-dix environ, pour passer. Nous volions en cercle encore et encore, avec un superviseur au sol dans la poussière virevoltante pour marquer les scores sur une feuille fixée à une planche. Phases d'atterrissage, cela s'appelait.

Un midi tout le monde se mit à parler de quelqu'un qui avait obtenu un score extraordinaire, un des cadets réguliers avec qui nous nous entraînions. Il avait fait un six. Cela semblait incroyable. On l'indiquait du geste – tout le monde savait qui il était, tout à coup – celui avec les cheveux noirs. Je le voyais dans la queue au réfectoire, distinct des autres, élancé, à l'aise. Il se révéla qu'il avait volé auparavant. Il avait déjà son brevet de pilote et soixante heures de Cub.

En école de pilotage élémentaire, les obstacles à passer étaient de voler solo, puis deux vols de contrôle avec un pilote de l'Air Force au bout de, je crois bien, quarante et soixante heures de vol. N'oubliez pas de saluer avant et après le vol, nous disait-on, et assurez-vous de pouvoir expliquer la feuille d'entretien. En l'air il y aurait de brefs commandes, faire telle ou telle manœuvre, et à un moment inopportun la manette des gaz se trouverait tirée en arrière avec l'annonce, “Atterrissage forcé”.

Les élèves les moins doués confessaient leurs craintes et souvent s'en sortaient encore moins bien à cause de cela, mais certains échecs étaient imprévus, voire inimaginables, comme celui de l'ange à cheveux noirs qui avait obtenu le six. Un jour il disparut. Il avait d'une manière ou d'une autre été recalé à son vol de contrôle des quarante heures, et c'était fini pour lui. Cela vous faisait réaliser à quel point votre position était précaire, et impitoyable la machinerie derrière tout cela. Les moins prometteurs d'entre nous, même si nous ne le savions pas à l'époque, ceux avec le moins d'élan, seraient affectés aux bombardiers et aux chasseurs-bombardiers, les autres seraient pilotes de chasse. Ce serait dans un an. En attendant, un à un ils décrochaient, parfois les leaders.

*

Nous étions partis tout le printemps et l'été, et revînmes profondément changés. Nous défilions moins parfaitement, prenions moins de soin à notre tenue. West Point, ses écharpes et ses plumes de coq qui dépassaient des shakos, sa direction, tout cela fut d'une certaine manière laissé à ceux restés derrière.

Parmi les grandes premières : premier vol solo, premier bol d'air à l'extérieur, c'est là qu'il faut placer : première histoire d'amour.

Je la connaissais d'avant, à New York, la plus jeune de deux sœurs dans une famille aisée de l'Upper East Side. Elle était sombre de cheveux et théâtrale, et était devenue, en un peu plus d'un an, très importante, essentielle en fait, pour moi. Agréable à regarder et chère à habiller, les dents fines et blanches, elle se tenait au seuil de la vie, représentait les choses que je ne connaissais pas encore, mais que je m'étais juré de faire avant de mourir. Son père était agent de change avec une clientèle loyale, des Européens pour la plupart. Sa mère, qui jouait un rôle plus important dans notre intrigue, m'était hostile, ce qui était un stimulus. J'avais hâte d'avoir un passé et un cœur qui se morfondrait pour moi.

Entre les premiers week-ends de football durant lesquels nous buvions dans des chambres d'hôtel, gisant auprès d'autres couples dans l'obscurité enfiévrée pleine de murmures et de doux froissements de vêtements, et les week-ends où elle descendait au Thayer, dont les étages étaient interdits aux élèves, les soirées passées à danser et les après-midi parfois dans des chambres d'emprunt, nous nous mîmes à nous plaire. J'étais plein d'impulsions qu'elle contenait habilement, comme des insurrections. J'essayais de lui imposer ma personnalité nouvellement formée, mais elle avait connu la précédente et n'était pas sûre.

Graduellement j'obtins gain de cause. Après de longs travaux d'approche, parfois désespérés, quelque chose passa entre nous lors d'un long week-end à New York durant l'entracte d'une comédie musicale intitulée *Panama Hattie*. Je ne me rappelle plus ce qui fut dit ; c'est tout naturellement qu'arrivés sur le trottoir nous nous détachâmes de la foule et traversâmes la rue jusqu'à l'hôtel.

Elle était enfin consentante, sans résistance, nous nous faisions face, elle luisante dans le noir. L'hôtel a disparu aujourd'hui, mais l'acte demeure, cet acte si peu remarquable qui scinde la vie en deux, une partie qui tombe à terre et l'autre qui s'étend glorieusement devant soi.

Les grands palaces trépidants aux fenêtres innombrables, l'Astor, le McAlpin, le Pennsylvania, avec leurs halls d'entrée périlleux et des couloirs que nous négociions avec gêne, des chambres à lits jumeaux et de sinistres téléphones noirs, tout cela devint notre scène. Il y avait cette année-là un roman irrésistible, *Shore Leave*, avec une paire d'ailes de la Navy sur la couverture, écrit dans un style assuré. Il devint, sur mon insistance, notre texte. Son héros nihiliste, hâve et sans foi, s'appelait Crewson. Il avait pris part à Midway et à d'autres batailles aériennes. Les bains de sang. Se reverrait-il lorsqu'il serait vieux, écrivait l'auteur, Frederic Wakeman, se lever à trois heures du matin le trois juin ? Le briefing à quatre heures et peu après les rapports annonçant l'arrivée d'appareils ennemis. Puis sur la mer dense et ridée, le *Kaga, fonçant contre le vent à toute vapeur, un bon trente nœuds, cette sensation-de-sortir-de-l'éther lorsqu'il sortit ses freins de piqué et plongea à quatre-vingts degrés droit vers le cercle rouge sur le pont d'envol... le premier tir qui faisait mouche...*, tout cela restait indélébile. Ces bombes qui touchaient leur but le libéraient à jamais du trivial et du banal quotidien. Sa fiancée de la haute n'était que l'une des femmes qui lui trottaient après comme des pouliches.

Nous partagions ce livre comme un couple dévot se serait partagé une Bible. C'était un hymne à l'illicite. Il nous donnait l'audace de faire comme si nous prenions part à la guerre. Elle me le dédicaça sur la page de garde, à moi, le Crewson de son passé. Il contenait beaucoup de choses qu'elle aurait pu écrire elle-même, continuait-elle, et puis, comme on fait don d'un jouet favori à un enfant adoré, *Garde ce livre avec toi, mon amour.* Si les choses en avaient été autrement, cela revenait à dire ; si seulement nous avions pu, comme toujours dans les amours ratées, nous rencontrer des années plus tôt, ou plus tard...

L'écriture m'était familière. J'avais reçu de nombreuses lettres, pendant longtemps une chaque matin après les cours, recommandée, parfumée, couverte de timbres, des lettres que je lisais avec ma tunique d'uniforme dégrafée, un T-shirt déchiré en dessous, le privilège de l'ancien. Je pensais à elle constamment, dans la stupeur des cours de morse, jambes serrées l'une contre l'autre sous le bureau à force de désir ; écoutant des chansons sur le phonographe ; entendant les camarades se rendre à pied à la sauterie du samedi soir. La question était simple : allais-je l'épouser ? Car le mariage était dans l'air, le diplôme, la chapelle, les anciens compagnons de chambre et des jeunes femmes qu'ils connaissaient plus ou moins bien passeraient sous la haie aveuglante des sabres croisés avec en bas des marches une limousine qui les attendrait, et ce qui était sûrement la vie. J'étais instable, mais elle me calmerait. J'étais en uniforme, mais cela n'aurait qu'un temps et je retournerais à New York mener une vie appropriée.

Tout cela à mots couverts, mais néanmoins parfaitement clair. Elle n'avait que dix-huit ans mais était sûre d'elle dans ses instincts. De plus, admettait-elle froidement, il y avait quelqu'un d'autre sur les rangs, quelqu'un dans la classe en dessous de moi en école préparatoire qui était à présent engagé, caserné à Sioux Falls, moins charmant mais plus raisonnable, et sans la moindre intention de rester dans l'armée une heure de plus que nécessaire. Son nom avait été allègrement échangé entre nous jusqu'au jour où je reçus le télégramme fatidique. Oui ou non, exigeait-il de savoir.

Peu importe quelle forme d'indécision prit ma réponse, elle réagit en faisant ce qu'elle avait tant de fois menacé de faire. Elle l'épousa juste comme j'obtenais mon diplôme. Sur le coup cela m'apparut comme une taquinerie de plus, un effet de la fugacité qu'avaient les choses en cette période. Je ressentis néanmoins une pointe de douce tristesse inattendue. Plus tard je la reconnus clairement pour ce qu'elle était, comme j'en avais été incapable à l'époque. J'avais tourné le dos à trois choses, mariage, fortune et passé, et je ne devais plus jamais tout à fait leur faire face de tout cœur.

J'essaie de la faire revenir, elle et toutes les lettres à l'écriture de petite fille, les suppliques et admonestations, les potins sur le dos des amis, les mots doux, l'exagération. J'ai parfois l'impression que tout ce qui s'est passé depuis a été moins vital que ce que nous étions, le lustre de ses dix-huit ans, l'indignité tapageuse dans laquelle je voulais les immerger, histoire d'entacher leur gloire et de les rendre immortels. L'espace d'une saison elle avait été mienne, et j'en étais enivré. Je me payais le luxe du hussard qui est de se fatiguer de l'authentique, et les endroits ont beau avoir disparu, elle se tient là où elle s'est toujours tenue et c'est soigneusement que je range son histoire à la place qui est la sienne, avant tout le reste.

*

En automne 1944, parmi les nouvelles des batailles du continent, nous parvint celle de la mort du cancre sans rival, Benny Mills. Mort à l'ennemi en Belgique, à la tête d'une compagnie. Son corps était étendu sous un suaire en place principale d'une petite ville ; les gens avaient placé des fleurs autour, et ses hommes, un par un, saluaient en passant devant, le laissant, tel Sir John Moore à Corunna, seul à sa gloire. Il était tombé et cet acte le rendait impérissable, internissable. Il ne s'était jamais marié. N'avait laissé personne.

Sa mort en était une parmi tant d'autres et disparut rapidement, comme un rond d'aviron. Jamais je ne pourrais l'imiter, je le savais, ni être comme lui. Il faisait partie d'une grande dynamique à laquelle moi aussi, de manière futile, je participais, et tous, camarades de classe, ses hommes, ses femmes, avaient plus de raisons que moi de se souvenir de lui, mais il se peut qu'il en fût pour certains d'entre eux comme il en fut pour moi : il représentait le sans-faille et il était le premier dans cette catégorie à disparaître.

*

Nous achetâmes nos uniformes d'officier à des tailleurs militaires qui, durant tout le printemps suivant, vinrent le week-end installer leurs tables et leurs portants dans la salle du gymnase. Le plaisir pris à examiner et choisir les tissus et les différents articles de décoration – savoir si les ailes d'aviateur devaient être brodées de ce beau fil d'argent ou simplement de cette version métallisée, était-il avantageux de se faire faire deux de ces chemises “vertes” sur mesure au lieu d'une seule, la casquette serait-elle une Bancroft ou une Luxembourg –, tout ceci était savouré. Luxembourg, tenu pour être le meilleur, était en fait deux frères tailleurs qui œuvraient dans leurs bureaux de New York entre des murs couverts de photos dédicacées. Ce tandem était à l'armée ce que Brooks Brothers était à Yale.

Tels de jeunes prêtres ou des mariées, dans nos atours immaculés, remplis de vision, de fierté et de pratiquement aucune connaissance, nous irions de l'avant. L'armée prendrait soin de nous. Nous n'avions qu'une faible idée de la façon dont se faisaient les carrières, ou les généraux. Napoléon, je me rappelais, lorsqu'il ne se souvenait plus personnellement de tous ceux recommandés pour une promotion, notait ces trois mots en face de chaque nom qu'il ne reconnaissait pas sur la liste : "Est-il chanceux ?" Et, bien évidemment, je le serais.

Avec le temps vous rencontrez des généraux, vous marchez à leur côté, bavardez avec eux, et progressivement, comme avec une belle femme, vous réussissez à soutenir leur regard. Quelques années après avoir fini West Point, je devins aide de camp d'un général qui avait le caractère changeant, fière allure, et comme un coup de couteau en travers de la courbure du nez, produit par un éclat d'obus de D.C.A. allemande. Il était originaire de Savannah, en Géorgie, promotion 1928, avait une réputation à faire peur et une tête de meneur d'hommes. Sur son col amidonné se trouvait une unique étoile assez ancienne.

Il me donna ce conseil dès le début : "Aussi longtemps que vous serez mon aide, dit-il plaisamment, vous pourrez tout vous permettre. Vous pourrez faire sursauter des colonels chevronnés rien qu'en ouvrant la bouche. Ils croiront que vous parlez pour moi, mais aussitôt que ce sera fini, quand je ne serai plus là – là il fit un geste en travers de son cou – ils vous couperont la gorge."

Il s'appelait Robert Travis et les histoires sur son compte le précédaient, surtout sur sa dureté. La première dont j'eus connaissance le montrait en train d'arracher d'un seul geste les sardines d'un sergent qui avait omis de le saluer. On disait qu'il avait eu LeMay en personne comme copilote avant la guerre.

Son genre de poker préféré était à cinq cartes, dans lequel on pouvait ouvrir la mise avec n'importe quoi, les tripes, comme il disait. Un soir il ouvrit de quarante dollars, ce qui était beaucoup à cette époque. Nous étions en transport au-dessus du Pacifique. Nous jouions "*table stakes*", ce qu'il y avait sur la table mais pas plus. Je regardai mes cartes ; j'avais deux dix. Nous étions cinq à jouer. Tous suivirent sauf un. Celui qui donnait demanda "Combien ?

– Je vais jouer celles-ci", dit Travis.

J'avais tiré un troisième dix. Il se mit à compter les billets. Quatre-vingts dollars de blinde.

J'étais sur sa gauche. Il y avait plus d'un mois de solde sur la table. Il était tard dans la nuit. "Couche-toi", fit-il sans me regarder. Le vert des billets entassés m'hypnotisait, la fascination de tout cet argent, son épaisseur, plié ainsi. "Couche-toi, Jimmy", répéta-t-il. C'était le jeu qu'il aimait jouer, peut-être parce qu'il lui avait toujours réussi. Cherchait-il vraiment à m'avertir ? J'avais un brelan. "Couche-toi", l'entendis-je me dire une dernière fois.

Jeune comme j'étais, je jetai mes cartes et avec elles, malheureusement, le souvenir de ce qu'il avait. Il a remporté le pot, cela je m'en souviens. J'avais ployé l'échine devant l'autorité.

Nous étions proches. Il ne me cachait rien, journaux intimes, ambitions, désirs. Il possédait un charme notable encore qu'intimidant. Il avait failli épouser une vedette de cinéma, alors qu'il était encore lieutenant et elle une célébrité à l'allure de poupée, mais sa famille, je crois, s'y était opposée sous prétexte que c'eût été nuisible à sa carrière militaire. Je le revois à Shanghai, la quarantaine, assis sur le siège de barbier dans la salle de bains de Tchang Kaï-chek – la maison avait été mise à sa disposition par courtoisie. Nous visitions l'Extrême-Orient. Lui ne faisait que passer le temps. Il attendait l'occasion qui ne s'était pas présentée pendant la guerre. Elle finit par arriver.

Était-il chanceux ? Oui et non. L'éclat bleuté de l'obus lui était passé à un pouce des yeux, et il avait mené quelques-uns des raids les plus dangereux de la guerre. Il était fait pour cela, oser et commander, mais il se tua dans un accident quelques années plus tard – son appareil, chargé et armé à plein, avec des bombes atomiques à bord, s'écrasa sur un camp de caravaning immédiatement après décollage, et on donna son nom à un terrain d'aviation en Californie.

*

À Stewart Field, ce dernier printemps, presque pilotes, nous eûmes droit à l'étape ultime de notre entraînement. C'était près de Newburgh, à quarante minutes environ de West Point. Nous portions nos combinaisons de vol le plus gros de la journée et logions dans de longues chambrées d'un seul tenant. Cette photographie que l'on a de soi, non existante, celle que personne ne voit jamais, dans mon cas fut prise le matin près de l'entrée de ce qui devait être la salle de jour, et je suis en train de boire un Coca dans une bouteille d'un verdâtre glacé, prélude rituel à tous les matins de vol à jeûn qui devaient suivre. Durant tout le stage de formation il y avait eu peu d'accidents fatals. Nous étions bons à ce point. Du moins moi j'étais persuadé de l'être.

Un soir de mai, après manger, nous décollâmes, l'un après l'autre, pour un vol de navigation. Il faisait encore jour et les appareils, une fois partis, furent vite perdus dans leur solitude. Sur les cartes la route était tracée, cochée tous les dix milles. Le tracé de l'itinéraire allait vers l'ouest, passait au-dessus du coin formé par les crêtes des Allegheny jusqu'à Port Jervis et Scranton, ensuite en bas vers Reading, et le dernier long tronçon du triangle pour rentrer. C'était tout mécanique à une exception près : les prédictions pour les vents en altitude qu'on nous avait données étaient incorrectes. À notre insu, ils soufflaient d'une direction différente, et plus fort. Seuls et sûrs de nous, nous volions plein ouest.

L'air en altitude a une odeur différente, métallique, avec un soupçon d'essence et de gaz d'échappement dedans. Le sol dérive en bas, d'une lenteur de marée, les routes sont désolées, les rivières immobiles. C'est exactement comme la carte, avec certaines différences insignifiantes sur lesquelles on s'interroge mais qu'on laisse finalement non résolues.

Le soleil a viré au rouge et s'est enfoncé plus bas. La vitesse sur le cadran indique cent soixante. Les quinze ou vingt avions, invisibles l'un pour l'autre, s'étirent sur un long fil irrégulier. Derrière, le ciel s'est obscurci. Nous volions non seulement dans le calme langoureux du printemps mais dans cette sorte d'idylle qu'était la fin de la guerre. La couleur de la terre était assourdie, et les petites villes comme des ombres vides. Il n'y avait personne à voir ni à qui parler. Le vent, à notre insu, nous déplaçait lentement hors position, comme du sable.

J'avais en tête, à part la navigation, je suppose, les nuits de New York, l'attrait de la ville, les différents accomplissements auxquels je ne faisais que rêver un an ou deux plus tôt. La première étoile indistincte apparut, et puis, un peu à gauche de là où il aurait dû se trouver, le terne gribouillis de Scranton.

Voler, comme la plupart des choses d'importance, est une affaire de méthode. Sans m'en rendre compte sur le moment, je ne me comportais pas comme j'aurais dû. À cette époque il y avait des signaux lumineux entre les villes, comme des lampadaires le long d'une grand-route invisible, mais bien plus espacés. En décodant ces signaux intermittents vous pouviez déterminer où vous étiez, mais je ne pris pas cette peine. Je virai au sud vers Reading. Le ciel était noir à présent. Loin en dessous, la terre refroidissait, relâchant la chaleur de la journée. Une brume commençait à se former. Dedans, les lignes de signaux lumineux allaient s'estomper et avec eux aussi, presque timidement, les agglomérations. Je poursuivais ma route.

C'est un monde différent la nuit. Les instruments deviennent de plus en plus difficiles à lire, des détails disparaissent de la carte. Au bout d'un moment je me mis sur la fréquence de Reading et parvins à recevoir son signal. Je n'avais pas de radiocompas mais il y avait une façon de déterminer, en faisant route sur une certaine séquence de caps, l'endroit où vous vous trouviez par rapport au quadrant.

Ensuite, si le signal augmentait progressivement de puissance, cela voulait dire que vous vous dirigiez vers la station. Dans le cas contraire, et si vous deviez tourner le bouton du volume pour continuer de l'entendre, vous vous en éloigniez. C'était primitif mais cela marchait.

Le moment venu, j'attendis de voir si j'avais dépassé ou si j'étais encore en train de m'approcher de Reading. Les minutes passaient. Au début je ne pus détecter aucun changement, mais par la suite le signal me parut diminuer d'intensité. Je virai au nord et continuai ainsi, surveillant la pendule. Quelque chose n'allait pas, cela devenait sérieux : le signal ne changeait pas. J'étais perdu, pas seulement littéralement, mais en relation avec la réalité. Pendant ce temps le vent, insoupçonné, me forçait de plus en plus au nord.

Parmi les étoiles, l'une se déplaçait. C'étaient les feux d'un autre avion, peut-être un de l'escadron. En tout cas, quelle que fût sa destination, il y aurait un terrain d'atterrissage au bout. Je poussai les gaz. Comme je me rapprochais en coupant en biais, je commençai à distinguer ce que c'était, un avion de ligne, un DC-3. Peut-être allait-il à Saint Louis, peut-être à Chicago. Je volais depuis ce qui me paraissait des heures et j'avais commencé, le cœur un peu faible, à vérifier le carburant de façon répétée. Les jauges se trouvaient au sol, de chaque côté du siège. J'essayais de ne pas penser à elles mais elles étaient comme une plaie ; je ne pouvais m'empêcher de baisser les yeux sur elles.

Petit à petit, l'avion de ligne et ses feux se firent plus distants. Je ne pouvais pas le suivre à sa vitesse. Je tournai au nord-est, la direction générale de la base. Tout ce temps j'avais gribouillé de façon illisible sur la page de la mémoire quelles directions j'avais prise, et pendant combien de temps. À présent je n'avais aucune idée d'où je me trouvais. Au sol, les lumières occasionnelles de bourgs inconnus, lumières floues et jaunâtres qui ne voulaient rien dire. Allentown, qui aurait dû être là quelque part, ne fit jamais son apparition. Il y avait une tentation terrible de tout abandonner, de laisser tomber, comme avec un puzzle trop difficile. Je me récitais *Invictus* à moi-même, *Je suis maître de ma destinée*... Cela ne donnait rien. J'éprouvais les plus grandes difficultés à ne pas prier et finalement cédai, suspendu dans l'obscurité bruyante, guettant désespérément l'apparition d'une ville ou de toute autre chose qui m'indiquerait ma position.

Dans le casier des cartes de l'appareil se trouvait un fascicule, *Que faire si vous êtes perdu*, et m'en souvenant brusquement, je le sortis et me mis à le lire avec ma lampe de poche. Il y avait une liste d'une demi-douzaine de mesures à prendre, dans l'ordre. Mes yeux glissèrent vers la fin. Les premières, je les avais déjà essayées. D'autres, comme de se brancher sur une fréquence quelconque, j'avais laissé tomber ; quelque chose clochait, cela ne marchait pas. Je réussis à capter le signal de Stewart Field, mais sans prendre le cap préconisé. Je pouvais dire à sa faiblesse – indistinct dans un fourré d'autres sons – que j'en étais éloigné, et j'avais perdu confiance dans le procédé. Le conseil final paraissait plus pratique. Si vous pensez vous trouver à l'est de Stewart, préconisait-il, faites cap à l'est jusqu'à l'Hudson et ensuite volez plein nord ou plein sud ; vous arriverez tôt ou tard soit à New York, soit à Albany.

Il était passé onze heures, le ciel dense d'étoiles, la terre comme un vide. J'avais viré à l'est. Les jauges blafardes indiquaient vingt-cinq gallons et des poussières dans chaque aile. L'idée qui prenait lentement corps, d'ouvrir la verrière, de lutter contre le vent en passant par-dessus bord et dans le noir, tomber et descendre en parachute, n'était pas aussi impensable que d'abandonner l'appareil à sa destruction. Je serais viré, je le savais. L'anxiété était insupportable. Cela faisait dix minutes que j'avais mis le cap à l'est, mais elles me paraissaient des heures. À l'occasion je distinguais les minables lumières de quelque hameau, à peine perceptibles, mais à part cela rien. Les villes s'étaient comme évanouies, avaient sombré dans l'obscurité. Encore un coup d'œil en bas. Vingt gallons.

Soudain, loin sur la gauche, il y eut une lueur qui devint – j'arrivais à peine à la distinguer – une ligne de lumières estompées et puis progressivement, comme par magie, deux lignes parallèles. C'était le pont de Poughkeepsie. Ahuri de soulagement, j'essayai de distinguer ses contours obscurcis et ceux de la rivière, virant pour les garder à portée de vue, descendant de plus en plus. Puis, comme l'avaient fait toutes les certitudes cette nuit-là, le pont changea aussi. À environ mille pieds au-dessus d'eux, je m'aperçus, abattu, que c'étaient les lampadaires d'une agglomération quelconque que j'avais sous les yeux.

Les jauges indiquaient quinze gallons. Une des choses qu'il ne fallait jamais faire – on nous l'avait suffisamment rabâché – était de tenter un atterrissage forcé en pleine nuit. Mais je n'avais pas le choix. Je me mis à voler en cercles, seulement capable dans le brouillard de voir ce qu'il y avait juste en dessous de moi. Le bourg se trouvait en bordure de collines ; je virai dans le noir pour m'en éloigner. Si je m'éloignais trop de la rue principale désertée mais brillamment éclairée, je perdais mes repères. Descendant encore plus bas, je vis des toits assombris un peu partout et parmi eux, sans crier gare, une zone vide comme un lac ou un petit parc. L'ayant dépassé en un rien de temps, je virai, et le perdis de vue. Finalement, encore plus bas, je le vis de nouveau. Il n'était pas grand, mais il n'y avait rien d'autre. Je penchai la tête un instant pour regarder à mes pieds – le chiffre sous chaque ligne de mesure tremblait légèrement : dix gallons, peut-être douze.

La règle pour tout terrain inconnu est de voler au-dessus à altitude minimum afin d'en examiner la surface. Je n'étais même pas sûr que ce fût un terrain ; cela pouvait être de l'eau ou un bois. Si c'était un parc, il pouvait y avoir des bâtiments ou des clôtures dessus. Je virai pour ma branche vent arrière, ou ce que jugeais telle, puis l'étape de base, descendant au-dessus de toits qui s'agrandissaient à vue d'œil. J'avais la verrière ouverte pour réduire les reflets, la duplication fantôme des instruments, les indicatifs rouges d'alarme. Je fixais droit devant moi à travers le vent et le vacarme. J'étais à cent pieds d'altitude environ, volets sortis, descendant toujours.

Devant, montant rapidement, était mon terrain. Sur un panneau près de mon genou se trouvaient les commutateurs de phares d'atterrissage avec des extrémités rondes pour les rendre reconnaissables au toucher. Je tendis la main vers elles à l'aveuglette. Dès l'instant où les phares s'allumèrent je sus que j'avais fait une erreur. Ils éclairaient comme des projecteurs dans le brouillard ; j'y voyais mieux sans eux mais le sol était à vingt pieds sous moi, j'étais à vitesse minimum et n'osais les éteindre. Quelque chose passa sur la gauche. Des arbres, au milieu du parc. Je les avais évités de justesse. Pas moyen d'atterrir ici. L'instant d'après, tout au bout en face, encore des arbres. Ils étaient plus hauts que je ne l'étais, et sans la vitesse nécessaire pour remonter, je gauchis pour passer à travers. J'entendis du feuillage griffer les ailes alors que juste en face, jusqu'à présent masquée, une seconde rangée d'arbres s'élevait. Plus le temps de rien faire. Quelque chose d'important heurta une aile. Elle s'arracha. L'avion se cabra en l'air. Il se maintint durant un moment interminable, un des phares d'atterrissage inondant de lumière une maison dans laquelle il s'écrasa l'instant d'après.

Rien ne s'est effacé, pas même les premières secondes de silence abasourdi, avec les feuilles arrachées qui pleuvaient doucement. Par réflexe, comme un homme tué peut refermer une porte sans réaliser ce qu'il fait, je coupai les contacts. J'étais sérieusement blessé, encore que je ne sus pas exactement de quelle façon. Il n'y avait pas de douleur. Mes jambes, me dis-je. J'essayai de les bouger. Tout semblait aller. Mes dents de devant étaient déchaussées ; je les sentais bouger quand je respirais. Je restai assis là dans un silence absolu durant quelques secondes, presque comme si je n'avais pas trop su quoi faire ensuite, puis débouclai le harnais et sautai du cockpit sur ce qui avait été le porche de devant. Le nez de l'avion était dans une pièce saccagée. L'aile arrachée reposait dehors dans la rue.

Il se trouve que la maison appartenait à une famille qui accueillait le retour d'un fils prisonnier en Allemagne. Ils étaient en train de fêter cela et avaient pris le bruit inattendu de l'avion qui rasait la ville de façon répétée pour une sorte de salut militaire, et bien qu'il fût près de minuit ils étaient tous sortis dans la rue pour regarder. J'étais arrivé comme un météorite au-dessus de leur tête. La petite ville s'appelait Great Barrington. Il fallut qu'on me montre où c'était sur une carte, dans le Massachusetts, à des milles et des milles au nord-est.

Cette nuit-là je dormis chez le maire, dans un lit de plume. Je dis dormis mais en fait je restais interminablement en suspens, incliné dans le noir, le phare d'atterrissage inondant la grande maison en bois. L'aile se détachait encore et encore. À chaque fois je me retournais dans mon lit et je remettais cela.

Ils vinrent me chercher le lendemain et, sous mes yeux, chargèrent l'épave sur un gros camion à plateau. Je rentrai avec les restes de l'avion. Dans la chambrée, vide quand j'arrivai, mon lit, contrairement aux autres dans les rangées, était jonché de messages, tous en forme de félicitations facétieuses. Je me retrouvai ainsi, à ma grande surprise, populaire. C'était comme si j'avais, d'une certaine manière, défié les autorités. Sur le tableau noir, dans la salle de briefing, était dessinée une maison avec un empennage d'avion qui ressortait du toit, et, écrit en dessous : *Instruit par Geisler.* Je survécus aux obligatoires vols de contrôle et autres processus de la commission aux accidents, qui furent étonnament brefs. Tournée graduellement en comédie, je devai souvent raconter l'anecdote telle qu'elle m'était apparue sans honte l'espace d'un instant cette nuit-là, quand les branches des premiers arbres avaient heurté les ailes et avant que je n'aperçoive les autres.

Très longtemps j'ai gardé un emblème en émail Pratt and Whitney tout tordu récupéré du moteur, jusqu'à ce qu'il se trouve perdu je ne sais plus où, et des années plus tard une carte postale m'est parvenue, adressée aux bons soins de l'*Adjutant General*[1]. Elle venait de Great Barrington. *Nous prions toujours pour vous*, disait-elle.

*

Confiant et indestructible à présent, je plaçai un mannequin de linge sale dans mon lit un soir après l'extinction des feux et rejoignis Horner à la porte du casernement. Nous allions faire le mur, escapade pour laquelle la punition était sévère. La cérémonie de fin d'études n'était plus qu'à quelques jours ; si nous nous faisions prendre, il n'y aurait plus le temps d'être consigné ou d'arpenter l'*Area* ; la sentence serait d'effet plus durable : diplôme retardé, et rétrogradation au tableau d'honneur. Le risque, pourtant, n'était pas bien grand. "Anita monte de New York, me dit-il. Elle amène une copine." Elles attendraient en décapotable en bas d'une certaine côte.

Anita était nouvelle. J'en avais plein la vue. Elle était le genre de fille qui ne serait jamais à moi, que je trouvais ennuyeuse, en fait, et que seul le comportement espiègle de Horner rendait intrigante. À certains égards j'étais moi-même dans cette position, son Pinocchio, toujours partant et emballé.

Anita était la fille d'un fabriquant de moquette. Elle portait des bas de soie et des robes en imprimé. Elle avait les ongles rouges, elle était grande. Ses efforts pour discipliner Horner étaient inefficaces et charmants. "Enfin, tu connais Jack..." expliquait-elle en désespoir de cause. Je le connaissais effectivement et l'aimais, je crois, au moins autant qu'elle, et de façon probablement plus durable.

Rasant les murs, nous atteignîmes dans l'obscurité l'espace ouvert près de la clôture, que nous escaladâmes rapidement. Il n'y avait pas

1. *Adjutant General* : dans l'armée américaine, l'officier général responsable des questions administratives : les listes de personnel, les morts, les régulations, etc. *(N.d.T.)*

beaucoup de route à faire. Passée une légère côte et redescendus à mi-flanc de colline de l'autre côté, enivrés par notre liberté de cabris, nous vîmes la faible lueur du tableau de bord. Une des portières était ouverte, la radio jouait en sourdine. Deux visages se tournèrent vers nous. Anita souriait. "Où étiez-vous passés, bon sang ?" fit-elle en démarrant en direction de Newburgh pour aller trouver de quoi boire. Jack était assis à l'avant avec elle ; leurs rires nous parvenaient à l'arrière par traînées comme de la fumée.

Les Anita. Je les avais plus ou moins oubliées. Des années plus tard, littéralement des décennies, en fait, au plus profond de la nuit, le téléphone sonne dans le noir et je prends la communication. Il est deux heures du matin, la maison dort. Il y a un gloussement que je reconnais immédiatement. "Qui c'est ?" dis-je. À quelqu'un d'autre, en aparté, il fait d'un air ravi, "il veut savoir qui c'est". Puis à moi, "je te réveille ? – Qu'est-ce qui peut bien te donner cette idée ?" Un autre gloussement. "Jim, Jack Horner à l'appareil", fait-il comme un homme d'affaires. Il avait divorcé et voyageait. "À faire quoi ? je demande. – À inspecter des bureaux de poste." Papillonnant autour de sa voix il y en a d'autres, sans gêne, douces comme la plume. L'une d'elles vient au bout du fil. "Où êtes-vous ?" je demande. Ma femme dort à mes côtés. Une voix rauque répond, "Dans un motel, environ à trois rues de chez vous." Suit une invitation brûlante. En fond je l'entends leur dire que je suis écrivain, qu'il me connaît de l'époque où nous étions à West Point ensemble. Il tente de reprendre le combiné. J'entends leur chahut, le rire des femmes, le sien, haut perché et presque aussi féminin, contagieux.

Ce soir de mai, cependant, c'est près d'un verger que nous nous étions arrêtés, et sous les arbres que nous étions montés nous installer. Nous étions rentrés très tard à la caserne. Un jour ou deux plus tard, je vais le trouver alors qu'il se rase avant le petit déjeuner. "T'as rien remarqué d'anormal ?" je lui demande. "Oui. C'est quoi ? Tu l'as attrapé aussi ?" C'était une éruption. Cela se révéla être du sumac, et nous en avions plein sur les bras et les jambes, une première fausse reddition à Venus.

Nous allions sans cravate, exemptés de défilé. La peau en feu et incapables de porter un uniforme d'apparat complet, je restais à la fenêtre de ma chambre et j'entendais la fanfare jouer au loin, et les longues pauses qui faisaient partie de la cérémonie de la dernière parade. Puis arriva l'air qui n'était joué qu'une fois l'an au moment où les lauréats de la classe terminale, certains pleurant ouvertement, ôtaient leurs shakos comme la première des compagnies arrivait au pas pour les saluer, sabres d'officier brandis en l'air, étincelants, puis rabattus vers le bas comme un fouet.

Dans le lointain, les longues années passaient comme en revue, les saisons et les lieux, les murs froids et les poternes, la routine interminable. Par de hauts vitraux le soleil tombait sur la chorale qui arrivait en chantant avec une lenteur majestueuse par l'allée centrale. Les uniformes, les fusils, les livres. Les matins d'hiver, lorsqu'il faisait noir dehors ; à fumer et écouter la radio tout en nettoyant la chambrée. Le gymnase, humide et rébarbatif. Les sections qui se rassemblaient à la hâte le long de la route.

L'*Area* était remplie de malles et de cartons. Tout le monde allait partir, se disperser, les rangs rompus une dernière fois, vers la chapelle pour des mariages, vers des restaurants avec les familles, vers la Côte, le Midwest, les patelins les plus insignifiants. Nous comparions ordres de mission et destinations. Je ressentais à la fois le bonheur et la douleur des adieux. Nous entrions dans l'armée, qui était comme un énorme lac profond, plus lent et plus profond que nous l'avions imaginé. Au fond il était nourri de sources, fraîches et pures à jamais. En surface, près du déversoir, l'eau était plus ancienne et moins claire, mais cette eau serait bientôt évacuée. Nous étions la nouvelle, celle qui n'était pas contaminée.

Au doigt j'avais une bague en or avec l'année de ma promotion dessus, une bague qui serait reconnaissable à tous. Je la portais toujours ; je volais avec elle au doigt ; elle était dans ma chaussure quand je dormais. Elle signifiait tout, et j'avais tout donné pour l'avoir. J'avais aussi une gourmette avec mon identification dessus, que tout pilote portait, avec une bande de métal qui résonnait quand elle touchait la table ou le comptoir du bar. J'étais arrogant, peut-être, différent du garçon qui était arrivé ici et même différent des autres, sans tout à fait savoir en quoi, ni le danger qu'il y avait à l'être.

En faisant mes bagages, j'avais pris pour les miennes une paire de formes de chaussures de mon compagnon de chambre, et je ne m'aperçus de l'erreur qu'après coup. D'une écriture qui était distinctement la sienne, Eckert, R.P., une encre nette en majuscules sur le bloc de bois. Il fut tué plus tard dans un crash, comme son frère. Sa vie disparut mais pas son nom, vu des années durant chaque fois que je m'habillais, et à chaque fois je le revoyais, la froideur de ses yeux bleus, la pâleur de sa peau, cette façon de fumer étrangement abrupte qu'il avait, une manière de marcher les pieds tournés vers l'extérieur. J'avais aussi gardé un shako, quelques pantalons, une chemise grise, mais petit à petit, comme de la peinture qui s'écaille, ils furent laissés derrière ou perdus, bien que parfaitement fixés en mémoire.

*

Une chose que je revis, bien plus tard. J'étais en voiture sur une route solitaire de l'Ouest, trente kilomètres après Cheyenne. C'était l'hiver et la neige faisait barrage. Je tentai de me frayer un chemin, mais finalement restai coincé. Il était tard dans l'après-midi. Le vent soufflait. Il n'y avait pas une seule maison en vue dans aucune direction, que des clôtures et des champs plats ensevelis.

Je descendis de voiture et rebroussai chemin sur la route. Il faisait très froid ; mes traces de pneus commençaient déjà à s'effacer. Mes mains gantées pressées sur les oreilles, j'alternais la marche et la course, songeant au dénouement des histoires de Jack London. Au bout d'un kilomètre et demi à peu près j'entendis des chiens aboyer. Sur la droite, à moitié cachée dans la neige, se trouvait une maison toute simple et non peinte, ainsi que plusieurs appentis. Je me démenai comme je pus dans la neige accumulée, avec les chiens qui battaient en retraite devant moi tout en aboyant et grondant, la fourrure dressée sur le cou.

Une grande jeune femme au visage ouvert et avec une dent ébréchée sur le devant vint à la porte. Je pouvais entendre un enfant pleurer. Je lui dis ce qui s'était passé et demandai à emprunter une pelle. "Entrez", dit-elle.

La pièce n'était guère reluisante. Quelques chaises, une table, des murs nus. Elle appela son mari dans la cuisine. Sur un vieux classeur, un poste de télévision en noir et blanc marchait. Soudain j'aperçus quelque chose de familier, venu de mon passé le plus reculé – une couverture grise qui recouvrait le canapé, du même gris dense que les uniformes de l'adolescence, avec une bordure noir et or. C'était une couverture de West Point. Son mari était en train d'enfiler sa chemise. Comme c'est approprié, pensai-je, un ancien soldat de métier qui tombe sur un autre en pleine toundra, des années après, au plus froid de l'hiver, la vie à son point culminant.

Dans un camion rempli de fatras nous sommes retournés à la voiture et nous nous sommes escrimés dessus une bonne heure, les doigts gourds, tout comme les pieds. Labeur héroïque, le genre qui vous lie à quelqu'un. Nous parlions peu, seulement sur comment pelleter et quoi faire ensuite. Il était anonyme, mais dans son visage je lisais la patience, la force, et cette éthique qu'on trouve chez ceux habitués aux tâches difficiles. Épaule contre épaule nous avons tenté de bouger la voiture. Il était cet homme comme on n'en fait plus, le commandant de compagnie, le personnage infatigable de ces années, quand rien n'était plus élevé, *les privations ne veulent rien dire pour lui, les difficultés ne peuvent briser son élan...* Cela me ramenait dans la neige des terrains d'aviation sur lesquels nous dégagions nos roues à la pelle et roulions d'un bout à l'autre de la piste pour que les gaz d'échappement fassent fondre le verglas, dans le froid terrible à quarante-cinq mille pieds quand le chauffage ne marche pas, dans les aubes de moins quarante quand toucher le métal du fuselage équivaut à y laisser un bout de peau.

Ensemble nous avons dégagé la voiture, et de retour à la maison je lui ai offert de l'argent. Je voulais lui donner quelque chose pour son dérangement. Il l'a regardé. "C'est trop.

– Pas pour moi." Et là j'ai ajouté "Votre couverture...

– Quelle couverture ?

– Celle sur le canapé ; je l'ai reconnue. D'où la tenez-vous ?" Il se tourna pour la regarder, puis vers moi comme s'il prenait une décision. Il était grand, comme sa femme, et pas pressé dans ses mouvements. "Où c'est qu'on l'a eue ?" demanda-t-il à sa femme. *Les demoiselles qui montent en juin...*, pensai-je. Ils s'étaient mariés à la chapelle.

"Ça ? J'ai oublié. À la brocante", dit-elle.

Je crus un instant qu'ils me faisaient marcher, qu'ils renâclaient à se révéler, mais non. Il se trouve qu'il était tatoueur. Son officine était à Cheyenne.

*

L'été suivant l'obtention de mon diplôme, le premier grand été de ma vie, passa sans une trace. J'avais une seule ambition, me dégrader. Je commençai par filer à New York passer le week-end avec une fille dont j'avais entendu parler depuis au moins un an. Fille de diplomate, elle était réputée dans tout le régiment, passée de main en main, pas particulièrement belle, comme je le découvris, mais dessalée, spirituelle, même. J'avais hâte de connaître ce que les autres avaient connu, le cercle des intimes, pouvoir la mentionner comme si de rien n'était.

Après cela ce fut ma permission dans un Washington caniculaire, des jours et des nuits indolents, et le plaisir minimal qui allait avec. Horner était là aussi. Il habitait avec sa mère. Au bout d'un mois, toujours enchantés de nous-mêmes, nous sautâmes à bord d'un B-17 en partance pour Columbus, Ohio, restant vautrés parmi les bagages, Horner grattant son ukulele pendant que l'équipage brassait les hélices en préparation du vol. Il raffolait de chansons hawaiiennes, en particulier une intitulée *Standard Gas*. Bientôt nous fûmes dans l'air froid et pauvre qu'on trouve en altitude, bercés jusqu'au sommeil par le bruit des moteurs. C'est de cette façon plutôt clownesque que commença notre bourlingue. Nous devions nous rendre au bout du compte en Oklahoma, officiers réguliers, forts de notre statut, oublieux de la multitude et de son sort.

*

De temps à autre je repensais à Bob Morgan, le plus souvent en fin d'année, quand on regarde en arrière, parfois très loin. Une fois j'ai même été jusqu'à obtenir son numéro auprès des renseignements, mais je n'ai jamais appelé. C'est donc dans mes vagues souvenirs qu'il est resté sans changer, conservant son large poitrail plat, sa modestie et sa ténacité.

Des décennies plus tard, je me trouvai au Texas, encore que bien loin de son patelin. Pris d'une soudaine envie, j'appelai les renseignements de nouveau. Il n'y avait pas de Morgan dans l'annuaire de Spur ; j'avais attendu trop longtemps. Il y avait deux Robert Morgan à Lubbock, une grande ville pas très éloignée qu'il mentionnait souvent, mais aucun n'était le bon. Finalement j'essayai le Bureau des anciens combattants. On ne comptait pas les Morgan sur l'ordinateur, dit l'employé, rien que des Robert, il y en avait des centaines. Il suggéra d'appeler Spur, où je parlai au rédacteur en chef du journal local.

"Morgan ?" S'adressant à quelqu'un d'autre, le rédacteur fit, "On a pas passé une nécro sur un Morgan l'automne dernier ? Je ne sais pas si c'était un Robert", me dit-il – il n'était là que depuis 1952, il arrivait seulement, admit-il. "Attendez un peu, voilà." Il regardait la liste des abonnés, “Il y a un Bob Morgan qui prend le *Texas Spur.* Il est à New Waverly, Texas.” Il me lut le code postal. J'ignorais où se trouvait New Waverly, mais je savais que je l'avais enfin trouvé, parti de chez lui mais toujours abonné au journal de son petit bled, lui et Nona.

À New Waverly une femme répondit au téléphone. Oui, dit-elle, c'était bien le numéro de Bob Morgan. Je me présentai, son compagnon de chambre d'il y avait bien longtemps, si c'était le Bob Morgan qui était dans l'armée pendant la guerre.

“Il était dans l'Air Force, dit-elle.

– L'Air Force ? Pas les parachutistes ?

– Je crois que c'est son oncle que vous voulez, dit-elle. Lui, il était dans les paras.

– Il n'a jamais été blessé ?

– Je ne peux pas vous dire. Vous pourriez demander à mon mari, lui il saurait. Il sera de retour vers quatre heures.”

Où habitait l'oncle ? demandai-je. Il vivait à Plano, aux environs de Dallas, mais elle utilisait le passé en disant ça.

“Il n'habite plus là-bas ?” dis-je. Elle en avait bien peur ; il était mort, ça ne faisait pas très longtemps.

Je ressentis une soudaine, terrible déception. Il n'y avait aucune raison. Ce n'était qu'un bout du lointain littoral qui s'était détaché. Quand cela était-il arrivé ? je demandai. Elle n'était pas sûre. Vers 1985, dit-elle. Au bout d'un moment elle ajouta, “Il s'est suicidé.”

Je voulais en savoir plus, pour quelles raisons je n'en étais pas certain, et elle me donna le nom de sa sœur, qui était en visite chez une nièce à Lubbock. J'appelai là-bas et laissai un message, qui, me dit-on, lui serait transmis.

Deux jours après, tôt dans la matinée, le téléphone sonna. C'était la sœur de Bob Morgan. Je lui parlai de lui. Je voulais parler à sa veuve, lui dis-je, mais ne savais pas comment faire. “Il n'était plus marié avec elle quand il est mort”, me dit sa sœur. “Il avait divorcé environ trois ans avant et s'était marié avec la femme qu'il avait toujours voulu épouser, à ce qu'il disait, sa chérie de l'école secondaire.

– Nona ?

– Pas Nona. Betty, il a épousé Betty", me dit-elle. Elle me parla de ses enfants ; il y en avait quatre, deux de sa première femme qu'il avait adoptés. "Alors il avait deux enfants naturels ?" Non, dit-elle, il y en avait encore un d'adopté, une fille, d'un mariage qui remontait à encore plus loin, à la fille d'un éleveur dans le Nouveau-Mexique.

"En fait, dit-elle, je crois qu'il l'a épousée surtout parce qu'il aimait son père. Il s'était toujours attaché à des hommes plus âgés, depuis que son propre père avait été tué quand Bob avait, voyons voir, il devait avoir quatre ans. Je crois qu'il ne s'en est jamais remis."

Leur père avait été assassiné par deux hommes, d'après elle. "Ils savaient qu'il était en route pour Amarillo pour acheter des chevaux, et bien sûr ils n'avaient jamais entendu parler d'une lettre de crédit ni rien de tout ça. Ils croyaient qu'il portait beaucoup d'argent sur lui, alors ils l'ont dévalisé et ils l'ont tué. En fait, il n'avait que quarante dollars sur lui ; toute sa vie il s'était fait une règle de ne jamais porter plus que ça sur lui, deux billets de vingt pliés. On était cinq", dit-elle. "Ma mère – une femme remarquable, je ne sais pas comment elle a fait – est restée avec cinq enfants en bas âge, dix mille dollars d'héritage et douze mille de dettes, avec la Dépression qui arrivait juste. C'était vers 1925. Elle nous a tous transbahutés dans une vieille baraque et toute seule elle a appris à s'occuper d'une ferme et à débourrer les chevaux."

Mais lui, que lui est-il arrivé à la fin ?

Il y eut un silence. "Je voudrais bien le savoir", dit-elle. Ils étaient tous instables dans la famille, ils étaient très sensibles aux médicaments, expliqua-t-elle. Il avait mis longtemps à se remettre du traitement qu'on lui avait fait subir en Italie après sa blessure. Carrément des années. Peut-être bien qu'il était de nouveau sous traitement. Tout ce qu'elle savait c'était qu'un matin il s'était préparé pour le travail, était juste allé dans la salle de bains et s'était tiré une balle. Il était enterré à Spur, parmi les siens.

Plus tard je restai à repenser à lui. Cela faisait une demi-vie que je ne l'avais vu et pourtant je me souvenais clairement de lui. Ses lettres commençaient toujours d'une manière touchante, *Mon cher Jim*. Il avait été adjudant dans une section de reconnaissance et avait entendu le colonel faire la remarque, sans savoir qu'il se trouvait à portée, que s'il n'y avait qu'un homme du rang à promouvoir officier il voulait que ce soit Morgan. Il avait vingt et un ans à l'époque, mais la vraie virilité arrive tôt. Dans une de ses lettres, il avait écrit, *J'ai fait du chemin depuis que je t'ai quitté, et j'en regrette chaque pas...*

La femme du capitaine

Vers la fin de l'été 45, sous-lieutenant avec mes ailes, j'entrai dans le club des officiers à Enid, Oklahoma, avec Homer. Nous avions parcouru la moitié du continent avec des bons d'essence soutirés à des routiers à force de suppliques, à l'occasion criblant de trous des panneaux de signalisation de cambrousse avec nos pistolets tout neufs. Dans le club le juke-box marchait à fond. Ils jouaient au poker. Nous faisions partie de l'Air Force. C'était notre tour à présent. Cela serait notre histoire, notre large sillage, dans l'immense bruit éprouvant des moteurs juste à l'extérieur du cockpit du B-25 que nous n'allions pas tarder à piloter et qui passaient en rugissant près des silos à grain au bord de l'aérodrome. Nous étions une espèce de gentlemen, le genre à arpenter la plage en costume d'été après le naufrage et faire des plaisanteries sur les canots de sauvetage chavirés. Notre intérêt résidait dans le prodigieux – des nuits de bringue, surtout, et le vide des petits matins lorsque nous traînions en uniformes fripés, à ressasser les dernières heures et tout ce que nous avions vu et fait.

Horner, qui à sa tête semblait au premier coup d'œil réformable, et parfaitement capable de prendre une expression très proche du sérieux, je le revois avec un drap tiré sur lui, les cheveux en bataille, et le bras furieux d'une fille qui lui lance une bouteille, va-t-en au diable ! C'est au Gayoso ou au Carlton, à Memphis ou peut-être bien à Dallas. Quatre heures du matin et on frappe à la porte – le chasseur arrive avec la bouteille introuvable sous sa veste. Quelle que soit celle qui a déclaré ne pas faire ces choses-là, elle est surprise debout en soutien-gorge et petite culotte. "Tiens donc, bonjour, Miss Cole", fait le garçon poliment.

La scène ne demande qu'à changer, les artistes entrent et sortent, certaines ne donnent qu'une seule représentation, tandis que d'autres en redemandent, cognent à la porte au petit jour avec leurs talons aiguilles.

Il y avait aussi des moments où il s'agissait d'autre chose, de la décence, peut-être, pure au milieu du désordre – les deux *Waves*, dont celle avec qui j'étais, encore que je ne l'eusse jamais revue, qui venait d'un monde qui réprimandait fraîchement le nôtre. Les jambes bien déliées, vêtue de bleu et blanc, elle semblait préparée à aimer quelqu'un que je n'étais pas disposé à être, et elle me resta en tête longtemps après, elle et sa petite ville, Green River, dans le Wisconsin. Je ne m'en ouvris pas à Horner, qui m'aurait sorti une de ses expressions favorites : "Tu me fends le cœur." Pour ces choses-là, comme pour d'autres, il était intrépide.

*

La fin de la guerre, encore qu'on s'y attendît, nous tomba dessus brutalement. Nous étions à Austin à ce moment-là et conscients que quelque chose était survenu – des gens se hâtaient au bout de la rue et se massaient devant une porte non loin de là. C'était la porte d'un magasin de spiritueux, et ils faisaient des préparatifs pour la plus grande célébration de leur vie, célébration que, bien qu'y participant, nous observâmes avec un enthousiasme mitigé. D'un seul trait nous nous trouvions dévalués, comme des devises, et durant près de six mois mutés de terrain en terrain, affectés à des bases de plus en plus glauques et – les mécanos ayant été démobilisés – tranquilles.

Horner et moi avions été séparés. Il fut muté en Floride où, dans une soudaine crise de conversion, comme celle de Pascal, il se maria. Je devais être son témoin mais ne pus me rendre au mariage. Je connaissais le nom de la mariée, c'était tout.

Cet hiver-là nous partîmes outre-mer, pour des endroits aux noms légendaires à présent devenus des voies de garage – des nations vaincues, des points de ravitaillement. Nous partîmes de San Francisco au début 46, en passant sous le Golden Gate Bridge, d'où pendait une énorme bannière que nous ne pouvions lire. Lorsque notre transport de troupes le franchit, nous nous pressâmes sur le pont arrière pour regarder, excités par la gloire qu'il y avait de partir enfin en mission, bien que peu enchantés du timing. Du côté Pacifique était écrit : BIENVENUE CHEZ VOUS, LES HÉROS. C'était l'ère des avions, mais pas des avions à réaction. Le Pacifique était interminable – cela prenait presque quarante heures pour aller au Japon en avion et quinze jours de bateau pour se rendre à Manille. Horner était dans un groupe affecté en Europe.

J'étais arrivé, avec un peu d'aide, à un état de nihilisme émotionnel, ou du moins avais-je essayé d'y parvenir. Cela semblait approprié. Nous partions pour trois ans à l'autre bout du monde sans réellement savoir comment ce serait, à part un grand éloignement de chez nous. Cela appelait le détachement, voire le fatalisme. En même temps, cependant, comme un homme qui porte en lui un secret malsain, j'étais amoureux.

Durant le printemps final, à l'un des derniers bals de West Point – boutons dorés, pantalons gris à bandes noires, visages jeunes, couples qui possédaient le rêve –, il y avait eu un moment où la foule des danseurs s'était écartée pour révéler une fille en robe noire avec des petites fentes partout, comme les yeux dans une silhouette de papier, et une combinaison couleur chair en dessous, une fille aux cheveux magnifiques et au brillant sourire. Elle se renversait en arrière dans les bras de son cavalier et causait. Ce fut une illumination. Qui me subjugua. Ils se tournèrent et elle fut visible de l'autre côté de lui. De l'ombre du balcon qui servait de piste d'athlétisme, non, ce n'est pas cela, de l'entrée voûtée menant aux escaliers sur le palier desquels s'attardaient les hommes venus sans cavalières, je m'avançai. Je marchai sur la piste de danse sans hésitation, comme si j'en avais reçu le signal, comme si on me l'avait soufflé. Une centaine de couples dansaient sur le vaste parquet. Ne la connaissant pas, connaissant à peine son cavalier, je dis, "Puis-je couper ?"

Heureusement je ne me rappelle plus le reste de ce que je lui dis, seulement l'assurance avec laquelle je la pris dans mes bras pour danser. Tout ce que j'étais et que j'étais sûr qu'elle était me paraissait clair. De près, comme cela, elle était encore plus renversante, des sourcils noirs magnifiques, des bras parfaits, un soupçon de froideur dans son regard égal. J'étais transporté – tant elle était clairement l'idéal.

Je découvris qu'elle étudiait à Pratt et venait de West Newton, près de Boston. Elle n'était pas comme les filles maniérées de New York. Habile avec mes questions, elle était plus grave, elle me mesurait. Physiquement elle était à couper le souffle, sans défaut – vous pouvez dire tout ce que vous voulez sur l'âme – et capable de susciter le plus grand désir. Sûre d'elle et quelque peu taquine, elle me rendait fou par la discrétion qu'elle montrait sur qui l'avait invitée pour le week-end et qui elle connaissait. Mais j'avais son nom et son adresse, et, dans le chaos de cette fin d'année, je lui écrivis.

Après le diplôme, je fus à même de venir plus d'une fois à New York pour la voir. Nous allions en boîte de nuit, une fois même à un match de football. Le fait que je fusse toujours en uniforme et que j'allais le rester la gênait. Ses propres ambitions résidaient dans les arts. Dans un an ou deux elle travaillerait comme assistante d'un illustrateur de mode très en vue, porterait les vêtements des mannequins et prendrait des bains de soleil sur la terrasse en son absence. Je lui déclarais ces choses qui viennent de l'enthousiasme et en lesquelles je croyais complètement. J'étais sous son charme. Je n'avais guère fait plus que l'embrasser, mais cet hiver-là, comme nous nous préparions à monter sur le transport de troupes, c'est elle que j'appelai de Californie pour dire au revoir.

Il y avait trois autres hommes à bord qui l'avaient courtisée. Je n'étais au courant que pour un seul. J'avais appris son nom, et au bout de quelques jours en mer, ayant attendu l'occasion propice, je l'abordai avec autant de gêne que si j'allais lui emprunter de l'argent. Il se tenait seul au bastingage, le genre svelte et romantique avec un nom de famille plutôt élégant que je rendrais approximativement par Demont – je soupçonnais qu'il la connaissait mieux que moi, et peut-être en des termes qui m'étaient refusés. Nous contemplâmes la mer un moment. Le plus naturellement possible, je mentionnai son nom.

Il hocha la tête, sans faire montre de surprise. Comme il commençait à me parler en jetant à l'occasion un coup d'œil vers moi, je m'aperçus que je ne figurais pas dans son histoire, ni parmi ses souvenirs ni parmi ses rivaux. Je me sentais comme un espion, qui par une chance inouïe serait tombé sur des papiers secrets laissés ouvertement sur un bureau. Il avait rencontré Toni quand elle avait quinze ans, me dit-il. Elle était en visite chez une cousine à Charleston, en Virginie de l'Ouest, d'où il venait. À l'entendre, il paraissait un jeune homme de bonne famille, tombé amoureux d'une fille inconnue qui se trouvait passer par là. "Elle a toujours une foule d'hommes qui lui courent après", dit-il d'un ton détaché.

"Comment est-elle ?" demandai-je. Je me faisais une très bonne idée de comment elle était. Je l'avais embrassée. Je l'avais sentie contre moi, lui avais touché le cou et la taille. Aussi périphériques que fussent ces choses-là, j'étais certain de ce qui se trouvait au cœur.

Elle était ambitieuse, belle, sans cœur, me dit-il. Elle savait boire. Un soir, quand il était à Napier Field, il lui avait téléphoné et l'avait demandée en mariage pendant une demi-heure, ensuite il était parti en permission à New York et y était resté dix jours, à supplier. Il avait réussi à lire quelques pages de son journal intime. Il avait vu qu'il y en avait d'autres, quelqu'un nommé Beezy. *Je l'aime tellement !* écrivait-elle. Il y avait un télégramme de lui annonçant qu'il allait venir d'Oklahoma en avion *(T'aime comme un fou)* pour la voir. *Je n'en peux plus d'attendre !* écrivait-elle.

Tout cela avait dévasté Demont. Il avait abandonné. Elle était à Neal à présent, selon lui – il l'avait fait monter pour June Week. Neal aussi était à bord, mais mon instinct me dicta de ne pas lui parler. De toute façon, j'avais pris ma décision : j'allais la conquérir.

Cela me prit deux ans. Son amour fut lentement accordé et profondément reçu. D'une manière ou d'une autre, je réussis à revenir plusieurs fois à New York. La surprise de mon coup de fil. À voix basse elle confiait, "Je me sens toute lourde en dedans." Nous nous échappâmes dans une sorte de délire sur Park Avenue, en route pour le théâtre dans un taxi séparé de celui de mes parents, nous embrassant passionnément. J'attendais en face de l'appartement de l'illustrateur de mode et elle descendait après le travail, jeune et souriante. Partout la ville nous accueillait. Nous étions son renouveau, son chant. Le long de *parkways* frais et ruisselants de vert je roulais pour aller la retrouver à la campagne, où elle avait emprunté la maison de je ne sais quels amis pour le week-end. C'était le début de l'été, la route encombrée de voitures rentrant au bercail. Chappaqua, Campfire Road. Les panneaux étroits défilent à toute allure, l'heure de la pénombre et de la dernière lumière stupéfiante. Elle attend dans l'ombre de quelque véranda, seule dans la maison. Je vole sur la route secondaire, plein de vie. Bien sûr, cela ne tourna pas comme je l'avais envisagé. Nous en étions encore au début. Les épaules nues et ostensiblement intéressée à autre chose – le dîner, comment ouvrir le vin –, elle m'évita toute la soirée. Je n'avais pas suffisamment d'expérience pour lui saisir l'oreille avec mes dents, comme on dit, tenir bon et la forcer à se tenir tranquille.

Je lui envoyais des amis proches, quand ils rentraient du Pacifique, Crawford, qui était doux et sincère, Rafalko, le grand ailier des équipes de 1943 et 1944. Je ne voulais pas qu'elle m'oublie, et il y avait aussi le pouvoir de toutes les lettres, de la séparation, l'amour contrarié que la réalité ne peut égaler.

Je ne puis y songer sans tristesse. Je repense aux heures intimes qui duraient toute la journée, dans son appartement avec le même disque qui jouait encore et encore, dont certains fragments étaient comme un vœu que je saurai par cœur jusqu'au jour de ma mort. L'intensité, l'intimité.

Car une fois seulement sommes-nous parfaitement équipés pour l'amour. C'était le moment ; elle, peut-être, n'était pas la bonne personne, ou moi. Cela me fend le cœur de me rappeler ses suppliques et ses simples mots : *J'attends.*

Il y a la bouffée de fièvre et ensuite les longs matins blancs, l'ennui de la rémission. Entre-temps j'avais été muté à Washington, toujours sur la route qui m'éloignait d'elle, et parmi des rivales dont elle ignorait l'existence. Elle avait cessé de me supplier de laisser vivre mes vrais désirs et ma vraie personnalité. Elle y avait renoncé, encore que lorsque l'amour a été gravé si profondément, la cicatrice demeure à jamais.

Quelques années plus tard elle épousa quelqu'un. Il était en déplacement lorsque j'allai la voir, une des dernières fois. Mon premier livre venait d'être publié ; il y avait de l'argent provenant de la vente des droits au cinéma et nous allions dîner au restaurant brésilien à côté de son appartement, où Garbo, m'avait-elle dit une fois, aimait aller.

Elle portait une robe de soie bleue. Les mêmes cheveux sombres, la peau blanche comme le bouleau, lèvres charnues, dents étincelantes. Le même corps de déesse. Nous buvions, nous bavardions comme avant, mais ce n'était plus pareil, c'était épuisé. Nous passâmes la nuit en harmonie, comme un vieux numéro de danseurs, réunis mais sans le lustre d'antan.

Elle était mariée à un autre homme lorsqu'elle mourut à quarante ans, belle et inachevée jusqu'à la fin. Elle n'avait jamais eu ni enfants ni renom. Les hommes l'avaient toujours désirée, certains dont je n'avais jamais connu l'existence. Comme obéissant à ses souhaits, je m'étais finalement consacré au genre de vie qu'elle avait toujours envisagé pour moi, mais trop tard pour nous deux. Les années durant lesquelles nous aurions pu nous rejoindre étaient passées.

C'est dans les blizzards de Nouvelle-Angleterre que je la vois, la neige, les vieilles maisons dissimulées dedans, la chaleur des lumières aux fenêtres. Je roule à travers sa ville en hiver, bois de chênes, ciel pâle, un abri à bateaux en pierre, souvenirs. Je pense à sa mère, à la vie de sa mère, quand elle avait amené les enfants vivre dans l'Est, ou était-ce qu'elle était restée en Californie et les avait envoyés chez un oncle et une tante à West Newton ? Peu importe, il reste l'étang, gris et revêtu de glace, et le pont de chemin de fer qu'elle longeait dans ses promenades, lorsqu'elle était jeune fille, dans sa jeunesse et sa perfection, il y a si longtemps.

*

Dans le Pacifique la guerre était finie mais ses vastes paysages désolés demeuraient. Dans la baie de Manille, l'eau était couleur de rouille à cause des vaisseaux coulés. Des mâts non identifiés et des cheminées dépassaient au-dessus de la surface. Manille était à moitié détruite ; la cime des palmiers explosée, les routes en ruine, l'air rempli de poussière. On pouvait encore trouver des casques en putréfaction et du matériel de guerre sur Bataan. Le licite avait disparu. Le vol était devenu une industrie, avec des déserteurs qui s'introduisaient dans les chambrées avant l'aube pour voler ce qu'ils pouvaient. Les effectifs étaient incomplets, la discipline relâchée. Des hommes de troupe menaçaient de tirer sur les officiers qui se montraient trop consciencieux. Sur Okinawa, un caporal trimbalait une infirmière d'une unité noire à l'autre dans une ambulance balisée. Elle était à l'arrière, couchée sur un lit, nue des pieds à la taille. Elle prenait vingt dollars.

J'ai vu MacArthur au Manila Hotel, le jour de l'Indépendance philippine. Il était plus enveloppé autour de la taille que je ne me l'étais figuré et de moindre stature, les cheveux plaqués sur un crâne qui se déplumait. MacArthur était à l'époque une figure controversée, calomnié par beaucoup qui avaient servi sous son commandement, et de moindre intérêt pour moi que les pilotes de chasse rencontrés dans les latrines de bars et de night-clubs qui, mal assurés sur leurs pieds, prétendaient avoir été l'équipier de Richard Bong, ou même peut-être celui de McGuire. De moindre intérêt aussi qu'un de mes compagnons de hutte à Nielsen Field qui tous les soirs se douchait, revêtait des treillis propres, et se rendait à un énorme dancing dans un quartier autrefois chic, Santa Anna, revenant le lendemain matin souillé, pas rasé, avec des insignes manquants, et une vague senteur d'ammoniaque sur lui, qui était l'odeur approximative des femmes philippines. J'ai fini par l'accompagner. C'était un endroit grand comme un gymnase, grouillant et bondé, avec un orchestre complet sur une scène à chaque bout et un bon millier de sergents, de sous-officiers et de filles assis à des tables.

On nous envoya enfin rejoindre des escadrons sur lesquels régnaient quelques languides anciens, des individus qui se sentaient en sécurité et en très bons termes avec le sergent d'intendance et savaient comment tout marchait. Les pilotes de chasse partirent pour de lointains terrains en Corée, au Japon et à Okinawa. Avec quinze ou vingt autres, je fus envoyé aux transports et restai quelque temps à Manille, où je logeais dans des huttes en tôle ondulée évacuées par les derniers pilotes de guerre qui laissaient derrière eux, entre autres choses, des photos d'Australiennes nues et des adresses griffonnées au crayon au dos de cartes VSU [1].

1. Cartes délivrées aux pilotes ayant passé leur test de vol sans visibilité (blanches pour les normales, vertes pour ceux ayant subi un entraînement plus pointu). *(N.d.T.)*

Le vannage, comme le début d'une maladie, ne fut pas long à venir. Le bouche à oreille apportait la nouvelle – quelqu'un avait vu quelqu'un, quelqu'un avait entendu que... Des hommes commencèrent à disparaître. Un par un les noms arrivaient.

Vous êtes au courant pour McGranery ? disait-on. S'est mis en vrille sur Palawan, en P-51. Gassman s'est tué là aussi. Jack Ray, lui qui avait toujours le sourire, s'est tué sur Okinawa. Woods s'est écrasé au décollage contre une carrière de corail et il y est resté. Les avions devaient être pilotés correctement, autrement ils pouvaient se montrer traîtres ; à court de vitesse ils décrochaient, l'aile baissait brutalement, comme un cheval qui trébuche. À faible vitesse, durant une remise des gaz, ouvrir soudainement les gaz pouvait les faire partir sur le dos, sans que les commandes puissent les en empêcher.

Schrader était mort, nous disait-on. MacDonald. Comme les gouttes d'une giboulée ils explosaient dans la poussière. Averill s'est tué en Corée, sur P-38, en remettant les gaz. Domey s'est tué ; Joe Macur. Cherry est mort ; Jim Smart, des volutes de vapeur au bout des ailes en tombant dans la mer.

Les accidents. Ils étaient les arbres désolés de la forêt qui se tenaient seuls, au pied desquels rien ne poussait désormais. Les décombres des villes seraient déblayés, mais jamais la tache d'huile sur la mer qui était tout ce qu'on avait retrouvé de Smart. Pour moi, cependant, c'était le chant de la sirène – les farouches avions métalliques aux marquages patinés, le vacarme quand ils se lançaient, les pistes perdues à Negros, Yontan, Cebu. Le danger que cela représentait était une distinction que rien d'autre ne pouvait procurer. Cela ne vous arriverait pas à vous, bien sûr, jamais à vous, et puis, comme on l'a fait remarquer, vous pouviez découvrir la mort aussi vite en la fuyant, n'en être frappé que plus tôt.

Mahl, avec qui j'avais fait l'école de pilotage élémentaire, gisait mort en Europe, ses funérailles avaient eu lieu à Paris ; Joe Martin, qui avait fait un retournement à partir de quinze cents pieds avec un

P-47 ; Dabney, un personnage unique, tué dans un crash en Italie, les gens du coin avaient sectionné un doigt sur son cadavre pour avoir sa bague.

Qui s'était tué – il en fut ainsi pendant des années. J'ai volé dans plusieurs formations pour des funérailles, arrangées pour passer au-dessus de la chapelle comme les officiers et les femmes, dont la veuve, émergeaient, deux groupes de quatre, serrés comme des clous, passant en rugissant avec un appareil ostensiblement manquant. Arrivé le soir, le piano retentit dans le mess. Ils font rouler les dés au bar. Vous survivez, vous faites plus que survivre : leurs jours ont été gravés sur les vôtres.

*

En juillet 1946, cinq d'entre nous, dont Farris et moi, s'en furent à Hawaii. J'y restai plus d'un an, à piloter des appareils de transport.

Honolulu à cette époque n'était pas très différente de la ville que James Jones a décrite dans *Tant qu'il y aura des hommes*. La guerre l'avait remplie d'argent et d'étrangers, mais la structure sociale et le rythme étaient ceux d'un domaine colonial, paisible, mythique, éloigné. Les visiteurs arrivaient par mer, sur la Matson Line, et généralement restaient deux semaines à l'un des deux grands hôtels sur la plage de Waikiki, le Moana ou le Royal Hawaiian, le plus renommé, lequel pendant la guerre avait pratiquement appartenu aux officiers de marine en permission. Il y avait une fontaine dans le *lobby* qui marchait au jus d'ananas et des musiciens se promenaient sous les fenêtres dans la nuit odorante. Tout près de là se trouvait l'Outrigger Club, quelques restaurants et boutiques, et au-delà les basses façades rongées de soleil des tropiques.

Hawaii était à bien des égards une province éloignée de la Californie, et sa réputation si romantique qu'on disait, comme de Tahiti, qu'on la quittait soit en larmes, soit ivre mort. Les vedettes de cinéma faisaient partie de son folklore. J'avais un navigateur, à moitié

Hawaiien, dont la très jolie sœur s'était enfuie avec l'un d'eux de l'autre côté de Oalu, espérant ainsi faire carrière dans le cinéma de la façon traditionnelle, et leur mère l'avait forcé à lui courir après et, de façon humiliante, la récupérer. Il avait été garçon de plage, ce navigateur, à l'Outrigger, une position enviée, un cran au-dessus de caddy et un en dessous de professeur de tennis. Il m'a raconté qu'avant la guerre, quand le vieux *Matsonia* appareillait, ils allaient de salons en cabines de luxe, pour boire et dire au revoir, si bien que quand on levait la passerelle ils étaient encore à bord. Au moment où le navire passait les brise-lames, ils plongeaient de la poupe, tout habillés et couverts de *leis*, *aloha*.

Au-delà de ce genre de foutaises, il y avait les petites communautés agricoles, les postes militaires, les maisons cossues du côté de Diamond Head et plus haut dans les collines, les îles avoisinantes, la mer. La Marine et l'Armée conservaient encore un peu de leur prestige de guerre. Les huiles fréquentaient encore la bonne société, qui commençait à se remplumer après les années chaotiques.

Parfois, quand je visite Los Angeles, dans les vastes nuits douces, j'en ressens à nouveau le goût – danser sous les palmiers, prendre des verres sur le *lanai*, combats de boxe, oisiveté, tenues d'été.

C'est à Honolulu que je tombai désespérément amoureux d'une autre femme. Elle avait la bouche large et de belles jambes. À six ans elle avait été page au bal Ak-Sar-Ben, vêtue d'une tunique de satin blanc, de bas blancs, et d'un fez avec des plumes d'autruche – il y avait une photographie d'elle dans ce costume étrangement provocant, dans sa salle de séjour. Elle me disait qu'elle avait été élevée par des nounous, des filles sorties de leur ferme du Nebraska qu'il fallait appeler "*mademoiselle*".

Nous fûmes attirés l'un par l'autre dès le premier instant. Nous nous moquions l'un de l'autre et nous nous adorions. Elle était vive d'esprit et intrépide. Les gens lui disaient toujours qu'ils aimaient sa façon de parler. Elle usait de mots comme "divin", "intense", "roués", et “lamentable”. Des années plus tard elle démissionnerait d’une position, tout sourire, en disant au patron, “Je parie que je peux vous faire dire ‘merde’, monsieur Conover.” Elle avait un an de plus que moi, mais à cet âge cela ne faisait aucune différence. Elle était également mariée. Son mari était capitaine dans l’Air Force. Il allait devenir mon meilleur ami.

Nous avions fait partie de la même compagnie à West Point, Leland et moi – ce n’était pas son nom. Il était deux classes au-dessus de moi, autant dire pas du même univers. Toujours de bonne humeur et pas très studieux, il était mince avec des cheveux noirs et la peau blanche. Il avait été élevé dans l’armée – son père était général – et ils avaient vécu à Hawaii avant la guerre. L’une de ses sœurs, qui était morte juste avant son mariage, y était enterrée, en fait. Aux funérailles ils avaient joué des chansons des îles – *calling to the wanderer to return...*

Comme un fils de pasteur, Leland était quelque peu indifférent aux Évangiles. Sans distinction à West Point, un cadet simple sergent qui ne prenait pas la peine de cirer ses chaussures et à qui il arrivait de se joindre aux rassemblements par un jeté de ballet, il avait l’insouciance de l’héritier. J’en savais très peu sur lui à l’époque, même de la façon dont les subalternes savent les choses, et rien du tout sur sa fiancée jusqu’à ce qu’il parte après le frénétique après-midi de remise de diplôme, en juin. Par terre, au sous-sol, laissées par erreur, étaient étalées les lettres d’amour intimes qu’elle lui avait écrites, maintenant lues par tout le monde, passées de main en main.

Il rejoignit l’Air Force, affecté aux bombardiers d’assaut, des A-20, et fut descendu quelque part au-dessus de l’Europe et fait prisonnier. Lorsque je le revis, il était officier d’état-major à Hickam Field, il avait ses propres quartiers, un fils né pendant qu’il était dans son camp de prisonniers, et une belle femme. J’étais à Hickam depuis quelques mois lorsque je tombai sur Leland. Est-ce que je jouais au golf ? voulait-il savoir. Je m’y mis avec lui. Il était un merveilleux compagnon sur le terrain, gracieux et prenant tout très bien. Au lieu de retrouvailles, c'était comme si nous nous étions rencontrés pour la première fois et nous étions plu sur le champ. Ce n'est que plus tard que je compris qu'il avait plus ou moins cherché après moi, un ami pour le distraire des difficultés qui, sous la surface, existaient dans son ménage.

Leur maison était juste derrière le quartier général où il travaillait – petite, comme en fournissait la compagnie, un bout de pelouse, les chambres en haut. J'y entrai pour la première fois un samedi matin et elle était là, jeune, regard verdâtre, cet air légèrement moqueur. Il fut vaguement fait mention de petit déjeuner. Je demandai s'il y avait des œufs.

“Des œufs ?” fit-elle comme si le mot lui était complètement nouveau.

“Des œufs pochés ?” demandai-je. Qui était ce qu'on servait au mess. Dès le premier instant nous nous cherchions noise. Elle m'adressa un regard inattendu qui était presque de l'admiration. Il n'y avait pas d'œufs, dit-elle. Nous mangeâmes des corn flakes froids. Paula n'aimait pas cuisiner, m'expliqua plus tard Leland. Pas plus qu'elle n'aimait les bases aériennes – elle les détestait. Aller à l'économat de l'armée était une horreur pour elle. Elle méprisait la vie militaire, se moquait des femmes de l'armée qui n'avaient ni sa sophistication ni son style et était trop fine pour le bridge. En un mot, dangereuse.

J'adorais son allure. J'aimais lui parler, être en sa présence. La situation était parfaite. Je n'avais pas à me sentir nerveux à cause de cela – elle était là. Et dès le début je sentis que je l'attirais. Je me mis à les fréquenter tout le temps. Je ne me rappelle pas le premier contact physique. C'était probablement en dansant. Lorsque nous nous levâmes, elle flotta immédiatement dans mes bras et son corps toucha le mien avec une familiarité complète. Je rassemblai finalement suffisamment de courage pour lui dire, du moins discrètement, les sentiments que j'éprouvais. Si je l'avais rencontrée le premier, je l'aurais épousée.

“C’est drôle, fit-elle, parce que je suis un peu amoureuse de toi, moi aussi. J’allais te le dire ce soir.”

Bientôt nous en étions à quitter la séance de cinéma au milieu du film pour aller boire et parler au club des sous-officiers, où personne ne nous connaissait. Leland était de service au quartier général. Une fois, en ressortant, elle s’arrêta juste passée l’entrée et me dit : “Tu veux bien faire quelque chose pour moi ?

– Oui, quoi ?”

Elle releva son visage. “Tu veux bien m’embrasser ?”

Leland était trop prosaïque pour elle. Je le savais et elle me le dit. Je me sentais soudain atrocement conscient de ce que voulait dire la possession. Les privilèges du lit conjugal qui ne se voient pas, l’intimité de l’habillage et du déshabillage, les vêtements dans le même placard, une femme qui se brosse les cheveux, qui enfile ses bas – c’étaient des scènes auxquelles je m’efforçais de ne pas penser. J’avais ressenti cela une fois auparavant mais pas si fort. Il y avait eu un couple marié parmi nous à Salt Lake City quand nous avions logé un mois à l’hôtel. Elle était blonde et léthargique et vous pouviez sentir son parfum. Après dîner, à l’hôtel ou dans un restaurant avoisinant, elle et son mari montaient dans leur chambre et le matin, parfois, descendaient prendre le petit déjeuner.

Il y avait un poème de Scott Fitzgerald dont nous nous gargarisions :

In the fall of sixteen
In the cool of the afternoon
I met Helena
Under a white moon –

C’était notre poème, à Paula et moi. Nous partagions un penchant pour les livres et les vers sentimentaux. Leland haussait juste les épaules. Il n’avait pas cette faiblesse-là. Il était plutôt comme un aristocrate anglais, un homme qui possédait une certaine décence, peu de sensibilité, et certains préjugés. Les choses qu'il connaissait, il les connaissait très bien, et c'étaient des choses d'ordre social : de quel côté plaçait-on l'invité d'honneur au dîner, comment découper un rôti, nouer un nœud papillon, quelles chaussures étaient les meilleures, quels clubs. Lorsque nous tombâmes amoureux, Paula et moi, il ferma les yeux, autant pour qu'elle soit heureuse que pour la garder, je suppose, et probablement parce qu'il était sûr de moi. Lui-même n'était pas le genre d'homme à être infidèle ou à trouver distraction dans des liaisons, et puis il n'en avait pas beaucoup l'occasion – son poste n'impliquait pas de fréquents voyages, et la vie de garnison était intime ; tout ce qui se voyait se savait vite, surtout quand on le répétait. Il était complètement dévoué – son mariage était sa vie, au même titre que son uniforme, ses chaussures de golf, sa réputation. L'irrésistible attraction entre sa femme et son ami finirait par s'éteindre, il lui fallait bien croire. Pendant ce temps-là, nous vivions à trois, ou pratiquement, la maison chargée d'une tension que je m'efforçais de paraître ne pas remarquer, et plus d'une fois, comme il la portait dans leur chambre, elle me fit un petit signe triste et rêveur par-dessus son épaule.

Nous sortions dîner, dans des établissements en ville, au club. Cela devait bien se voir. Au cours d'une fête à Kahala elle était assise près de moi, me parlait, et me souriait d'un air si entendu que j'étais persuadé que tout le monde se doutait de ce qui se passait. Elle se serrait contre moi et, comme si personne ne pouvait le voir, me pressa la main.

"J'ai rêvé de toi la nuit dernière", me dit-elle. "Éperdument. Je me sens particulièrement proche. C'est bizarre, ajouta-t-elle, je rêve de toi tout le temps."

En même temps, les soirs de loto, Leland boudait en face d'elle tout en lui jetant les pois secs qui servaient de boules par-dessus la table.

“Pas dans ma robe, Leland.”

Et lui, buté : “C’est pas là que je suis censé être ?”

Elle et moi dansions tout en nous murmurant les confessions les plus intimes. Cela faisait trois mois qu’elle n’avait pas couché avec lui, me dit-elle, ils étaient en crise, de toute manière. “J’appréhende la nuit”, disait-elle.

“Paula est amoureuse de toi”, me dit un ami commun. Je ne savais que faire. Je l’aimais passionnément et savais que je ne retrouverais jamais une femme comme elle.

Elle pouvait divorcer, mais ce ne serait pas si facile. Le divorce était une rareté dans la société où nous vivions. De plus, on nous faisait confiance. Où irions-nous ensuite ? Une femme de général lui raconta une histoire sur un officier bien connu. Il était posté dans la même garnison qu’une femme mariée nommée Eleanor Farrow. Son mari devait partir en voyage pour deux mois ; il lui demanda en tant qu’ami de passer voir sa femme et de la distraire durant son absence. Résultat, lorsque le mari revint, sa femme demanda le divorce. Farrow accepta finalement, mais à une condition : qu’elle ne revoie plus jamais leur fillette. Elle céda et épousa l’autre officier. Bien sûr, continua d’un air entendu la femme du général, on ne les reçut plus jamais à Hawaii après cela, et il leur fallut partir. Au bout de quelques années la femme mourut. Leur fils, qui devint lui-même un officier célèbre, disait toujours que sa mère était morte de chagrin parce qu’elle ne pouvait plus revoir son premier enfant.

C’était l’autre chose qui nous retenait, le fils de Paula. Il avait plus d’un an et ils avaient des difficultés avec lui – quelque chose n’allait pas. Il n’apprenait ni à parler ni à se comporter. Il se révéla qu’il était sourd – il avait perdu l’ouïe avant sa naissance parce que Paula avait attrapé les oreillons en début de grossesse. Il avait aussi quelque chose au cœur. Il demanderait de plus en plus d’attention – encore que nous pensions à peine à cela –, nous nous préoccupions seulement d’aujourd’hui et du lendemain. Je n’avais pas encore vingt-deux ans.

J'avais passé quatre ans dans une école préparatoire, trois de plus en académie militaire. Comme dit l'épigramme, j'étais magnifiquement mal préparé pour la vie.

"Tu sais, tu es vraiment stupide", me dit la femme d'un autre officier.

Nous revenions d'une soirée en voiture. Je lui avais servi de cavalier – son mari, un camarade de classe de Leland, était en voyage. Elle avait pas mal bu. Elle était grande, dans le lustre de ses vingt ans, sa robe du soir très décolletée.

"Tu ne comprends rien à rien, n'est-ce pas ? dit-elle.

– Certaines choses, dis-je en me méfiant.

– Non, rien."

Sa main était sur ma jambe. Paula et Leland étaient sur la banquette arrière. C'était leur amie, et je ne savais pas ce qu'elle allait dire, je craignais que ce ne soit quelque terrible vérité inspirée par l'alcool. Tout en conduisant, je la sentais qui me regardait.

"Comment peut-on être si stupide ? Je croyais que tu étais supposé être fin." Je réalisai que Paula nous observait, amusée. Je l'entrevis un bref instant dans le rétroviseur. La femme s'était rapprochée. Elle avait sa tête sur mes cuisses. "T'es pas fin pour un sou. Tu ne sais même pas où je veux en venir, marmonna-t-elle.

– Oui, je sais.

– Et alors ?"

Ce n'était pas le moment, dis-je. Le moment ? Le bon moment, dis-je. Elle gémit d'impatience. "Comme tu voudras, fit-elle, je m'en fiche. Fais comme tu veux – et là elle releva partiellement la tête – mais pour l'amour du ciel, fais-le !"

Je me sentis tout bête. On se moqua de moi après coup mais cela m'était égal. Il en fut de même plus tard avec une infirmière de la Navy à Pearl Harbor – elle avait un grade de capitaine ; je sortais avec elle pour prouver ma maturité, et encore plus tard avec la fille d'un colonel d'artillerie pour faire montre de correction. La fille du colonel était blonde et animée. *Le Trésor de la Sierra Madre* venait juste de sortir, et elle aimait se faire appeler “Fred C.Dobbs”. Un soir nous allâmes au Trader’s Vic et ensuite, pour un bain de minuit, sur l’une des petites plages au-delà de Waikiki. Nous restâmes allongés dans le noir quelques minutes en toute innocence, sous les palmiers, et soudain quelqu’un me secoua en me braquant une lumière dans les yeux – c’était le soleil qui se levait.

Je la raccompagnai chez elle en voiture juste avant de me rendre au travail. Une demi-heure plus tard le téléphone sonnait ; son père voulait me voir. J’y allai en fin de journée. Elle m’intercepta dehors et m’apprit ce qui s’était passé – ils l’avaient emmenée voir un docteur pour se faire examiner.

“Et ?

– Rien, naturellement”, dit-elle, soulagée.

Un docteur. Je ne pouvais pas y croire. Elle haussait les épaules. Elle avait de longs cheveux blonds et de jolies épaules. Nous ne nous étions même pas baignés nus.

Toutes ces choses, je les racontais à Paula. Je sortais en partie pour la distraire, et puis je ne voulais pas paraître trop domestiqué. J’étais dans un escadron de transport de troupes et j’avais une autre vie qui primait. Nous volions jusqu’à Hilo tous les jours, Kauai deux fois par semaine, et il y avait les missions irrégulières en Australie, au Japon, ou sur une des îles en pointillé au sud, généralement avec double équipage. Les distances étaient plus longues à cette époque. Décoller pour Sidney ou la Nouvelle-Calédonie voulait dire être parti pour une semaine. Les heures de vol, c’est cela que nous recherchions, soit sur les vols de routine, soit sur les longs trajets, pourvu qu’elles fussent servies en larges portions fastidieuses. Il y avait très peu d’accidents. En compagnie des garçons indigènes nous pataugions la nuit dans l’écume d’îles lointaines, entraînés par la mer chaude. Nous cherchions des langoustes, nous baissant pour les attraper avec des gants. C’est de cela dont on se souvient, la pluie, la solitude, l’humidité, et bien sûr le désir, sortir tard le soir des bâtiments délabrés à se demander ce qu'ils faisaient ailleurs, à Honolulu ou chez soi.

*

Comme la marée se retirait, les derniers parmi ceux qui avaient participé à la guerre étaient revenus des postes les plus reculés, et certains atterrissaient à Hawaii.

De Shanghai, arborant un petit "V" entre ses dents de devant et une mâchoire agressive, nous arriva un commandant administratif dont je fis connaissance en jouant aux cartes. Son nom était quelque chose comme O'Mara. Il avait la trentaine passée et des manières désinvoltes de bootlegger, avec des mèches grises déjà dans ses cheveux noirs crantés. Il devint ce genre de figure qu'on trouve dans les livres européens, mon tuteur. D'une pichenette, il envoyait ses cartes à l'autre bout de la table en les faisant claquer, et fumait son cigare fiché au milieu de la bouche, le tenant entre deux doigts au-dessus et le pouce en dessous. En cela comme en tout, je l'imitais. Pour lui j'étais un enfant de chœur, issu d'un quartier privilégié, et il se mit en devoir de m'enseigner, sans y mettre de formes, la bonne façon de se comporter et de causer.

Nous savons décidément peu de chose du passé des idoles, et nous nous en soucions encore moins. Il connaissait les choses de l'armée bien mieux que moi, les règlements et les articles de guerre – il avait été officier des détails et son expertise était irréfutable. À Shanghai il avait gagné une grosse somme d'argent, vingt-cinq mille disait-on, ce qui à l'époque valait dix fois plus qu'aujourd'hui. Il ne contestait pas la somme. Il avait des clubs de golf tout neufs, un manteau en poil de chameau, et une Cadillac décapotable. Ce que j'admirais plus que tout cela, cependant, c'était l'impression qu'il donnait de pouvoir affronter tous les risques.

Nous allions souvent en ville. Il sortait avec la jeune femme d'un pilote de la Navy qui était sur Kwajalein en service prolongé. Elle allait divorcer. Elle et O'Mara allaient avoir des enfants, plein. "Cinq ou six", estimait-il, levant la main par saccades successives pour montrer leur taille. Et les voilà partis tous les deux en voiture dans la tendre nuit tropicale. Elle avait ses quartiers quelque part, Kaneobe probablement, l'insolite voiture couleur crème garée devant jusqu'aux premières lueurs du jour.

Les choses vont par cycles ; je ne savais pas, et peut-être lui non plus, qu'il avait déjà dépensé le plus gros de son capital chance. Dans les huttes *nipa* à toits de palmes derrière le club des officiers, il recevait des mains perdantes, ramassait ses cartes avec dédain et les jetait sur la table, dos en l'air. Il avait une femme à Philadelphie dont il était séparé, quelqu'un qu'il avait fait l'erreur d'épouser dans sa jeunesse, avant le grand jour. J'entendais d'occasionnelles vagues remarques ; je ne crois pas avoir jamais su son nom ni vu de photos. Nous fumions des Bankers & Brokers, évitions les bals au club, et nous retrouvions tous les soirs après le travail, parfois n'émergeant pas des huttes avant le matin, ayant joué toute la nuit.

La joie de le retrouver, de le voir s'amener de son pas insouciant – il était comme le propriétaire d'une écurie de course, en situation précaire, comme il se révéla, mais qui était parti de rien, et pour un temps je portai plus ou moins ses couleurs. Pas officiellement, bien sûr – j'avais un avenir. J'étais lieutenant et lui commandant, mais mon rang avait du poids. J'étais officier de carrière. J'étais devenu aide de camp d'un général. À travers moi il accédait au cercle rapproché et à la légitimité. Il aimait entendre les histoires sur West Point, la visite du président du Brésil, le sabre laissé accidentellement fiché dans le sol après le passage du défilé.

Quand je n'étais pas avec lui, je me précipitais aux quartiers que Leland et Paula habitaient. Et en route pour le Hale Kalani, le Ala Wai Club, Gibson's, ou Elmer Lee's. Leland connaissait Elmer Lee d'avant la guerre, quand il faisait du surf avec lui. Elmer Lee venait à notre table.

“Comment est ton *umalima*, Elmer ? demandait Leland.

– Mon quoi ?

– Tu sais bien.” Leland posait le coude sur la table et faisait mine de faire le bras de fer.

“Oh, non. Faut que je rapprenne la langue. Je croyais que ça voulait dire autre chose.”

Les night-clubs et les restaurants, The Willows, et La Hula Rumba. Chun Hoon’s. Plus d’une fois Leland était ivre mort dans la voiture.

Le courant tirait de plus en plus fort. Rien n’est plus intense que l’amour non consommé. Elle avait épousé l’homme qu’il ne fallait pas. Il était décent, loyal, compréhensif, encore qu’il ne la comprendrait jamais réellement. Il avait aussi fini par être jaloux. Lorsqu’il était rentré de voyage, tremblant comme un taureau, elle avait dû le calmer en se montrant “très épouse soumise”. Les mots m’excitaient à en trembler.

Elle s’était mariée si jeune. Cela avait été une sorte d’accident. Elle était à l’époque, comme plus tard, une femme indépendante qui buvait, aimait les gens fortunés, se montrait dédaigneuse, et savait charmer qui elle choisissait de charmer. C’est toi, me disait-elle, pourquoi ne m’avait-elle connu avant ? Pourquoi ne l’avais-je pas connue ? *Cela aurait été si facile*, écrivais-je,

Cela aurait pu se faire,
Car partout où tu allais
Il y alla plus tard,
Tu pouvais retracer ses pas
Jusqu’au même
Bal, hôtel, ou match de football...

“Lis-le encore”, me disait-elle.

Lorsque nous n’étions pas ensemble, nous passions des heures à parler au téléphone. De l’autre côté du couloir, dans les vétustes quartiers pour célibataires, un ami à moi avait une ligne privée que je pouvais utiliser. C'eût été impossible de me servir de celui en bas des escaliers, utilisé par tout le monde, et de continuer les conversations sans fin à voix basse.

Je m'élevai dans mon premier avion de chasse, un P-47 – gros moteur qui tressautait au ralenti comme je roulais, ses pneus durs rebondissant sur le béton – au-dessus de la partie de soft-ball de la base et au-dessus d'Honolulu tout entier, et une fois atterri, tout fier dans ma combinaison de vol noircie de sueur, je me rendis droit chez eux. "Mon Dieu, dit Paula, je ne t'ai jamais vu si pâle."

Je m'écraserais au sol, j'en étais persuadé, sans jamais lui avoir fait l'amour. Il y a cette certitude d'avoir une femme faite pour vous comme Ève est faite pour Adam. Sur ma commode se trouvait une photo prise à leurs fiançailles, pleine de rires, de joie et de vie, la meilleure que j'aie jamais vue d'elle. Elle avait forcé Leland à me l'apporter un jour. Elle était prête à tout donner, à tout faire, et nous étions retenus séparés par tout ce qui nous rapprochait : honneur, conscience, idéaux. Il n'y avait pas d'issue.

Nous ramenions régulièrement nos avions, les transports de troupes quadrimoteurs, aux États-Unis pour les révisions majeures et les modifications. Lors d'un de ces déplacements je me rendis pour la première fois à Los Angeles et en fin d'après-midi, comme je roulais sur Sunset Boulevard, je fus dépassé par un cabriolet à la capote baissée. Il y avait trois ou quatre personnes dedans et l'une d'elles – elle s'était tournée et je la voyais clairement – était une fille dont je m'étais amouraché à l'école secondaire. J'étais en uniforme et lui fis des grands signes de la main. Je la vis retourner mes signaux, mais juste à cet instant le chauffeur accéléra et se fondit dans la circulation. Je ne parvins pas à les rattraper. Je la regardai s'éloigner au bout de la route soyeuse et disparaître dans un virage, c'était du côté de Bel Air. Le monde des heures de classe et des rêves juvéniles dont je ne m'étais jamais moi-même vraiment détaché m'était soudainement passé sous le nez, et c'était fini. J'étais dans un monde nouveau, un monde plus sérieux, dans lequel l'amour était même encore plus fort et plus dévorant.

II

Cela ne se termina pas comme je m'y étais attendu. La fièvre ne retomba pas comme l'espérait Leland, mais Paula, sentant peut-être quelque chose, notre situation impossible, la futilité de faire semblant, mit sa marque sur moi d'une autre manière, une manière très féminine, je m'en aperçus plus tard, subtile, durable, et sûre. Elle choisit pour moi la fille que je devais épouser, que j'avais rencontrée un après-midi dans le patio du Moana. Attirante, pas du tout enfant gâtée, tout à fait de sa classe, c'est-à-dire l'échelon inférieur de la haute société, Anne Altemus venait du pays où on élève les chevaux en Virginie. Son père possédait une grosse ferme près de Warrenton. Elle était parfaite pour moi, disait Paula, exactement le genre de fille qu'il me fallait. Je la crus. Qui d'autre m'aimait ou me connaissait mieux ? Ce qu'elle oubliait de me dire, c'est qu'elle voyait en elle quelqu'un qu'elle savait pouvoir fréquenter et qui ne serait pas une menace pour elle.

Nous fûmes tous postés ensemble à Washington pendant un an et demi, et peu après je me tenais sur l'autel dans la chapelle de Fort Meyer avec ma promise. Nous nous étions plus ou moins fortuitement retrouvés mariés. Nos parents – son père et ma mère – désapprouvaient. Ils ne comprenaient pas que le reste du monde fût enchanté de cette idée. Nous aussi. Je sais, comme on peut savoir ces choses-là, qu'elle voyait la vie comme moi mais hésitait devant la solennité des vœux. En moi-même je me disais : "Cinq ans." Paula et Leland étaient là – il était mon témoin. La réception eut lieu dans leur petite maison de Georgetown. Paula portait son nouveau-né dans ses bras, une petite fille, et nous nous esquivâmes ma femme et moi au volant d'une fringante MG jaune, ne nous arrêtant qu'en Floride, dans quelque motel sans nom, pour la délicate première nuit.

*

Une fois quitté Honolulu je ne revis O'Mara qu'une seule fois. C'était à Valdosta, en Géorgie. Il passait par là en voiture et vint dîner. Nous étions basés là, habitant un appartement au-dessus de deux vieilles filles qui étaient nos propriétaires et qui surveillaient tout ce qui se passait de leur salon en bas. J'étais monté en grade mais je voyais bien que j'avais baissé dans l'estime d'O'Mara, installé comme je l'étais dans une vie prévisible, avec une femme à qui de toute évidence il ne plaisait pas et qui n'était pas stimulée par les choses que nous ressassions. Pas exactement que j'eusse perdu mes promesses, mais plutôt, devait-il sentir, que je m'étais laissé passer la bride autour du cou. La soirée avait été amicale, mais sans entrain.

Plus tard, j'appris qu'il avait eu des ennuis. À cause des cartes, il avait perdu sa voiture et les beaux clubs de golf. Il était à Kelly Field dans un poste administratif, craint et détesté, un foudre de discipline, et, ce qui semblait tout résumer, inconstant même en cela, astiqué et immaculé un jour, pas rasé et inexplicablement négligé le lendemain. Ainsi passa-t-il hors de ma vue.

*

Lorsqu'arriva notre premier enfant, on la prénomma Leland et il lui servit de parrain. Les deux couples que nous formions résidaient loin les uns des autres à présent. Leland était attaché en Afrique du Sud. C'était d'un ennui mortel, trouvait Paula, mais ils voyageaient et avaient un certain train de vie. *Nous avons adoré Rome. Après une brève visite je me sens extrêmement cultivée et extrêmement remontée contre Néron.*

J'étais affecté à un quartier général en Allemagne. Les lettres de Paula avaient de beaux timbres dessus avec des animaux. *Tout le monde ici est lieutenant-colonel*, écrivait-elle, *je t'aime*. Nous les vîmes une ou deux fois en Europe – une fois ils vinrent en voiture nous rendre visite à Paris. Il était toujours le même, cordial, d'humeur plus changeante peut-être, les rides plus prononcées sur son visage, le verre plus souvent à la main. Ils s'adressaient de petits sourires forcés. Ils en étaient à un point délicat de leur mariage, mais nous savions qu'ils continueraient ensemble. Tout les liait, enfants, amis, carrière – tout ce qui s'était jadis interposé entre Paula et moi. C'était le long trajet qui les maintenait ensemble. C'était une question de bon sens, plus tout ce qu'ils avaient enduré.

*

Ils divorcèrent en 1959, deux ans après la naissance de notre second enfant. C'est Paula qui avait insisté pour divorcer – elle devait avoir été jeune et heureuse une fois, disait-elle, mais elle ne s'en souvenait plus. Leland était dévasté. Il se remaria peu après. Elle non, et une fois de plus nous nous rapprochâmes. J'avais quitté l'armée, à présent. Elle montait fréquemment de Washington et nous allions aussi la voir là-bas. *Une bouffée soudaine de vague à l'âme*, écrivait-elle, *vous me manquez insupportablement*. Nous étions trois de nouveau, et c'était toujours elle et moi qui étions intimes, excluant l'autre. Lorsqu'elle nous rendait visite, je rentrais le soir pour trouver deux femmes, toutes deux aimables, souriantes, assises sur des coussins par terre à m'attendre. Après quelques verres nous dînions autour d'une table basse devant le feu. Elle racontait ses sorties avec d'autres hommes, ou leur manque, exactement comme je l'avais fait jadis avec elle. Il y avait cet homme qu'on voulait qu'elle rencontre. Aventure peu gratifiante – il avait amené sa sœur avec lui, ils étaient de toute évidence amoureux l'un de l'autre, et cela paraissait être une histoire qui remontait à loin, ajoutait-elle. Elle travailla un moment sur Capitol Hill, puis pour une fondation, ensuite une boutique, et écrivit pour le *Washington Star*. Pendant des années, elle eut une liaison intermittente avec le fils alcoolique d'une vieille famille qu'elle et Leland aimaient beaucoup, mais elle était trop intelligente pour l'épouser. Finalement, elle fit connaissance de l'homme qu'elle cherchait, journaliste, divorcé, courtois. Lui et moi paraissions n'avoir qu'un intérêt limité l'un pour l'autre, ou peut-être trouvait-il que son intérêt à elle devait cesser. Toujours est-il que le rideau tomba.

Je revis Leland une dernière fois. C'était en 1961, durant la crise de Berlin. Comme réserviste, j'avais été envoyé en France. Leland était dans une base à Fontainebleau et j'y allai en voiture un week-end. Nous dînâmes ensemble, lui, sa femme et moi. C'était comme toujours – au dernier moment il n'y avait pas assez à manger dans la maison et nous sortîmes ensemble dans le noir de la soirée pour quelques provisions de dernière minute, une bouteille de vin, de la viande, du fromage. Il était en pleine forme et en excellents termes avec les commerçants. J'étais impressionné qu'il sût le nom français pour "à la coupe", comme dans "fromage à la coupe." Son français était bon. Il appelait sa femme "darling". Je ne sais pourquoi, je n'y croyais pas.

Il prit sa retraite comme colonel et ils s'en allèrent vivre dans le sud de l'Espagne. Je n'avais que rarement des nouvelles de lui. Je l'imaginais comme il avait toujours été : un parfait compagnon sur les terrains de golf, avec qui il faisait bon boire ensuite au bar, ses mocassins légèrement usés aux talons. Comme un officier britannique sans imagination dans quelque trou reculé, mais sachant exactement qui était qui et pourquoi ils étaient là.

Puis j'appris qu'il était mort. C'était complètement inattendu. Il n'était pas malade. La veille ils étaient sortis dîner et avaient joué au bridge avec des amis. Le matin suivant on ne put le réveiller.

J'appelai Paula. Je ne lui avais pas parlé depuis longtemps – elle vivait près de Palm Beach. Oui, c'était vrai, dit-elle. Elle ne semblait pas secouée par la nouvelle. Il y avait je ne sais quelle loi en Espagne qui voulait qu'on inhume un cadavre dans les vingt-quatre heures, et parce qu'on ne put faire les arrangements nécessaires à temps pour le ramener en avion, c'est là-bas qu'il fut enterré, en Espagne. Un service funèbre se tiendrait à Washington mais elle ne monterait pas y assister ; elle ne regarderait pas en arrière.

Un simple coup d'audace

Tard dans l'été 1951, j'entrai enfin au royaume tant désiré et fus envoyé à Presque Isle, dans le Maine, affecté au 75e escadron de chasse.

L'officier d'opérations, qui avait eu la distinction d'avoir sa photo en couverture de *Life* lorsqu'il se battait en Corée, s'était tué dans un accident quelques jours à peine avant mon arrivée. Je ne connaissais pas l'histoire de l'escadron et on ne m'en dit rien. Sa tradition fut tout de suite incarnée pour moi par le nouveau chef des opérations, un sudiste replet, couché par terre dans un bar en ville, trop soûl pour tenir debout mais discutant encore de façon animée avec ses pilotes admiratifs, qui le ramenèrent d'ailleurs de l'endroit à dos d'homme. C'est lui qui me fit faire mes premiers vols en jet. Son équipement avait toujours l'air d'avoir été emprunté – casque bizarrement perché sur la tête, combinaison de vol trop petite et trop sanglée par le harnais de parachute – mais c'était un pilote expérimenté, qui tenait délicatement le manche dans sa main boudinée. On était en septembre. La chaleur ne s'était pas décidée à tomber. Les mouches essayaient d'entrer à l'intérieur pour se mettre à l'abri de l'hiver, et une course au *pennant*[1], appelée à devenir la plus fameuse

1. *Pennant* : littéralement fanion, trophée de base-ball. Ici il s'agit du trophée récompensant le gagnant de chacune des deux *leagues* nationales *(American League* et *National League). (N.d.T.)*

de tous les temps, battait son plein. D'une voiture garée près de la piste, ma femme m'adressait de grands signes de félicitations alors que je rentrais seul au parking dans l'avion-école, pour la première fois.

Je me sentais né pour cela. Une des premières choses que je fis lorsque je m'envolai sans suiveur en F-86 fut de monter en altitude et d'éteindre le réacteur. Le ciel fut soudainement inondé de silence, le métal devenu poids mort. Calmement, encore que j'en eusse des picotements dans les doigts, je procédai une à une aux opérations nécessaires au rallumage, au rallumage en vol, comme cela s'appelait. Plus tard je répétai la manœuvre. Je voulais avoir confiance en cette procédure en cas d'extinction de réacteur, après quoi je n'en eu plus jamais la hantise.

La vraie hiérarchie était basée sur qui était le meilleur pilote et qui volait le plus. Il pouvait y avoir un leader évident, ou bien deux ou trois qui se valaient presque. On percevait rapidement qui ils étaient. Sans oublier ceux qui avaient piloté en combat. On écoutait leurs histoires avec plus d'attention. Il y avait dans un autre escadron un grand costaud de pilote trop sûr de lui qui figurait dans une des premières que j'entendis. En Corée il avait volé sur F-80, les premiers avions à réaction. Un jour il revenait d'une sortie, à la tête de son escadrille qu'il ramenait à la base, trente mille pieds au-dessus d'un ciel bouché. Il appela le radar pour un vecteur, "Milkman, ici Maple Lead." Milkman répondit, identifia l'escadrille sur l'écran radar, et leur donna le cap et la distance jusqu'au terrain, qui était K-2 : cent soixante-dix degrés et cent vingt milles.

L'escadrille n'avait plus beaucoup de carburant et le temps se dégradait. Il leur faudrait faire une approche aux instruments, le leader le savait. Il appela son numéro trois pour une estimation de carburant. "On est comment, Trois ?"

La jauge de carburant sur le F-80 avait un petit cadran sur lequel le pilote mettait le nombre de gallons qu'il avait au décollage, et à partir de là, comme un odomètre à l'envers, ils s'égrenaient durant le vol. "Soixante gallons, Lead, répondit le chef de patrouille.

– Ça ira."

Les nuages étaient continus. La visibilité nulle. Au bout d'un moment la station de radar leur redonna le cap, toujours cent soixante-dix, et la distance, quatre-vingt-quinze milles.

"Qu'est-ce que ça donne, Trois ?

– Quarante-deux gallons.

– Reçu."

Les avions, bien que très proches, ne pouvaient rien faire les uns pour les autres, même s'ils partageaient un sort commun. Il était inutile de parler. Les minutes passaient en silence. Les gallons diminuaient.

"Milkman, ici Maple Lead. Vous nous voyez où maintenant ?

– Un moment, Maple Lead. Nous vous avons... prenez cap 180 pour le terrain, distance soixante-six nautiques.

– Reçu. Soixante-six confirmé. Veuillez informer K-2 que nous sommes dans la purée, plus beaucoup de carburant. Nous allons annoncer une *emergency*." Puis, au numéro trois, "Pétrole, Trois ?

– Vingt-quatre gallons."

Cela représentait six ou sept minutes de vol à haute altitude, les gaz ramenés à vitesse de croisière minimum, mais il leur fallait aussi percer, descendre en approche, s'aligner avec la piste en supposant qu'ils puissent la trouver. Les têtes dans les cockpits étaient sans mouvement, comme s'il ne se passait rien d'intéressant, mais ils faisaient face à l'inaltérable. Les autres dans l'escadrille pouvaient avoir moins de fuel que le numéro trois. Au bout d'un moment, le leader rappela, "Milkman, ici Maple. À quelle distance sommes-nous ?

– On vous a à trente-quatre milles, Maple flight.

– Compris." Il regarda du côté du numéro trois, qui était peut-être à cinquante pieds de distance. “Qu’est-ce que tu as maintenant, Brax ?

– J’ai neuf cent-quatre-vingt-dix-huit gallons, mon pote”, arriva calmement la réponse.

Peu après, un par un, ils se retrouvèrent à vide de carburant. L’escadrille entière atterrit sur la piste de K-2 turbine coupée.

C’était auprès de ceux qui savaient de quoi on parlait qu’on espérait faire parler de soi et être admiré. Ce n’était pas impossible – le monde des escadrons est petit. Les années s’inclineraient devant vous ; on se souviendrait de vous, votre nom comme celui d’un pur-sang, un cheval qui a couru et remporté l’épreuve.

*

En novembre, dans le nord du Maine, vous pouvez parfois en voir deux de très loin, au bout de la piste établie au milieu des champs. Ils sont à peine identifiables, des F-86 du début avec leurs minces ailes en flèche. En se rapprochant, on entend le bruit, intermittent mais grondant, comme une cataracte au loin. Puis, arrivé dessus, cela devient un rugissement avec la fumée qui sort derrière en grosses volutes. On est en train de faire les points fixes, moteur à plein régime, freins bloqués, les aiguilles tremblant sur les positions maximum.

Le pilote du premier appareil avait la tête baissée sur les instruments comme s’il les examinait de près. Roux, maigre, il ne m’avait jusqu’ici pratiquement pas adressé la parole. Son nom était Stewart. J’en savais peu sur lui. Il avait fait la Corée et était officier d’entretien. Aligné derrière lui, j’attendais. Pourquoi se rappelle-t-on certaines choses plus que toute autre, et des hommes qui vous ont à peine dit un mot ? J’étais nouveau dans le groupe, nerveux. J’étais résolu à voler en bonne formation, à être une ombre, jusqu’à le toucher presque. Nous devions décoller juste avant le lever du soleil. Personne d’autre ne volerait.

Sa tête se releva alors et se tourna vers moi. Sa main monta et hésita. J'acquiesçai. La main retomba.

Fondus dans le tonnerre nous nous mîmes à rouler sur la piste. Prenant de la vitesse, je vis soudain son bras se lever et s'agiter en faisant un cercle. Je n'avais aucune idée de ce que cela voulait dire, devais-je poursuivre, est-ce qu'il interrompait son décollage ? L'instant d'après je vis que ce n'était ni l'un ni l'autre, seulement de l'euphorie ; il nous faisait signe d'aller de l'avant comme s'il avait fait tournoyer un bandana au bout de son bras. Les nez se levèrent ; nous étions à vitesse de décollage. Je vis le sol s'enfoncer et à partir de ce moment cessai d'exister pour lui.

Il y avait une couche de nuages bas que nous perçâmes en un instant, et au-dessus un brillant ciel rougeoyant. J'étais à peine à vingt pieds de lui mais il ne m'adressait jamais ne serait-ce qu'un coup d'œil. Il restait assis dans le cockpit comme un prophète, seul avec ses pensées, sa tête dodelinait sans hâte d'un côté et de l'autre. Nous avions atteint trente mille pieds lorsque la tour appela. Le mauvais temps arrivait, notre mission était annulée. “Opérations vous conseille de retourner à la base”, dirent-il.

“Reçu”, l'entendis-je répondre comme si de rien n'était. “On rentre dans une minute. On va d'abord brûler un peu de pétrole.”

Sur ce, il vire sur l'aile et, à pleine vitesse, pique droit en bas. Je ne sais pas ce qu'il a l'intention de faire ni même ce qu'il fait. Je tombe dans son sillage le plus près possible, m'accroche en serrant les dents comme s'il m'observait. Le badin est sur la ligne rouge ; des milliers de pieds se dévident sur l'altimètre. Les commandes deviennent raides, le manche peut seulement être bougé au prix du plus grand effort et nous exécutons tonneaux et virages à des vitesses si grandes que je peux sentir mon cœur forcé vers le bas dans ma poitrine.

Nous émergeons des nuages dans l'étroite bande de ciel en dessous. Je me suis remis dans son aile. Nous faisons bien plus de cinq cents nœuds à environ quinze cents pieds. C'est presque impossible de rester en position dans les virages. J'ai les deux mains sur le manche. Tout ce temps-là nous continons à descendre. Nous ne bougeons pas, semble-t-il. Nous sommes fixes, frémissants, fatalement proches.

Cinq cents pieds, trois cents, toujours plus bas, dans ce qui semblait être un silence de mort, à part un incandescent vrombissement soutenu, en pleine solitude, qui plaquait chaque moment contre d'invisibles vagues d'air. Il nous menait dans l'inconnu. Ma combinaison de vol était trempée, mon visage en eau. Un halo pur et pâle se forma à l'arrière de sa verrière et resta là, comme un sillage de fumée. Je commençai à comprendre de quoi il s'agissait. Sans jamais me regarder, absorbé par les instruments en face de lui et par quelque chose dans ses pensées, jetant parfois un œil sur le monde de noires forêts qui défilait en bas, les collines et les lacs gelés, il jaugeait mon désir de m'intégrer. C'était un baptême. Cet ange silencieux devait m'amener au point où, trempé et soumis, je ne ferais plus qu'un avec les autres. Si, comme un morceau de papier tenu par la fenêtre d'un train en marche, mon avion s'était soudainement mis à se désintégrer, les morceaux arrachés tombant et dérivant derrière, il aurait seulement et sans hâte amorcé un large virage pour voir ce qui se passait, son expression inchangée.

J'avais accepté tout cela et tout ce qui pouvait arriver lorsqu'il tourna sans avertir vers le terrain. Nous étions déjà passés au-dessus deux ou trois fois. Cette fois nous nous mîmes en approche initiale et sortîmes les aérofreins, ralentissant tout en virant. J'avais ce sentiment d'absolu contrôle sur l'appareil. Il était dompté, obéissant. J'avais le sentiment que j'aurais pu aisément tapoter son aile avec la mienne, et ne pas laisser la moindre bosse. J'aurais pu le suivre n'importe où, à travers n'importe quoi.

Je me rappelle ce moment et la douceur de l'atterrissage dans la lumière déclinante. Maintenant que le bruit de notre violent passage au-dessus s'était éteint, sur le terrain tout était tranquille. Il régnait un calme ininterrompu. Nos réacteurs tournant au ralenti produisaient un gémissement aigu, esseulé.

Après cela il ne m'adressa pas un mot. L'émissaire ne s'abaisse pas à papoter. Il accomplit son devoir, ramasse ses affaires, et disparaît. Mais les champs enneigés qui ruisselaient en dessous de nous, la terreur, le sentiment d'être l'espace d'un moment un vrai pilote – ces choses-là restaient.

*

Mon ami le plus proche dans l'escadron, un ancien camarade de classe, avait les cheveux mouchetés de gris et un air pince-sans-rire qui me ravissait. Il s'appelait William Wood. Il était plus vieux – il avait peut-être vingt ans lorsque nous étions élèves à West Point, et par la suite était allé directement dans l'aviation de chasse ; il était avec eux depuis le début. Il était flegmatique et pouvait se montrer truculent.

Au début de cet hiver-là nous allâmes en Corée, lui et moi. Nous avions lu avec empressement – on se le repassait de main en main – le premier rapport définitif, une sorte de circulaire sur les avions ennemis qu'on avait soudainement vus apparaître au front, des avions russes, les Mig-15, et lorsque l'occasion s'était présentée, tels des chercheurs d'or se ruant au bureau des concessions, nous avions couru nous porter volontaires. Il y avait deux places à prendre ce mois-là et elle furent pour nous. Ce n'était pas juste à cause du rapport, la guerre elle-même nous murmurait une invitation : viens me trouver. Quoi que nous fussions, nous nous sentions inauthentiques. Vous n'étiez rien à moins d'avoir combattu.

Allez, et laissez-nous risquer nos vies inutilement. Car si elles ont la moindre valeur c'est de n'en avoir aucune. De fait nous arrivâmes en Corée par un jour misérable. C'était en février, au cœur de l'hiver, les avions parqués à l'abri de murs en sacs de sable, et le froid atroce au-dessus du terrain pour ajouter à la désolation. L'as américain qui tenait le haut du classement – mot mythique, ineffaçable –, un commandant d'escadron nommé Davis, venait juste de se faire descendre. Marqués de la terrible opprobre des nouveaux, nous restions dans le club des officiers à écouter ce qui était et ce qui n'était pas factuel. Nous étions trop inexpérimentés pour faire la distinction. Nous étions venus, en fait, rejoindre une sorte de vie coloniale rudimentaire, vécue dans des locaux en stuc aux pièces nues et carrées, sans ornement aucun, avec douches collectives et des latrines partagées même par le commandant d'escadre.

Nous y passâmes six mois ensemble, les petits matins d'hiver glacials avec le soleil faible sur les collines, les avions argentés qui s'avançaient comme des serpents mécaniques encore gauches dans leurs mouvements, pour se mettre ensuite en formation sur la piste au milieu d'un vacarme grandissant. Au printemps, la glace fondait dans les rivières et les saules verdissaient. Quand vous saigniez du nez le sang vous coulait par-dessus la bouche et le menton jusque dans le caoutchouc du masque à oxygène. En été les caroubiers étaient verts, comme tous les champs. Cela revient me hanter : contrées silencieuses, inconnues ; le fleuve brun au loin, le Yalu, la ligne entre deux mondes.

Ce premier soir ils parlaient des Mig, à quel point ils étaient bons, combien supérieurs en altitude. Nous acceptions ce que n'importe qui disait comme étant la vérité vraie. Je collais à Wood, comme pour suggérer que nous étions sur un pied d'égalité. Le commandant du groupe, une figure plus âgée et admirée – du nom de Preston – était présent. C'est lui qui avait mené la mission fatale au cours de laquelle Davis, avec seulement son ailier, avait attaqué une grande formation de Mig. Il avait eu le leader et avait ensuite ralenti pour essayer d'en avoir un autre. Il y parvint mais il y laissa sa peau. Il fut atteint juste derrière le cockpit par un obus de canon tiré d'un troisième avion. La dernière victoire était sa douzième.

Un groupe de chasse ne combat pas, a dit Saint-Exupéry, il assassine. Lui-même n'en faisait pas partie – il parlait de leurs victimes possibles, qu'il finit par devenir. Il pilotait un avion de reconnaissance quand c'est arrivé, sans arme et ne comptant que sur sa vitesse, bien qu'ils ne soient jamais tout à fait aussi rapides qu'on le dit. Il était trop vieux pour la guerre, et trop civilisé. Les as de la chasse avaient des noms comme Adolph et Sailor, Ginger ou Don. Ils en avaient abattu cinq ou plus et apparaissaient soudain sans prévenir, et dans les premières terrifiantes secondes lâchaient leur torrent de feu. C'était comme du sang qui coulait de l'avion abattu – de la fumée noire, en fait, mais qui annonçait tout. Des morceaux de métal s'envolaient, toute la machinerie soigneusement assemblée se démantibulait à des milles au-dessus de la terre, perdant ses ailes, et tout contrôle dans sa chute.

À la pointe de la Beaumette, sur la côte sud de la France se trouve un phare avec une plaque commémorant la fin de Saint-Exupéry. Il a disparu en juillet 1944, juste un parmi tous ceux perdus sans laisser de trace dans le grand brassage de la guerre. Mer bleue d'une beauté étincelante, cette mer sur laquelle s'est battu Cervantès et où l'Histoire est née – quelque part en elle reposent les ossements de ce saint séculier.

Nous étions des renforts, des équipiers de rechange – les pilotes de chasse volent toujours par deux – et cela ne nous prendrait pas longtemps pour devenir nous aussi rompus au meurtre, engoncés par l'équipement dans le cockpit, comme des gangsters en manteau dans leurs limousines, en altitude au-dessus de la Corée du Nord en fin d'après-midi, le soleil bas, le sol perdu dans les reflets et la brume. De plus en plus loin au nord nous filons. "Dentiste" est l'indicatif d'appel pour la station de radar. Rien n'est encore signalé par eux.

Voix gardées dans le crépuscule et dans un ciel d'un vide de mauvais augure.

*

Tout comme en Afrique du Nord durant la guerre, dit-on, la chose à posséder pour masquer son innocence était une paire de *desert boots*, la première chose à se procurer pour un pilote en Corée était une carte pliable plastifiée de la longue péninsule qui plongeait de la Chine dans la mer Jaune, avec comme frontière au nord le boueux Yalu, l'éclaboussure des nombreux îlots, et en son milieu la capitale ennemie, Pyongyang. Sur la zone nord de la Corée nous tirions des traits en éventail, tous convergeant vers notre base. Cela nous donnait les caps, spécialement pour rentrer. Des arcs marquant les distances intersectaient ces vecteurs pour indiquer au premier coup d'œil combien de chemin vous aviez fait ou aviez encore à faire.

Depuis les lignes de front, qui coupaient le pays à la taille, il y avait à peu près deux cents milles, vingt-cinq minutes de vol environ, jusqu'au fleuve et seulement un peu plus jusqu'aux aérodromes ennemis en Chine, où il nous était interdit d'aller. Il n'y avait pas de bataille pour la maîtrise de l'air. Comme un marché conclu dans une arrière-salle, il en avait déjà été décidé ainsi. Les Mig entraient au-dessus de la Corée du Nord comme ils voulaient, engageaient le combat s'ils choisissaient de le faire, et retournaient à leurs terrains. Nous essayions d'exterminer l'ennemi, mais même le garçon qui tond la pelouse sait qu'on ne tue pas les guêpes une par une, on détruit le nid. Les nids, cependant, étaient intouchables. Tout ce qu'il y avait entre-deux était contesté.

Nous cherchions à les empêcher d'attaquer nos chasseurs-bombardiers qui volaient vers le nord, chargés et souvent à basse altitude, pour couper les voies ferrées et bombarder les ponts. Notre tâche n'était pas d'escorter mais de patrouiller. Les Mig avaient des nez parfois jaunes, après ça rouges, ensuite violets, puis noirs.

Il se révéla que c'était parce que leurs idées étaient à l'opposé des nôtres. En Corée, nous avions seulement deux escadres de chasse pure et elles restaient là, constamment réapprovisionnées en pilotes pour en préserver la force. Donc il y avait toujours des vétérans avec quatre-vingts ou quatre-vingt-dix missions derrière eux et des braves garçons prêts à se disperser qui n'en avaient aucune, plus ceux entre les deux. Les Russes que nous combattions – c'étaient surtout des Russes – engageaient des régiments aériens entiers, probablement pour en initier le plus possible. Ils arrivaient avec très peu d'expérience et repartaient au bout de trois ou quatre mois, aguerris. Mais cela voulait dire qu'ils baignaient tous en pleine inexpérience au même moment et qu'ils apprenaient ensemble, ce qui se révéla coûteux pour eux.

Ce qui se passait dans le reste de la guerre ne comptait pas beaucoup pour nous. Il ne me revient pas un seul nom de bataille de l'époque ni même d'aucun général, à part Van Fleet, qui avait une tête honnête et la distinction d'être monté en grade tardivement, comme Grant, colonel en Normandie quand ses camarades de promotion commandaient des armées entières – Van Fleet et bien sûr Ridgway.

Dans le ciel il y avait les intempéries et des opérations menées bien séparément par la Navy, les Marines, et l'Air Force. Nous avions très peu affaire les uns aux autres. C'était seulement dans les quartiers généraux, qu'on approchait par des routes à ornières et par les avenues poussiéreuses bordées d'arbres de Séoul, que prenait place l'orchestration, dans les briefings théâtraux qui se tenaient le soir avec le commandant en chef assis, cheveux blancs, étoiles sur le col, fumant le cigare, et qui d'une voix de femme disait merci après chaque présentation. Là se trouvaient toutes les attaques, les objectifs, les pertes – tout ce qu'un général peut avoir besoin de savoir.

La guerre est tant de choses. C'est une occasion de voir le monde de la haute société, les propriétés devenues des hôpitaux ou des casernements, les objets précieux vendus pour deux fois rien, les familles aux noms vénérables à la merci d'intendants militaires adjoints. Dans les films d'actualités que l'on connaît, les canons ruent en arrière en faisant feu, les tanks défilent et des hommes oubliés saluent de la main. C'est tout cela et aussi le creuset de l'individu, au sens où une vie de labeur ne l'est pas. Ses exigences sont sans fin, ses plaisirs cruels. Goya les connaissait, Thucydide aussi, et Isaac Babel. Un matin c'est la merveilleuse odeur du petit déjeuner, et le suivant c'est l'arrestation soudaine et la sentence expéditive. Le sort qui semblait impossible, la justice qu'a connue Lorca. Il ne pouvait pas s'écrier, je suis poète ! Ils savent qu'il est un intellectuel, ou pire. Ils le font monter dans un camion et le conduisent, avec d'autres et sans l'ombre d'un espoir, dans un quartier reculé où on lui tend une pelle et on lui dit de creuser. C'est sa tombe qu'il est en train de creuser, et en silence, le silence dont il va bientôt faire partie, il commence, lui qui a été élevé dans ce pays, qui en a été sa première voix. *La mort a pondu ses œufs dans la plaie*, a-t-il écrit, *à cinq heures de l'après-midi. Ses blessures brûlaient comme le soleil, à cinq heures de l'après-midi, et la foule cassait les carreaux*... Dans sa poigne se trouve le manche en bois lisse, et la première pelletée de terre est l'un des plus précieux moments de sa vie, s'il pouvait seulement durer. Mais dans la guerre rien ne dure et les poètes sont tués avec les garçons de ferme, les mouches se repaissent de leurs visages.

Pour nous c'était simple et toujours pareil : qui figurait au tableau, quel temps faisait-il, qu'avaient repéré les patrouilles précédentes ?

*

La lumière du petit matin sur la surface de l'aile. Les premières missions faciles. Des poussiers de la mémoire, lui-même recouvert d'une légère couche de poussière, enfantin, malin, émerge Amell, le commandant d'escadron. Un nom est une destinée. C'est le premier de tous les poèmes. Même après la mort, il garde son pouvoir ; même à moitié enseveli dans les articles de journaux ou dans la terre, quelque chose attire l'œil. Paavo Nurmi avait un tel nom. Jean Genet aussi ; un pilote cascadeur nommé Lamont Pry ; le roi des allumettes suédoises ; un fasciste à la petite semaine nommé Adrian Arcaud – là je commence à faire le portrait d'une époque – et dans l'immense cimetière j'en soulève un autre du bout de ma chaussure : Zane Amell.

Je ne me rappelle plus dans quelles circonstances je l'ai vu la première fois. Il demeure fixé, en tout cas, comme sur une photographie, avec une toque de fourrure à la cosaque et un revolver de marine dans un holster sous l'aisselle. Il avait une voix rauque, quelque peu dramatique. Comme ceux d'un acteur, ses discours tendaient à la longueur, encore qu'il pût se montrer succinct à l'occasion. Un matin, en permission, arrivant à Tokyo dans une voiture officielle, en uniforme fripé et empestant l'alcool, il s'entendit réveiller par le chauffeur japonais et demander s'il y avait un endroit en particulier où il voulait être déposé. "Oui, répondit Amell d'une voix sourde.

– Où ?

– N'importe où", marmonna-t-il avant de se rendormir.

Ses premiers mots à mon adresse, ceux dont je me souviens, furent durant un briefing. Je lui servais d'équipier et c'était ma deuxième mission de combat. La tâche de l'ailier peut être facilement décrite : elle est de rester avec le leader et de faire le guet, surtout derrière – presque tout danger vient de là. Je savais qu'on me mettait à l'épreuve. Je m'attendais à un conseil ou à quelques mots de mise en garde. Comme on inscrivait le numéro des appareils en face de nos noms, il commenta plaisamment : “Super. T’as ce vieux No Go, et moi j’ai le Guzzler [1].” C’étaient deux des plus vieux et des plus lents appareils, mais il ne fit rien pour en changer.

J’étais plein d’appréhension comme nous nous élevions dans l’air glacial, les avions montant et descendant légèrement comme des bouchons. Peut-être est-ce ce jour-là que j’ai vu mon premier Mig, argenté, passer au-dessus de nous, étrangement complet dans les moindres détails, silencieux comme un squale. Il y en avait beaucoup en l’air ce jour-là. Ils arrivaient du nord, escadrille après escadrille, au-dessus de nous. Je me rappelle combien je me sentais seul et vulnérable. La gorge me brûlait quand je respirais.

Ses yeux étaient mauvais. On disait que si tout le monde avait eu les occasions qu’avait eues Amell, on aurait descendu dix avions – il finit avec trois victoires et un équipier ruisselant de flammes qui s’écrasa un jour près de Sinuiju. Je repense aujourd’hui à ses yeux, ils me paraissent petits, mais comme ceux des négociants ou des vieux policiers, sages. En l’air vous entendiez sa voix irritante et son assurance, comme celle d’un homme qui traverse allègrement la circulation en regardant du mauvais côté. Il aimait boire et s’adonnait souvent aux gestes extravagants.

Peut-être y a-t-il un prix à payer pour l’insouciance, mais je ne l’ai pas vu le payer. Quelques années plus tard, alors qu’il atterrissait dans le Michigan, il a quitté brutalement la piste pour éviter des avions qui venaient en sens inverse. Mais le sol était meuble, il a capoté et s’est tué.

*

La vitesse était tout. Si vous aviez la vitesse vous pouviez grimper ou gagner sur eux et, plus important, ne pas vous laisser surprendre.

1. “N’avance pas” et “Gouffre à essence”. *(N.d.T.)*

Il y avait plusieurs façons de se débarrasser rapidement de la vitesse, mais l'obtenir, spécialement à l'instant où elle était requise, était de l'ordre de l'impossible.

Comparés à ceux qui suivirent, ce n'étaient pas des avions compliqués, mais ils pouvaient voler au-dessus de quarante-cinq mille pieds et, piquant à la verticale, flirter avec le mur du son. Il y avait une seconde aiguille rouge sur le badin qui se déplaçait pour marquer la vitesse limite au-delà de laquelle vous n'étiez pas censé voler, encore que nous le fissions souvent, l'aiguille dépassant l'autre de trente ou quarante nœuds, généralement à basse altitude ou en piqué, avec l'appareil qui se cabrait et essayait de partir en tonneau. "*On the Mach*" – c'était la limite absolue ; c'était aussi une de nos expressions favorites.

La différence entre nos avions et les leurs était insignifiante dans la plupart des domaines, sauf un, crucial. Ils avaient un canon – la gueule d'un Mig paraissait enflée et menaçante. Nous avions des mitrailleuses, presque féminines en comparaison ; l'enveloppe de l'appareil comportait des goulottes, comme des marques laissées par un coup de cuillère, près du nez de l'avion d'où dépassaient les mitrailleuses. Il y en avait six. Le diamètre des obus de canon était gros comme un verre à eau et les dégâts qu'ils pouvaient commettre étaient sévères. Les balles de mitrailleuses, elles, étaient de la taille d'un doigt ou d'un bouchon à vin. C'était la masse de forgeron contre le tuyau en caoutchouc. Le tuyau était plus flexible et pouvait être ajusté rapidement. Le canon, qui tirait plus lentement, ne pouvait pas ; vous aviez presque le temps de dire, Oh, mon Dieu, entre les lourds éclats rougeoyants. Une fois que les mitrailleuses avaient commencé à mordre, elles déchiquetaient rapidement.

En route vers le nord, nous essayions les armes, une brève rafale, contact armement branché. La détente de tir était sur le manche et sa goupille de sûreté, avec un bout d'étoffe rouge attaché dessus, dans une de vos poches. À présent c'était tout pour de vrai ; cela n'avait été qu'une image auparavant, celle, familière, d'une formation suspendue dans du ciel vide. Il n'y avait que pour onze secondes de munitions en tout. Une rafale en combat pouvait en durer deux ou trois. Le secret était simple : s'approcher le plus possible, à moins de vingt mètres si vous le pouviez, si près que vous ne pouviez rater.

*

Souvent à l'aube, un grand bruit s'enflait et nous parvenait par effluves, les moteurs qu'on faisait tourner sur place. Il atteignait son maximum et restait là, ce rugissement qui dévorait nos vies. Puis lentement il diminuait, le long de la piste invisible, disparaissant une fois la patrouille en l'air. Au bout d'un moment il reprenait : vol de reco au petit jour, direction le Yalu.

Les noms qui apparaissaient sur le tableau de mission trois ou quatre fois par jour n'étaient pas la liste des plus capables. Ils incluaient les lambins et les incompétents ainsi que des hommes dont le seul défaut était la prudence. La guerre avait ratissé large et récupéré d'anciens pilotes retournés à la vie ordinaire, devenus agents de change ou instituteurs, et il y avait un capitaine chevronné – je l'appellerai Miles – qui avait été gravement brûlé et n'avait jamais retrouvé son aplomb. C'était un type à problèmes. Le déshonneur lui pendait toujours au nez, ou pire, un autre crash. En mission, son moteur cognait toujours, semblait-il, et il appelait pour dire qu'il retournait à la base. J'ai volé avec lui plusieurs fois, dont une début mars, lors de mon premier combat.

Le ciel ce jour-là était clair et profond. En direction du nord à quarante mille pieds, il y avait des traînées droites et continues sur des milles et des milles derrière nous visibles de très loin. Les *spares*[1],

1. *Spares* : avions de rechange soit au sol en cas d'ennuis à la mise en route, soit en l'air au cas où un appareil devrait regagner le terrain pour ennuis mécaniques. Le terme anglais est utilisé dans l'armée de l'air. *(N.d.T.)*

dont on n'avait pas eu besoin, avaient déjà rebroussé chemin, ils étaient quelque part du côté de Pyongyang. Ils parlaient calmement. "Bogies à midi, observa l'ailier d'un ton blasé.

– Reçu."

Au bout d'un petit moment l'équipier ajouta : "On dirait des Mig.

– C'en *est*", dit l'autre. Il se mit à nous appeler. "Il y en a plein. Ils tournent plein nord", prévint-il.

Nous étions douze. Nous amorçâmes un lent tournant vers le sud tandis que la conversation continuait ; nous essayions d'en savoir plus, combien il y en avait. Le ciel était vide mais j'avais des picotements dans les mains. Puis nous vîmes les traînées, indistinctes et lointaines. "Lâchez les réservoirs, tout le monde", entendis-je.

Nous portions des réservoirs extérieurs, grands comme des baignoires mais de formes plus gracieuses, sous les ailes. Sur la pression d'un bouton ils pouvaient être largués. L'avion fit une légère embardée, allégé une fois les réservoirs lâchés. Les traînées hostiles tournèrent lentement vers nous.

Pendant un temps interminable rien ne changea, nous ne nous rapprochions pas. Puis il y eut comme des grains qui produisaient les traînées. Immédiatement, nous étions presque à portée. "Chacun prend le sien", entendis-je.

C'était presque impossible de maintenir le collimateur sur quelque chose d'aussi petit, mais nous ouvrîmes le feu lorsqu'ils filèrent devant nous. C'était légèrement en biais et nous nous trouvions du côté le plus proche de leur trajectoire lorsque, au lieu de tourner à leur poursuite, Miles passa sur le dos et se mit en piqué. Quinze mille pieds plus bas, caché dans la brume, il redressa. Son servomoteur d'aileron avait lâché, appela-t-il. Est-ce que j'étais toujours là-bas, demanda-t-il d'un ton sec ? "Est-ce que tu me vois, Quatre ?"

J'étais à trois heures, lui dis-je. Il y eut une pause. "Mon boost a l'air O.K. maintenant", annonça-t-il. Puis, pour le bénéfice de tous ceux qui pourraient écouter, “Grimpons et retournons au combat.”

Au-dessus de nous au loin, comme sur la surface après un plongeon profond, il y avaient des traînées griffonnées et interrompues. Nous entendions les appels : le commandant d’escadron ce jour-là en avait eu un, le pilote du Mig venait juste de s’éjecter à trente-deux mille pieds.

Au debriefing j’entendis Miles expliquer qu’il pensait qu’il était peut-être passé dans le souffle d’un réacteur, perdant ainsi le contrôle. Il avait une expression rigide et embarrassée sur la figure. La peau de son cou était anormalement lisse à cause de ses vieilles cicatrices. Son dos et ses bras étaient brûlés aussi, je le savais. Je ne parvenais pas à me forcer à le regarder.

En même temps, cependant, il y avait des actes d’aplomb. La plupart étaient accomplis sur le moment et se perdaient dans l’immense tapisserie de la guerre. Au bout d’un jour ou deux ils étaient oubliés, mais on s’en transmettait quelques-uns. “Lead, ils nous tirent dessus ! – C’est O.K., ils ont le droit.”

*

L’arrivée de Colman dans l’escadre – en fait, il y en eut deux, la première étant passée inaperçue – le rendit fameux. Lui-même racontait souvent l’histoire, de façon quelque peu maladroite, en riant et en révélant des dents tachées par les cigares.

Il avait fait partie d’une escadre de Gardes nationaux sur une base dans le nord du Japon – Misawa, je crois. Je n’y suis jamais allé, mais je connais la désolation, le froid des matins. Ils faisaient des raids dangereux et répétés sur les lignes de ravitaillement ennemies. Un jour il attrapa un avion pour la Corée, jusqu’à notre base, et se rendit au quartier général de l’escadre, qui n’était pas loin du tarmac. Là il demanda à voir le commandant. Pour quel motif, lui dit-on, et qui le demandait ? C'était pour un transfert. Capitaine Philip Colman.

Le commandant de l'escadre ressemblait à un jockey sur le retour et avait un nom peu commun, Thyng. Il avait des yeux bleus perçants et arborait des aigles qui, en raison de sa petite taille, semblaient doublement grands. J'entends encore sa voix comme son avion se renverse soudainement sur le dos. "Mig en dessous de nous, les gars", crie-t-il. Et nous voilà tous à descendre en piqué.

Colman se tenait devant lui avec un respect sans la moindre trace d'obséquiosité. Il ne faisait après tout que tenter un coup de dés. Il était cette figure intimidante, un homme libre. Soldat, oui, mais seulement soldat pour l'occasion ; tout cela était quelque peu implicite dans la précision de son salut, les efforts qu'il faisait pour ne pas sourire, sa combinaison de vol maculée. Il avait de l'expérience comme pilote, et ses exploits en Chine ne remontaient qu'à sept ans. En ce moment, expliqua-t-il, il était dans les chasseurs-bombardiers, ce qui signifiait qu'il gaspillait son talent ; il aimerait rejoindre le Fourth.

Thyng était toujours à la recherche d'hommes capables. Est-ce qu'il avait des heures sur le F-86 ? demanda-t-il à Colman. Yes, sir, fit Colman, environ deux cents. En fait il n'en avait aucune, ayant simplement choisi un chiffre qui semblait plausible. Thyng, intéressé, lui dit de laisser son nom et autres données à l'officier des détails, et il verrait ce qu'il pourrait faire.

Quelques semaines plus tard ses ordres de mutation arrivèrent, et Colman partit pour la Corée en amenant, selon lui et à sa propre suggestion, ses états de service avec lui. Ces papiers, parfois envoyés séparément, constituent les références d'un pilote et sont sacrés. Ils font mention de tout – chaque vol, la date, le temps qu'il faisait, le type d'appareil. En route pour la Corée, Colman fit glisser la fenêtre de l'avion de transport et laissa tranquillement tomber ce dossier dans la mer. Les pages, instantanément déchirées, tombèrent au fond. Aux poissons, les avions japonais abattus, les vols de nuit en Géorgie et en Floride, les rails à couper du côté de Sinanju, tout ça.

Dans son nouvel escadron, celui que je devais rejoindre peu après, on lui demanda ses états de service. Ils arrivaient par la poste, dit-il affablement. En attendant, pour les arranger, il offrit un aperçu sommaire de ses heures de vol, très proches de la réalité, mais incluant quelques centaines de vol sur F-86. Comme l'addition dans un bon restaurant, c'était une somme rondelette.

Il en va avec les avions comme avec les bateaux et les automobiles : ils sont pareils, mais il y a aussi les aspects spécifiques. À son premier vol, Colman monta dans le cockpit et au bout de quelques minutes fit signe au chef de piste de venir. Cela faisait un moment qu'il n'avait pas volé sur ce modèle et il ne voulait pas commettre d'impair ; si le chef de piste voulait bien lui montrer la façon correcte de faire démarrer le moteur ? demanda-t-il. Le reste était aisé – radio, contrôles, instruments, ça c'était comme d'habitude. Il sortit du parking derrière son leader, et les voilà partis pour un vol local. Ils avaient des réservoirs largables avec eux, mais Colman ne s'était pas fait expliquer comment les faire fonctionner. Au bout de quarante minutes de vol environ, il vit toutes les aiguilles flageoler soudainement. Son moteur s'était arrêté.

Il avait une extinction de réacteur, annonça-t-il.

"Compris, fit le leader. Essaye un rallumage en vol."

C'était un autre trou dans ses connaisances. "Pour être sûr de le faire correctement, dit Colman, lis-moi la procédure de rallumage sur la check-list, tu veux bien ?"

Point par point, ils firent tout ce que demandait la procédure. Rien. Le moteur n'avait rien et il y avait plein de carburant, mais celui-ci se trouvait dans les réservoirs largables. Ils essayèrent une seconde fois, puis annoncèrent une *emergency*. Colman allait devoir tenter un atterrissage moteur coupé.

Il aurait pu le faire facilement, sauf qu'il était un peu court en altitude. Rien ne peut compenser cela. Au dernier moment, voyant qu'il n'allait pas réussir, il choisit la meilleure alternative possible, une voie ferrée, et se posa dessus train rentré, ce qui est la bonne procédure. Il s'en alla patiner sur les rails comme sur une rue mouillée, s'arrêtant finalement juste à l'intérieur d'un portail en grillage qui se trouvait être l'entrée de la casse. L'avion, endommagé au-delà du réparable, aurait fini là de toute manière. Les camions de pompiers finirent par arriver, ainsi qu'une ambulance, et Colman, qui s'était légèrement blessé au dos, fut transporté à l'hôpital.

Une des premières constatations faites sur l'épave de l'avion fut que les contacts de réservoirs largables n'avaient pas été branchés. Amell n'était pas de la meilleure humeur en arrivant à l'hôpital. À peine était-il entré dans la chambre que Colman levait les mains en signe de défense. "Mon commandant, pas besoin de me le dire, commença-t-il, j'ai merdé. Je sais que j'ai merdé. Mais vous m'accorderez une chose. *Une fois* merdé, personne n'aurait fait mieux."

Son impudence le sauva. Il se retrouva en disgrâce, mais en même temps admiré. Impossible de ne pas aimer son toupet.

*

Il était, à plus d'un égard, incomparable. J'étais membre de son escadrille et nous avons volé ensemble de nombreuses fois. À la place d'un casque en plastique dur, il en portait un vieux en cuir qu'il avait amené avec lui, probablement de ses années en Chine. Sa tête, à cause de cela, paraissait très petite dans le cockpit. Comme des ruisseaux nourrissent un cours d'eau, les avions rejoignaient le corps de l'escadrille qui gagnait la piste d'envol. La mission se formait. L'un des appareils semblait n'avoir qu'un enfant aux commandes. Qui c'était ? demandaient les colonels. "Colman."

Il y eut aussi une période où il portait des jumelles. Quelqu'un avait suggéré qu'elles pourraient être utiles pour repérer l'ennemi de loin, et il s'en était procuré une paire. Dans les avions nous étions à l'étroit – lourde combinaison de vol, gilet de sauvetage, pistolet, fusées éclairantes –, et en plus de tout cela et de son écharpe blanche nouée, il avait les jumelles au cou. Elles n'étaient pas très pratiques – leur portée était réduite et le ciel qu'elles scrutaient entre les secousses, immense. Il prétendait qu'elles lui étaient utiles. Il était comme Nelson portant un télescope à son œil aveugle. Dans n'importe quelle situation, il était prêt à engager l'ennemi. En ceci il était comme don Quichotte, avec qui il partageait certains traits de caractère, bien qu'il ne fût pas, contrairement au chevalier, un homme d'un sérieux très profond.

En l'air il était imperturbable et, ce qui est plus rare, magnanime. Nous nous sommes retrouvés ensemble dans bien des combats, souvent inégaux, mais sa seule présence, pensait-il, rendait toutes les chances égales. Il n'était pas méthodique. Il se battait comme un homme avec quelques verres dans le nez prend un siège à une table de poker, peut-être les cartes tomberaient-elles comme il faudrait. Calme, chaleureux, il prend plaisir à la partie, et s'il se retrouve en difficulté il peut encore sourire et dire bonsoir ou déclarer, comme ce fameux champion noir le fit un jour aux reporters juste après avoir perdu le combat de sa vie, "Gentlemen, j'ai passé une soirée des plus distrayantes et j'espère que la vôtre l'a été aussi."

Un jour, je le vis virer, un immense cercle sur l'aile, après le leader d'un élément de deux Mig. Il l'avait déjà touché une fois, mais de loin, et il essayait d'en finir avec lui. Le numéro deux avait disparu. Entrant et sortant d'un énorme soleil qui semblait brûler noir dans le ciel, nous foncions. En traversant d'un côté et de l'autre pour rester en position, je m'étais retrouvé légèrement en avant, et j'appelai Colman pour lui dire que c'était moi qui passais devant et sous lui – il y avait eu des cas d'erreurs d'identité. "Je suis entre toi et le Mig.

– Vas-y, répondit-il, prends-le."

C'était un geste généreux, même si je n'en attendais pas moins de lui. S'il y avait eu victoire, nous l'eussions partagée. J'avais déjà endommagé un Mig environ une semaine auparavant et constaté qu'ils n'étaient pas intouchables. Je savais, fort de ma confiance, que j'en aurais beaucoup d'autres, entièrement à moi. "Non, il est à toi", dis-je.

Je regardais derrière. Il paraissait prendre son temps. Au bout d'un moment, j'entendis, "Tu l'as toujours, Deux ?"

Je regardai devant. Rien.

"On dirait que je l'ai perdu", remarqua Colman comme si de rien n'était.

Les occasions perdues qui vous rendent encore malade quarante ans plus tard. Les leaders sont morts de vieillesse, les combats le long du fleuve au crépuscule sont oubliés. Pourtant je le revois clairement, le grain argenté qui est devenu son avion, la traînée de fumée qui en sort quand il mitraille, la sérénité de tout cela, la fièvre brûlante. L'invitation à se joindre au festin.

Nous allions loin ensemble, parfois dans des endroits interdits, de plus en plus profond en Manchourie, presque jusqu'à Mukden, à leur recherche dans le sanctuaire, si haut que la terre semblait neutre. C'était un vaste pays aride, brun, sans repères. Le Yalu était derrière nous, perdu de vue. Toujours plus loin au nord. Chaque minute équivalait à dix milles. Personne ne saurait ce qui nous était arrivé, personne n'entendrait. Mes yeux revenaient aux jauges de carburant encore et encore. L'aiguille ne bougeait jamais, et pourtant elle baissait. Combien tu as ? demande-t-il. Neuf cents livres, je réponds. Deux brefs cliquetis de micro ; il a saisi. Finalement, nous abandonnons et rebroussons chemin.

Ce n'était pas du devoir, c'était du désir. Le devoir ne vous ferait pas rester en chasse avec une telle avidité dans la lumière déclinante, à redescendre le fleuve une dernière fois, la terre déjà dans l'obscurité qui monte lentement, comme une marée, les cieux étant les derniers à disparaître. Un drôle de bruit aigu commence dans les écouteurs : le radar des batteries antiaériennes. Le long du fleuve une dernière fois. Près de son embouchure la terre obscure se met à s'allumer, d'abord à un endroit, puis à un autre, comme une ville qui revient à la vie. Bientôt la terre entière étincelle. On nous tire dessus d'en bas. De noirs éclats d'obus apparaissent en silence autour de nous, certains révélant un centre rouge auquel on ne s'attend pas.

C'était la victoire que nous désirions et que nous imaginions. Vous ne pouviez ni la voler ni vous la faire donner. Personne au monde n'était assez riche pour l'acheter, et elle ne valait rien. Au bout du compte, elle ne valait rien du tout.

*

À présent, comme je secoue la boîte il en tombe sur le bureau non pas de la poussière mais une sorte de résidu de vieilles choses, en plus des pochettes d'allumettes, trombones, timbres qui ne collent plus, et un talisman que je portais et que pendant longtemps je n'ai pu me résoudre à jeter. J'allume la lampe. Souvenirs du passé. En début de soirée, l'heure où la civilisation est à son plus réconfortant, le talisman luit d'une façon presque oubliée. Il est fait non de quelque chose de matériel mais d'une substance moins durable : de mots prononcés une fois, tard dans la nuit, dans le froid de cet hiver-là, après une journée passée à voler. J'étais avec Woody dans le calme de je ne sais plus quelle pièce. Nous étions comme des personnages tirés de Beckett, engoncés dans nos vêtements, sales comme des hommes de main sur un ranch. Nous avions environ quinze missions chacun. Les mois, avec ce qu'ils apporteraient, s'étendaient devant nous.

Sa figure faisait comme un arc, le menton pointant d'un côté. Ses cheveux étaient comme de l'argent brossé. "Tu vas en descendre plein ici", prédit-il.

Je sentis mon cœur s'emballer. Il n'était pas rameneur de nature. Nous avions bu mais il n'était pas ivre.

"Tu crois ?" dis-je le plus naturellement possible.

Ce n'était pas seulement vous contre eux mais vous contre l'obscurité. Il y avait des hommes qui s'étaient fait un nom et se tenaient au-dessus du reste, des hommes plus âgés, certains la trentaine passée, avec les mains larges et la façon de faire délibérée des charpentiers, des hommes qui gardaient leur avis pour eux et qui dans le feu de l'action savaient quoi faire. La plupart, cependant, étaient plus jeunes. Moi j'avais vingt-six ans, et il y avait des choses dont j'aurais bien eu besoin, comme de m'entraîner au tir, pour n'en citer qu'une. Peu importe.

"T'es en route pour la gloire ici", dit-il.

Lui avait infiniment plus d'expérience. Ses paroles à mon sujet avaient signifié plus pour moi que je ne saurais dire. Je les portais sur moi comme si elles avaient été écrites sur un morceau de papier. Personne d'autre ne les avait entendues, personne n'était au courant. Moi seul.

*

Nous avions beaucoup d'as parmi nous : Thyng lui-même, Asla, abattu plus tard, Baker, Lilley, Blesse. Dans notre seul escadron il y avait Love, Latshaw, Low, et Jolley, en plus des autres, les as latents avec quatre victoires, chaque jour prêts à descendre d'avion en triomphe, sourire aux lèvres, enfin authentiques. Pour moi, cependant, pour des raisons que je ne peux entièrement expliquer, Kasler était nonpareil.

Il était dans notre escadrille, avec Low. Je n'arrive plus à me rappeler exactement à quoi il ressemblait, et pourtant, d'une certaine manière, je peux. L'image est comme un rêve juste au moment où on commence à le perdre à la lumière du jour. Il avait une tête ronde, les lèvres fines, un regard froid et peu curieux. Il était laconique, les mots tombaient à peine de sa bouche. Il avait de la dignité, qui lui venait de je ne sais où. Elle lui avait été donnée, à mon avis, juste en cas. De l'habileté, bien sûr, naturelle autant qu'acquise, combinée à l'audace, et une patience pleine de furie comme celle d'un lion tapi dans les hautes herbes. Pour couronner le tout, il y avait ce refus de toute sentimentalité qui est la marque du champion. Il avait suivi un long apprentissage, d'abord comme mitrailleur de queue sur un B-29, et il était plus âgé que les autres lorsqu'il obtint ses ailes. Obscur lieutenant à son arrivée, il repartit renommé.

Il y a certains êtres indestructibles, les piliers – chefs d'escadrons et leurs meilleurs émules ; mécaniciens aux doigts gourds de froid ; lugubres colonels aux yeux rougis par les heures tardives – et tous ont une chose en commun : ils sont les digues qui s'élèvent contre le vague et l'indifférence, retiennent les eaux mornes qui, sans cela, contamineraient et inonderaient. Kasler était de ceux-là. Je volais dans l'aile de Colman, et Kasler, quand c'était son tour, dans la mienne.

Ténèbres, silence, la patrouille de l'aube se lève et fait son apparition, abrutie de sommeil, dans le réfectoire trop éclairé, regarde d'un air déprimé dans les brocs d'acier vides. "Où est le jus de *bunja* ?" j'entends Kasler demander froidement. Les Coréens appellent le jus d'orange "*punch*". "Na-pas", font-ils, impuissants. Nous mangeons en silence, les yeux sur le plateau, et faisons le trajet en silence jusqu'au tarmac.

Deux heures plus tard nous sommes au-dessus du fleuve. Il y a le réservoir, la glace sur sa large surface striée de lignes sombres. On dirait la mort qui envahit les tissus – tout est désordre, tout a échoué. Vous ne pouvez la contempler que quelques secondes – le ciel semble mort, lui aussi, abandonné, mais peut s'animer à tout moment de reflets fatidiques.

Puis c'est de nouveau tard dans la journée et il y a eu de l'action. Nous sommes désespérément à leur recherche – le radar continue de signaler des patrouilles ennemies –, le soleil est en train de sombrer, la terre commence à prendre l'eau. Nous volons et ne voyons rien. "Ils sont près de l'embouchure !" appelle quelqu'un. Nous nous dirigeons dessus, le ciel reste d'un vide à rendre fou et puis, en un instant, il y a des avions partout. L'impatience, la fébrilité – tous ceux dont nous nous rapprochons sont des nôtres. Au bout d'une minute ou deux nous les avons dépassés je ne sais comment, et nous nous retrouvons de nouveau dans un ciel vide.

Soudain un avion fuse en dessous : queue énorme, étoiles rouges, incroyablement proche. Je vire à sa poursuite, jette un rapide coup d'œil derrière, le cœur battant. Il n'y a rien, mais Kasler s'écrie, "Sur ta droite ! Regarde à droite !"

À peine distant de deux cents pieds, bien en vue, l'air étranger, arrive le numéro deux. Je bascule sec vers lui puis me retiens partiellement. Il paraît fixe, interdit là comme un lièvre pris dans les phares. Je suis presque sur lui, arrivant par derrière. Ce sera à bout portant. Avant que je puisse faire feu, en voici quatre pratiquement au-dessus de nous, arrivant de l'autre côté. "Break à gauche !" appelle Kasler. Ils virent avec nous, comme des voitures sur un circuit de course, et nous voilà qui piquons, impossible de voir s'ils nous tirent dessus. Et puis nous sommes seuls ; ils ont lâché prise sans qu'on ait pu les voir. C'est fini. Au-dessus de nous les traînées s'estompent déjà.

*

Les membres d'une escadrille[1], cinq ou six pilotes, logeaient ensemble en chambrée. C'était une vie improvisée et pas très meublée. Il y avait une grande table où s'asseoir et jouer aux cartes, et un boy qui tirait les couvertures bien tendues sur les lits de camp, balayait et faisait les courses. Dans la journée vous vous trouviez souvent seul

1. Flight : en combat, unité formée de deux éléments de deux avions chacun (patrouilles simples). Chaque groupe comprend donc un ou deux pilotes de plus, mais qui volent ensemble régulièrement par roulement. Chaque escadron est formé de A Flight, B Flight, C Flight, D Flight, soit de 20 à 25 appareils. Les avions n'appartiennent pas à l'escadrille *(flight)* mais à l'escadron entier, bien qu'en pratique un pilote puisse avoir un avion qui lui soit réservé autant que possible. L'armée de l'air française a des escadrilles et des escadrons plus importants en nombre que l'Air Force, en général de 25 à 30 avions, répartis en deux escadrilles. *(N.d.T.)*

dans la chambrée lorsque vous ne voliez pas ou n'aviez pas d'autres tâches à faire. Le soir, jamais, mais il y avait le mess des officiers et le bar. Là vous pouviez parler à des gens que vous ne connaissiez pas, mais le faisiez rarement.

Quelqu'un, le boy peut-être, avait trouvé une ou deux photos et les avait posées sur la table au beau milieu de la pièce. Elles étaient de la taille d'une carte postale. En les ramassant sans faire attention, vous découvriez les visages de deux anciens membres de l'escadrille qui, ayant accompli leur compte de missions, étaient retournés depuis longtemps chez eux. Ces photos, bordées de noir, se trouvaient sur le mur à l'intérieur d'un grand cadre peint, à l'intérieur duquel il y avait la place pour d'autres, comme dans un cimetière. Une simple date était écrite sous chacune – la date, en fait, où ils étaient partis, autant qu'on s'en souvienne. Elle paraissait d'autant plus irrévocable.

Jetant un coup d'œil sur sa montre, quelqu'un annonçait l'heure calmement : "Neuf heures."

Colman se levait. "Le mur", annonçait-il.

Tout le monde se mettait debout. Une figure emmitouflée – Smith, qui aimait aller au lit avec une écharpe blanche enroulée sur les yeux comme un pansement – se levait d'un bond et, debout sur le lit, se dévoilait la tête. Sa main droite, comme celle des autres, couvrait son cœur.

C'était une représentation solennelle. Tous les yeux, y compris ceux du visiteur non averti, étaient tournés sur les photographies serties de noir ; il y en eut à la longue trois ou quatre. La troupe restait sans mouvement une minute entière, un long laps de temps pour garder une pose si rigide, puis brusquement et sans un mot, comme si de rien n'était, Smith, les yeux bouffis, renouait son turban souillé. La partie de cartes reprenait.

Il y avait même des toasts à l'occasion : Aux gars sur le mur ! Le moment le plus savoureux fut la première soirée d'un nouvel arrivant dans le groupe. Celui-ci, peu importe qui, n'osa pas douter ouvertement, bien que son instinct lui criât de le faire, et la moindre trace de vénération détectée enchanta les menteurs qui le faisaient marcher. Du coup, celui qui avait été dupe par la suite refusait absolument de bouger chaque fois que quelqu'un se levait et annonçait : "Le mur !"

*

Toutes les six semaines environ, on nous accordait quelques jours au Japon.

À Tokyo, tout était différent. Nous venions du front ou de ce qui en tenait lieu, nous étions sans sophistication, frustes, et trouvions la ville aux mains de ceux basés là qui possédaient tout : voitures, logements confortables, numéros de téléphone. C'était une vie de conquérants, bordels et cabarets, nuits sensuelles. Les taxis étaient vétustes et vous amenaient où vous vouliez, le long de boulevards mal éclairés et de rues sans nom.

L'Imperial Hotel, le palace oriental conçu par Lloyd Wright qui avait survécu au grand tremblement de terre et à la guerre, était encore debout. Horizontal, avec ses profonds avant-toits, ses baignoires carrelées de vert et l'impression qu'il donnait d'être sur un paquebot, ses briques avaient été fabriquées spécialement. Dans ses chambres et ses salons il y avait des civils, des dignitaires, des filles de la Croix-Rouge. Ils étaient indifférents à la guerre en Corée, du moins à ses héros encore à confirmer. Leurs intérêts se trouvaient dans la capitale et dans la vie qu'ils s'y ménageaient. À les regarder, à leur parler, à leur demander des renseignements, vous voyiez bien qu'ils avaient tout. Mais il y avait une chose qu'ils n'avaient pas, comme disent les croyants : ils n'avaient pas la vérité – c'était dans le *Stars and Stripes* qu'elle se trouvait, un matin au début d'avril. Je la lus assis dans le *lobby* d'un hôtel, hôtel sans nom et jour sans date, encore qu'ils en eussent à l'époque. Kasler avait eu son premier Mig. C'était étrange de constater comment, en un instant, j'avais perdu intérêt pour tout ;

l'envie peut produire cela. Revenant de Tokyo, c'était comme si je n'étais jamais parti, mais il y avait un vide, trois jours durant lesquels la guerre s'était poursuivie sans moi, irréversibles.

Quelque chose commence et bientôt vous avez votre série, comme un joueur aux tables ou un homme à la batte. Le second de Kasler, je le vis par hasard percuter le sol dans une brillante éclaboussure au cours d'un long engagement. J'étais avec Colman ce jour-là ; nous en pourchassions deux, mais pas moyen de nous en rapprocher. Au cours du debriefing, après coup, je reconnus un nouveau challenger, sa main courbée brusquement derrière l'autre pour montrer comment il avait fait, les marques de suie d'un masque à oxygène sur la figure. Nous avions fait partie des sans-grade, lui et moi, et je l'observais comme de loin.

Début mai, Colman et Kasler obtinrent chacun leur troisième. Je les vis atterrir après, les avions luisants et nus.

Les quatrièmes et cinquièmes, j'en parlerai plus loin.

*

Tant de choses pouvaient arriver, c'était en grande partie une question de hasard. Peut-être pleut-il depuis des jours – les avions restent dehors et l'humidité les affecte, on ne peut plus compter sur les radios. *Break !* crient-ils durant un engagement, et vous n'entendez rien. Le silence est inquiétant. *Break à droite !* crient-ils, *break à droite !* Pour une raison quelconque vous regardez derrière, et là, juste sur vous, se trouve une entrée d'air de la taille d'une locomotive. Paniqué, vous tirez trop fort et l'avion vibre, craque, part en vrille. La terre tourne, les saletés du plancher du cockpit flottent en l'air, et ils vous suivent dans votre plongée ; quand vous en sortirez à basse vitesse ils seront là à attendre.

Il y avait des jours où l'on avait comme un mauvais pressentiment, quelque chose n'allait pas, quelque chose d'impalpable. Comme une bête couchée dans un champ qui sent le danger, vous ne pouviez pas l'éviter en fuyant, vous ne saviez même pas ce que c'était. C'était une éclipse, pas totale, de courage. Des gars se faisaient toucher, Woody, Bambrick, Straub. Carey était perdu, Honecker. Sharp, avec son savoir-faire et sa moustache noire, abattu – le Mig sortant des nuages en plongeant derrière lui – et rescapé. Un jour, en tournant pour me mettre en finale, les commandes se grippèrent – quelque chose qui ne marchait pas dans le système hydraulique, je ne pouvais plus bouger le manche – et je fus à deux doigts de me tuer. Malgré cela, vous continuiez à vous rendre au briefing, à porter votre équipement jusqu'à l'avion.

Fin avril, nous apprîmes qu'il arrivait plus d'escadrons russes en renfort. Ils étaient à l'étroit sur leurs terrains, le bout de leurs ailes se touchaient. Le ciel se remplissait des lumineux cumulus qui viennent avec le beau temps.

J'étais avec Colman, rien que nous deux. Nous avions été quatre mais nous étions trouvés séparés – c'était l'escadrille d'alerte, nous avions décollé à la va-vite. Le radar nous dirigeait ; des formations ennemies étaient en l'air. Il était possible que nous ne les trouvions jamais, à errer comme nous le faisions au milieu des nuages monumentaux tout en parlant à l'occasion à la paire absente, dans le vague dessein de nous regrouper.

C'est là que je les vis pour la première fois.

"Deux bogies à huit heures haut, appelai-je.

– Entendu. Je les ai", dit Colman d'une voix lymphatique. On aurait dit un joueur de base-ball chevronné regardant une balle en lob arriver sur lui. Nous poursuivions sur notre cap.

"Ils nous rattrapent, Lead", fis-je au bout d'un moment. "Ils tournent vers nous.

– Compris."

Ils étaient à sept heures à présent, juste à quelques milliers de pieds derrière. "Ce sont des Mig, dis-je.

– Je les ai", fit-il encore d'un ton confiant ; il ne m'était pas venu à l'esprit qu'il ne les avait pas vus. Je ne pouvais imaginer ce qu'il était en train de penser.

“Ils vont à six heures. Ils tirent ! Break à gauche !” Colman les vit enfin et se mit à virer. J'étais avec lui sur l'extérieur et en retrait. Nous avions attendu trop longtemps. Nous étions dans une ligne de feu qui se déplaçait avec et devant nous. Je n'en savais rien, mais Colman était touché.

Derrière nous ils sentaient déjà le sang, ils pouvaient voir les impacts ; rien ne les délogerait. J'étais paniqué mais calme également, comme observant d'un endroit plus élevé et plus sûr. Nous virions aussi sec que nous le pouvions et ils viraient avec nous. L'altimètre se dévidait. Regardant avec effort derrière moi, je pouvais les voir, réguliers et indécrochables, comme les nacelles derrière vous sur une attraction foraine qui montent quand vous montez et descendent quand vous descendez, mécaniques et sans effort. Il y avait des combats, je le savais, qui allaient jusqu'au tapis et frôlaient les collines juste au-dessus des arbres, rugissants, sans relâche.

Nous avions réussi à prendre un peu d'avance sur eux. Nous volions trop désespérément pour qu'ils nous rattrapent. L'autre élément nous appelait – ils pouvaient nous entendre – pour demander où nous étions et s'ils pouvaient nous aider, mais ni Colman ni moi ne pouvions répondre. C'était sans pitié. C'était comme d'être saisi par un python – le moindre espace cédé, il se resserre pour le tenir. Nous étions en train de nous faire écraser dans l'air sans limites. En dessous de vingt mille pieds, Colman vira encore un peu plus sec et releva le nez de son appareil. Il allait danser avec eux de cette façon, à basse vitesse, n'ayant rien gagné en accélérant.

Ils n'insistèrent pas. Ils décrochaient ; je les voyais en dessous de nous mettre le cap pour rentrer. Je l'appelai pour lui dire de rebrousser chemin et de les suivre, mais il n'en fit rien, et ils s'éloignèrent jusqu'à devenir des points. Nous reprîmes de la vitesse et de l'altitude. Il dit quelque chose comme quoi il avait presque tourné de l'œil – son tuyau à oxygène qui s'était détaché –, puis il me demanda de me rapprocher pour examiner son avion.

"Qu'est-ce qu'il y a ?

– Je crois que j'ai morflé", décida-t-il.

De loin je pouvais voir les trous dans sa queue, et, une fois rapproché, dans l'aile.

Presque à vide de carburant mais plein d'exubérance, j'atterris trop long ce jour-là, un vrai travail d'amateur, et finis par faucher l'un des trains d'atterrissage. J'ai effectué ce même atterrissage plus de cent fois et n'ai jamais manqué de poser l'avion aussi doucement qu'une figurine de verre sur une étagère, les roues semblant toucher avec une douceur féline, mais la seule et unique fois que cela ne se passait pas dans mon imagination, j'échouai lamentablement. Le commandant était enclin au pardon. Je compenserai cela plus tard, déclara-t-il. Lui-même avait eu un sérieux accident, en Angleterre, il était entré en collision avec un bombardier à nous et avait tué tout le monde à bord. C'était Mahurin, et une épreuve plus grande encore l'attendait ; il fut fait prisonnier en Corée du Nord et fit des déclarations au bénéfice de l'ennemi. Malgré cela, je ne parvins jamais à le détester.

*

Lorsque le temps était mauvais, comme il l'était ce printemps-là, nous ne volions pas. Durant les longues journées de pluie il y avait une agitation et une sorte de mélancolie. Les heures se traînaient ; le phonographe qu'il fallait remonter à la main jouait *China Night*, une rengaine criarde. Nous passions ces heures à nous remémorer les filles de chez Mioshi's (réservées aux officiers, pilotes et officiers d'artillerie venus de tous les coins de la guerre), les pétards qui éclataient aux pieds des hôtesses dans de vastes night-clubs baignés de néon, les maisons spéciales de l'autre côté de la grande porte à Fuchu, les courbettes des Japonais, Amell en uniforme trempé sortant de voiture, sans la moindre idée d'où il était, à vue de nez la gare principale... Nous remémorant tout cela à attendre que le temps change, pour de nouveau rouler sur la piste et, dans le vacarme grandissant avec son cri glaçant au milieu, trembler à l'idée de partir.

Un jour, près des hangars, dans les latrines, je tombai sur un pilote à large faciès nommé Braswell qui avait été *first captain* un an ou deux après ma promotion à West Point. Il pilotait des chasseurs-bombardiers et s'était posé, à court de carburant, au retour d'une mission. L'équipe d'entretien était en train de s'occuper de son appareil, un F-84, exotique pour eux, avec sa voilure droite et un train d'atterrissage qui le faisait ressembler à un héron. Nous restâmes un moment à bavarder. C'était comment, se battre contre des Mig ? demandait-il.

Je le lui décrivis. Je me rappelle la fierté que j'avais à lui en parler, fierté que je prenais soin de dissimuler. Il écoutait attentivement. Je savais qu'il sentait que je lui donnais un témoignage auquel il pouvait se fier. Il n'y a vraiment que deux sortes d'officiers, ceux avec vertu et ceux qui font sans. Non que l'un soit préférable à l'autre – il y a des moments où la vertu est une terrible tare –, mais je me sentais faire partie des premiers. Braswell en était un représentant, bien sûr. Je lui transmettais quelque chose qu'il a peut-être pu reconnaître – bien qu'incomplet et donné dans le désordre, c'était tout ce que j'avais appris. Défilaient devant moi tous les rangs de lieutenants et capitaines de cadets, joueurs de football, petits maîtres, comme diraient les Anglais. Je dis défilaient devant moi, mais c'est moi qui passais devant eux, me dirigeant vers la figure privilégiée qui se tenait seule, ne serait-ce qu'un bref moment, à la tête de tous, et lui parlais, non comme un subordonné mais comme deux hommes dans un champ pourraient le faire. Nous étions tous deux capitaines à présent, d'une autre sorte. Si je devais le revoir des années plus tard il ne s'en souviendrait pas – ni d'avoir atterri là, ni de moi, ni de rien de ce que j'avais dit – mais je l'avais donné néanmoins, et à quelqu'un qui pouvait compter. Je me sentais confessé et absous.

*

C'est en mai que Colman s'envola pour ce que personne, à part lui, ne savait être sa dernière mission.

Il avait quatre victoires à présent, et ce jour-là, au cours d'un engagement près du Yalu, Kasler, menant un élément, obtint sa quatrième lui aussi, puis s'accrocha derrière un autre Mig et plongea à sa poursuite pratiquement jusqu'au sol. Ils rugissaient au-dessus des étangs de boue, pleins gaz, aiguilles dans le rouge, le Mig comme un animal de légende qui s'enfuyait devant. Kasler essayait de gagner sur lui. Les commandes ne répondaient pas. Le sol fusait sous eux. La destinée même, à l'improviste, scintillait devant ses yeux.

Ils arrivaient sur des plans d'eau, le delta où le fleuve s'élargissait, quand soudain le Mig se mit à s'enlever droit en l'air, prenant de l'altitude et continuant sa boucle. Colman était au-dessus avec son ailier, observant tout cela. Dans sa poche, pour parler figurativement, se trouvait un télégramme qu'il avait reçu le matin même – son père était gravement malade, il devait rentrer chez lui – lorsque le Mig s'éleva devant lui, le cinquième tant désiré, entier et ralenti. C'était sa dernière chance.

“Je peux ?” demanda-t-il poliment.

Kasler, livide, ne répondit pas. Il passa en montant, montant, achevant brillamment sa boucle, assoiffé de désir, redescendant tout de suite. En bas le Mig qui allait trop vite fit une erreur de jugement et s'écrasa près de l'eau. Kasler s'en sortit en esquivant de justesse.

J'avais atterri une demi-heure plus tôt après une mission infructueuse, et me tenais près des logements à observer leur retour. La première chose que je vis c'est qu'ils étaient sans leurs réservoirs largables. Ils sortirent de la piste du bout le plus rapproché, près de la route. Je reconnaissais la tête de Colman, petite, comme celle d'un oiseau, dans le premier appareil. Ses goulottes de mitrailleuses étaient propres. Celles de son équipier aussi. Les deux autres avions étaient en fin de roulage d'atterrissage. Les leurs étaient noircies – ils avaient tiré.

Kasler en avait descendu deux et son ailier un. Le simple coup d'audace – il est difficile d'imaginer l'énorme distance que cela mettait entre nous. La cinquième n'était pas juste une victoire de plus ; c'était la béatification, le pas au-dessus du gouffre. S'accrocher à la queue d'un autre avion à pleine vitesse, déterminé, plus près que ne le dictait la prudence, ne connaissant pas l'autre pilote ni ce qu'il ferait, descendre au ras des arbres, jusqu'à la terre fatidique – j'avais moi-même fait ce vol, cela avait été mon initiation, bien que j'eusse peine à imaginer le répéter en temps de guerre. Kasler avait sa cinquième, mais plus que cela, il avait réarrangé l'état des choses ; il avait commencé comme moi, comme porte-flingue, et maintenant se trouvait là où l'audace l'avait placé, de l'autre côté.

Colman partit le jour même. Après son départ, je réalisai que j'en savais très peu sur lui. Il était marié et avait des enfants, je crois. Il était gai de cœur et n'hésitait pas à se pousser du col. La vérité au jour le jour n'était probablement pas dans sa nature, mais une forme plus élevée d'intégrité l'était, une intégrité à ne gaspiller sur rien de trivial. Son état d'esprit était contagieux. Nous ne nous ressemblions en rien. Je l'adorais.

Les adieux furent des plus brefs. Il partit simplement comme il était venu, comme si la partie n'avait pas beaucoup compté pour lui ; il sortait sans un regard en arrière. *Finis.*

J'ai oublié quand Kasler nous a quittés, quelque temps après et avec une victoire de plus. Les Mig étaient descendus au sud d'Anju lors de la mission précédente. Il les voyait en bas, mais ne pouvait les rattraper, et puis il se trouve qu'il y en avait un derrière lui qui ne savait pas ce qui l'attendait. Son sixième.

J'allai le trouver comme il faisait ses préparatifs pour partir. J'avais une escadrille à moi maintenant et d'autres allégeances, mais une partie de moi-même était resté derrière. Nous fîmes nos adieux. Il était quelque peu taciturne, comme d'habitude. Je me demandais s'il comprenait cela même qu'il avait gagné et posséderait très longtemps par la suite, le lustre de ces jours de chasse, quand son nom était entré dans l'Histoire.

Plus tard il s'attarda pour dire quelques mots – pour me consoler, je crois. Il y aurait d'autres occasions. Bien sûr, dis-je. Nous nous reverrions un jour, nous étions d'accord là-dessus. Cela me brisait le cœur de le voir partir, pas pour la mince amitié qui nous unissait mais pour les accomplissements qu'il emportait avec lui. J'ai revu son nom une autre fois, dans un article tout en bas d'une colonne du *Times* durant la guerre du Vietnam. Il était pilote là-bas. Il était connu par son nom, était-il écrit, jusque dans la salle de guerre de la Maison Blanche. Il eut la malchance, par la suite, de se faire abattre et d'être fait prisonnier, mais même là il était invincible. Il fut détenu sept ans. La torture n'eut pas raison de lui. Rien ne le pouvait.

Je sais comment ils m'apparaissaient, et j'essaie de m'écarter un moment pour m'observer, voir quelle impression j'avais pu leur faire. Même aujourd'hui je n'en suis pas sûr – un personnage marqué, certainement, liant et distant à la fois, non sans courage, motivé, impétueux, un peu malavisé. Il se peut qu'ils se soient parfois demandé ce qu'il était advenu de moi. Les nouvelles se faisaient de moins en moins fréquentes. Avais-je continué, m'étais-je élevé ?

*

Le premier beau temps depuis une semaine. Les chasseurs-bombardiers repartent au nord en grand nombre, quelque part près de la frontière. La salle de briefing est bondée et électrique. C'est l'effort maximum – tout ce qui peut décoller. Six cents avions ennemis ont été dénombrés sur leurs terrains. Nous en envoyons quarante.

Loin en dessous de nous les formations argentées se déplacent lentement, semble-t-il, sur un fond de collines arides. Des formations ennemies sont annoncées, les unes après les autres, et puis quelqu'un les repère le long du fleuve, à trente mille pieds. Le sang ne faisant qu'un tour après les jours à ne rien faire, nous larguons nos réservoirs et commençons à monter. Nous perçons une mince couche nuageuse, pour déboucher sur du vide.

Quelques instants plus tard, arrivant de nulle part, ils sont sur nous, quatre d'entre eux à huit heures. Nous virons dans leur direction, ils passent derrière nous et disparaissent.

L'escadrille s'est séparée, nous sommes par deux. À présent des Mig sont signalés partout. La radio déborde de voix, parmi elles quelqu'un signalant des Mig au sud du fleuve à vingt-quatre mille pieds. Combien ? demande quelqu'un.

"Plein, plein !"

Nous faisons cap dans cette direction et en repérons deux au loin qui nous dépassent sur notre gauche. Nous tournons pour les suivre, ils grimpent et se mettent à virer aussi. Le ciel est d'un bleu brûlant, un ciel dans lequel les choses paraissent noires. Je suis sur le dos, montant en immelmann pour me mettre entre eux et le fleuve, rétablissant légèrement sous le leader, qui est en train de virer sec sur la droite et ne peut pas me voir. Je baisse la tête pour trouver le collimateur, qui est une image projetée sur une épaisse plaque de verre en biais, servant de pare-brise. Il n'y a rien dessus. D'avoir viré l'a fait carrément sortir du verre. Le Mig commence à se rétablir et le réticule réapparaît. À environ mille pieds derrière lui, je presse la détente. Les traceuses lui passent derrière. Il se met à grimper de nouveau et je lui coupe la route en me rapprochant, je jette un bref coup d'œil derrière pour voir si mon équipier est toujours là, je fais feu à nouveau. Quelques impacts dans l'aile droite, puis une joie immense, à distance plus rapprochée une pleine rafale dans le fuselage. Les explosions sont intenses, brillantes, comme quelque chose de vital qui se fracasse. Il passe brutalement sur le dos et je le suis, comme on saute d'un mur. Il commence à redresser. Je tire toujours et un objet se détache de l'avion – la verrière. L'instant d'après, une sorte de paquet, le pilote, en sort.

"Cope ! T'as vu ça ?

– Affirmatif", dit mon numéro deux. Il m'a peut-être parlé durant tout ce temps, me disant que je n'avais personne sur moi, mais ce simple mot est le seul qui reste.

Le Mig, à présent une nef funéraire qui ne portait plus rien, était en train de tomber de trente mille pieds, en vrille et comme s'il prenait son temps, jusqu'à ce que, sans prévenir, son ombre apparaisse sur la colline et se mette lentement à la rejoindre dans une gerbe de flammes.

Six avions ennemis furent revendiqués durant cette mission et deux des nôtres perdus, un as et son équipier. Le leader fut rescapé mais l'ailier se noya.

Telle est donc, légèrement décolorée et susceptible de partir en morceaux au moindre toucher, la fleur du corsage que j'ai gardée du bal.

*

Finalement une sorte de malaise s'installe. Un sentiment d'inconséquence, même de légèreté, vous étreint. D'une certaine façon, c'est comme aux tout premiers jours, ce sentiment d'être un outsider. D'autres prennent votre place, d'autres, anonymes, qui ne pourront jamais savoir comment c'était. Elle leur est accordée, la guerre dans tous ses romantiques détails finissants, ses désastres et ses heureux hasards. Ils rentreront par les ciels intenses d'automne, se mettront gracieusement en place au-dessus des limites du terrain. Les pistes lisses et noires montent en flottant à leur rencontre. Les appareils sont vides, légers comme la plume, les réservoirs n'ont pratiquement plus une goutte, les bandes de munitions ont disparu ; ils ne ramènent rien que cette chose que nous chérissions par-dessus tout.

Au nord une dernière fois, encore au nord pour une razzia. Les radios sont silencieuses, seul un occasionnel mot bref traverse l'air. Nous espérons les surprendre, mais c'est un vain espoir, nous sommes déjà des marques verdâtres sur un radar. Ils parlent une langue obscure, des bribes qui se répondent, essayant de décider où nous allons et ce qu'ils feront.

Cette fois-ci, tout en pilotant, me reviennent des missions au-dessus d'interminables plages de nuages, la solitude et le goût clair, ionisé, de l'oxygène pur, les yeux rivés sur rien mais avec application, et toutes les chances, semble-t-il, de n'avoir rien d'autre à scruter le long d'horizons vides, et puis soudain un peu plus haut, ou de nouveau là où l'ennemi se matérialisait parfois au fin fond du coin de l'œil – des missions sans gloire, lorsque tout à coup, arrivant de nulle part, les voici.

Je terminai avec un détruit et un endommagé, que j'élèverais parfois, parmi les non-initiés, au rang de probable, jamais plus ; plus aurait signifié souiller cela même pour quoi on avait combattu.

Lorsque je retournai à la vie domestique, je gardai quelque chose pour moi, un profond attachement – plus profond qu'aucune chose que j'avais connue – pour tout ce qui s'était passé. J'étais arrivé très près du genre d'accomplissement qui demande de tout risquer, d'aller où les autres n'iraient pas, de donner ce qu'ils ne voudraient pas donner. Par la suite j'eus le sentiment de n'en avoir pas fait assez, d'avoir été trop dépendant des autres, trop maladroit. Je n'avais pas accompli ce que je m'étais mis dans la tête de faire ni ce que j'aurais pu faire. Je ressentais du mépris pour moi-même, pas au début, mais plus le temps passait, je cessai de parler de cette période, comme si je ne l'avais jamais connue. Mais cela avait été un grand voyage, le voyage, probablement, de ma vie.

J'aurais tout donné, ça je m'en souviens bien. Les moments de terreur – seul, séparé du leader, voyant comme un glas tomber les réservoirs largables avec leurs formes étrangères et de minces sillages vaporeux, tomber en silence à droite et à gauche –, les briefings laissant parfois présager le pire et la préparation, les sombres petits matins qui pour moi étaient pires que tout – rien de tout cela n'importait. Quelques années plus tard, j'ai gagné un tournoi de tir aérien en Afrique du Nord et mené une équipe de voltige – bref, j'avais appris l'équitation. Nous descendions du ciel dans des pays lointains, et de temps à autre, dans un vestiaire ou dans un bar, j'entendais une remarque : quelqu'un, un nom de cette période, s'était tué dans un accident d'avion, mais, comme les compagnons de bord de Conrad sur le *Narcisse*, je n'en revis jamais aucun.

À brûler les jours

J'ai volé dans le 75th, le 335th en Corée, le 22nd en Allemagne, et à la fin dans le New Jersey avec le 119th Squadron, des années durant, comme des années de cavalerie, l'attente le long de pistes vides, les salles d'opération arides, le bruit d'apocalypse des moteurs, énorme et irrégulier, l'oisiveté et le cynisme, le mythe.

Durant cette période, rien n'existait au monde à part nous. L'exclusivité nous plaisait. Il y avait d'autres escadrons, bien sûr. Certains que vous connaissiez très bien. Les avions des trois escadrons du groupe, et aussi ceux d'autres terrains passaient devant la petite hutte montée sur roues à côté de la piste. Souvent c'est vous-même qui revenez, qui rentrez sous les nuages, voyez la longue piste droite ou les hangars qui la longent, rendus flous sous la pluie – un bonheur incomparable, la joie de rentrer au bercail.

*

Nous avions des pilotes avec des noms comme Homer et Ulysses, des garçons de la campagne peu frivoles de nature, qui prenaient grand soin de leurs voitures. Ceux qui arrivaient de leur ferme, je ne sais pourquoi, semblaient toujours les hommes les plus accomplis. Ils étaient d'humeur égale et ne se pressaient jamais, le genre qui observeront un homme faire une bêtise et ne feront pas de commentaire

– la plaisanterie viendra à la fin. Ils devenaient pilotes au lieu de partir à la ville, encore que bien sûr ce ne fût pas la même chose, et ils voyaient le monde à distance – le Grand Canal comme un fil gris qui se tordait parmi des *piazzas* à peine reconnaissables tout en bas, le fuseau immanquable de la flèche de Paris qui sortait de la brume. Sous eux défilaient tous les miracles de l'Europe, dont très peu retenaient leur attention – leurs émerveillements étaient plus élémentaires, dans une chambre, avec un membre comme celui d'un cheval au pré, se mirant debout devant la glace en pied avec une putain allemande. Certains épousaient des serveuses.

Vous les connaissiez, c'est-à-dire leurs capacités et jusqu'à un certain point leur caractère, mais il restait beaucoup de caché. Au bout de deux ou trois ans vous n'en saviez pas beaucoup plus qu'au début, mais vous étiez tout de même attaché à leur silence, à l'honnêteté de leurs pensées. Un soir l'un d'eux fonça en moto contre une pile de pont en béton et fut des semaines à l'hôpital, jambes cassées, la mâchoire retenue en place par du fil d'argent. Néanmoins, quand j'entrai dans la chambre, il trouva le moyen de sourire. Il avait une nature accommodante et un nom idéal pour un as, étrange et abrupt : Uden. Mains larges et capables, des yeux sans peur, et pourtant tout cela ne lui avait servi à rien. Face à face pour la dernière fois dans le brouhaha du pot d'adieu, les yeux bleus de la campagne se sont soudainement voilés de larmes. "Je sais que je vous ai déçu.

– C'est vrai.

– Je voulais juste vous dire – la prochaine fois ce ne sera pas pareil."

C'était vrai aussi. Il n'y eut pas de prochaine fois. Un an plus tard, quelqu'un était en train de décrire un accident survenu à Myrtle Beach, un décollage de nuit à plein, des réservoirs supplémentaires de quatre cent cinquante gallons, les avions qui peinaient, le noir de la couverture nuageuse sans une fissure. Le point de rendez-vous était dans un ciel sans division entre l'obscurité de l'air et celle de l'eau, un ciel sans haut ni fond ; en fait, il n'y avait pas de ciel, seulement le noir total dans lequel, virant avec un gauchissement prononcé pour essayer de rattraper les feux du leader qui s'éloignait, le numéro trois, trop bas dans le rugissant cauchemar, si déterminé à bien faire, était tombé dans la mer. Uden.

Le leader de cette escadrille était un des grands as de la guerre ; hautement visible et blindé contre les balles ; il y en avait encore un certain nombre en circulation. Le combat n'avait jamais réellement pris fin pour eux. L'un avait sur son bureau un écriteau qui disait : *La mission de l'Air Force est de voler et de combattre, n'oubliez jamais cela.* Un autre, Blakeslee, combattant indomptable, sale caractère et violent de réputation, il ne me fut donné de le rencontrer qu'une fois, durant ma dernière année comme pilote. C'était à une réception en Allemagne, et il entra au bar du club non pas en uniforme avec deux ou trois rubans éloquents, mais vêtu comme un propriétaire de night-club des années 30, le smoking démodé, la chemise empesée. Il se tenait au bout, un peu à l'écart ; je n'aurais jamais su qui il était si le barman ne l'avait salué par son nom.

Un ou deux jeunes officiers, de passage comme moi-même, l'abordèrent comme il attendait sa commande. C'étaient des pilotes de F-104 qui venaient d'Angleterre. Il n'en va pas avec la guerre comme avec le reste, où la jeunesse n'est qu'arrogance. La guerre est *terra incognita.* Les jeunes sont généralement empressés de se voir soulever le rideau, ne serait-ce qu'un petit peu, par un des grands.

"Bonsoir, mon colonel", dirent-ils en chœur.

Il les regarda sans expression. Son intensité était suffisante à anéantir l'ego de tous sauf des plus agressifs.

"Sir, fit l'un d'eux, je voulais juste vous poser une question. C'est une chose à laquelle je n'ai jamais pu trouver de réponse. C'est au sujets des as allemands."

Blakeslee, qui avait été colonel et s'était vu ensuite réduit en grade, peut-être avec raison – il était maintenant lieutenant-colonel – se tenait sans rien dire. Il écoutait sans montrer le moindre signe d'intérêt.

“Est-il vrai, continua le jeune capitaine, que les Allemands homologuaient leurs victoires au nombre de moteurs, et obtenaient quatre victoires pour, disons, avoir abattu un B-17 ?”

Peut-être Blakeslee connaissait-il la réponse. Peut-être pesait-il la véritable intention derrière la question. Ses traits était plus lourds qu’ils ne l’avaient été jadis, son corps plus enrobé. Les ciels électriques au-dessus du Reich avec leurs bancs de nuages, les cris sur la radio, la confusion et les plongées à la verticale, ces ciels de légende n’étaient plus. Finalement il prit la parole.

“Je ne sais pas”, énonça-t-il lentement. Il ramassait trois ou quatre verres. “Je sais seulement une chose : tout ça c’est du bidon.”

On aime dire qu’il n’est pas possible de comprendre à moins d’y avoir été, à moins d’avoir vécu ça. On ne pouvait disputer son dédain.

*

Comme ce monde vous revient facilement, le relent d’échappement des réacteurs, huileux et foncé, dans l’air matinal, tandis que vous vous rendez là où sont garés les avions dans le brouillard.

Bientôt vous êtes près du soleil où l’air brûle de froid, entouré de tout ce qui vous est familier, les rayures sur la verrière, le noir ébréché du tableau de bord, le rouge passé des rubans de sécurité enfoncés dans une poche près de votre botte. De la tuyère de l’avion du leader sort une occasionnelle bouffée de fumée, le seul signe de mouvement comme elle file en arrière.

En bas, la terre s’est dévêtue de sa nuit. Il y a l’argent d’innombrables lacs et cours d’eau. Les plus grandes choses qu’on puisse voir, écrivaient les anciens, sont le soleil, les étoiles, l’eau et les nuages. Ici parmi eux, à quoi pense-t-on ? Je ne me rappelle plus, mais probablement à rien, au fait de voler, en soi impérissable, brillant. Vous ne songez pas aux poissons dans le grand fleuve à méandres, mince comme du fil, des kilomètres plus bas, ni aux grenouilles dans les mares étincelantes, ni eux à vous ; ils n'en savent pas beaucoup sur vous, encore qu'une fois, juste après le décollage, je vis l'ombre de mon avion raser l'herbe sèche comme les ailes de dieu, et, juste en passant au-dessus, figé par le bruit, un lièvre deux cents pieds plus bas. Le lièvre solitaire, moi, le soleil matinal, et tout ce qui s'étendait au-delà se rejoignirent l'espace d'un instant, comme une éclipse.

Une nuit au début du printemps, nous étions deux – j'étais l'ailier. Personne d'autre ne volait. Nous atterrissions en formation au terme d'une approche aux instruments. Il faisait très noir, il avait plu, et le leader se trompa dans les feux d'entrée de piste. Franchissant l'extrémité de la piste trop haut, nous touchâmes un peu loin. L'imitant exactement, je maintenais le nez haut, comme lui, pour ralentir, les roues ricochant comme des cailloux plats sur un lac. À mi-piste nous baissâmes le nez et commençâmes à freiner. Incroyablement, nous nous mîmes à aller plus vite. La piste, invisible et noire, était couverte d'une couche de verglas infiniment mince. Du crachin avait gelé quelque temps après le coucher du soleil et la tour n'en savait rien. Nous aurions pu, au dernier moment, remettre les gaz et essayer de remonter – mais c'était trop tard. Nous freinions désespérément. Je coupai mon moteur – l'éteignant pour offrir plus de résistance à l'air – et un instant plus tard il appela pour dire qu'il faisait pareil. Nous étions debout sur les freins, les relâchant tout de suite après, freinant sec à nouveau et ainsi de suite. Le bout de la piste approchait. Les avions glissaient, dérapant sur le côté. Je savais que nous allions quitter la piste et risquions la collision. J'avais le palonnier de gouverne droite enfoncé à fond, essayant de rester de mon côté.

Nous quittâmes la piste tous les deux, glissant en raclant le sol inégal sur environ soixante-dix mètres avant de nous immobiliser. Juste devant nous il y avait la route du périmètre et au-delà, en contrebas, des rails de chemin de fer.

Lorsque je descendis du cockpit, je ne tremblais pas. Je me sentais presque exalté. Cela aurait pu être tellement pire. L'officier de service arriva en voiture. Il regarda les formes sombres et massives des appareils, placés bizarrement l'un contre l'autre, la longue route vide derrière, le fossé encore derrière. "S'en est fallu de peu, non ?" dit-il.

C'était à Fürstenfeldbruck, le plus luxueux des terrains d'aviation allemands d'avant-guerre, près de Munich. Nous y allions de notre propre base plus au nord, Bitburg, dans la région du Rhin, en alerte ou pour nous entraîner au tir tout près. Zulu alert, deux appareils dans cinq minutes, deux dans quinze, les longs casernements bien construits, les toits de tuiles et les couloirs en marbre. Les bosquets de pins quand on se rendait au réfectoire des pilotes, où on pouvait manger son petit déjeuner en combinaison de vol et où les serveuses connaissaient nos préférences.

Nous n'étions pas loin de Dachau, la fosse à cendres. Une parmi d'autres. J'avais vu ses ruines aplaties. Le fait qu'Otto Frank, le père d'Anne Frank, eût servi comme officier dans l'armée allemande durant la Première Guerre mondiale, j'ai très bien pu n'en rien savoir, mais j'avais conscience que le patriotisme et la dévotion ne l'avaient pas sauvé, ni lui ni les autres. Ils ne me sauveraient peut-être pas moi-même, pensais-je en jurant le contraire. Je me savais différent, ne serait-ce que marqué par mon nom. J'agissais toujours poussé par deux nécessités ; la première était d'être comme tout le monde, et la seconde – était-ce de l'idiotie de ma part ? – d'être meilleur que les autres. Tant qu'à être méprisé, je voulais que ce soit par des inférieurs.

Munich était notre ville, sa grande présence de nuit, les bars et les clubs, l'Isar vert et coulant comme un robinet entre ses rives, le Regina Hotel, les après-midi dansants du dimanche, le visage en nage à cause de la chaleur, le Film Casino Bar, le Bei Heinz. Toutes les femmes. L'amie de Pana dans la robe décolletée, celle de Van Bockel, qui était secrétaire et avait des formes si exceptionnelles, celle de Cortada, qui sentait comme une boutique de fleuriste un jour de chaleur. Munich sous la neige, revenant seul au terrain par le tramway.

Un jour d'hiver, je revenais à Bitburg avec White, un des deux hommes de l'escadron appelés à devenir célèbres – l'autre était Aldrin. Il était tard dans l'après-midi, tout était bleu comme le métal, le ciel, les villes et les forêts, même la neige. L'autre avion, silencieux, constant, sur votre aile. Content d'être avec quelqu'un qui vous plaisait, vous vous déplaciez à travers tout cela, à trente-cinq mille, la mince écume des traînées s'estompant derrière vous.

White avait été la première personne que j'aie rencontrée en arrivant à l'escadron, et je le connaissais bien. Dans les appartements de fonction, sa femme et lui vivaient sur notre palier. Il avait le teint clair, presque laiteux, et des cheveux roux. Athlétique, lanceur de poids ; on voit sa tête sur tous les campus, idéaliste, rayonnant. Il était excellent pilote, reconnu comme tel par ces juges implacables que sont les équipes d'entretien. Ils ne le révéraient pas comme ils révéraient les ruffians qui buvaient avec eux, discutaient des mérites du commandant d'escadron ou d'exploits sexuels, mais ils le respectaient, lui et ses bonnes manières presque appliquées. Dieu et Patrie – telles étaient les choses qu'on lui avait inculquées.

À Paris, une vie plus tard, dans une chambre d'hôtel je regardais, alors que partout sur d'autres écrans il marchait rêveusement dans l'espace, le premier Américain à le faire. J'étais sur les nerfs et déprimé. Ma poitrine me faisait mal. Mes cheveux avaient des mèches grises. White tournait lentement, à l'envers, rattaché au vaisseau spatial par une longe paresseuse. J'étais malade d'envie – il était en train de détruire tout espoir. Quoi que je puisse accomplir un jour, ce ne serait jamais aussi écrasant que cela. Je ressentais une sorte de solitude et de terreur. Je voulais être chez moi, revoir mes enfants avant la fin, et j'étais persuadé que la fin était proche ; j'avais des envies de suicide, prêt à fondre en larmes. Il m'a fait cela sans le savoir, comme une belle femme brise des cœurs rien qu'en traversant la rue.

White fut réduit en cendres dans le terrible accident survenu sur la rampe de lancement de Cap Canaveral en 1967. Il périt avec Virgil Grissom, avec qui j'avais volé aussi. Ses funérailles furent solennelles. J'y assistais, tout en ne me sentant pas à ma place. Être tué en pilotant avait toujours été une possibilité, mais ces deux-là, d'une certaine manière, s'étaient placés au-dessus. Ils étaient déjà visibles dans cette grande photographie de notre époque, celle qu'on appelle célébrité. Encore jeunes, et, autant que je sache, intacts, ils étaient comme des jockeys qui s'avancent vers la ligne de départ pour une compétition qui marquerait le siècle, la course à la Lune. L'absolument imprévisible avait eu raison d'eux. C'est Aldrin qui y alla à leur place.

White est enterré dans le même cimetière que mon père, pas très loin de lui. Je me rends sur les deux tombes quand j'y vais. Celle de White, pourtant une parmi d'autres, semble se voir de loin, comme il en était de même avec lui de son vivant, si vous examiniez les rangs avec attention.

*

Vous vous rappelez les aérodromes, le premier coup d'œil jeté dessus pour certains, d'autres leur profonde familiarité.

Mis à part ceux qui n'apparaissaient finalement que lorsque vous arriviez dessus, nez de l'avion en l'air, dans la purée ou sous une forte pluie, le plus beau terrain que j'aie jamais vu se trouvait au Maroc, dans la partie sud. Il s'appelait Boulhaut, une longue piste impeccable construite pour les bombardiers de chasse et qui n'avait jamais servi, avec les numéros énormes à chaque bout écrits clairement – aucun pneu ne les avait jamais maculés. Impossible de ne pas s'émerveiller devant son extraordinaire état neuf.

J'aimais les terrains près de la mer, Westhampton Beach sur Long Island, Myrtle Beach, Langley, Eglin, Alameda, où nous atterrissions en automne en amenant des avions qui devaient être transportés au front en Corée, avant de réparer chez Vanessi's avec des épouses de pilotes de la Navy. J'aimais Sidi Slimane pour son aspect ouvert, et aussi les terrains allemands, Hahn et Wiesbaden, Fürstenfeldbruck.

Il y a des terrains que j'aimerais oublier, Polk, où une nuit j'ai failli me payer les arbres comme un amateur, essayant maladroitement de remettre les gaz, volets sortis. Plus tard, dans le baraquement en bois où nous étions logés, j'eus droit à une autre leçon. Deux hommes en combinaison de vol, l'air sinistre, s'arrêtèrent à la porte ouverte de la chambre où j'étais assis sur un lit. “C'est toi qui pilotais le P-51 ? D'où tu viens comme ça ? demanda l'un d'eux.

– Andrews”, répondis-je. Je me sentais investi d'une sorte de prestige, d'être ainsi lié à cet avion argenté à la forme mince et agressive, garé à l'écart sur la rampe. Il n'était pas difficile de déduire qu'ils étaient des figures de moindre calibre, transports de troupes vraisemblablement. Je leur dis que j'appartenais au Fourth Group plutôt que de me lancer dans les détails moins intéressants – je faisais en réalité une maîtrise à Georgetown. Ils ne semblèrent pas très impressionnés. “Jamais entendu parler de Don Garland ?” dis-je, nommant un pilote notoire du Fourth.

“C'est qui ?

– Un des meilleurs pilotes de toute l'Air Force.

– Ah ouais ?”

Je proférai quelques exagérations glanées ici et là au mess d'Andrews. Garland occupait la position du charognard [1] dans l'équipe de voltige, il s'accrochait là par les dents, pratiquement, avec pour preuve le gouvernail noirci de son appareil, taché par les gaz d'échappement du leader et toujours laissé en l'état comme une marque de fierté – aucun mécano n'aurait osé le nettoyer. C'était un sacré bonhomme, Garland – j'aurais pu leur en raconter de bien bonnes sur lui.

“Il est comment, physiquement ?”

1. Derrière le leader en formation de voltige. *(N.d.T.)*

Je donnai une vague réponse. Était-ce un type bien ? voulaient-ils savoir.

Je m'étais presque retrouvé dans une bagarre un soir à Andrews, pas avec Garland mais avec un autre membre de l'équipe de voltige. "Pas particulièrement", fis-je.

L'un d'eux pouffa de rire subitement. L'autre lui jeta un regard. "La ferme, dit-il.

– Oh, non, je te jure", s'étranglait le premier. Puis, à mon adresse : "Garland c'est lui", fit-il en le montrant.

Je restai interdit.

"C'est quoi ton nom, d'abord ?" voulaient-ils savoir.

Je partis de bonne heure le matin, avant qu'ils ne soient levés.

Plus tard, lorsque je rejoignis finalement le Fourth, ils en étaient par chance déjà partis. Il y avait d'autres Garland. À Bitburg, un des lieutenants-colonels de l'escadre venait souvent s'asseoir dans mon bureau, désœuvré comme un notaire de campagne, à regarder le tableau sur lequel étaient punaisées des photos de nos pilotes – j'étais officier d'opération de l'escadron à l'époque –, en demandant, si la guerre éclatait, lesquels d'entre eux feraient des as ? Nous restions ensemble à examiner les visages.

"Emigholz, je disais.

– Qui d'autre ?"

Une pause. "Cass, probablement. C'est difficile de dire, Minish."

Il n'y avait pas de réelle façon de juger. C'était leurs capacités mais aussi leur personnalité, leur manque de remords. "Peut-être Whitlow", j'ajoutais. J'essayais de les comparer au souvenir que j'avais des as ou quasi-as en Corée. Emigholz était comme Billy Dobbs, Cass comme Matson. "Et Cortada", je finissais toujours. Il venait de Porto Rico, il était petit, du genre excité, et suprêmement confiant en ses talents. Tout le monde ne partageait pas cette opinion sur ses capacités – son commandant d'escadrille était certain qu'il finirait par se tuer.

Avec le même instinct qu'ont les chiens, vous saviez la place de chacun dans le rang. L'expérience comptait, et la performance au jour le jour. Les pilotes avec peu d'heures de vol, dans les premières années de leur carrière, étaient les plus dangereux. Ils étaient jeunes, dans le bien-être de l'ignorance, comme des mouches dans un carré de soleil sur une table, inconscients du sort des autres, innombrables. Pour ce qui était de voler, ils n'avaient qu'une idée limitée des nombreuses façons de rater son coup, la plupart mortelles.

En compagnie d'un lieutenant indécis, dégingandé, nommé Kelly, je quittai Bitburg en fin de journée pour Marseille. Les prévisions météo sur mon point de destination étaient : partiellement nuageux, huit milles de visibilité. Je l'avais mis en position de leader. C'était important de donner aux pilotes l'occasion de prendre des décisions, d'acquérir de la confiance. Les appareils d'une formation, quelle que fût la raison, pouvaient se trouver séparés, laisser chaque homme à ses propres ressources, ou la radio d'un leader pouvait mal fonctionner et forcer un numéro deux à prendre le commandement. En un instant la responsabilité pouvait basculer.

Au-dessus de Marseille, à trente-cinq mille pieds, il ne nous restait plus qu'un peu moins de dix-huit cents livres de carburant. Le terrain, Marignane, n'était pas visible. Il était caché par une masse de nuages qui s'était déplacée depuis la mer, contre toute prévision. Qui plus est, ni Marignane ni Marseille Contrôle ne répondaient à nos appels.

Le soleil était déjà couché et la terre se tamisait. Kelly fit signe de sortir les aérofreins et nous plongeâmes vers un coin du grand étang à l'est du terrain. Nous redressâmes à trois cents pieds. Devant, comme de sombres récifs, les nuages. Coincés comme nous l'étions entre la brume et une mince couche de lumière déclinante – le bas de la couche nuageuse était peut-être à cent pieds au-dessus de nous –, le terrain nous échappa. Soudain le sol se mit à monter ; il disparut dans les nuages juste devant, et nous fîmes une ressource, émergeant des nuages à deux mille pieds. Il faisait plus sombre. Je regardai la jauge de carburant : mille livres. Kelly semblait hésitant et nous étions sur le point d'être en réelle difficulté.

"Je l'ai, dis-je. Viens sur mon aile." Je pouvais entendre quelque chose qu'il ne pouvait percevoir, la finalité du silence dans lequel nous nous trouvions, dans lequel le seul son était celui de la balise radio de Marignane – je revérifiai l'indicatif sur mon manuel, c'était bien FNM.

Immédiatement, je virai vers la balise et examinai sur le manuel le diagramme d'approche sans visibilité. La lumière était faible. Les détails étaient complexes – je notai seulement le cap pour le terrain à partir de la balise, ainsi que la distance et la durée de vol. À cent soixante-quinze nœuds, cela faisait une minute et vingt-sept secondes.

Lorsque les choses ne se déroulent pas comme prévu et que la jauge d'essence baisse irrémédiablement, il y a cette impression d'irréalité, comme si terre et ciel devenaient hostiles. Arrive un moment où cette aiguille est la seule chose à laquelle vous pouvez penser, l'objet de toute préoccupation. L'idée de nous éjecter de deux appareils au-dessus de Marseille, simplement parce que nous n'étions pas fichus de trouver le terrain, me rendait même encore plus précis. C'était le scénario de nombreux accidents. Avais-je la bonne fréquence et la bonne balise ? Je revérifiai. J'étais dans le vrai. L'instant d'après, pour la première fois, la tour était en ligne. Je les soupçonne d'avoir attendu que quelqu'un arrive sachant parler anglais. Leur causer, même s'ils étaient difficiles à comprendre, offrait quelque soulagement : le terrain était ouvert ; il y avait des feux.

Nous passâmes sur la balise à deux mille pieds, tournâmes jusqu'au cap inverse du terrain et continuâmes ainsi pendant trente secondes. Qui nous parurent des minutes. Le monde grondait et nous tombait dessus. J'étais déterminé à tout faire exactement, à exécuter la parfaite approche. Nous amorçâmes un virage de procédure – quarante-cinq degrés sur la gauche, rester comme ça une minute, tourner de nouveau pour revenir. L'aiguille du radiocompas était rigide. Elle se mit à frémir et soudain fit un tour complet lorsque nous fûmes sur la balise.

Nous commençâmes à descendre. L'altitude minimum pour le terrain était huit cents pieds, la visibilité minimum un mille et demi. À cinq cents pieds nous étions toujours dans les nuages. Quatre cents. Soudain le sol apparut juste en dessous de nous. La visibilité était mauvaise, moins d'un mille. Je jetai un coup d'œil sur la jauge : six cents livres.

Une minute s'était écoulée. L'aiguille des secondes sur la pendule bougeait à peine. Une minute cinq secondes. Une minute dix. Et puis, droit devant, comme des étoiles distantes, des alignements diffus, les feux du terrain. Aérofreins sortis, signalai-je. Train et volets baissés. Ensemble nous nous posâmes sans heurt dans le noir.

Un taxi nous amena en ville. Nous parlions de ce qui s'était passé, de ce qui aurait pu. Ce n'était pas un incident ; ce n'était rien ; routine. Un vol parmi d'autres, innombrables. Impossible de trouver un endroit pour manger. Nous passâmes la nuit dans un petit hôtel sur une rue bordée d'arbres et partîmes de bonne heure le matin suivant.

*

De temps à autre il y avait une lettre de Horner. Il avait donné sa démission et travaillait dans la firme d'architecte-paysagiste de son beau-père. *Dear Fly-boy*, écrivait-il, avec un soupçon de nostalgie semblait-il, *j'espère que tu t'amuses bien en Europe. Autant que moi quand j'y étais.*

À une réunion d'anciens, des années plus tard, la rumeur courut qu'il venait juste de franchir le portail en voiture avec deux danseuses de music-hall. Cela se révéla inexact. Le temps des chorus girls était passé, alors qu'une fois nous étions sortis avec deux filles du Versailles, à une époque où nous courions après tout sauf la sagesse. *Susie et moi y étions l'autre soir*, écrivait-il au sujet d'une autre boîte, *et le violoniste est venu à notre table pour demander où était passé le gentleman qui raffolait tant de "Granada". J'ai supposé que c'était de toi qu'il parlait, alors je lui ai dit que tu étais retourné au front...*

*

Il y a des choses qui semblent insignifiantes sur le moment et finalement s'avèrent telles. D'autres sont comme une arme dans le tiroir de la table de chevet, non seulement sérieuses, mais fatales, d'une façon inattendue.

Pour le colonel Brischetto, il ne s'agissait pas d'un détail en particulier mais d'une série de détails, aucun de grande importance, et échelonnés sur des mois. Il était le nouveau commandant d'escadre à Bitburg, arrivé en août plein d'ambitions mais sans beaucoup d'heures de réacteur. Tom Whitehouse, l'ancien commandant, minuscule et vaillant, lui avait laissé une escadre de chasse endurcie. C'était comme de confier un cheval fougueux à un nouveau propriétaire inexpérimenté qui, bien sûr, voudrait tenter de le monter.

Tous les officiers d'escadre et de groupe étaient attachés à l'un ou l'autre des escadrons. Le commandant d'escadre volait avec le nôtre, pas très fréquemment, et pas très bien, encore qu'il n'y eût rien de très alarmant dans ce qui n'allait pas. On sentait sa faiblesse à la radio quand il était comme un acteur qui cherche ses répliques, et dans sa façon de suivre les instructions en l'air, il y avait souvent un retard léger, mais révélateur.

Chaque année, nous nous rendions en Afrique du Nord nous entraîner au tir. Le temps était toujours beau là-bas. À Wheelus, le grand aérodrome de Tripoli, nous vivions sous la tente durant quatre ou cinq semaines et volions tous les jours. Il était essentiel pour chaque pilote de se qualifier durant cette période, encore qu'il y eût des occasions, pour quelques avions, d'aller tirer ailleurs. Des escadres de chasse arrivaient de tous les coins d'Europe, à la queue leu leu. Impossible de quémander ne serait-ce qu'un jour supplémentaire.

Cette année-là, nous étions inscrits pour Wheelus au tout début de janvier. Toutes les préparations avaient été faites mais nous ne partîmes pas – le temps sur Bitburg nous en empêcha. Durant toutes les fêtes il y avait eu des pluies glaciales et des plafonds bas ; la piste était sérieusement verglacée. En Afrique du Nord, le soleil brillait et les jours s'écoulaient, irremplaçables. La pluie cessa enfin et la météo semblait encourageante. Durant toute la dernière nuit des avions roulèrent lentement d'un bout à l'autre de la piste, essayant de faire fondre la glace à la chaleur de leurs gaz d'échappement.

À midi, le lendemain, le plafond se leva suffisamment. Nous étions prêts. C'était six jours après le départ prévu.

C'est un colonel Brischetto en apparence calme mais en réalité impatient qui devait s'envoler avec la première formation. Il était dans l'aile d'un pilote expérimenté, un lieutenant, son instructeur favori, Cass. Ils étaient déjà sur la piste d'envol lorsqu'il appela pour dire que sa température-tuyère, un instrument critique, n'arrêtait pas de fluctuer, et pour demander conseil à Cass – il avait déjà eu quelques difficultés mineures avec l'appareil. Les avions avaient chacun leur personnalité. Ils n'étaient pas de simples objets mécaniques mais possédaient un tempérament et des caractéristiques. Certains étaient bons pour l'artillerie, d'autres impossibles. Certains étaient toujours prêts à partir, d'autres rarement. Il y avait des appareils qui, sans craquer ni grincer comme des navires, faisaient néanmoins des bruits étranges. Sans esprit ni cœur, ils n'étaient néanmoins pas complètement inanimés. Un avion n'appartenait pas à un pilote en particulier, mais à tous, communautairement. Il n'y avait pas de secrets – les pilotes parlaient librement du comportement des avions et finissaient par les piloter tous, ou presque.

Lorsque Brischetto demanda à Cass s'il devait ou non décoller avec un indicateur erratique, il s'entendit répondre que c'était au pilote de prendre une telle décision. En dépit de sa grande impatience, Brischetto choisit la prudence et interrompit son décollage. Il roula jusqu'à l'aire de stationnement, on lui assigna un autre avion, et il il s'intégra à une autre escadrille.

C'était maintenant le début de l'après-midi. Les premiers avions, Cass et son escadrille, n'étaient pas loin d'arriver à Rome, où ils referaient le plein avant de continuer. Les nuages à Bitburg se maintenaient à six cents pieds. Leurs bases s'effilochaient, les couches sur le dessus étaient incertaines ; la visibilité, menacée par la pluie, se maintenait à cinq milles ; Brischetto n'avait que quarante minutes d'expérience de vol sans visibilité sur l'avion. Il avait le sentiment, sans doute correct, qu'il aurait plus de difficultés à voler sur l'aile d'un autre avion dans ces conditions qu'à avoir un autre avion volant sur la sienne, et il fit savoir qu'il souhaitait mener l'escadrille.

Les quatre appareils, en deux éléments, le colonel à leur tête, roulèrent en position sur la piste. L'intervalle d'envol entre les éléments devait être de cinq secondes, et ils devaient rejoindre, si possible, sous la couche, de manière à pouvoir pénétrer tous les quatre ensemble dans les nuages, avec un seul leader et une seule voix à la radio.

Brischetto retourna incorrectement sa *clearance* à la tour de contrôle. Il dut la répéter trois fois avant que permission lui soit donnée de prendre la piste. Sur son aile, il avait un pilote très solide, Tracy, qui n'avait encore jamais volé avec lui, cependant. Après tous ces retards, certains inévitables, ils étaient enfin prêts à partir.

Les avions s'alignèrent ensemble sur la piste. Le bruit de leurs réacteurs enfla. Avec une lenteur presque délicate, les deux premiers appareils se mirent à rouler. Cinq secondes après, les deux suivants. Je regardais sans intérêt particulier, assis dans mon cockpit en marge de la piste, moi-même leader d'escadrille attendant de partir. Très rapidement, les quatre avions disparurent dans les nuages. Ils ne s'étaient pas – je n'y attachai aucune signification – regroupés en formation.

Une fois en l'air, le colonel avait effectivement répondu par un "Compris" distrait à la demande de réduire légèrement la puissance pour permettre à l'autre élément de les rattraper après envol. Il donna ensuite l'ordre de changer de fréquence, de la tour à contrôle départ. Changer de fréquence voulait dire tâtonner sous et derrière soi. L'indicateur était difficile à voir. Il était préférable de le faire en comptant les clics entre les chiffres – peut-être Brischetto le fit-il, encore qu'on ne l'entendît jamais sur contrôle départ.

Au sol, le temps passait lentement, s'écoulant au petit mouvement hésitant de l'aiguille des secondes sur la pendule du tableau de bord. Bien que ce fût difficile à imaginer, il s'écoulait à un rythme différent, pas calculable en secondes ordinaires, pour le colonel et son équipier lorsqu'ils pénétrèrent dans la couche nuageuse. Pour Tracy, sur son aile gauche, il était comme le battement lent et régulier d'un pouls, mais pour le colonel, dans un monde abstrait d'une totale blancheur assourdissante, il s'était mis à accélérer. Il avait entamé un virage peu incliné vers la balise de départ, virage qui s'était fait de plus en plus serré, presque vertical, son équipier pleins gaz, manche au ventre pour rester en place. Et puis, corrigeant brusquement, il se mit à dérouler de l'autre côté, vers la droite, dépassant la position de vol horizontal et virant de plus en plus serré, passé le point où Tracy pouvait rester avec lui, se retrouvant sur le dos, fonçant droit vers le bas, inversé.

"Cousin Echo, appela Tracy, je vous ai perdu."

Redressant à l'aide de ses propres instruments à partir de ce moment, Tracy parvint à sortir du piqué. Il se retrouva avec plus de cinq cents milles au badin. Il appela son leader à plusieurs reprises sur les deux fréquences, tour et départ, mais sans réponse.

Durant les ultimes secondes, sous la couche de nuages, le colonel a dû voir toute réalité se désintégrer lorsqu'il jaillit dans le monde visible en piqué presque vertical. Tout ce qu'il savait ou avait appris ne lui servait soudain plus à rien. S'il songea ne fût-ce qu'un instant à s'éjecter, il était déjà trop tard. Comme dans un cauchemar, durant l'ultime seconde, ses yeux avaient défoncé des surfaces, il était entré dans une autre dimension.

Le premier signe qui nous fit penser que quelque chose n'allait pas fut l'annonce, par la tour, que l'aérodrome était fermé à tout trafic, et qu'une procédure d'accident était en cours. Il n'y eut rien d'autre, ni voix sur les ondes, ni instructions, ni appels. Seulement le silence et quelques oiseaux noirs qui volaient bas près des nuages hivernaux.

Brischetto était âgé de quarante et un ans. Il avait une famille, des enfants. Dans les quartiers, le téléphone a finalement dû sonner dans son appartement. “Quartier du colonel Brischetto”, répondrait l'un d'eux.

L'appareil a été complètement démoli, disait le rapport d'accident. Cause du décès : *blessures multiples extrêmes*. Le corps, selon l'expression du rapport, détruit au-delà de toute identification possible. Il peut difficilement arriver plus. Il était impossible de savoir en toute certitude pourquoi c'était arrivé. Vraisemblablement, le colonel avait quitté ses instruments des yeux l'espace de quelques secondes, absorbé par les chiffres qu'il essayait de lire sur le sélecteur de fréquence positionné sous son coude gauche. Cela avait provoqué le premier virage brusque involontaire. Il avait corrigé cela. Peut-être ne pouvait-il pas comprendre pourquoi il n'entendait personne sur sa radio et avait-il regardé de nouveau en bas. Peut-être, lorsqu'il retourna à ses instruments, trouva-t-il un chaos qu'il était au-dessus de ses capacités de déchiffrer.

Sans entrain, nous nous sommes néanmoins envolés pour Rome l'après-midi même, et ensuite pour l'Afrique, où nous avons fait des exercices de tir durant des semaines au-dessus de la mer verte, inoccupée.

*

L'Afrique du Nord avait ses charmes. Des cités silencieuses, oubliées, le long de la côte, reliées par une seule et unique route vide. Les colonnes de marbre datant des Romains, pillées siècle après siècle pour les palais et les propriétés d'Europe.

Par des matins sans la moindre brise nous décollions de bonne heure et nous dirigions vers la mer. L'avion de remorquage était déjà en place, à vingt mille pieds, la cible blanche et gracieuse se déplaçait sereinement à quelque distance derrière.

La première sortie de la journée. L'air possède une qualité de plénitude, d'humidité. De longues traînées sacrées se lovent dedans, marquant nos passages. Il y a un rythme, comme les terrassiers d'une section de chemin de fer cognant rêveusement sur les crampons. Dans le collimateur la cible s'agrandit, lentement au début puis en un éclair, à portée une seconde ou deux seulement. Les balles laissent de minces traces de fumée en disparaissant dans l'étoffe – celles de chaque avion ont été trempées dans de la peinture de couleur différente de manière à pouvoir être comptées plus tard. Au sud, invisibles, sur la seule grande route du royaume, parallèle à la mer, il y a des arches en frondes de palmiers et des milliers et des milliers de drapeaux tout propres et amidonnés pour marquer le passage du mariage qui vient de Benghazi et se dirige vers l'ouest. Le roi a pris une seconde femme, une Égyptienne.

Cette nuit-là, à Tripoli, dans des odeurs de fumée rances, une retraite aux flambeaux se frayait un chemin dans la rue à travers la foule. Je me tenais devant la boutique d'un tailleur à regarder le spectacle. Le propriétaire, Salvatore Perrucio, était près de moi. "Qu'est-ce qui se passe, c'est le roi qui s'amène ? demandai-je.

– Oh, non, fit Perrucio. Il n'oserait pas.

– Pourquoi ça ?

– Ils le tueraient", dit-il.

Je ris à la plaisanterie.

"Ne faites-pas ça, conseilla-t-il. Il ne faut jamais rire. S'ils vous voient faire, ils vous tueront vous aussi. Ne riez jamais d'eux. Traitez-les de tous les noms que vous voudrez, mais ne riez jamais."

C'était difficile de savoir de qui il parlait, de la foule dans la rue, des petits hommes foncés en costume croisé au Uaddan Hotel, des figures spectrales qui traînaient sans but apparent le long de la plage, ou des hommes à jambes nues qui travaillaient dans les salines près de nos avions ? Nous n'en connaissions aucun. Ils faisaient partie de quelque chose d'impénétrable. Au même titre que les bâtisses et la statuaire d'un monde colonial ancien, ils remontaient à deux mille ans au moins, au temps de Leptis Magna et de Sabratha. Survivant en eux tout ce temps-là, il y avait un code inaltérable qui fermentait.

Perrucio faisait des costumes sur mesures, pour trente ou quarante dollars, si je me souviens bien. À douze ans, me dit-il modestement, il savait faire un complet tout seul. Fait prisonnier par les Anglais pendant la guerre, il leur confectionnait des uniformes. Le temps qu'il avait passé en camp de prisonniers avait été le plus heureux de sa vie, d'après lui. "Un pays ravissant. Tellement de belles femmes, et si faciles à avoir. Bien sûr, j'étais différent d'allure à l'époque. Je n'étais pas comme ça" – là il saisissait son ample panse à deux mains. Il avait le visage plaisant et ouvert d'un homme en contact avec la vie. Dans son échoppe, à moitié dissimulé par un rideau, un garçon était assis, deux jambes maigres sortant d'un short et un corps comme une prune, en train de couper et de bâtir des patrons, de l'âge même qu'avait eu Perrucio.

Un jour je m'envolai vers le sud, cent ou deux cents milles à l'intérieur du désert, passant du rocailleux à une terre poudreuse orangée. Il n'y avait aucune vie, aucune route, aucune trace de rien. Virant, j'entrepris de descendre en grands arcs, sans curiosité aucune, pour finalement, arrivé à cinquante ou cent pieds, faire demi-tour vers le nord.

À si basse altitude, on ne peut voir que quelques milles devant soi.

Sans que je m'y attende, des choses se mirent à apparaître, d'occasionnels bergers solitaires, des chameaux en train de paître, un groupe de tentes sombres et basses. Soudain il y eut des animaux qui s'éparpillaient devant moi, des enfants qui se jetaient au sol, des femmes entraperçues à l'entrée de tentes qu'elles s'étaient empressées de regagner. Dans vingt minutes je me serais posé à Wheelus, mais je resterais beaucoup plus longtemps en l'air dans l'esprit de ces inconnus, ayant avec mon furieux boucan empiété sur leur monde avant de disparaître.

Plus loin encore, au-delà de montagnes schisteuses et d'étendues de sable, apparut la première teinte indistincte de civilisation : fils télégraphiques, cultures, routes. Plus loin encore, dure et luisante, la mer.

C'était de l'autre côté de cette mer qu'était venu Perrucio, de la longue péninsule rocheuse qui avait un jour été le centre du monde. C'était facile de voir la longue portée de sa vie, l'Italie, l'Afrique du Nord, la guerre, et finalement de nouveau l'Afrique du Nord dans un exil sans bornes, une vie peut-être commencée dix ans avant la mienne et appelée dès le début à être plus conventionnelle et inestimée. J'enviais sa simplicité, la qualité des complets qu'il fabriquait avec tant de soin. Le temps des pâles roses anglaises, probablement moins bien entretenues que je les imaginais et plus vulgaires de voix, étaient loin derrière lui. Il vivait au milieu d'une espèce moins exotique maintenant, sa femme, sa fille, sa belle-mère.

Au Bath Club, sinistre et anglais, il y avait étalés sur les tables des exemplaires du *London Illustrated News* gondolés par la sécheresse, et un scotch coûtait dix cents. Un soir, son cavalier s'étant absenté quelques minutes, nous invitâmes une blonde fanée, la seule femme dans tout le club, à venir sur la base le samedi suivant. D'accord, dit-elle. Elle voulait amener une amie, une certaine Emma.

"Qui est Emma ?

– Elle vous plaira", fit-elle.

Je crois me souvenir maintenant qu'Emma était plus âgée. Le samedi soir était toujours bondé et animé. À moitié ivres et nous rappelant soudainement l'invitation, trois d'entre nous allâmes à l'entrée principale à la rencontre des deux femmes pour guider leur voiture jusqu'au club des officiers. "Nous attendons deux visiteuses", dis-je aux gardes.

La route qui menait à la base était déserte. Pas de phares lointains, rien qu'une obscurité ennemie. Les minutes passèrent.

"Quelle heure est-il ?

– Huit heures et demie.

– Quelle heure elles ont dit ?

– Me rappelle plus."

Au bout d'un moment l'un des gardes tourna la tête. Il entendait quelqu'un approcher. "Peut-être vos visiteuses, dit-il.

– Ça m'étonnerait, dis-je, sûr de moi. Elles seraient en voiture", étais-je en train d'expliquer lorsque les silhouettes des deux *demoiselles* se matérialisèrent un peu plus loin sur la route. Elles étaient à pied, en hauts talons. La ville était à des kilomètres. Tel était l'attrait de notre solde et de nos treillis fripés.

Ces femmes européennes, si peu qu'il y en eût, ne semblent à présent que des traces de crayon presque effacées sur la page nord-africaine. La raison pour laquelle elles étaient venues était plus ou moins claire, tout comme l'était le fait qu'elles ne trouveraient pas leur affaire ici. Les marchés qui pouvaient s'y conclure étaient maigres. Peut-être est-ce justement cela, leur manque de jugement, leur besoin de chance, qui fait qu'on s'en souvienne seulement.

*

Au Maroc, où nous allions chercher le beau temps pour essayer les nouveaux avions, les F-100 avec lesquels nous allions être équipés – ils étaient plus puissants et pardonnaient moins –, l'air était différent. Le Maroc avait été colonie française et bordait une autre sorte de mer. De sa côte, on pouvait atteindre l'Angleterre ou même le Nouveau Monde. Il y avait des boulevards, des immeubles d'habitation, l'élégie des noms français.

Fedala était au sud, avec de larges plages et des vagues qui se brisaient tout près du bord. Elle était destinée aux heures où nous n'étions pas de service, avec d'inexplicables ampoules bleues au plafond de l'hôtel et un garçon qui versait mal le vin. Le soir nous restions assis en terrasse, nos visages autour de la table devenant progressivement indistincts. Dans le lointain, la mer, qui définissait tout, se croulait dessus à l'infini. Notre gloire était infinie elle aussi. Nous étions tous grands capitaines. Nous étions assis à l'aise. Les bœufs avaient été abattus ; les cuisiniers, tout de blanc, se tenaient prêts à préparer le repas. Les heures d'indolence se passent à boire, bavarder, désirer. Il reste encore des semaines de manœuvre ; une autre suit.

Plus tard il y a le Sphinx, probablement nommé d'après son prédécesseur à Paris, boulevard Edgar-Quinet. Vous pouviez le voir d'avion, avec ses grilles en fer et son allée de gravier. Dedans c'était du carrelage, une boîte de nuit en bas, films et revues cochons ; en haut, les femmes. Les chambres à l'étage donnaient sur la mer. "Autant de fois que vous voudrez", disait-elle en français au bar. À l'autre bout de la salle, un orchestre jouait. Elle était de Marseille, avec une peau pâle et luisante comme du bois d'arbre fruitier. Sa robe était profondément décolletée, ses seins lisses et parfaitement séparés. Nous dansions comme un couple, comme si nous étions venus là ensemble. Elle était collée contre moi. Les piliers de carreaux noirs filaient devant mes yeux, les miroirs, le trio à la table près de la piste, deux hommes et une fille à cheveux noirs coupés court, l'or d'une alliance à son doigt. Ils étaient de la haute, venus là s'encanailler.

Des pilotes canadiens viennent juste d'entrer. L'orchestre joue quelque chose que j'aimerais me rappeler. Si loin semble-t-il, et sans qu'on les pleure, il y a toutes les autres nuits, les femmes inaccessibles,

les infirmières, les filles d'amiraux, la femme de colonel cette fois-là qui tenait à peine debout pour jouer au vingt-et-un. "Donnez-m'en juste une toute petite, plaide-t-elle, me la donnez pas si elle est pas petite." La carte tombe. Un valet. Elle la contemple fixement, regarde sa carte couverte, puis l'autre à nouveau. Son beau visage déraillant. "Bon, annonce-t-elle, vingt et un." Mais cela ne fait pas le compte. Le croupier ramasse l'argent.

Le matin en Afrique la lumière est brillante et plate. La rue déserte, le silence. C'était comment ? veulent-ils savoir. Cela, on peut toujours broder dessus, on peut le raconter, mais il y a une chose embarrassante qu'on ne peut pas raconter – elle est venue au poste dire au revoir. Elle a demandé si vous vouliez bien lui écrire, une carte postale de Port Lyautey, adressée simplement à Dené, Le Sphinx, Fedala.

À Tanger les marchands à la sauvette et les guides étaient dehors à toute heure, certains exhibant des lettres de recommandation. En 1956, vous pouviez acheter un palais – plusieurs salles d'eau, appartements des domestiques, patios – pour douze mille dollars. Comme d'autres cités exotiques, Tanger empestait la poussière, le cycle sans fin de la vie et de la mort. Le marché grouillait, des étals par centaines, les poulets aux pattes ligotées couchés docilement par terre, les monceaux de tomates, dont beaucoup difformes, les chèvres, les femmes allaitant leur bébé, les sacs de grain. Cela paraissait sans merci. Dans le jardin du palais du sultan des légions de fourmis défilaient autour d'un moineau mort.

Je me réveille d'un somme. La ville est à son plus effrayant, son plus implacable. Le jour est passé et la nuit est en train de tomber. De l'autre côté de l'avenue, deux filles sur la plage étendent leurs maillots à sécher. Être seul ici, je songe... être imprévoyant ou sans le sou, sentir la nuit de tous les côtés.

Je ne suis pas sûr d'où vient la terreur de l'Afrique du Nord – de son vide, je suppose, de tout ce qu'on ne peut en connaître. La vie ne vaut pas cher là-bas, juste une cosse. Peut-être est-ce la cruauté, la mutilation, les adeptes d'El Glaoui arrosés d'essence auxquels on met le feu, bien que, comme le remarque quelqu'un, on ait bien pris soin de ne pas le faire devant leurs enfants ni leurs femmes ; les sergents britanniques retrouvés avec les parties génitales cousues dans la bouche ; l'homme qui se trouve sur "cette certaine place" à Marrakech, se tourne pour marchander avec quelqu'un – quand il se retourne sa femme a disparu, il ne la revoit plus jamais. Peut-être était-ce le marché du sexe, le White Horse, où sous de puissants projecteurs, aussi calme que si elle se changeait en coulisse, une jeune Espagnole enlève ses vêtements, parfaite comme une statue. Une fille plus lourde sort un engin menaçant et se l'attache avec des sangles...

Nous passions au-dessus de Gibraltar, comme un galet loin en bas, et puis la brune et dure Espagne. Nous rentrions avec de nouveaux appareils, les premiers pouvant voler plus vite que le son de façon routinière. Ils atterrissaient à grande vitesse, se posant à trois cents à l'heure. Sur les pistes luxueuses et dans l'air calme d'Afrique du Nord, ce n'était pas bien difficile, mais notre terrain était beaucoup plus petit. Nous étions à trente-sept mille pieds, et en descendant sans visibilité, je ressentais une nervosité dont je ne pouvais me débarrasser. Nous entrions dans le circuit, baissions nos trains sur la branche vent arrière, puis tournions en finale. Tout semblait aller. Trois cent cinquante en approche, puis au-dessus du début de piste, moteur coupé, attendant de toucher. Une légère secousse. Le sol défilait. Comme nous roulions nous garer, les commandants de groupe et d'escadre tendaient des bières fraîches.

L'Afrique du Nord finit par me manquer. Sa désolation et le brillant de l'air. Nous aussi étions des nomades là-bas. Nous bougions constamment et vivions sous la tente ; nous avions notre code poli par le temps, nos devoirs, et rien d'autre : voler, rester assis à l'ombre sous la toile, manger un sandwich au pain de mie avec les mains sales, et voler de nouveau.

Nous étions égaux là-bas, tous les grades. "Hit me [1]", dit le colonel. "Peux pas", gémit Geraghty, qui fait la donne. "C'est un coup à passer en cour martiale." Ivres tous les deux, ils comparent leurs Rolex. "Qu'est-ce qu'elle a qui va pas, la tienne ? Elle a pas de calendrier, ça doit en être une expérimentale", fait Geraghty. Tous ces visages, si familiers. Toutes ces vies, si fugacement intimes.

En formation avec Minish un jour, de retour de patrouille, moi sur son aile – sans un mot il cabra et fit un rétablissement, moi en patrouille aussi serrée que possible, et puis un autre et encore un autre, ensuite quelques boucles et tonneaux, deux ou trois du côté opposé au mien, tout cela dans un silence intense, je ne m'étais pas écarté d'un pouce, nous deux ensemble, pas un mot échangé, comme des amants dans un lieu de rendez-vous secret par un après-midi brûlant.

*

En automne nous allions, un escadron à la fois, en Gironde, pour d'autres d'exercices de tir. Le terrain là-bas, Cazaux, d'un blanc guilleret, se trouvait près d'un lac. Un escadron d'une autre escadre avec lequel j'avais volé pendant un temps était déjà là. À notre arrivée, ils étaient assis devant les logements, à sucer des brins d'herbe comme des hommes sur un ranch. On avait souvent le sentiment que ce n'était pas tant une profession qu'une façon de perdre son temps, attendre que quelque chose se passe, que son nom apparaisse sur le tableau, que le téléphone d'alerte sonne, que les dernières patrouilles rentrent. Les têtes n'avaient pas changé depuis que je les avais vues la dernière fois, un an ou deux auparavant : Vandenburg, Paul Ingram, Christman, qui avait épousé une comtesse, Vandevander, Leach. Ils nous accueillirent comme si de rien n'était. Comme si nous étions

1. "Carte", au vingt-et-un, mais aussi "frappe-moi" en anglais. *(N.d.T.)*

venus paître et qu'ils étaient un autre clan, paisibles sinon avenants, à présent obligés de partager.

Nous passons les jours à nous la couler douce. Ce passé un jour sera sacré. Les jours que Faulkner appelait les plus excitants de sa vie. Il avait dit cela à Sylvester, un major affecté comme officier de relations publiques à Greenville, Mississippi, non loin de chez Faulkner, à l'époque de la guerre de Corée. Une bibliothécaire que Sylvester connaissait avait proposé de le présenter à Faulkner, comme une faveur. Au moment convenu, Faulkner fit son apparition. Il était soûl. Il portait un costume de planteur fripé avec dans la poche une bouteille de ce que Sylvester prit pour du gin. Ils parlèrent aviation, et de l'époque, dit Faulkner, où il avait été pilote en France. Il ne l'avait jamais été. Il l'avait raconté des tas de fois, aux femmes comme aux hommes. Peut-être en était-il arrivé à le croire.

Il y a ce sentiment que Faulkner avait probablement – je l'ai eu moi-même –, que quelque part la vraie vie est en train de se vivre, mais pas où vous vous trouvez. Il en avait peut-être entendu la rumeur à Greenville, le riche rugissement destructeur non pas d'avions tels qu'il les avait connus, mais d'appareils considérablement plus puissants. Quelque chose en lui réagissait à cela, probablement la même chose qui l'avait poussé à se faire passer pour officier du Royal Flying Corps, à s'inventer des missions de combat, des accidents, une plaque en argent dans le crâne. C'était un petit homme. Il pouvait être assis dans un fauteuil, parfois, sans que ses pieds ne touchent le sol. Son monde était petit, le siège d'un comté illettré, dans un état arriéré, bien qu'à partir de cela il eût façonné quelque chose de plus grand, peut-être plus qu'il n'en avait lui-même conscience. Un auteur ne peut pas vraiment évaluer ce qu'il a écrit. Ce n'est pas comme une bâtisse ou une sculpture ; cela ne peut pas se voir en entier. Ce n'est qu'une sorte de fumée saisie et imprimée sur la page.

Une chose que j'aime chez Faulkner, mis à part la relative simplicité de sa vie, c'est qu'il écrivait sur les murs de sa chambre. Cela me semble être la marque du véritable écrivain. C'est comme un pianiste qui s'exerce au milieu de la nuit quand toute la maison dort – ou du moins essaie –, la musique est plus grande qu'aucune de ces vies.

Ce jour-là à Greenville, Faulkner, à dix ans de sa mort, proposa d'écrire une nouvelle sur l'Air Force s'il pouvait en échange faire un tour en avion à réaction. Sylvester appela aussitôt le commandant de la base, un colonel, qui écouta la proposition. Après quoi celui-ci répondit seulement : "Qui c'est, Faulkner ?"

*

Un lundi, juste après la réunion des pilotes, le téléphone sonna. C'était la salle d'opération. Étais-je au courant qu'un de mes pilotes s'était éjecté au-dessus de Chaumont ? Chaumont ? En France ? Il devait y avoir erreur – nous n'avions encore personne en l'air, dis-je.

Et puis je me rappelai les deux avions qu'on devait livrer.

Le vendredi soir précédent, dans l'atmosphère de camaraderie propre au mess, quelqu'un avait suggéré que les avions qu'on devait envoyer faire réviser au dépôt de Châteauroux, puisqu'il leur restait encore quelques heures de vol avant inspection, fussent mis à disposition pour voler le week-end. Pourquoi pas ? m'étais-je dit. Les pilotes étaient toujours après les heures de vol. Je n'avais pas vérifié où ils étaient allés. Cela n'avait pas d'importance. Ils se rendaient à Châteauroux par le chemin des écoliers.

Nous attendions d'en savoir plus, un peu dans nos petits souliers. Au bout d'un moment, la nouvelle tomba. L'un des pilotes avait sauté en approche. Le deuxième s'était posé ; c'était Carney. Au sujet de DeShazer, on ne savait rien de plus.

Il se trouve qu'ils étaient allés à Munich, où l'équipe d'entretien avait certifié les appareils comme étant disponibles mais avait omis de vérifier l'huile. Après le week-end, ils étaient partis de bonne heure pour Châteauroux. Arrivé à trente-cinq mille pieds, DeShazer sentit une perte de puissance. C'était le régulateur de carburant principal, marchant à l'huile, qui ne fonctionnait plus ; il passa sur son alimentation de secours et se dirigea vers le terrain le plus proche : Chaumont.

Ils firent une longue approche finale directe sur Chaumont. Carney, volant sur l'aile de DeShazer, vit une gerbe de flammes, brillante et terrifiante, sortir de la tuyère. Les paliers s'étaient grippés. Le réacteur était en train de se dévorer. "Sors-toi de là, Bill !" appela-t-il, mais DeShazer l'avait anticipé. La verrière se détacha brutalement. Le siège suivit, éjecté en l'air et retombant derrière l'avion, DeShazer moulinant des bras dans tous les sens. Tous nos appareils étaient équipés avec un système qui ouvrait la ceinture de sécurité automatiquement et permettait au pilote et au siège de se séparer rapidement – tous les appareils sauf un. Le siège tombait et tombait, avec Carney qui essayait de ne pas le perdre de vue. Finalement le siège et le pilote se séparèrent. Une longue forme blanche se tordit à sa suite et atteint toute sa longueur mais sans jamais se déployer tout à fait avant de tomber dans les arbres. La somme des trivialités avait atteint un certain chiffre – le résultat était la disparition d'un homme.

Ils le cherchèrent toute la journée. Finalement, en fin d'après-midi, ils le trouvèrent. Il était mort.

Pas marié, ordinaire, déplumé sur le dessus, avec des dents séparées les unes des autres comme des piquets, il avait bon fond. Quelqu'un avait demandé à emprunter de l'argent et DeShazer avait dit qu'il y en avait dans la commode de sa chambre. C'est Kelly, je crois, qui y alla et trouva cinq ou six cents dollars en vrac parmi les vêtements.

Une fois terminé et envoyé les rapports, je m'arrêtai au club pour prendre un verre avant de rentrer chez moi. Un accident qui survenait dans un autre escadron semblait toujours être la conséquence de quelque chose ; dans son propre escadron c'était le destin, lourd et mortifiant. Les jours s'en trouvaient divisés, ceux avant et ceux à venir. Le nom de DeShazer serait enlevé du tableau sur lequel figuraient les pilotes, perte de ce qui était probablement sa principale distinction. Ses effets personnels seraient empaquetés et envoyés chez lui. Le commandant d'escadron, Norman Phillips, composerait une lettre à ses parents. Dans l'année à venir, quatre ou cinq nouveaux pilotes arriveraient à l'escadron pour commencer leur période de service, aucun n'ayant entendu parler de DeShazer ni n'étant préparé à croire en ce brusque et sidérant flamboiement qui, comme le nuage de poudre juste avant le tour du magicien, annoncerait l'insondable.

Il n'en serait pas oublié pour autant. Comme d'autres il réapparaîtrait, comme les as blonds imaginaires sur lesquels Faulkner écrivait des poèmes. DeShazer, bien plus modeste, avec son large sourire à lèvre fendue, resterait dans nos vies. Gesticulant des bras, il tomberait encore et encore, son parachute traînant derrière, long et inutile.

Ce n'est pas tout de suite, et pas avant de vous accepter comme mortel, que vous commencez à réaliser que la vie et la mort sont la même chose. DeShazer était parti ailleurs. Dans les étoiles.

*

Munich pour la dernière fois, scintillante dans le noir, immense – les boutiques, les avenues, les belles voitures. L'avion de l'ailier est sur le côté, près d'un croissant de lune. La comète Arend-Roland est visible, sa queue lactée traînant vers le sud sur des milliers de milles, juste un pouce dans le ciel. Je me renverse sur mon siège et la contemple, le casque contre le rembourrage. Plus jamais je ne la reverrai, pas plus que ce qu'il y a en bas, pas de cette façon. Il y a des joies qui existent rétrospectivement mais pas celle-ci, la sérénité, les villes resplendissant dans tous leurs détails. Du fin fond du ciel nous veillons en bas comme sur des troupeaux.

Le pot d'adieu quelques semaines plus tard ressemble à n'importe quel autre, encore qu'il soit le dernier ; beuveries, chansons, c'est la fin de mon temps de service et une occasion qui fixe tout mais qui est autre chose aussi, pas tout à fait animé, un épisode dans la vie d'un escadron qui va continuer sans vous, sans tout le monde. Tout sera supplanté, tout oublié.

Uden et Tucker sont venus avec des Allemandes. Le père de celle d'Uden avait été pilote, un pilote de la Luftwaffe, dit-elle. Il n'était jamais revenu de son troisième raid sur l'Angleterre. Ils n'avaient jamais plus eu de nouvelles. Elle avait cinq ou six ans quand c'était arrivé, une enfant de la guerre, belle à présent, avec beaucoup de retenue.

Pour moi c'est particulièrement poignant, pas la perte de son père, mais la soirée. Au moment choisi je me lève, j'essaie d'exprimer une partie de ce que je ressens, la portion permise. Je ne peux pas me contenter de dire qu'il m'a plu de faire partie de l'escadron, leur dis-je – ma vie a été la vie de l'escadron, une vie, oublié-je d'expliquer, que je suis sur le point d'abandonner. Quelques mois auparavant, Spry, qui était sorti de West Point quelques classes après moi et s'occupait de la salle d'opération du groupe, m'avait dit qu'il démissionnait. Presque à cet instant – il m'avait en quelque sorte libéré, s'était jeté à l'eau le premier – j'avais pris ma décision. C'était loin d'être décisif, j'en avais discuté avec ma femme qui, comprenant seulement partiellement ce qui était en jeu, n'avait pas cherché à m'en dissuader. Peut-être avais-je attendu trop longtemps, mais il y avait encore une partie de moi qui existait du temps de l'école et n'était jamais vraiment morte – elle était en moi comme un agent pathogène – l'idée d'être écrivain et de faire du grand amoncellement des jours quelque chose qui durerait.

L'Air Force – je la mangeais et la buvais, sortais par n'importe quel temps n'importe quel jour, parlais son sempiternel jargon, montais sur l'aile faire moi-même le plein de l'appareil, m'écroulais dans le sable mouillé de ses plages avec d'autres en sueur et me faisais piquer par ses mouches, ignorais les instruments qui flanchaient, dormais dans des endroits sinistres, je lui avais remis mon cœur. J'avais abandonné la vie à laquelle j'étais voué de naissance et en avais adopté une autre, et voilà que j'étais sur le point de quitter celle-là aussi, seulement avec beaucoup plus de difficultés.

À ceux-là ce soir-là, parmi lesquels s'en trouvaient certains à qui le destin ferait signe, je dis qu'on se reverrait un jour. Bonne chance.

*

J'étais en congé à Langley et me rendis en voiture à Washington pour démissionner. C'était le mois de juin, le dix, le jour où j'étais né. Cela semblait convenir.

Durant tout le trajet, angoissé, je pesais les options. J'avais publié un livre cette année-là, le premier, écrit la nuit et les week-ends, page après page à l'insu de tous. *The Hunters* parut sous un nom de plume. Salter était aussi éloigné que possible de mon nom. Il était essentiel de ne pas être identifié ni de compromettre une carrière. J'avais entendu les sarcasmes dès qu'on parlait de Scott, alias "Dieu est mon copilote". Je voulais être admiré mais pas reconnu. J'avais trente-deux ans et portais l'uniforme depuis l'âge de dix-sept ans. J'avais femme et enfant, avec un autre en route. En pénétrant dans le Pentagone, j'avais le sentiment de marcher à ma mort.

Je m'arrêtai à plusieurs étages et scrutai les noms sur les tableaux de renseignements, des généraux de brigade et généraux de division dont personne n'avait jamais entendu parler, en train de travailler dur dans leurs services : aux Plans, où je m'arrêtais jadis pour parler à Beukema des avions de chasse. Lui serait-il difficile, voulait-il savoir, de faire la transition ? Il avait été formé sur des B-29.

Il avait fait partie de ma compagnie, une classe au-dessus de moi à West Point, excellent étudiant et capitaine de l'équipe de hockey. Supérieur en tout, charmant, pas superficiel, d'une espèce excessivement rare, il avait grandi à West Point et, fils d'enseignant, avait connu là une enfance idyllique. Il avait épousé la fille du général

Bradley et tout le monde s'accordait pour dire qu'il était destiné – mais pas pour cette raison – à de grandes choses. Je connaissais la chambre de casernement dans laquelle il avait vécu, la couleur exacte de ses cheveux blonds. Je le voyais facilement en pilote de chasse – cela paraissait naturel.

Il fut finalement muté à Langley et se mit à piloter sur F-84, un avion d'une belle apparence mais qui manquait de puissance et demandait une longue course au décollage. Un jour, à trente mille pieds, commandant en titre de l'escadron [1], il dit à son leader d'escadrille qu'il voulait essayer quelque chose. Il amorça un léger piqué. Qui continua et s'accentua, de plus en plus. Une des caractéristiques de l'appareil, qui a peut-être influé ici, était que lorsque la vitesse maximum, la ligne rouge, était dépassée, il se produisait une inversion des commandes, si bien que tirer sur le manche faisait plonger le nez encore plus au lieu de le relever.

Il s'écrasa dans la mer au large de Langley à grande vitesse. Il périt, non pour avoir volé trop près du soleil – il en était l'archange –, mais pour avoir nargué le démon de la vitesse.

Au service appelé *Separations*, je m'assis à un bureau et tapai ma lettre ; ensuite, tel un naufragé, j'errai le papier à la main dans les couloirs pendant plus d'une heure. Finalement j'aperçus un colonel de ma connaissance, Berg, au sortir d'une porte. Il travaillait au Personnel, chargé des comités de promotion. Ressentant le besoin de me confier à quelqu'un, je lui fis part de ce que j'allais faire. Il ne fit aucun effort pour m'en dissuader. Il se contenta d'acquiescer. Il mentionna plusieurs autres officiers qui avaient récemment démissionné. J'en tirai peu de réconfort. Plus tard dans l'après-midi, au bord de la nausée, je remis ma lettre. Ce fut l'acte le plus difficile de ma vie.

1. *Commander-designate* : Beukema était désigné pour commander l'escadron, mais ici, comme il apprend à piloter le F-84, il vole sous la directiond'un leader d'escadrille expérimenté dans un autre avion. *(N.d.T.)*

Dans la chaleur épaisse je remontai en voiture Connecticut Avenue jusqu'à l'appartement qu'on nous prêtait. Seul, je me mis à pleurer – le vide, les longues années, tous les hommes, les endroits. Mon ancien chef d'escadre de Bitburg, qui était revenu à Washington quelques mois auparavant, habitait Arlington, en banlieue. Je me sentais toujours proche de lui, un des siens. Je l'appelai au téléphone et, misérable, parvins à lui dire ce que j'avais fait. "Espèce d'idiot", me dit-il.

J'allai dîner chez lui. Pourquoi avais-je fait cela ? voulait-il savoir. J'avais eu l'intention de lui dire la vérité mais m'arrêtai au dernier moment, sachant que cela lui paraîtrait stupide. J'eus recours à une excuse pêchée dans la salle de classe. Je l'avais fait, lui dis-je, parce que l'avenir me semblait peu prometteur. Comme l'avait fait remarquer Napoléon lors de son couronnement, s'il était né sous Louis XIV, il aurait pu espérer au mieux devenir maréchal, comme Turenne. Je ne puis imaginer ce qu'il pensa.

Jour après jour dans la période qui suivit, sans rien à faire, je regardais dans la matinée les voitures descendre l'avenue. La nuit, je contemplais le Capitole illuminé et la ville étalée autour, étincelante. Un bébé, ma fille, pleurait dans la pièce voisine. Plus jamais une autre ville, survolée pour la première fois, en position de leader, l'aérodrome sur lequel vous ne vous êtes jamais posé tout au loin en bas, et vous qui descendez vers lui, virez sec d'un côté, puis de l'autre, appelez la tour, leur dites qui vous êtes. Plus jamais un autre visage brûlé de soleil qui se lève vers vous à Tripoli comme vous vous arrêtez de rouler au parking, son expression demandant, appareil O.K. ? Un pouce levé, O.K. Et le dernier râle, comme un grand soupir, du réacteur qui s'éteint, les aiguilles sur les jauges qui s'écroulent. C'est fini.

Nous retournâmes à Langley. Une étrange réaction sans fond s'était instaurée. Avec Paula et Leland, chez qui nous logions, c'est tout juste si je pouvais parler, et je n'arrivais plus à rire. Paula disait admirer mon courage, mais si j'en avais eu, il semblait à présent être de sortie.

Nous avons passé la soirée à parler de Dieu. Ils étaient fermement croyants. Tout cela semblait sans importance et à côté de la question.

*

Restaient les rêves. Des années durant, dans des cauchemars nets comme des films d'archives, j'étais ce que j'avais été. Nous étions en Asie quelque part. Le désastre était dans l'air. Nous nous rendions et il y avait eu un avertissement de l'ennemi, un avertissement par écrit, disant qu'en raison des nombreuses atrocités que nous avions commises il ne pouvait y avoir de garanties de sauvegarde. Je me tenais dans un hôpital près de trois ou quatre pilotes, je connaissais l'un d'eux. Ils allaient essayer de traverser là où étaient parqués leurs avions, décoller, et continuer à se battre. Ils partaient pour le terrain. Il y avait des rafales fournies et sans relâche. Quelqu'un venait me demander si je voulais bien prendre le quatrième avion. Un F-100. Je n'en avais pas piloté un depuis des années...

Je volais, pourtant. Le week-end je volais avec la Garde nationale et me joignais à eux pour des camps d'été sur Cape Cod ou en Virginie. En automne 1962 nous fûmes rappelés au service actif – c'était la prétendue crise de Berlin – et fûmes affectés en France durant près d'un an, à Chaumont, là où DeShazer s'était écrasé et où mon agent, Kenneth Littauer, avait volé durant la Première Guerre mondiale. Ils allumaient des feux d'herbe aux coins de la piste, disait-il, pour guider les avions qui rentraient après la tombée de la nuit.

C'était en septembre. Nous nous posâmes sous le crachin, les premiers, ayant piloté les avions à travers l'Atlantique, avec escales aux Açores et à Séville. Je demandai au chef d'entretien qui m'accueillit comment était la ville. Il répondit sans hésitation : "Pas l'air mal."

Cette année-là, j'en étais très conscient, les choses allaient sur leur fin. Nous étions réservistes – j'avais regardé de haut ceux que nous étions à présent. Je portais toujours l'uniforme, les rubans colorés, mais l'authenticité était partie, même lorsque le prestigieux Norstad, commandant le théâtre d'opérations, vint nous rendre visite et resta vautré en travers d'un fauteuil dans sa combinaison de vol, causant de la guerre qui allait peut-être éclater et de ce qu'elle amènerait à son avis, ou même à la brusque apparition de LeMay en personne, accompagné d'une suite qui remplissait un avion entier. Nous étions capables de nous comporter plutôt bien si on nous le demandait, et de de dire "Sir" de façon convaincante, mais seulement pour un temps.

Cette transparence me libéra. Tout ce qui auparavant avait été insignifiant, c'est-à-dire étranger à l'ordre martial, attirait à présent mon œil, les bâtiments, le paysage, les villes, les hôtels. En tant que lieutenant-colonel j'avais droit à une chambre à part en haut des escaliers. Là, tard dans la nuit, de retour d'un restaurant, de retour du bar, j'écrivais. J'avais trois vies, une dans la journée, une la nuit, et la dernière au fond d'un tiroir de ma chambre dans un petit carnet où j'avais mes notes.

Il y avait des merveilles dans ce carnet, des choses que je suis incapable d'écrire ou même d'imaginer à nouveau. Leur côté merveilleux n'avait rien à voir avec moi – je prenais seulement la peine de les coucher sur le papier. Elles étaient comme le carnet secret du chasseur de chez Maxim's, sans ego ni discrétion, et le roman tissé autour (*Un sport et un passe-temps*) leur doit tout. La voiture aux sièges en cuir que je conduisais n'est plus ; la maison de Lazan et sa femme, où nous allions manger les jours de Thanksgiving et de Noël, je la sais quelque part sur la route de Langres, mais je doute fort de pouvoir encore la retrouver ; le couple élégant qui habitait Paris a divorcé ; la jeune fille, l'élément essentiel – bien sûr, elle, ne peut changer ; c'était le but de la manœuvre – est partie en Amérique et y est devenue ce à quoi on pouvait s'attendre. Ironiquement, elle n'a jamais lu le portrait que j'ai fait d'elle.

Beaucoup s'est émoussé, mais pas l'incomparable goût de la France, qui m'a été donné pour que je m'en souvienne à jamais. Je connais ce goût, les phares jaunes qui ruissellent le long de la route la nuit, les petites villes sur la rivière, les matins brumeux, penser à tout ce qui s'y était passé, les notes qui le confirmaient et l'ont rendu impérissable.

*

Dans le bleu du crépuscule, les éclairs fondent sur les plaines indistinctes du Texas. Je les entends craquer sur la radio. Le ciel est rempli d'orages, une énorme succession. Je suis à peine au-dessus à quarante-deux mille pieds ; ils bouillonnent en dessous de moi, traversés d'éclairs comme des sortes de rayons X, et font faire des embardées à l'avion. En bas c'est Frederick, Oklahoma, où nous étions basés un moment juste après la guerre. Il y avait des rangées et des rangées d'avions flambant neufs mais personne pour les entretenir. Les baraquements de planches nues dans lesquels nous restions oisifs finirent par devenir froids à mesure qu'avançait l'automne.

Maintenant c'est la nuit. Le radiocompas est erratique. Je crois avoir Tyler mais ne puis en être sûr. Un peu plus tard j'essaie Baton Rouge – rien. Le carburant est à quinze cents livres. J'appelle La Nouvelle-Orléans pour la météo du terrain de destination : nuages épars et dix milles de visibilité, répondent-ils, mais sous moi c'est couvert en dépit des prévisions. Et puis, à peine cinq minutes plus tard, les nuages commencent à s'éclaircir, il y a des lumières.

Les années où je traversais seul le pays, comme une réplique de Philip Nolan [1], en tronçons de mille milles. Décollant de Wright-Paterson sous une pluie battante, incapable de voir ne serait-ce que le bout de la piste pas plus que les arbres. Décollant de McGuire sous un autre déluge – Ritchings qui m'accompagne avec un

1. Nolan est le personnage principal de *The Man Without a Country*, condammné à rester en mer pour le restant de sa vie. *(N.d.T.)*

parapluie jusqu'à l'avion –, décollant à Mobile, décollant à March, et Forbes. Décollant à Tyndall, la terre comme de la poussière sur un miroir, une longue ligne de fumée qui ne bougeait pas – une fabrique de papier, non ? – et qui allait au sud aussi loin que l'œil pouvait voir. Partir au petit matin, les mains encore gourdes, le silence magique des pistes d'envol, toute cette scène blafarde. Cap sur le Golfe sous sa brume bleutée, les comtés et paroisses fixes ignorant ma présence, même si moi je connais leur vie dans les vastes détails, Brookley qui brille comme une pièce de monnaie dans la lumière que renvoie la baie de Mobile.

Parfois, à cause de la lumière, dans la visière du casque, il y a le reflet sombre et moite de votre œil, plus grand qu'une affiche de cinéma. Parfois le soleil, directement au-dessus, rend les instruments impossibles à lire. La terre en bas est fendue d'ombres. Il y a des serpents d'eau mythiques, des lacs, des rivières lisses comme le marbre. Le ciel vide, l'appareil qui gronde, la radio qui déborde de voix et de sons. Au-dessus de l'horizon jaune, près du soleil déclinant, soudain un point. Derrière lui une vague ligne, une traînée de condensation. Par un réflexe oublié je suis brusquement en alerte, comme jadis lorsque nous scrutions intensément, lorsque le corps s'emplissait d'excitation rien qu'à sa vue : l'ennemi !

Il y avait des aérodromes partout, des restes de la guerre, des reliques de terrains dont je connaissais les noms pour les avoir entendus dans les anecdotes, Wendover, Pocatello. Et puis je les quittais, m'élevant par-dessus l'alcali, la mince trace des routes, les voies ferrées, la poussière. Pas un seul bourg, pas même une maison. Neige sur les collines au loin, qui sombrent lentement à mesure que je m'élève, tout le reste brun. L'Ouest. À partir de là tout est interminable, une terre qui continue à l'infini. Là en bas c'est le ciel qui n'a pas de fin.

Une nuit comme je demandais une procédure de descente près de Saint Louis, la ville tel un joyau et tout aussi claire, une voix dans le noir demanda : “Flatfoot Red, c’est toi ?” Flatfoot, notre signal d’appel de Bitburg, et Red, la couleur de l’escadrille de tête.

“Oui, dis-je. Qui c’est ?”

En route vous voyiez rarement un autre avion de chasse et ne reconnaissiez presque jamais une voix.

“Ed White.”

Le plaisir, le frisson, en fait, du genre produit par un regard appuyé à l’autre bout de la salle, un hochement de tête entendu, ou une paire de doigts qui touchent brièvement le front. Il ne nous fut possible d’échanger que quelques mots – Comment vas-tu ? Où tu vas ? Je le cherchais dans le noir, l’étoile filante que serait son avion, mais les cieux étaient semés d’étoiles comme autant de débris, la terre jonchée de lumières. Il était en route pour quelque part, les sommets, j’en étais persuadé. Moi, j’allais atterrir.

“À la revoyure”, dit-il.

Qui pouvait savoir qu’il en serait autrement et qu’il faisait partie de ceux que je ne reverrais jamais ? Nous avions volé dans l’équipe de voltige ensemble, lui à droite, Whitlow à gauche, Tracy en charognard.

Après sa mort, sa veuve s’est remariée. Peu d’années après, elle-même est morte, apparemment un suicide. Les eaux s’étaient refermées sur eux deux.

J’ai souvent pensé à White et à cet appel dans le noir que je pris pour une dernière rencontre. Je pensais à lui un jour que je regardais un défilé en ville. C’était en novembre, le jour de l’Armistice, mais il régnait la chaleur et la plénitude d’une fin d’été. Les saletés virevoltaient dans les rues. Je faisais moi-même partie de New York depuis le temps, lui avais été restitué. Ils arrivaient dans 5th Avenue, les rangs de l’American Legion, les fanfares de la police et des écoles, des adolescentes en blazer marquant la cadence, des colonels de dix ans à lunettes de soleil, des gros, des estropiés. Les tambours passaient. Les trottoirs étaient bourrés de monde. Des rangées de trompettes argentées passaient. Puis les drapeaux. La foule regardait. Pas un chapeau soulevé, pas une main pour faire le moindre salut.

*

Une fois à un dîner une femme me demanda ce que j'avais jamais bien pu voir dans la vie militaire. Je fus incapable de lui répondre, bien sûr. Je ne pouvais invoquer tout, les endroits lointains, la camaraderie, l'idéalisme, la jeunesse. Je ne pouvais mentionner ce que c'était que de voler au-dessus des îles il y a longtemps, les voir s'élever dans le lointain bleuté couronnées de légende, avec l'anneau d'écume blanche autour. Ou les villes, Shanghai et Tokyo, Amsterdam et Venise, les camps de tir en Afrique du Nord et les colonies de Rome oubliées le long du littoral.

Je ne pouvais décrire cela, ni comment c'était d'attendre de décoller pour les missions en Corée, armé, nerveux au point de se fredonner des chansons à soi-même, ni la secousse électrique qui vous traversait quand les Mig arrivaient. Je ne pouvais parler de Mahurin se faisant descendre avec personne pour le voir partir, ni de George Davis, ni de deArmont, qui au club sautait sur une table et récitait *Gunga Din* – les pilotes dans leur ivresse croyaient qu'il inventait à mesure qu'il parlait.

Je ne pouvais lui parler des brillants commandants d'escadre, ni d'avoir volé avec des hommes qui plus tard devinrent fameux, ni des jours et des jours d'ennui, ni des moments de pure extase, ni de marcher jusqu'aux avions parqués au petit matin ni de rentrer à la nuit quand le vent est tombé et effectuer le dernier atterrissage avec l'officier d'entretien qui donne deux rapides cliquetis de micro pour confirmer : comme une plume. Voler avec des vétérans de trente ans et finalement gagner le droit de mener vous-même, escadrilles, escadrons, plusieurs fois le groupe entier. Les formidables jours de jeunesse quand vous écorchez les mots étrangers et échangez vos rêves.

Nous arrivions du tarmac à Giebelstadt ou Cazaux, fatigués, le visages marqué, inconnus, et nous allions boire en ville. L'argent ne signifiait rien, pas plus que la notoriété, en un sens. Je ne pouvais rien mentionner de tout cela, ni les routes qui longent la mer à Honolulu, les soirées, les derniers verres au bar, ni dire qui était Harry Thyng, ou Kasler, ou la femme du capitaine.

SECONDE PARTIE

Rois oubliés

Dans ma main se trouve un carré de papier bleu, le bleu des Gauloises, et lentement je le déplie, une fois de plus. Je sens encore l'excitation. Les plis ont acquis de la mémoire, ouverts, ils révèlent l'invitation :

Pouvez-vous venir boire un verre
Relais bar hôtel Plaza Athénée
Samedi soir sept heures ?

C'est signé simplement, *Shaw*.

Novembre, il fait nuit de bonne heure, ou peut-être décembre, en tout cas tard dans l'automne et l'année, 1961. La ville, telle que je la voyais, était comme une photographie splendide, chaque large avenue, chaque rue. Je n'avais encore jamais rencontré d'écrivain de marque. Mon agent, qui était aussi celui d'Irwin Shaw, lui avait donné mon nom, et j'arrivais à Paris en voiture pour le rencontrer, venu des provinces glaciales par l'épatante diagonale qui, sur la carte, allait de Chaumont, en passant par Troyes, jusqu'au centre même.

J'avais une grosse voiture élégante achetée d'occasion, bleue également, celui des uniformes de la flotte, le volant du mauvais côté, quatre vitesses en marche avant et quatre en marche arrière aussi, une minuscule clé de contact comme celle d'un coffre de banque ou d'une horloge. Le moteur ronronnait, les boulevards flambaient de lumière. Je buvais littéralement l'air, j'entrais dans Paris.

Traversant un vaste carrefour encombré de circulation, soudain je freinai pile et parvins à m'arrêter avant d'aller frôler d'un baiser – aucune sensation ne s'ensuivit – le rutilant pare-chocs arrière de la voiture devant moi, qui se trouvait être une Citroën flambant neuve. Le propriétaire n'arrêtait pas de hurler en un français plus rapide qu'il ne m'était jamais arrivé d'entendre, les voitures klaxonnaient et se frayaient un chemin autour de nous, nous essayions de trouver l'invisible bosse sur le noir luisant de la peinture. Au bout du compte, la police arriva, pour finalement nous dire de circuler. Une demi-heure était passée. J'arrivai au Plaza Athénée désespéré jusqu'à la nausée. Il était plus près de huit heures que de sept. J'avais raté le rendez-vous. Le portier – la voiture se voyait fréquemment saluée par eux à l'époque – me laissa me garer devant, et le cœur vide j'entrai au Relais. La première chose que je vis fut un homme solidement bâti, debout au bar, vêtu d'un trench-coat ouvert, *Le Monde* enfoncé dans une poche. Je le reconnus immédiatement. "Pas grave", dit-il comme je me répandais en excuses "Qu'est-ce que vous buvez ?" C'était lui tout craché.

Le temps et son pouce épais n'ont rien gommé. Il avait quarante-huit ans cette année-là, il était déjà en retard pour un dîner avenue Foch auquel il devait se rendre. Il me donna l'adresse – passez plus tard pour le café, dit-il. Au bout de quelques minutes, après avoir payé l'addition, il s'en fut. C'est ainsi que je découvris Paris. Il y avait des mondes au-dessus, comme je devais l'apprendre, mais aussi des mondes en dessous. Je trouvai l'avenue Foch – le nom lui-même n'éveille plus qu'un vague écho, le siècle se termine et dans sa crypte toutes ces choses-là vont disparaître, les maréchaux de France aussi bien que les obscurs poilus – tout comme je devais trouver l'île Saint-Louis, la rue de Grenelle, la place Saint-Sulpice, des appartements et des restaurants aussi bien que d'autres villes et régions, pas toujours en France, à cause de lui. Il fut sans le savoir mon Virgile, bref dans ses descriptions, irréfutable, enclin à boire. Des années plus tard, je l'entendis donner un conseil : ne jamais se laisser impressionner par personne. L'Europe ne l'impressionnait pas. Il jetait son manteau sur son canapé.

Cette première soirée fut pour moi comme le bal qu'Emma Bovary n'oublia jamais. Ils étaient quatorze à dîner, dont une jeune actrice péruvienne en robe de soie noire incroyablement décolletée. Un homme d'âge mûr la prit à part pour lui dire, "J'ignore avec qui vous êtes venue, mais vous ne rentrez pas avec lui. C'est définitif." Ils racontaient des anecdotes de théâtre, de cinéma, le maharajah des producteurs qui avait refusé de laisser la femme avec qui il était se servir des toilettes dans un hôtel en vue. Au lieu de cela il avait pris une suite. Elle était entrée, ressortie, et il avait payé la note, cinquante livres.

"Le nouveau Troubetskoï [1]", observa quelqu'un.

En voiture, nous descendîmes les Champs. L'air était plein du mordant de l'automne, il picotait. La mer, infinie et noire, s'écroulait contre les côtes. J'avais fait connaissance de scénaristes, de propriétaires de restaurants, de *joueurs*.

*

J'avais été à Paris plusieurs fois. Lors de mon premier voyage en Europe, nous nous y étions rendus tous les trois : Farris, moi et l'officier du mess de Wiesbaden à qui appartenait la voiture. Nous partîmes de bonne heure le matin, par des routes désertes, et, un peu après midi, entrâmes dans les quartiers périphériques, gris et inconnus. Nous allâmes droit à l'hôtel Littré, que l'armée s'était approprié et des fenêtres duquel on ne pouvait rien voir à part la façade sinistre des immeubles, quinze mètres plus loin, de l'autre côté de la rue. C'était un jour d'hiver. Plus tard nous nous rendîmes à Montmartre pour changer de l'argent au marché noir.

1. Troubetskoï : sorte de Crésus de la période prérévolutionnaire russe. *(N.d.T.)*

Paris me fit une sale impression que même les Champs-Élysées, larges comme un pont de porte-avions et sillonnés par quelques rares voitures, ne purent améliorer. Paris me paraissait une ville patibulaire, quelque peu déshonorée, qui avait réussi à survivre à la guerre. Les monuments et les façades de pierre étaient noirs, mais c'était la crasse, pas la fumée du désastre, qui les avait entachés. Les Français s'étaient écroulés au premier round et avaient livré la capitale intacte, action pragmatique, sinon héroïque.

Je parlais un peu le français, le résidu des jours de classe. La discipline qui vous faisait étudier les choses que vous ne vouliez pas apprendre n'était pas passée de mode, et ma propre éducation en portait le sceau. Nous lisions les épisodes de *Vol de nuit* avec le doigt des illettrés. L'idée qu'une personne, une chose ou un endroit puissent être masculins ou féminins ne semblait servir à rien, et l'éventualité qu'on pût un jour se servir du français, peu probable. C'était simplement un obstacle de plus sur le parcours.

Je ne sais plus où nous sommes allés cette nuit-là, ni ce que nous avons bu, mais le vrai Paris fit son apparition à l'aube, dans les premières lueurs, avec une image droit sortie du paradis de Mahomet : roulant dans les rues avec six filles et la capote baissée, certaines assises dessus ou à côté de nous, deux sur nos genoux. C'était comme de rouler flanqués de fleurs. L'image de Montmartre avait du grain dans le petit jour qui purifiait tout, chaque difformité et minable entreprise, chaque boui-boui, restaurant ou boutique.

Il y a le Paris de Catherine de Médicis aux Tuileries, comme l'a décrit Hugo ; celui d'Henri Ier à l'Hôtel de Ville, de Louis XIV aux Invalides, de Louis XVI au Panthéon, et de Napoléon place Vendôme, mais c'était le Paris d'Henry Miller dans lequel nous étions ; je ne l'avais pas lu, mais je le devinais charnel, désaxé, en désaccord avec tout mais l'embrassant la minute suivante, en velours côtelé élimé, sans cravate, rentrant chez lui à pied par les rues. Ce Paris dans lequel vous vous réveilliez tuméfié après des nuits du tonnerre, des nuits indélébiles, les poches vides, les derniers billets éparpillés par terre, les souvenirs éparpillés aussi. Nous montâmes avec trois filles chacun tandis que l'officier du mess faisait un somme dans la voiture.

Paris. Le petit matin. Son haleine froide, étonnamment fraîche. L'élégance de ses rues anciennes, son prix toujours renversant. Le bruit de la circulation matinale. Le ciel sans défaut et dégagé. Quelque part dans la galerie de l'amour où les tableaux vous émeuvent au-delà des mots – la lumière, la divinité, la retenue absolue, où dans des lits défaits le matin, à voix basse, la vie vous est offerte –, quelque part dans tout cela se trouve une image de Farris, un aperçu d'une intimité absolue, son bras nu qui pend du lit comme celui de Marat. Il était comme un dieu, ou sinon, empreint de la grâce que Dieu confère parfois, aux cerfs et aux lièvres sans exception mais rarement aux humains. Ensuite elle commence à vaciller, cette image, cette chambre indistincte, la soif de bonheur est insatiable, elle n'a pas de prix, quelqu'un chuchote, cajole, quelqu'un rit, il y a des voitures dans la rue, un bruit d'eau courante dans la chambre. Tout cela était un jeu, celui que j'avais tant recherché. Une heure plus tard les rues nous réclamaient, la nuit était déjà du passé.

Près de la gare Saint-Lazare, un jour, Isaac Babel a vu, tard dans la nuit, une grande et belle femme en robe du soir fanée mais décolletée très profond, en train d'attendre le client. Elle était juste comme Hélène Bezoukhov, pas vrai ? avait-il dit à son compagnon. Elle aurait facilement pu être choisie pour jouer le personnage raffiné de *Guerre et Paix*, bien que son prix fût le même que celui de toutes les autres. La première nuit à Paris fut comme cela pour moi ; elle me rappelait quelqu'un de mieux. En 1950, elle ne se méfiait pas de nous. Nous étions encore beaux garçons et on nous admirait ; on nous souriait, on se retournait sur nous dans la rue. Les chambres étaient glaciales mais bien proportionnées, et il y avait plus que la suggestion d'une autre vie, libérée des inhibitions courantes, une vie sacrée, ce grand musée, ce jardin des plaisirs élaboré juste pour vous seul.

*

Une décennie plus tard je faisais la grasse matinée dans mon hôtel, qui était aussi bon marché que lugubre, derrière la place Vendôme. Le téléphone se mit à sonner d'un bruit strident qui me fit sursauter. C'était Irwin Shaw. Qu'est-ce que je faisais, demandait-il, avais-je quelque chose de prévu ? "Venez déjeuner", dit-il.

Je n'en revenais pas. C'était si naturel, inimaginable et pourtant tellement désiré. Ils habitaient place Lamartine. Le numéro de l'immeuble, comme le numéro qui vous verse des flots de jetons dans les mains lors d'une nuit de chance, je m'en souviens évidemment, 2 *bis*.

Il n'y avait que nous trois, lui, sa femme Marian, et moi. Le déjeuner fut servi par une bonne en uniforme dans une salle à manger treillagée qui me paraît, quand j'y repense, vert pâle. Nous étions assis dans le silence du XVIe arrondissement, tout à notre omelette, salade, et pour dessert des *ananas givrés*. Il y avait l'aisance et l'implication de la vie française, tout autour de nous des rassemblements invisibles, des flirts, des potins sur l'argent. C'était la fin des années 50, l'époque des Sulzberger, Matthiessen, Plimpton, Teddy White. Un déjeuner en famille, et j'en étais déjà à le voir comme une sorte de père – le mien était mort –, un père à la Dumas ou un ancien champion de boxe, avec quelque chose en lui d'extravagant, qu'on ne lui enlèverait jamais.

*

Max Wilkinson, l'agent que nous partagions, était lui aussi un homme remarquable, même si son nom n'a pas été retenu par l'Histoire. Un homme du Sud, raconteur-né et dandy, juste un gars de la campagne, comme il aimait le dire, et son parcours comprenait un certain nombre d'endroits obscurs : Tupelo, Mississippi ; Jackson ; peut-être un Nouvelle-Orléans murmuré. Il avait quelque chose du vieux sudiste en lui, jamais pressé et conspirateur. Sa voix était aisée et suggérait qu'on ne s'y fiât pas trop. Il se rappelait avoir porté le chapeau de paille de son père quand Dempsey avait affronté le Français – Carpentier –, et les résumés des rounds arrivaient un par un au guichet du télégraphe dans Courthouse Square.

"La première fois que j'ai vu Irwin, disait-il, il entrait dans les bureaux de *Collier's* avec une nouvelle sur du papier jaune, le genre qu'utilisaient les journalistes, une jolie histoire sur une épouse qui voulait retourner à Kansas City. Il avait – il n'a jamais beaucoup changé – un visage doux." "Nous n'avons pas pris la nouvelle, ajoutait-il, à notre grande honte."

C'était effectivement un visage doux. Il prenait souvent un coup de sang, mais il n'y avait pas en lui la moindre méchanceté. C'était un visage d'homme, établi, bien rasé, avec un nez trop large. Derrière, vous le compreniez tout de suite, il n'y avait personne de sournois. Des années plus tard, lorsque les veines sur ses joues se mirent à éclater, il y avait encore quelque chose du jeune homme chez lui. La franchise, pour ne pas dire la brusquerie, était son style. Il ne s'apitoyait presque jamais sur son sort. S'il a jamais pleuré, ce dont je doute fort, il a pleuré tout seul. En public, ses lèvres ne tremblaient jamais, même lorsque les honneurs qu'il aurait pu mériter lui passaient à côté.

Il y a des hommes qui semblent avoir embrassé l'arbre de la vie, et il était de ceux-là. Ce n'était peut-être pas pour tout le monde, cette énorme chose qu'il n'y a pas moyen d'entourer avec ses bras, mais elle était pour lui. Avec lui, on mangeait bien et, naturellement on buvait sec. Au restaurant il commandait tout de suite, comme pour établir le rythme, et immédiatement commandait le vin. Sa méthode était simple : il travaillait pratiquement tous les jours et évitait de s'angoisser le soir. Je l'ai fréquenté à Paris, à Neuilly, au Fouquet's, à l'Hôtel des Bergues à Genève et sur le quai, au Cap d'Antibes, à Southampton et Klosters. Il était toujours absolument le même. Je le revois au Delmonico dans une chambre qui donnait la même impression de richesse qu'une cabine de luxe, ses vêtements de bonne coupe et toutes sortes de choses abandonnées n'importe où aux soins du steward, le téléphone qui sonnait avec des invitations pour le soir. "Rappelez-moi vers cinq heures et demie, leur disait-il, j'aurai une meilleure idée." À ce moment-là, il connaîtrait toutes les possibilités.

Ce que j'admirais le plus chez lui, c'était sa façon de se comporter. Cela provenait d'un style de vie qui ne ressemblait qu'à lui, aussi irréprochable que le papier à lettres d'une banque ou la présentation d'un menu par un maître d'hôtel. Dans le monde dans lequel j'avais grandi, on ne semblait pas savoir comment se comporter, et c'était cela qu'il vous montrait. Ce n'était pas une question de manières – il s'en dispensait –, c'était l'assurance du leader. Quand vous étiez avec lui, c'était comme si un ministre traînait des pieds, en pantoufles, le peignoir bâillant, et vous disait : "Il y a une bouteille près de la bibliothèque, là. Servez-vous."

Même ses stupidités ne le disgraciaient pas. Dans une pique de fureur, une fois, il a frappé un homme beaucoup plus petit que lui qui portait des lunettes. L'homme n'avait cessé de le tourmenter avec cette insulte : "Tu écris bien, alors pourquoi être une telle pute ?" Plus tard, dans les toilettes, une serviette froide sur le front, il fut pris de regrets. La victime était journaliste, l'histoire allait être dans tous les journaux. "Te bile pas, Irwin, dit quelqu'un pour le consoler, à mon avis, *Variety* n'a pas de page des sports." Il fallut le faire sortir par la porte de derrière.

En plus de vingt ans d'amitié je n'ai jamais su à quel groupe d'amis j'appartenais – il en avait au moins huit, avait-il dit un jour. En tout cas j'étais un ajout tardif, après le succès, après la guerre, et pas dans la même classe, disons, que l'*ami* de sa vie, comme il considérait Robert Capa. Capa avait habité chez eux, dans le Sud de la France, ramené des femmes à la maison tard dans la nuit, laissé des brûlures de cigarettes sur le mobilier, et il était resté à fainéanter, avec ses cendres qui tombaient sur ses vêtements, jusqu'à ce que finalement Marian insiste pour qu'il s'en aille. "Il avait décidé que la maison était à lui." C'est Irwin qui lui a demandé de partir, action pour laquelle il s'en est toujours voulu.

Pourtant ses amitiés étaient du genre qui duraient. Il avait arrangé le mariage des Styron, celui des Talese. On pouvait être des années sans le voir mais c'était instantanément pareil. J'ai donné son nom à mon fils : Shaw.

Un après-midi, bien plus tard, enfin écrivain, j'étais en train de lire une lettre que j'avais reçue. *Je suis tellement attirée par vous et vos façons de faire...* Quelque chose était monté de cette phrase, un parfum, et à ce moment, je ne sais pourquoi, je pensai à lui. C'était cela qu'il avait connu, des gens attirés par lui et ses façons de faire.

*

La vérité c'est qu'au début il avait reconnu en moi l'arrogance de l'échec. J'avais écrit deux livres, mais le pouvoir que j'avais était de n'avoir rien accompli. Ma force, comme celle du nain coléreux, Rumpelstilskin, était que mon nom fût inconnu. Lui, d'un autre côté, était un écrivain de première grandeur. Sur la table basse il y avait un lisse coffret à cigarettes en argent que ses éditeurs à Random House avaient fait graver à son nom, se disant fiers à la fois de lui et du *Bal des maudits*. Sa renommée semblait indécrochable. Il y avait les pièces du début, *Bury the Dead* et *Sons and Soldiers*, cette dernière mise en scène par Max Reinhardt, et les premières nouvelles viriles dans le *New Yorker* qui avaient provoqué tant d'excitation. Il débordait d'énergie et de force. Il a écrit ses nouvelles "The Girls in Their Summer Dresses" et "Sailor Off the Bremen" la même semaine, la première en une seule matinée.

John O'Hara, l'autre phare du *New Yorker* de l'époque, était un personnage difficile et imprévisible. Son éditeur l'appelait le maître de l'insulte imaginée. Une fois, à un mariage à Rhode Island, un invité entra dans la chambre où se reposait O'Hara et demanda : "Comment se fait-il que vous ayez fait Fordham mais que vous écriviez toujours sur Yale ?" O'Hara se leva et retourna à New York en voiture.

Irwin pouvait se montrer ombrageux lui aussi, mais en général il était tolérant. Certaines blessures du début ne furent jamais oubliées. Jusqu'à la fin de sa vie il pouvait passer ses doigts sur des cicatrices pratiquement disparues, mais il avait connu la gloire. Il n'avait été payé que deux cents dollars pour "The Girls in Their summer Dresses", somme qu'il aimait rappeler en des temps d'inflation, mais avec elle vint le renom.

Il n'était pas un théoricien. Il avait connu l'angoisse d'essayer de trouver le chemin qui convenait, de travailler à des textes durant des mois, près de les jeter, pour finalement les voir, à sa grande surprise, remporter des prix. Il n'avait aucune idée formelle sur l'écriture ; il s'asseyait et le faisait. Il y a des histoires qu'il faut raconter, et des années où il faut les raconter. Il se levait à quatre heures du matin pour écrire – c'était au Caire pendant la guerre. Conscrit affecté à une unité spéciale de photographie, il se trouvait en grande partie à l'écart du danger, bien qu'il fût impossible de douter de son courage. Son caractère tout entier en était empreint.

La nuit capitale où son fils est né – pas à Paris, comme on pourrait se l'imaginer, mais à New York, *uptown* – il était allé au "21" et tomba sur Hemingway, qui l'avait surnommé le "Tolstoï de Brooklyn". Il n'y avait aucune ambiguïté dans la remarque, c'était une offense. Brooklyn voulait dire Juif. Hemingway avait d'autres purulents motifs pour détester Shaw, lequel avait eu une liaison avec sa quatrième femme avant leur mariage, et les avait présentés l'un à l'autre. Coutumier, dans ses écrits comme dans la vie, de ne jamais rater une occasion d'insulter, Hemingway avait soi-disant raconté à tout le monde qu'il allait mettre un coup de poing dans le nez de Shaw la prochaine fois qu'il le verrait. Au "21", ce soir-là, Hemingway était à une table avec Harold Ross, le rédacteur en chef du *New Yorker*. Shaw s'approcha. "On m'a dit que vous aimeriez me mettre un coup de poing dans le nez, dit-il sans préambule, je vous attends au bar." Hemingway, qui en diverses circonstances était connu pour se montrer violent, resta à sa table.

Shaw ne mentionnait presque jamais Hemingway. À Southampton, des années plus tard, dans l'hiver de sa vie, les docteurs l'avaient rendu infirme, les arbres qui voulaient porter trop loin voyaient leurs feuilles tomber, le vaste monde qu'il connaissait se refermait. Écrirait-il sur ces choses-là ? Non, dit-il sans hésitation. "À quoi bon ?"

Il voulait l'immortalité, bien sûr. "Qu'y a-t-il d'autre ?" La vie se transmue en pages si elle doit se transmuer en quoi que ce soit, et les siennes étaient écrites. Il pouvait lui arriver de se surestimer. On était en train de le comparer à Balzac un jour, à table. Non, il écrivait mieux que Balzac, dit-il. "En français, il est brouillon – il écrit des phrases très courtes."

"J'adore être femme d'écrivain, pas vous ? demanda quelqu'un à Marian.

– Non", dit Marian.

La vie d'écrivain était une autre affaire, comme la nuit où Styron termina *Les Confessions de Nat Turner*. C'était à trois heures du matin, dans le Connecticut. Il était allé de chambre en chambre réveiller tous les enfants – ils étaient petits à l'époque –, il les avait assis sur le manteau de la cheminée et avait mis du Mozart. Une nuit qu'on n'oublierait jamais. Irwin aimait cette histoire. Lui-même ne pouvait plus écrire. Le feu s'était éteint, les cendres étaient froides. Il restait assis là, usé, creux, comme les restes d'un vieux chêne.

À la fin, le moi reste inachevé, il est abandonné pour cause de décès de son propriétaire. Tous les détails exceptionnels, les confessions, secrets, photographies de visages aimés et parfois plus que les visages, les adresses précieuses, les villes et les hôtels à visiter si on en a le temps, les anecdotes, les images sacrées, les vers immortels, tout ce qu'on a mis en tas ou ramassé parce qu'on le trouvait intrigant ou simplement beau, devient soudainement superflu, sans valeur, le fatras des décennies tourbillonnant à vos pieds. Le souvenir d'Ernest à Rambouillet près de Paris en 1944 quand ils étaient sur le point d'entrer dans la ville – la chambre, vous souvenez-vous, était pleine d'armes –, il avait tué 183 hommes dans sa vie, se vantait Hemingway, et il y avait des gens qui prétendaient qu'il avait participé à des exécutions en Espagne. Rien de tout cela, ni de beaucoup d'autres choses encore, un *biblios* de choses, pratiquement toute une ère. On lui avait demandé d'écrire son autobiographie, disait Shaw, mais il n'arrivait pas à se décider : trop difficile. "Toutes ces liaisons..." marmonnait-il.

Quelque part, des clercs décatis, derrière des piles de peu d'intérêt pour eux, trient les réputations littéraires. La tâche se poursuit éternellement et sans hâte. Il y a des noms sur lesquels on passe et des noms qu'on révère, des noms de héros et d'autres qui ont longtemps passé pour tels, des noms de toutes sortes et de tous niveaux d'importance. Parmi eux se trouve celui de Shaw.

Ce n'était pas réellement Shaw, pas plus que Neruda ne s'appelait Neruda, ni Henry Green, Henry Green. Curieusement, ce n'est pas lui qui changea son nom. Le nom de son père était Shamforoff, et la décision de le changer en Shaw fut prise lors d'une réunion de famille lorsque celle-ci se lança dans une affaire d'immobilier en 1923. Il avait dix ans à l'époque, n'aimait pas la version écourtée, et conserva le nom sous lequel il était né durant toute l'école secondaire.

L'écrivain définit le monde, cependant, et son nom finit par en faire partie. Sa légende aussi. Le livre et l'homme qui l'a écrit se confondent, tout comme les vrais incidents et les gens finissent par faire partie d'une vérité qui a été révisée et clarifiée. Arrivé à un certain point, toutes les histoires sont vraies, la question ne se pose plus. Chez Dreiser, Cervantès, et Margaret Mitchell, les personnages sont éminemment réels, la possibilité que quelqu'un les ait seulement imaginés aussi bien que ce qu'ils ont dit ou accompli intrigue au début, mais nous ne pouvons un seul instant mettre en doute l'existence de Lady Ashley ou même d'Achab. Ils sont sur le même plan que les personnages historiques, et c'est tout à la gloire de leurs créateurs qu'ils aient pris vie, une vie qu'ils ne possédaient pas dans le sens ordinaire du terme. Krapp, Swann, Lady Dedlock, vécurent et moururent et ont la chance de vivre à jamais.

Il savait cela, bien sûr, mais en parlait rarement, pour ne pas dire jamais. Il parlait d'autres écrivains, de livres, de personnages publics, de matchs de football. Il parlait de la célébrité, de l'humilité, des Français, de la fois où il avait rencontré John Horne Burns, pour s'entendre dire que lui, Irwin, ne savait pas ce que c'était que les Juifs. Il parlait de son œuvre et de celle des autres, et il était d'ordinaire généreux, même s'il pouvait se montrer acide. "Ça y est, je l'ai refait encore un coup", lui fit remarquer un auteur qui avait eu un grand succès à ses tout débuts. "Ne dis pas ça, lui fit Irwin, tu ne l'avais pas fait la première fois."

Il pouvait tout aussi bien se montrer élogieux. Une fois, à une soirée, il prit à part un auteur sur le point d'être publié et qu'il sentait nerveux. "J'ai lu ton livre, dit-il. C'est un grand livre. Un chef-d'œuvre."

Ce sont des choses dont on se souvient. "Ses propres mots", dit plus tard l'auteur en question – Joseph Heller, le livre était *Panique*. "Il n'a pas dit que c'était un bon livre. Il a dit grand. Un chef-d'œuvre."

Pour ce qui venait de sa main, il n'avait aucun sens critique. Il donnait l'impression d'être plutôt satisfait de tout. Il n'avait pas l'air de préférer une chose qu'il avait écrite plutôt qu'une autre, et ne se laissait jamais vraiment mettre sur la défensive. Un soir, une femme était en train de chanter effrontément ses louanges devant lui – il écrivait si merveilleusement bien sur les femmes, disait-elle, aucun autre écrivain contemporain ne les comprenait si bien. Elle adorait

Lucy Crown, c'était peut-être son livre préféré. Un livre difficile à écrire, se souvenait-il. Sa femme l'avait supplié de ne pas l'écrire.

"C'est vrai", dit Marian.

Il avait eu toutes les difficultés avec ce livre, les pires de toute sa vie. Cela lui avait pris quatre ans. Il avait commencé par l'écrire comme une pièce mais elle ne valait rien. Ensuite il avait écrit cent pages du livre et laissé tomber encore une fois, mais son directeur littéraire chez Random House, Saxe Commins, l'avait persuadé de le terminer. Au bout du compte, il s'était plus vendu qu'aucun autre de ses livres. L'idée lui était venue d'une histoire que lui avait racontée un Vietnamien. "C'était une histoire vraie. Tout gamin il avait surpris sa mère en train de coucher avec le tuteur. Il l'avait dit à son père, et sa mère ne lui avait jamais pardonné. Elle refusait d'habiter sous le même toit que lui et il fut forcé d'aller vivre chez sa tante. Il ne revit sa mère qu'une ou deux fois de toute sa vie. J'ai entendu l'histoire en 1938. Je l'ai mise dans mes notes et l'ai trimbalée avec moi plus de dix ans."

"Pourquoi ne vouliez-vous pas qu'il l'écrive ? demanda-t-on à Marian.

– Je haïssais cette femme", dit-elle.

"Elle s'y est opposé bec et ongles jusqu'au bout", grommelait Irwin. Il recevait tout le temps des lettres au sujet du livre. Il était traduit dans toutes les langues.

*

C'est en 1950 qu'ils allèrent en Europe. Cet été-là, sur l'insistance d'un vieil ami, ils louèrent une maison à Quogue, sur Long Island, pour découvrir qu'ils ne pouvaient jouer au tennis ni fréquenter aucun des clubs – les Juifs n'y étaient pas admis. Bien que Marian ne fût pas Juive, elle se considérait comme telle, et c'est ainsi qu'ils s'en allèrent en Europe, où reposaient les cendres de quelque six millions de Juifs, pour échapper à l'antisémitisme qui sévissait à Quogue, comme Irwin aimait le dire. Et c'est là, presque jusqu'à la fin, qu'ils restèrent. *Le Bal des maudits* était un grand triomphe ; ils avaient la trentaine, la radieuse décennie qui ne finira jamais, où on peut tout oser.

C'était encore sous bien des rapports l'Europe des années 30, émergeant à peine des ruines d'une guerre de cauchemar. Il y avait des yachts dans le port de Cannes avec des noms comme *Feu Follet* ou *Dadu*, la mer était de nouveau bleue, les voiles blanches commençaient à claquer. On peut être riche en France, vous n'avez pas idée, explorer la campagne et s'asseoir à des tables dans des jardins de gravier.

La renommée, la santé physique, une belle femme. Il l'avait connue en Californie. Ils eurent une vie passionnée. Jeunes, bronzés, pas mariés, traversant le pays en voiture, la capote baissée. Sa mère était scandalisée ; à cette époque, s'enfuir avec un homme qui n'était pas votre mari était presque inconcevable. Ils vécurent à New York sur 42nd Street. Elle était actrice, lui écrivait des pièces, et sur cette rue de théâtres leur vie entière reposait. Pendant un temps il fut critique théâtral mais il laissa tomber, dit-il, parce qu'en tant que critique il ne pouvait plus partir après le premier acte. Il lui fallait toujours courir sur six pâtés de maisons jusqu'aux théâtres. Soit Marian était en retard, soit le taxi était pris dans la circulation, et il lui fallait en sauter pour faire le reste en courant. Il arrivait la figure en eau, même en hiver.

Le mariage eut lieu en 1939, l'année où la guerre avait commencé, comme le fit remarquer quelqu'un. Les difficultés qu'il pouvait avoir avec sa femme ! Il en parlait constamment, comme pour lui-même, comme si elles n'avaient pas d'égales. Un soir à Saint-Jean-de-Luz, durant une querelle dans un restaurant, dans une crise de furie, elle enleva son alliance et la jeta. Le lendemain matin, elle y retourna pour la chercher, mais sans la trouver ; ils allaient partir quand par miracle elle l'aperçut dans la rue.

Encouragé par un ami, Irwin, fin décembre 1951, descendit de

Paris en voiture jusqu'à un endroit en Suisse appelé Klosters, à l'époque un village intact avec d'antiques maisons de fermes et des montagnes sur lesquelles s'amoncelait la neige. Les gens étaient sympathiques. Finalement, lui et sa femme s'y installèrent. C'était parfait et ils restèrent. Il apprit à faire du ski. Un cercle de gens intéressants se mit à apparaître régulièrement, des gens qui ne seraient pas venus là sans lui. Ils étaient toujours en groupe, semble-t-il. Ce fut le meilleur moment de sa vie, et probablement le plus dommageable. Peut-être en aurait-il été de même n'importe où ailleurs, et il ne s'agit que de mon idée de ce qu'il a fait et de ce qu'il aurait pu faire. Je ne le lui ai jamais dit, mais je le ressentais fortement, et bien sûr ce que je lui reprochais était exactement ce que je craignais d'être en train de faire moi-même : vivre dans un monde qui n'était pas vraiment le mien.

Il y aurait pu y avoir plus d'enfants, mais Marian fit des fausses couches, quatre en tout, et fut seulement une fois à même d'aller au bout de sa grossesse. Ce fut avec l'aide d'un spécialiste de New York dont lui avait parlé quelqu'un, et qu'elle alla voir à son retour du Sud de la France. Il lui recommanda de se mettre au lit et d'y rester. Elle n'avait le droit de se lever qu'un quart d'heure par jour. Six mois plus tard, un enfant naquit à Columbia Presbyterian, prénommé d'après le premier homme sur terre, Adam, qui une fois grand devait devenir, comme son père, écrivain.

Années conjugales, *compréhension mutuelle et inexprimée*, comme il l'écrivit, *plaisanteries pour nous seuls, réconfort dans l'adversité, support automatique en cas de malheur et des heures de silence cordial durant les longues soirées tranquilles*. Vous ne voyiez jamais ces soirées, évidemment. Vous les voyiez en déplacement, drapés de glamour comme des vedettes de cinéma. Une fois Irwin prit l'avion pour New York rien que pour assister à un dîner que Jack Kennedy donnait en l'honneur de Malraux. John Cheever l'a décrit dans une lettre en train de faire un saut à Rome, juste histoire d'y donner un dîner et de prendre livraison d'une Alfa Romeo.

Il ne mentionnait jamais les femmes, mais il semblait impossible qu'une nature si errante et expansive ne fût pas attirée par elles, et puis il y avait aussi le thème de cette première nouvelle, si centrale dans son œuvre, "Summer Dresses". Les grands moteurs de ce monde ne carburent pas à la fidélité. "Beaucoup ?" avais-je souvent envie de lui demander. Je doute fort qu'il eût révélé le moindre détail.

Un soir, une blonde fanée n'arrêtait pas de revenir sur le lustre de tout cela, leur vie merveilleuse. "Avez-vous jamais, lui demanda-t-elle ingénument, je voudrais juste savoir, avez-vous jamais été amoureux de quelqu'un d'autre que Marian ?"

Il posa son regard sur elle, incertain sur ses motifs.

"Est-ce qu'il a jamais quoi ? fit quelqu'un.

– Sérieusement, insista-telle, avez-vous jamais, et je ne veux pas dire quand vous étiez divorcés, avez-vous jamais aimé une autre femme ?"

Dans le silence inconfortable, de l'autre côté de la table, Marian lança, "Je peux vous donner la liste...

– Non, sérieusement, dit la femme.

– ... dans l'ordre alphabétique, si vous voulez", offrit Marian.

Aux alentours de 1969 le mariage s'était mis à se désintégrer. Irwin, disait-on, n'avait eu que le courage de laisser un mot sur l'oreiller – il voulait le divorce. Peu après elle partit de chez eux, bien qu'au bout du compte ce fût lui qui perdit la maison. Elle fut vendue par la suite. Chalet Mia, elle s'appelait – c'est Marian qui l'avait fait construire, supervisant elle-même les travaux, un des nombreux beaux intérieurs qu'elle avait fait pour eux. Toutes les histoires de cette période, je ne les entendis qu'après, le fait qu'il vivait avec une autre femme, une blonde qui aimait les livres ; qu'il buvait encore plus qu'à l'accoutumée ; sombrant, me dirent des amis, au plus bas de sa vie. Il s'amena titubant dans le bar exigu de son hôtel préféré à Klosters, le Chesa Grishuna, maudissant sa femme qui était un étage au-dessus en train de dîner tranquillement avec d'autres gens. Cela ne lui ressemblait pas ; il n'usait jamais d'obscénités. Il l'avait entretenue toute sa vie, rugissait-il. Il avait payé pour ci et ça, jusqu'aux funérailles de sa mère, avec ces mains-là, criait-il. C'était horrible ; l'alcool lui faisait déformer ses mots.

Tout se dissout, les palais, les tours couronnées de nuages. Il allait sans se raser. Ses pans de chemise sortis, ses pantalons pendaient sur lui comme ceux d'un invalide.

Le divorce, pour moi, fut une surprise, cela paraissait une erreur de la Providence. Quelles que fussent les transgressions d'un côté ou de l'autre, il y avait chez lui quelque chose de complètement domestique. Il était marié et fait pour l'être. Dans son monde, les principaux personnages sauf un, Capa, étaient mariés, et la famille la seule chose à ne pas ternir.

En même temps, et de façon remarquable, ayant perdu son foyer, sa femme, et ses fondations mêmes, il se mit au travail et, déterminé à se voir rétabli, écrivit *Rich Man, Poor Man*, un roman populaire qui fut vendu à la télévision ; il en résulta une nouvelle fortune. Ce qu'il avait perdu d'une main il le regagna de l'autre.

*

À présent il nous faut revenir en arrière pour un fil manquant qui n'a pas été incorporé au tissage, la cause d'un long effilochement entre nous.

Aux alentours de 1959, j'avais fait un court-métrage avec un ami, Lane Slate, un homme de goût qui vivait dans Rockland County près de chez moi dans une sorte de complaisante saleté, expert en peinture, en automobiles, et spécialiste de Joyce. Cela s'appelait *Team Team Team* et ne faisait que douze minutes. Le sujet en était le football, et un jour d'oisiveté, à la campagne, nous fûmes confondus d'apprendre qu'il avait remporté un premier prix à Venise. Les portes allaient s'ouvrir partout, pensions-nous. Ce ne fut pas le cas, mais après l'avoir un peu fréquenté je mentionnai le film à Irwin, qui par la suite le vit et le trouva bon. Il avait, à l'époque, plus ou moins entrepris de produire lui-même des films basés sur ses nouvelles – l'un d'eux, *In the French Style*[1], avait été tourné – et sur une impulsion il me suggéra d'en écrire et diriger un. La nouvelle qu'il avait en tête, *Then We Were Three*, n'était pas parmi ses meilleures, mais je pensais néanmoins pouvoir en faire quelque chose. J'étais surchargé, telle l'abeille de retour des champs les pattes couvertes, de connaissances, bien peu d'ordre pratique, sur les films et les réalisateurs européens, qui étaient les idoles du moment même s'ils n'étaient pas encore très avancés dans leurs carrières. Je savais que John Huston avait fait de la boxe, et qu'il était réputé avoir dit à sa secrétaire, lorsqu'elle tapait le script du *Faucon Maltais*, de simplement tirer le dialogue du roman. Ce genre de choses rendait confiant.

Au bout du compte nous fîmes le film, *Three*, qui, s'il avait ses admirateurs parmi les critiques, se révéla être d'un intérêt négligeable pour le public. Irwin n'aimait pas le film. Nous avions commencé dans l'optimisme. Au cours de riches déjeuners dans lesquels figuraient de très bonnes bouteilles de vin, j'avais senti sa confiance en moi commencer à baisser, et l'avais aussi surpris, après que j'eus quitté la table et gagné la porte, à verser machinalement dans le sien ce qui restait de vin dans les autres verres. Il ne s'impliqua pas dans la production proprement dite. La difficulté, m'avait-il dit à un certain point, c'était que comme écrivain j'étais un lyrique et lui un narrateur. "Lyrique" semblait être un mot qui le mettait mal à l'aise. Cela semblait vouloir dire quelque chose comme novice.

C'est donc pour ces raisons que je ratai le jour où, en 1977, peut-être fatigué des plaisirs, et sentant le tiraillement de racines fantômes, il déjeuna avec son ex-femme. C'était idiot, après toutes ces années, de continuer à lui en vouloir. La rencontre mena à leur réunion. Ils gardèrent prudemment des appartements séparés, comme

1. *À la française* de Robert Parrish. *(N.d.T.)*

Beckett et sa femme, ou Sartre et Simone de Beauvoir, mais finalement, sur l'insistance d'Irwin, ils se remarièrent.

Je ne l'avais vu qu'une ou deux fois durant tout ce temps. Un après-midi d'été, vers la fin de la décennie, il avait traversé la pelouse à une party pour dire bonjour et demander sur quoi je travaillais, pour ajouter : "C'était vraiment nul, ton film." Je ne pris pas la peine de discuter. Il ne se passerait pas beaucoup de temps avant qu'il ne passe sous la lame peu reluisante du chirurgien.

*

Il s'était fait hospitaliser pour un des maux habituels de l'homme qui vieillit, et l'opération avait mal tourné – il faillit bien mourir d'une hémorragie insoupçonnée. Le patient, l'abdomen gonflé de sang, et souffrant énormément, fut durant des semaines confiné au service des soins intensifs, ne demandant qu'à mourir. C'est Marian qui lui avait sauvé la vie. Elle s'était souvenu de quelque chose qu'on avait fait à son père, et n'avait eu de cesse auprès des docteurs qu'ils ne lui en fassent autant. Finalement, ils cédèrent ; ils lui injectèrent une sorte de gélatine, dont une partie alla jusqu'à l'endroit où il saignait et arrêta la fuite.

Il ne fut plus jamais pareil, même après rétablissement. Il avait perdu trente kilos. Il y avait eu pneumonie, mauvais fonctionnement des reins, d'autres problèmes imprévus.

À l'automne 1981, à Southampton, c'est en traînant des pieds qu'il alla jusqu'à la porte, maigre, le col de chemise trop large, des yeux qui lui mangeaient la figure de façon frappante. C'était une belle maison, comme toujours. Profonds sofas duveteux, élégance, fleurs coupées. Une jeune femme, sa secrétaire, supposai-je, était en train de regarder *La Traviata* à la télévision. "Alors, Jim, qu'est-ce que tu deviens ? m'accueillit-il prudemment. Tu travailles sur quoi ?"

Il avait une hanche artificielle, de l'arthrite, et ses deux genoux étaient fichus. C'était septembre mais il avait froid. Au restaurant

– il n'y avait que quelques personnes en plus de nous –, nous parlâmes de l'Europe. Ils allaient bientôt y retourner. Il travaillait bien là-bas, dit-il, il y avait toujours bien travaillé. Il avait seulement douze ans de plus que moi, mais ce soir-là il en paraissait beaucoup plus. Nous nous serions crus en Europe – les arbres, la tranquillité, la large rue devant le restaurant –, je repensai à Antibes, où nous allions souvent.

Je mourais d'envie d'aller en Europe moi-même, dis-je. Je la sentais qui m'appelait. "Alors pourquoi t'y vas pas ? demanda-t-il.

– Je ne sais pas. Des difficultés. Je suppose que je les ai créées moi-même. Mais j'aimerais aller en Sicile. Depuis que j'ai lu *Le Guépard*.

– C'est une triste histoire, dit-il. Un livre formidable. Il l'a écrit à soixante-cinq ans et l'a envoyé à un éditeur. Ils l'ont refusé et il est mort avant qu'il ne soit publié par quelqu'un d'autre. Très triste.

– Tu présumes qu'il n'y a pas de vie après", fis-je.

Le serveur nous interrompit, un jeune garçon qui voulait un autographe. Il plaça une serviette en papier bleu sur la table, qu'Irwin signa.

Il ne pouvait plus écrire, dit Irwin, comme si cela lui avait remis cela en tête. Il n'avait plus l'énergie mentale, selon lui. Il m'enviait.

La première de nombreuses soirées et journées. À pied, nous sortions de la large cuisine de la maison pour nous rendre au restaurant, ou bien il y avait des dîners et beaucoup de voix à la longue table à manger laquée. Lorsque j'y repense, je me vois les attendre au bar quelque part, en automne, dans les Hamptons. Cela faisait partie du plaisir, la douce anticipation. Les feuilles ont changé de couleur. L'endroit est chaleureux et bientôt sera illuminé de leur présence, quelques voitures passent dehors.

*

Il était monté en première ligne. Les amis mouraient, les ennemis, les critiques qui jadis lui avaient fait du mal. Sa vie était comme un jeu de cartes presque toutes sur la table et lui qui ruminait dessus, ses yeux revenant sur les mêmes encore et encore. Il se remémorait les matchs de football les plus anciens, se revoyait jouer à Lowell dans la froidure de l'après-midi, la terre dure comme du ciment, le ballon sur la ligne des deux yards, dans les dernières minutes et eux avec *first* and *goal*. En défense, il jouait *safety*. Il se remémorait tout cela avec les bras décharnés de l'âge et une carrure amoindrie.

Il était aussi le *quarterback* ; ils restaient là à attendre qu'il ait examiné l'autre équipe et puis il rejoignait le *huddle* et leur disait ce qu'ils allaient faire. Il était encore comme cela, supposait-il.

"Tu *supposes* ?" disait Marian.

"Son problème, disait la cuisinière, c'est qu'il boit trop." Elle avait un beau visage noir, large. Elle l'adorait, comme tout le monde. "Boire et se gratter, c'est tout ce qu'il fait."

Il reposait au lit en repensant, comme un marin aveugle se remémore la mer, aux moments les plus heureux de sa vie : réceptionnant une passe, allant saluer sur scène sous les acclamations après la première de *Bury the Dead*. Ce n'étaient pas des diamants, des saphirs peut-être ou des opales, mais au cœur de chacun brillait une étoile.

Il s'effritait, disait-il. Comme s'il était une forteresse et qu'ils pénétraient par les brèches dans les murailles. "Même moi je ne les jamais franchies", commentait Marian. Il était avachi. Son sourire était celui d'un vieux chien, sardonique et fatigué. Il attendait la fin, l'ange de la mort. Si nécessaire il était prêt à le faire lui-même, sauf que sa mère était encore en vie, à quatre-vingt-onze ans, et il ne pouvait mourir avant elle, cette même femme minuscule pleine de détermination qui avait toute seule assuré la survie de la famille durant les désespérantes années 30. Elle habitait en Californie. Il la voyait rarement mais lui était indissolublement attaché. Son père, disait-il, avait eu de la chance – il était mort soudainement, sur le coup, en quelques secondes, en vol entre l'Europe et New York. Ils étaient sur le point de faire une escale d'urgence à Londres, mais sa mère avait dit non, continuez jusqu'en Amérique. Elle était restée assise durant tout le vol à étreindre son mari.

Il ne se plaignait pas, même s'il déplorait d'avoir connu la fortune à soixante-dix ans, en pleine décrépitude, plutôt qu'à quarante, quand il aurait pu en jouir. Ce n'était pas vraiment exact. Dans le deuxième et troisième acte il avait connu tous les réconforts matériels que peut offrir la vie et leur resta curieusement insensible. Il semblait prêter si peu d'attention aux *choses*. Il vivait à la fois dans et au-delà du luxe.

Lorsque je le revis, la première fois après m'être absenté quelques mois, il me fit savoir qu'il avait été sage, il ne s'était soûlé qu'une seule fois durant tout l'été. Une seule fois il avait fallu l'aider pour rentrer à la maison. "Le porter à la maison", rectifia Marian. Il y avait quelque chose de juvénile chez lui, même chez le vieillard, le visage propre et plaisant, la cordialité.

Il y avait un jeu qu'il aimait, auquel il avait joué constamment pendant un temps. C'était à qui pouvait vous faire pleurer avec le moins de mots possible. Il y avait une réplique dans *Les Trois sœurs* : "Vous voulez dire que vous partez sans moi ?" Mais Irwin citait toujours l'article de Gay Talese sur Joe DiMaggio : durant leur lune de miel à Tokyo, Marilyn Monroe était partie en tournée pour distraire les troupes et en était revenue en disant, Joe, ils étaient cent mille là-bas, tous à m'acclamer et à applaudir ; t'as jamais vu une chose pareille. Sûr que si, avait fait DiMaggio.

Sûr que si ! C'était l'anecdote favorite d'Irwin. *Sûr que si.* Trois mots, et vous éclatiez en larmes.

*

Et maintenant avril est là et la longue campagne tire à sa fin. L'hiver fut difficile, il entrait et sortait de l'hôpital, ses poumons se remplissaient de fluide, plus d'autres problèmes, non moins graves. Son fils m'appela d'Europe – il était de nouveau hospitalisé, troubles cardiaques, troubles pulmonaires, troubles rénaux. Il était épuisé par l'épreuve. Son frère était là, et quelques vieux amis, les Parrish.

Je partis voir Irwin une dernière fois. J'atterris dans la matinée. C'était le mois de mai. J'avais une bouteille de haut-brion avec moi, au cas peu probable où nous aurions l'occasion d'en boire un verre dans la chambre d'hôpital. Il fut un temps où l'on mouillait les lèvres des rois de France nouveau-nés avec un tel vin. Je songeais à cela, et au voyage qu'il allait bientôt faire.

Dans le train, il se mit à faire nuit. Il y avait de la lumière seulement sur les montagnes à l'ouest. L'après-midi se déplaçait vers l'Amérique avec les nouvelles, vers chez nous, les champs jaunes de plus en plus brillants.

L'hôpital était à Davos, celui où Marian avait perdu un bébé vingt-sept ans plus tôt. La dernière correspondance n'allait pas plus loin qu'un village éloigné d'environ cinquante kilomètres. J'appelai du vestibule d'un restaurant glauque d'aspect. À l'appartement, une infirmière privée n'avait pas de nouvelles. Elle suggérait d'appeler l'hôtel où était réunie la famille. Ce que je fis ; Adam prit la communication. "Irwin est mort cet après-midi, il y a environ une heure, me dit-il doucement.

– Oh, mon dieu." Je ne trouvai rien d'autre à dire. "Bon, je serai là demain matin.

– Cela ne sert à rien de prendre l'avion maintenant, dit-il.

– Je suis déjà ici. Je suis à Landquart.

– Landquart ? J'y suis dans une demi-heure", fit-il.

Il était mort vers sept heures, dans la douce soirée qui s'étirait. Sous la fenêtre de la chambre dans laquelle il reposait il y avait un torrent. Je pouvais l'entendre en bas dans le noir. Il y avait une taie bleue propre sur l'oreiller. Ses vêtements étaient méticuleusement pliés, une chemise de sport bleue en soie ou en cachemire, un pantalon de velours.

Je voulais le voir. Nous allâmes à la recherche de l'infirmière en chef. *Ein guter Freund* était arrivé, lui expliqua Adam. Ils parlèrent quelques instants et elle montra le chemin jusqu'à un autre étage.

Il reposait sur un chariot au roulement très doux, sous un drap, la tête sur un oreiller. Un bandage blanc enserrait son front et sa mâchoire, pour que celle-ci reste fermée. Il était rasé. Ses narines étaient larges et vides. Il avait l'air papal. Il y avait un rideau rouge derrière lui, cachant la niche dans laquelle il devait reposer tandis que les horloges modernes de l'hôpital tiquetaient dans la nuit et que les patients dormaient.

Je touchai ses cheveux, ce que je n'avais jamais fait de son vivant. Ils étaient comme les miens, bouclés, gris. J'aurais voulu me souvenir de tout et en même temps ne jamais l'avoir vu ainsi. *God bless us, a thing of naught.* Que Dieu nous bénisse, hommes de peu. C'était quelque chose qu'il n'avait jamais été, et gisant là, n'était toujours pas. Au bout d'un moment je me penchai pour lui baiser le front en guise d'adieu. Il était froid.

*

Il était mort loin, entouré de femmes comme un roi biblique. Il avait fait beaucoup de chemin, comme Dickens ou d'Annunzio, depuis ses débuts. Il était mort avec ce qu'on pouvait avoir de mieux en tout, une cuisinière, de la vodka hongroise, un bel appartement dans la rue principale au-dessus du magasin Patek Philippe, une gouvernante, une secrétaire, une infirmière. Il y avait des livres partout. Sur son bureau, un portrait de son fils. Au-dessus, une photo de l'équipe de football de Brooklyn College, l'herbe toute brune, Irwin au centre, plus grand de taille que vous ne vous le rappeliez, mince, agenouillé au-dessus du ballon mythique.

C'était un cancer. Il s'était propagé. Il détestait ce qu'il était devenu à la fin, son corps inutile. Il avait toujours imaginé qu'il aurait une vieillesse vigoureuse. Il n'en avait pas été ainsi. Il avait subi des coups terribles vers la fin.

Le matin suivant, le téléphone sonnait avec cette étrange insistance européenne, *dring, dring, dring, dring, dring, dring*. Les télégrammes et les appels arrivaient de partout. Vous imaginez bien l'immense chagrin dans lequel j'ai été plongé en apprenant ce matin..., les câbles en langue étrangère. Il n'avait rien d'un érudit ni d'un intellectuel, même s'il était plus malin qu'il n'en avait l'air. Il était une sorte de tenant du titre. Il avait beaucoup écrit, une œuvre pour une grande part admirée par le public.

J'errai dans l'appartement, une pièce après l'autre, la cuisine dans laquelle il s'aventurait probablement rarement, la salle de bains pharaonique dans laquelle il se révélait à lui-même tous les jours, deux peignoirs luxueux accrochés à la porte. Les presses de la cité, des cités, s'étaient tues. Il y avait un murmure de voix étrangères, des bruits de talons de femmes. La maison parlait doucement en italien et en français. Ils avaient pris les vêtements dans lesquels il devait être mis en bière. La cuisinière était plus âgée que les autres ; cela signifiait quelque chose de différent pour elle. "Nous naissons tous et devons tous mourir", me dit une femme suisse qui le connaissait bien. "Je me sens si triste. Tant de choses..." Les choses mêmes, bien sûr, qu'il avait voulu réunir dans les dernières années et mettre dans un livre. "Toutes ces histoires, avait-il dit, tous ces gens... C'est sans espoir."

Mes pensées remontent à nouveau – 1957, l'automne. J'avais une femme et deux enfants en bas âge. Nous vivions dans une maison glaciale sur l'Hudson. Repensant chaque jour à la vie que j'avais quittée, incapable de cesser de me la remémorer ou de croire en moi séparé d'elle, je m'asseyais et essayais d'écrire. C'est facile à présent de voir combien j'ignorais tout – prendre des notes, la structure, la sélection, les aspects les plus élémentaires m'étaient un mystère. J'avais écrit un livre, tiré de ma vie, le livre que tout le monde peut écrire, et au-delà c'était le désert. Après beaucoup d'atermoiements je me décidai à le traverser. Quelques années plus tard, ayant réussi, un deuxième roman fut achevé. Il fut publié. Il disparut sans laisser une trace. C'est à peu près à cette époque que je rencontrai Irwin Shaw.

Il fut beaucoup pour moi, père, grande force, ami. Il vivait une vie supérieure à la mienne, une vie que j'enviais et que je pouvais à peine sonder, tant son courage, ses amours, son étreinte étaient grands. Nous vivions, j'en avais le sentiment, dans leur ombre, et les vers de Byron sur la mer me font penser à lui :

And I have loved thee, Ocean ! And my joy
Of youthful sports was on thy breast to be
Borne, like thy bubbles, onwards...
For I was as it were a child of thee,
And trusted to thy billows far and near,
And laid my hand upon thy mane – as I do here[1].

Les poèmes de Byron étaient d'ailleurs à son chevet, vers la fin.

Je le vois parfois en ville, sortant d'un restaurant dans le froid, le manteau ouvert, prêt sans hésitation à parler un moment avec vous ou à vous inviter à vous joindre à lui. Les appartements éclairés flottent au-dessus de nous, les bars sont pleins, les voitures garées lavées de pluie. On donne le sixième match des World Series, ou bien il y a une pièce écrite par quelqu'un à qui il s'intéresse ou qu'il admire.

I have loved thee. I was as it were a child[2]...

Les poètes, les écrivains, les sages et les voix de leur époque forment un chœur, l'hymne qu'ils se partagent est le même : le grand et le petit sont unis, le beau survit, l'autre meurt, et tout est sornettes à part l'honneur, l'amour, et le peu que le cœur puisse connaître.

1. Et je t'ai aimé, océan ! Et ma joie / Des sports juvéniles était sur ta poitrine pour être portée, comme tes bulles, toujours plus loin... / Car j'étais pourrait-on dire un enfant de toi, / Et m'en remettais à tes bouillons proches et éloignés / Et posais ma main sur ta crinière – comme je fais présentement. *(N.d.T.)*

2. Je t'ai aimé. J'étais pourrait-on dire un enfant... *(N.d.T.)*

Europe

Les parties de Paris qui me furent d'abord révélées, avant Irwin Shaw, étaient, comme je l'ai dit, les moins accueillantes : les Champs-Élysées, l'avenue de l'Opéra, la dureté du Ier arrondissement, les grands magasins et les gares. En ce temps-là j'avais en poche, comme guide initial, trois ou quatre fiches écrites par un homme grand et avunculaire au charme séducteur nommé Hershel Williams, qui était étudiant comme moi à Washington où nous étions enrôlés ensemble à Georgetown comme officiers. Dans sa jeunesse il avait escorté des débutantes, écrit une pièce à succès, *Janie*, et probablement été en Europe pour y faire son éducation, bien qu'il y fût certainement retourné plus tard. Sortant un stylo à encre un soir de 1950 chez Billy Martin's – acte nonchalant d'un monde plus raffiné – il inscrivit les lieux et les noms pour moi, comme je devais le faire pour d'autres dans les années à venir.

Plus ou moins, c'est ainsi que j'héritai de Paris. Les fiches ont disparu, mais je me rappelle encore les repères comme un marin qui a vu, brièvement et juste une fois, une carte secrète. Restaurants à rideaux. Rues bourgeoises. La boîte de nuit qu'il aimait, fermée depuis longtemps – elle avait des violonistes en smoking et un bar aux dimensions généreuses où, après onze heures et demie, venaient les filles qui n'avaient pas réussi à trouver de client pour la soirée, des filles comme celles dans le train de la nouvelle de Maupassant, dont la vieille paysanne dit : “C’est des traînées qui s’en vont encore à ce satané Paris.”

Également recommandé, l’hôtel Vendôme, en retrait de la place du même nom. Cette fois-là j’étais passé devant sans le voir, mais plus tard je devais en connaître l’approche presque pas à pas. Au coin où se rencontrent la rue de Rivoli et la rue de Castiglione il y a Sulka, une boutique d’articles pour hommes très chère. Passé cela, en direction de la place, le trottoir en mosaïque de très petits carreaux, craquelée et affaissée. Ensuite l’English Pharmacy et plus loin, encore dans l’ombre de l’arcade, faisant le coin, le marchand de tabac. La boutique, bien que changée, est encore là, avec son marbre sombre autour des vitrines, où l’on trouvait des pipes, des briquets et des petits cadeaux, peut-être quelques guides touristiques. À l’intérieur, cependant, sur un côté, dans un haut présentoir, se trouvaient les livres d’Olympia Press et, plus louches encore – avec, si je me souviens bien, des couvertures pastel au lieu de vertes – les titres d’Obelisk Press et du Traveler’s Companion.

Là, en prenant tout son temps, on pouvait regarder sans acheter, pendant des heures. La vie ordinaire se noyait, sombrait. Dehors, dans la rue souvent froide et mouillée, on voyait des passants en manteau marcher d’un air préoccupé, mais dans la boutique vous tourniez les pages en une sorte de rêve narcotique. C’est là que j’ai acheté *Notre-Dame des Fleurs*, *Tropique du Cancer*, bien sûr, *L’Homme de Gingembre*, ainsi que Beckett, Sade, Burroughs, et, plus tard, Nabokov. L’éditeur de ces livres distingués, Maurice Girodias, ferma finalement boutique et fut forcé de s’exiler.

Il mérite plus qu’une note hâtive en bas de page. Il semble avoir été une sorte de Falstaff dégingandé, proche des écrivains dans leur pauvreté et leur jeunesse, probablement pas très honnête dans ses transactions, et rejetés par eux par la suite. Il avait peut-être ses défauts, mais je ne fus pas à même de les percevoir lors de la seule fois où je le rencontrai, à un dîner. Son amertume était intense. Nous causâmes de l'ironie de tout cela et il réussit à sourire. Il se trouvait encore pratiquement en exil virtuel, disait-il, habitant dans le XXe arrondissement, quelque part derrière le Père-Lachaise, avec Paris presque hors de vue.

Vers 1958, je tombai sur l'édition Girodias de la fameuse apostasie de Pauline Réage, dont les premières pages imperturbables étaient comme une porte interdite qui s'ouvrait, et le reste, plus je lisais, incapable de le refermer, comme le chatoiement d'une fièvre – jamais depuis Llewelyn Powys, dont je pouvais réciter par cœur, à dix-huit ans, certains passages de *L'Amour et la Mort*, mes jambes ne m'avaient ainsi manqué. Je ne suis pas sûr que cela me fit du mal, mais cela m'affecta profondément. J'avais beau penser souvent à ce livre, j'en parlais rarement, ce qui le préserva pour moi jusqu'au soir où, dans le confort de l'appartement d'un directeur littéraire, à New York, une jeune femme raconta comment, un été, elle et ses amies en colonie de vacances avaient lu *Histoire d'O* et ne cessaient d'en parler. Je me sentis déçu. Si des écolières pouvaient se promener dans ce livre comme un groupe de lecture, qu'y avait-il à préserver ?

*

Il y avait les premiers endroits de Paris, ceux du début, en bas de l'échelle, des chambres donnant sur la cour avec des ampoules grillées, à l'époque où la ville était impossible à gravir, les longues courses sans fin sous la pluie, les journaux empruntés, les repas sautés. Vous étiez seul avec très peu d'argent, pas beaucoup d'entregent et un nom sur un bout de papier – quelqu'un travaillant pour une ligne de paquebots ou à l'ambassade, qui n'était jamais dans son bureau ni ne rappelait au téléphone. L'Europe était encore appauvrie. Le plâtre se fissurait, les rideaux étaient usés jusqu'à la corde. À peine un an ou deux auparavant, elle était à vendre pour une cartouche de cigarettes. Le désespoir avait été immense et vous en aviez les témoignages sous les yeux : téléphones anciens, automobiles dépassées, vêtements lugubres.

Plus tard, ce fut le Paris des hôtels ; ils constituaient une sorte d'index, des noms comme des noms d'îles, chacune avec sa propre taille et son aura. Le Royal Monceau, où la peluche des meubles exhalait un relent ancien, et où ma femme et moi – nous n'y étions pas encore habitués – régnions dans une opulence à tarif réduit. Le France et Choiseul, avec sa cour aride et ses suites mal meublées ; le Calais, niché derrière le Ritz ; l'hôtel où la fille avait jeté les vêtements de Farr par la fenêtre du second quand il n'avait pas voulu la payer ; le Récamier, relégué dans le coin ; l'Esmeralda, avec la Badoit au frais sur la fenêtre ; le Saint-Régis avec ses boiseries sombres, luisantes, et son luxe ; le Richepance, juste derrière la place de la Madeleine, un hiver d'une incroyable solitude, avec Prunier au bout de la rue, où il était trop cher d'aller manger ; le Palais d'Orsay, l'hôtel des hôtels, sentimentalement parlant ; le Trémoille.

Sur le dessus en verre d'une des premières tables de nuit, au Royal Monceau, je crois, reposait une liste ronéotypée de recommandations fournies par l'attaché de l'air. Il y avait Androuet, restaurant jugé unique parce que le repas était entièrement composé de fromages ; et un autre endroit dont le menu s'inspirait de Rabelais, avec des caricatures osées ; aussi, le Lido ("s'asseoir au bar"). Le Mayol était sur la liste ; nous y allâmes. C'était humide et froid, vétuste, avec des sièges usés. Filles mal nourries, scène nue, des costumes qui avaient perdu leur lustre, et une adorable paire de seins comme si, parmi tout cela, la France entendait montrer de quoi elle pouvait être capable. Je les cherchai dans le programme. La photographie à l'intérieur était un bien pauvre rappel, comme regarder une photo de passeport. Je ne pouvais admettre ce que j'étais en train de faire, évidemment. J'étais avec ma femme et avec le général pas exactement porté sur la bagatelle qui m'avait amené en Europe, ainsi que son épouse ; nous étions en pleine Amérique conventionnelle.

Il y avait l'Aiglon, étroit et couleur crème, sur le boulevard Raspail, où j'habitais lorsque nous faisions le montage du film qu'Irwin Shaw jugeait faible. Les chaussures en lézard d'un metteur en scène célèbre, Buñuel, étaient posées devant une des portes. Matins d'hiver brumeux, le cimetière à l'infini devant la fenêtre, les murs couverts de lierre. Simone de Beauvoir en chaussures plates et bas blancs d'infirmière, sa beauté disparue, se rendant à pied jusqu'au boulevard depuis le café du coin où elle rejoignait souvent Sartre pour le petit déjeuner.

C'était l'élégance et l'attitude de Paris, dont on percevait des aspects dès le début, qui m'attiraient, ce qui était vénérable et ce qui était neuf, luxueux, la vie des rues et celle qui survit au bouleversement et à la mort. Le vieux comte qui habitait quai Voltaire dans le même immeuble que toutes ses filles et leurs époux. Une Américaine, sur le palier d'en face, prenait plaisir à le saluer. Un jour, elle dit qu'elle partait en voyage chez elle, prendre l'avion pour l'Amérique. Le vieux comte se montra intéressé. "*L'Amérique*, demanda-t-il poliment, *est-ce que c'est loin ?*"

La façon appropriée de voir les choses est d'abord de loin, ensuite de près. Paris, cependant, ne pouvait être vu ainsi. C'était une ville d'intimité, j'entends par là de vie privée, remplie du détail de la vie, capricieuse, et ne s'abaissant à s'incliner devant aucun individu. Kerouac y est allé une fois, deux ou trois jours, et en est reparti en disant, "Paris m'a rejeté".

C'était le talent particulier de Paris de vous rejeter, de vous remplir de désir, tout comme la tradition de ses fonctionnaires à tous les échelons était d'empêcher la ville d'arborer un sourire faux. La sévérité des *concierges* et des gardiens redonnait foi dans les capacités qu'avait Paris d'endurer. Le Paris d'Atget. De Brassaï – lui qui n'était pas Français ; il a d'abord habité, enfant, rue Monge – photos de bordels, rue Monsieur-le-Prince ou rue Grégoire-de-Tours ; lampadaires de ponts dans le brouillard, pas un son, pas même une cigarette jetée dans l'eau, le fleuve est immobile comme la pierre ; le vieux Matisse avec un modèle nu, les tétons comme des cerises noires ; la luxueuse saleté des ateliers, celui de Picasso, celui de Bonnard ; nuits de Paris, et partout la grandeur, la parade ; le gibier qui pend accroché dans les boucheries, les habits de soie dans les vitrines chères, toutes faisant partie d'une même supplique : Accordez-moi, conférez-moi...

Rue des Belles-Feuilles, une voiture immatriculée 77 – venant de la banlieue nantie au sud – est arrêtée au beau milieu de la rue, coffre ouvert. La circulation, au milieu des coups de klaxon, est bloquée derrière. De temps en temps un homme sort d'un immeuble avec une caisse pour la mettre dans le coffre. Finalement, sans se presser le moins du monde, sort une femme en long manteau de fourrure – les voitures bloquées sont en pleine frénésie – elle adresse une dernière gracieuseté à quelqu'un, monte, et démarre sans un regard derrière elle. Les femmes de Paris, leur éloquence, leur dédain.

À l'épicerie, une autre, en jeans et blouson Levi's, col roulé avec une écharpe insolemment nouée, belle de traits, corps magnifique – brillante, n'ayant pas circulé, comme on dit de certaines pièces de monnaie – qui vous regarde sans curiosité ni honte, pour se remettre ensuite à contempler la vitrine. Un grand blond en blouson de cuir est avec elle. Elle ne s'est pas souciée de prendre la queue. Elle se contente de secouer ses cheveux en arrière, respirant l'amour-propre.

Ou la blonde à la Closerie assise sur une banquette en face d'un homme ; elle fume et acquiesce continuellement à ce qu'il dit en le regardant d'un air entendu, l'air de dire, “Oui, d'accord, bien sûr”, et même plus franchement, “Oui. Tu peux.”

Ce ne sont pas tant des tentations que des consolations, comme la consolation du proverbial, des choses dignes d'exister.

En ces jours révolus vous pouviez vous préparer à cela en gagnant l'Europe par bateau, traversant sur le *France*. On marchait dans la perfection des premières heures à bord, l'excitation, les bruits, les coursives bleues de fumée de cigarette odorante, les cloisons du vaisseau comme vivantes sous la paume.

Je repense à l'histoire de Styron et James Jones, partant avec leurs familles respectives – c'était le voyage retour de la traversée inaugurale du *France*. Les Jones habitaient Paris à l'époque ; ils avaient une maison dans l'île Saint-Louis et voyageaient avec une bonne d'enfant, leur petite fille, et un grand chien. Les Styron avaient des enfants avec eux.

Les deux hommes, increvables, étaient sortis toute la nuit précédente à New York. À un moment, ils rencontrèrent deux filles chez P. J. Clarke's et leur payèrent des verres. Les sentiments devinrent mutuellement chaleureux. Qu'est-ce que vous faites après, voulaient savoir les filles ? On prend le bateau pour la France, firent-ils, vous voulez venir ?

Le bateau appareillait à midi. Jones était rentré chez lui à sept heures du matin ; peut-être avait-il oublié certains événements de la nuit précédente, mais toujours est-il qu'en passant devant la statue de la Liberté ils entendirent, confirmant leurs craintes, des cris comme "ouh, ouh !" et virent les grands signes qu'on leur faisait d'un pont inférieur. "Qui est-ce ?" voulait savoir Gloria Jones.

Les filles avaient joué les passagers clandestins. Styron et Jones durent aller trouver en douce le commissaire du bord et leur acheter des billets, non seulement pour la traversée mais, lorque Gloria sut le fin mot de l'histoire, pour un retour immédiat.

Gloria et James Jones régnèrent durant peut-être une décennie. Ils n'étaient pas les Murphy. Ils n'avaient pas de salon ; il conviendrait mieux de dire qu'ils faisaient auberge espagnole. James Baldwin pouvait s'y trouver, Styron bien sûr, Romain Gary ou Jean Seberg, son épouse maudite par les étoiles. L'atmosphère était détendue. Il y avait de l'argent, il y avait des amis. Jones ne s'est jamais donné la peine d'apprendre plus de quelques mots de français ; il n'en voyait pas la nécessité. Sa femme avait servi de doublure à Marilyn Monroe, mais elle avait sa personnalité à elle ; belle fille, turbulente, possessive, elle était capable de dire, et, jusqu'à un certain point, de faire n'importe quoi. Dans leur salle de séjour, un soir, une actrice me frotta lentement les doigts entre les siens. Elle était Française. Allai-je la laisser passer la nuit toute seule ? demanda-t-elle, comme si c'eût été inconsidéré de ma part. Je me sentais arrivé dans la France de Ninon de Lenclos, une de ses favorites, ramenée à la maison pour dîner et passer dans la chambre à coucher – elle n'était pas aussi belle que ses rivales, mais elle avait décliné la fortune que lui offrait Richelieu si elle devenait sa maîtresse. Une de ses règles avait été de ne jamais se laisser ennuyer.

*

Lentement je me suis élevé jusqu'à pouvoir avoir vue sur tout cela, de pièces en appartements, et balcons en fer forgé – je suis passé de fenêtre en fenêtre et de scène en scène. À l'hôtel du quai Voltaire, le fleuve était très proche, avec le long rideau gris du Louvre de l'autre côté. Là, quelque chose me terrassa ; je restai au lit à trembler de tout mon corps ; mes bras et mes jambes me faisaient mal. Ma peau était si douloureuse qu'on ne pouvait y toucher. Chancelant, je descendis par l'ascenseur, tombant par pur hasard sur un Norman Mailer à l'air juvénile, silencieux, sombre de cheveux, santé et renommée indéboulonnables, peut-être se rendait-il chez les Jones. J'avais la grippe, pensais-je, mais c'était plus que cela, je n'en reconnaissais simplement pas les symptômes : c'était une hépatite. Je restai à l'hôpital durant des semaines, en plein délire d'abord, puis dans l'ennui interminable des journées, parfois parcourant une encyclopédie des maladies en attendant les résultats de mes dernières analyses de sang. Le blanc amidonné des infirmières est un réconfort, tout comme le journal quotidien. C'était l'hiver lorsque j'étais tombé malade – février – et, un peu ébranlé, j'émergeai enfin dans le printemps 1962.

*

L'Europe me donna ma virilité ou tout au moins son image. Il ne s'agissait pas de plaisir, mais de quelque chose de plus durable : une façon de classer les choses, d'en établir la valeur. Ce que d'autres ont trouvé en Afrique ou en Orient, je l'ai trouvé là.

L'Europe n'était pas seulement un grand monde mais aussi un plus petit, peuplé seulement de quelques compatriotes, parfois de mystérieux exilés. Les vrais habitants n'occupaient aucun espace. Au bout d'un moment, vous pouviez en connaître quelques-uns, mais souvent de manière insatisfaisante. Ils avaient leur langue à eux, et partant, leur définition de la vie.

Mais une partie de la mosaïque à jamais inachevée, dans mon cas une partie cruciale, est à trouver à l'étranger. Au bout des doigts de ma mémoire, si je puis dire, il y a les larges rivières avec des bourgs et parfois des villes le long de leurs rives intactes ; les cathédrales anciennes ; les cours silencieuses de vieux hôtels où est garée la voiture, un garçon ou deux déjà dans la salle à manger. *Live for beauty*, vivre pour la beauté, le rêve de Cyril Connolly. Le soir tombe sur Paris et je suis assis sur un banc vert dans l'avenue Franklin-Roosevelt – nous sommes en 1975 –, en train d'ouvrir la première lettre reçue depuis une semaine. C'est à propos du livre pas encore publié, *Un bonheur parfait*. Elle l'a lu pour la première fois en entier. Une lettre sidérante qui volète dans ma main tel un oiseau comme je la relis encore et encore. Les voitures se pressent de rentrer. *Mon chéri, je dois simplement dire...* Rien n'égale ce moment. Tout ce que j'avais espéré.

Selon Kant, la philosophie doit répondre à quatre questions : Que puis-je croire ? Que puis-je espérer ? Que dois-je faire ? Qu'est-ce qu'un homme ? Toutes les quatre, l'Europe m'a aidé à les clarifier. C'était le siège d'une civilisation établie. Ses points forts sont verticaux, ce qui revient à dire qu'ils sont profonds.

Ce qu'elle m'a donné, finalement, c'est une éducation. Rien de scolaire mais quelque chose de plus élevé, une vue de l'existence : comment cultiver les loisirs, l'amour, les plaisirs de la table, l'art de la conversation ; comment regarder la nudité, l'architecture, les rues, chacune nouvelle et cherchant à être appréhendée d'une façon différente. En Europe, l'ombre de l'histoire vous tombe dessus, et en ignorant tout, vous réalisez soudain combien vous êtes petit. Ne rien savoir équivaut à n'avoir rien accompli. Se souvenir seulement de soi est comme se prosterner devant un grain de poussière. L'Europe est de l'ordre d'une immense classe insondable, au-delà du catalogue ou de la description. Les jeunes étudiants explorent le sexe, les plus âgés la table, la faculté est expédiée à la morgue. Vous progressez de rangée en rangée. Le seul fait de vous inscrire, comme l'a dit un jour de la Navy un souverain anglais, vous enseignera tout ce que vous devez savoir.

*

Déjeuner près de l'Odéon. Journée parisienne, table près de la fenêtre, menu écrit à la main, ciel bleu de midi. Le chef, qui est probablement le propriétaire, est visible dans la petite cuisine, en veste et toque blanches. Entre les commandes, il lit, avec le calme de l'historien, la page des courses du journal. Je ne l'imagine pas en train de parier, pas aujourd'hui, pas au travail. Il est plongé dans l'étude.

Je repense aux années répudiées et à l'homme que j'ai vu un jour dans un cinéma porno, près de la gare du Luxembourg. Les lumières s'étaient rallumées après le premier film. Silence. Il y avait dix ou douze hommes assis dans la salle, à attendre. Lui était beaucoup plus âgé que le reste. Une merveilleuse tête chenue, comme celle d'un restaurateur ou d'un entraîneur de chevaux. Il sortit un journal et se mit à le lire, tournant sans se presser les grandes pages rosâtres. Le silence était tel qu'on pouvait entendre le bruit qu'elles faisaient. Un homme qui mangeait des repas solides et avait un chien ; peut-être était-il veuf. Il venait d'assister à la présentation imagée et explicite de trois jeunes *bourgeoises* et de ce qui leur advenait, une œuvre impure, moins intéressante que ne l'était son titre. Lorsque les lumières baissèrent à nouveau, il replia son journal. Vous pouviez voir sa belle tête impressionnante dans l'obscurité. C'est alors que je me mis à penser à un tas de gens sans raison particulière, des gens qu'on n'aurait jamais trouvés ici. Je pensai à Faulkner, l'année où il essayait de travailler comme scénariste, conduisant sur Sunset Boulevard pour se rendre au travail, pas rasé, les pieds nus sur les pédales, avec les bouteilles qui roulaient sur le plancher. Je repensai au portier polonais, immense, qui gardait l'entrée de l'immeuble de mes parents à New York. Il avait été avocat en Pologne avant de fuir le pays, mais c'était impossible ici ; tout était différent et il était trop vieux. Il n'avait guère de contacts avec les autres portiers – qui l'appelaient dédaigneusement "le Comte". Je pensai à Monte-Carlo, à la femme à la roulette qui m'avait demandé de lui donner des jetons. Nous avions pris des verres ensemble, après, au bar. Elle voulait me montrer quelque chose dans sa chambre, des coupures de presse la concernant, avant la guerre quand elle dansait au Sporting Club ; j'ai pu la reconnaître dans le chorus. C'était l'époque où les Anglais venaient encore, disait-elle, et elle était sortie avec eux ; certains étaient des lords.

Vous rencontriez constamment – peut-être était-ce cela – des gens sans argent qui valaient quelque chose. Parfois, plus ils étaient démunis, plus leur valeur était grande.

Au-dessus du lot et assurément dans une classe à part, il y avait cette femme à Londres. Elle était comtesse, bien que déchue. Vous reconnaîtriez instantanément son nom de famille, celui du plus grand chancelier qu'a jamais eu l'Allemagne. Grande, avec de beaux cheveux, elle avait jadis été modèle chez Chanel.

Elle était à une soirée où se trouvait un metteur en scène de cinéma, "ce Joe Lozey", comme elle prononçait son nom. "Je ne peux pas le sentir, disait-elle, c'est un salaud. Il était en train de dire que *Mort à Venise* est un grand film. Je lui ai dit que c'était un beau tableau, mais ennuyeux. Il s'est mis en rogne. 'Qui êtes-vous, d'abord ?' il m'a fait."

Oui, qui ? Simplement la vraie crème de l'Europe, aurait-elle pu rétorquer, les originaux issus de familles vieilles de plusieurs siècles.

Elle était déjà une ruine barbiturée, les seins maigres et pendants, la peau qui commençait à se gâter. Elle les ignorait. Ses yeux étaient lourdement maquillés, sa bouche s'affaissait aux coins. Elle avait une voix grave, autoritaire, et elle aimait rire. Elle déformait les mots mais ses yeux étaient encore clairs, leurs blancs encore frappant. Elle avait été déflorée à quatorze ans par son oncle, et, plus tard, après son mariage, fut la maîtresse de plusieurs écrivains. Elle était impérieuse mais très agréable. Elle était aussi, dans une large mesure, indifférente. Elle savait pertinemment ce qu'était le monde, et en un sens, venant d'une grande famille, en était responsable, mais elle ne pouvait être tenue de contrôler ni le sort ni la foule. C'était une femme qui avait profondément aimé, et pendant des années fleuri la tombe de l'écrivain James Kennaway, dont la photo se trouvait dans sa chambre conjugale. "On l'a enterré tout debout", disait-elle. Ses mains tremblaient lorsqu'elle en parlait, allumant une cigarette au mégot de la précédente. Elle avait son franc-parler, était impatiente, et le sillage qu'elle laissait derrière elle remontait loin. Sa compagnie pouvait parfois être irritante mais d'une certaine manière vous donnait énormément de courage, le courage, en fait, de mourir.

*

J'oublie le Kronenhalle et les hôtels surplombant la ville à Zurich ; la Sicile ; le Haut-de-Cagnes ; Londres le soir avec les filles en Rolls-Royce, le visage éclairé par le tableau ; le dentiste allemand à Rome – le bombardement du Nord-Vietnam venait juste de commencer – "Bien, bombardez-les, disait-il en prenant ses instruments, bombardez-les tous." Et l'endroit à Paris qui pendant longtemps fut pour moi l'essence de la ville, curieusement c'était un ménage, celui des Abbott. C'était un vieil ami qui s'était remarié, et sa nouvelle épouse, Sally, était jeune, un faisceau d'argent. Spirituelle, tendue, elle était comme une nouvelle à l'école, venue d'on ne savait où, mais certainement d'un endroit difficile, quelqu'un qui se faisait rapidement des amis mais aussi des ennemis, non sans faire au passage quelques dégâts. Nate était son second mari. Il avait été un fringant colonel dans l'Air Force, pilote pendant la guerre, et maintenant il était le représentant pour l'Europe d'une grosse société.

Leur appartement, dans le XVIe, était majestueux ; le séjour s'ouvrait en une sorte de dôme. Les sofas et les fauteuils étaient confortables, les portes faisaient partout deux mètres cinquante. C'était la fin de l'automne, un soir, l'année de la crise de Berlin, nous étions montés à quatre ou cinq de Chaumont, et prenions un verre avec eux dans l'appartement. La ville était noire et luisante, délicieusement froide. Nate me prit à part vers neuf heures et demi ou dix heures. “Pourquoi ne les emmènes-tu pas au Sexy ?” dit-il – le président de sa société en raffolait.

J'oublie comment nous fîmes notre compte pour le trouver ; il y avait des photos dehors. J'entrai d'abord seul pour jeter un œil. Cela avait l'air chic. “C'est comment ?” voulurent-ils savoir lorsque je ressortis. “Super”, dis-je, et nous entrâmes. “Il y est tout le temps fourré”, expliquai-je.

Il y avait un certain nombre de jolies femmes. Je crois qu'un orchestre jouait ; il y avait un bar. “Donnez-moi trois cents francs chacun, leur dis-je, l'air de m'y connaître, et je règlerai tout.” Les femmes se présentaient déjà. Je pouvais voir Weiss et Duvall, ni l'un ni l'autre inexpérimentés en la matière, échanger un bref coup d'œil, l'air de dire, c'est parti. Il n'y avait déjà plus d'argent après la seconde tournée. Cela paraissait n'avoir aucune importance. C'était comme la nuit avant le départ du *France*. Cela se prolongea encore et encore, mais même si certaines portions restent encore claires, impossible de dire où cela eut lieu. J'ai cherché la rue plus d'une fois ; elle n'est plus là.

Ukiyo

D'un bar nommé The Seven Seas – moins reluisant que son nom, et où, tous les quarts d'heure, un diorama de bateaux et de ports lointains peints sur le mur s'assombrissait sur un roulement de tonnerre assorti d'éclairs, à la suite de quoi un déluge s'abattait sur un faux toit en fer-blanc – nous regagnâmes notre suite.

L'hôtel – un établissement de second ordre appelé le Hollywood Knickerbocker – possédait un bar plus animé, rempli de rires et de bruit, figures souriantes, l'euphorie de l'après-guerre. C'était comme une fête impromptue, avec beaucoup de pointillés qui couraient entre les paires d'yeux, tandis qu'à l'écart, à l'étage et tout seul, demeurait un personnage oublié, D.W. Griffith, le célèbre cinéaste, qui vivait ses dernières années. Il était à lui seul la métaphore d'une vie fabuleuse : triomphe inouï, louanges, splendeur babylonienne, ensuite l'âge et la mise au rebut, un roi déchu.

Il avait été de loin le plus grand de tous. Le monde adulte – on était en 1947 – était encore peuplé de gens qui avaient grandi parmi les éclairs de ses films formidables pour l'époque, *La Naissance d'une nation* (1915), *Intolérance* (1916), *Cœurs du monde* (1918), *À travers l'orage* (1920) et *Les Deux Orphelines* (1921), après quoi ce fut le déclin progressif. Il avait créé la syntaxe du cinéma et fait partie de son aristocratie, avec son sombre chapeau western, ses traits fins et pensifs.

Je n'avais vu aucun de ces films, leurs nuages de fumée de canon cotonneux, leurs mouvements saccadés, leurs jeunes femmes en blanc virginal. Lorsque je les vis, bien plus tard, je songeais à cette époque où Griffith était à l'étage, tandis qu'à celui du dessous le monde buvait et chantait. Lillian Gish et Mary Pickford étaient deux de ses vedettes. À cette époque elles étaient vieilles elles aussi, la cinquantaine passée, comme leur utilité. On n'avait jamais entendu leur voix, c'était cela, et les anges qui suivirent parlaient, riaient et pleuraient pour de vrai. Le père d'une jeune actrice se confia à moi un jour en s'émerveillant que sa fille pût "pleurer des larmes vraies".

Ce fut donc, cette première fois, comme de naviguer au-dessus d'armadas perdues et coulées. J'étais arrivé en ville avec notre navigateur, un puissant Hawaiien râblé nommé Fred Hemmings. Nous nous comportions comme des marins. Nous n'avions rien à faire mais trouvions moyen de plaire. Nous sautions d'un endroit à l'autre comme des puces.

C'est plus tard que j'eus mon premier aperçu d'un film en train de se faire. J'avais rencontré Samuel Goldwyn à Honolulu – cela avait été arrangé je ne sais plus comment par mon père –, et il m'avait invité à passer au studio la prochaine fois que je serais à Los Angeles. Sans ses secrétaires et sorti de son domaine, il avait l'air ordinaire, un homme sans autorité particulière. Je fus tout de même surpris qu'il se souvienne de moi lorsque je téléphonai, bien qu'évidemment on ne m'autorisât pas à lui parler directement. Le gardien – l'emblème des studios était le gardien à figure fermée – aurait mon nom à l'entrée. On m'indiqua un plateau où, durant une heure ou deux, j'observai un acteur costumé en gentleman du dix-huitième descendre un escalier et dire un bout de dialogue, jamais à la complète satisfaction du metteur en scène. L'acteur était David Niven. Tout cela semblait ennuyeux au possible. Cela paraissait – l'artifice et la répétition, le dos nu du décor – faux.

Sept ans plus tard, toujours officier mais en civil, je me trouvais dans un compartiment de train, traversant le sinistre paysage allemand, de Bremerhaven à Francfort. Des points de pluie mouchetaient les vitres. Dans le bleuté d'un magazine féminin dont les modèles, exaspérément guindées, portaient gants blancs et petits chapeaux, se trouvait un curieux article qui retint mon attention. C'était un hommage rendu à un poète gallois rondouillard dont la photo, prise dehors devant la porte de son studio dans une ville du littoral, manuscrit enfoncé dans la poche de sa veste, était séduisante. John Malcom Brinnin, se servant peut-être d'un extrait de son livre, avait écrit sur Dylan Thomas un article, lequel s'était retrouvé dans *Mademoiselle*. Il y avait une photo de la femme de Dylan Thomas, des enfants avec des noms celtiques, et même un instantané de sa mère.

La description lyrique que Brinnin donnait de cette vie miteuse et romantique servait d'introduction au poème qui suivait, en subjuguantes salves de langage, page après page. C'était *Au Bois lacté*, espiègle, caracolant, avec ses personnages et ses vers flamboyants. Les mots me donnaient le vertige, leur grandeur, leur esprit. Dans le doux confort cliquetant du train je m'en repaissais. Les gouttes de pluie se changeaient en traînées tandis que parlaient les voix étourdissantes, ménagères, boutiquiers, mégères, Captain Cat – le capitaine au long cours, aveugle et en retraite, rêvant d'une catin, Rosie Probert ("Montez, les gars, je suis morte").

C'était une inoubliable représentation, qui ne s'arrêtait pas de chanter – le plus long poème que j'eusse jamais lu, bien qu'écrit comme une pièce de théâtre –, et son imagerie était telle que je m'entichai de l'idée peu originale de le voir en film. Cela aurait pu en faire un, et c'est d'ailleurs ce qui finit par arriver, même si à l'époque j'étais incapable de me rendre compte qu'un film, aussi parfait soit-il, n'illustrerait qu'une facette de toutes les étincelantes possibilités. La puissance du poème était plus grande que n'importe quelle version, et serait de fait limitée par une telle traduction.

Dans ce wagon de la Bundesbahn qui avait, je suppose, survécu à la guerre, un soupçon d'insatisfaction m'assaillit. Je n'avais jamais accompli quelque chose d'aussi sacré ou d'aussi beau que le poème que je venais de lire, et le désir de le faire, jamais totalement absent, s'éleva en moi. Je regardai par la fenêtre. C'était en 1954, l'hiver. Y parviendrais-je ?

*

Comme il se trouve, mon entrée dans le cinéma se fit par le biais d'une arrière-salle encombrée, croulant sous les papiers, dans les bureaux d'avocats de théâtre très en vue, Weissburger et Frosch. Howard Rayfiel, le plus jeune des membres de la firme, était lui-même très théâtral, imposant, doux, animé, fils et frère de scénariste. Il s'occupait des corvées essentielles : rédiger les contrats, composer des lettres, il s'éreintait dans les écuries des rois. Pour son propre compte, il était l'impresario d'une compagnie fantôme. Il portait un manteau à col de velours et une toque en astrakan dans lesquels il apparut, tel un Diaghilev au petit pied, à Carnegie Hall, non dans l'auditorium mais dans les grands studios qui se trouvaient au-dessus, où l'on se rendait par un antique et majestueux ascenseur. Nulle ballerine à son bras, mais un sac à provisions qui contenait du camembert et des pommes, de quoi déjeuner pour ceux qui devaient conférer avec son associé, un metteur en scène de théâtre qui avait modérément réussi mais qui avait confiance en son talent. Ensemble ils allaient faire des films. Ils m'avaient invité à se joindre à eux, pour écrire un scénario. Flatté, prêt à croire que je pouvais m'essayer à n'importe quoi, je commençai ce qui se révéla être une longue affaire.

Le metteur en scène avait déjà un premier film derrière lui. Si je me souviens bien, il ne comportait presque pas de dialogue, et décrivait la fuite éperdue et sans fin de ce qui semblait être un fugitif ou un rescapé dans quelque bois épais, un homme poursuivi par des démons ou peut-être des chiens. Vers la fin du film, comme il se penche pour boire à un ruisseau, on voit briller une paire d'ailes, insigne des bombardiers, et source de son agonie – j'oublie comment cela était rendu intelligible. En effet, il faisait partie de l'équipage qui a lâché une des bombes atomiques sur le Japon. Il peut fuir, mais jamais échapper au souvenir. J'étais certain de pouvoir écrire quelque chose de moins banal.

Je travaillais dans une maison tranquille, du côté des numéros impairs sur Sutton Place, appartenant à une fervente élève du metteur en scène, disciple serait peut-être un mot plus approprié. Elle était riche mais ne contribuait pas financièrement à l'entreprise, seulement à une partie de ses locaux. C'était sage d'un côté et stupide d'un autre. Elle aurait probablement perdu l'argent et se serait fait critiquer par ses banquiers, mais un an ou deux plus tard elle périt dans un accident d'avion – durant sa lune de miel, en fait – et donc quelle importance ?

Un après-midi, dans le studio de Carnegie Hall, je rencontrai quelqu'un que je pris pour l'article authentique : un homme avec un accent et au long visage ascétique, vêtu de l'immanquable façon qu'ont les artistes – pantalon et veste croisée, provenant de deux costumes différents. Il s'appelait Adolphus Mekas. Il s'est fait un nom à cause du film qu'il était en train de tourner à l'époque, et aussi parce que son frère, Jonas Mekas, était le juge intransigeant de toute “film culture” qui, en majuscules, était le nom de sa didactique revue.

J'étais impatient d'entendre Adolphus Mekas, et prêt à adopter ses vues, spécialement concernant les scripts. L'idée prédominait à l'époque qu'il valait mieux s'en dispenser, improviser, permettre aux acteurs de créer librement une histoire. L'intrigue était le fléau de tout drame sérieux, comme l'avait dit Bernard Shaw.

Travaillait-il, lui demandai-je prudemment, d'après... avait-il un scénario ? Oui. Il avait des scripts, mais il les gardait sous clé, dit Mekas, non pour éviter qu'ils ne tombent dans d'éventuelles mains rivales, mais pour empêcher les acteurs de les lire – c'était comme cela qu'ils se formaient des idées préconçues, expliquait-il. Lorsque le moment venait de jouer une scène, il leur donnait les répliques nécessaires, et seulement celles-là. Il vous racontait ça avec une assurance et un calme tout européens. Je n'ai aucune idée d'à quoi peut ressembler le film qu'il a fait.

Mon propre scénario était un bouquet sentimental déposé, dirons-nous, aux pieds d'une jeune fille de New York irrésistiblement cynique, la fleur de chaque génération, dans ce cas particulier cultivée dans des serres qui n'existent plus, comme El Morocco et le Stork Club. Elle est vue à travers le regard d'un homme épris mais pas assez ferme, que rebutent certains incidents qu'elle suppose irrésistibles, et ils finissent par se séparer. Elle disparaît dans les vifs courants de Manhattan. Sa voix à lui se fend peut-être d'une élégie.

L'intrigue, qui s'appelait "Goodbye, Bear", n'avait pas de mordant. Ce n'était qu'une histoire, et cela aurait fait un meilleur poème ; elle contenait quelques répliques bien senties. Elle possédait aussi une sorte de dignité esseulée, qui produisait un résultat inattendu, telle la fable chinoise sur le mandarin qui durant des années se tient sur la rivière à pêcher avec, au lieu d'un hameçon, une aiguille à coudre. La rumeur de cette étrange conduite se répand et finit par atteindre l'Empereur lui-même, qui vient voir. Que peut-on espérer attraper avec un hameçon pareil ? demande l'Empereur au mandarin. Que pêche-t-il ?

La réponse est sereine. "Vous, majesté", dit le mandarin.

L'Empereur, à l'époque encore dépourvu de couronne, était un acteur qui commençait juste à être connu sur les planches de New York, Robert Redford. Je ne sais plus comment, il avait mis la main sur le script, et nous nous retrouvâmes à déjeuner ensemble, deux naïfs dans la ville ensoleillée.

Il me revient beaucoup d'images de Redford quand il était neuf et que son aura était celle de la jeunesse la plus inaltérée. Comme ce matin à Londres, à l'entrée du Savoy, où trois ou quatre femmes l'approchèrent pour lui demander un autographe. Tout en signant, il me fit un sourire gêné. "Tu les as *engagées*", lui dis-je après coup. Il éclata d'un rire merveilleux, non, non, il n'en avait rien fait. La voiture qui nous emmenait à l'aéroport ce jour-là tomba en panne dans le tunnel juste avant Heathrow, et nous en descendîmes au pas de course pour attraper l'avion de justesse, les bagages à la main. Sa vie était à ce point facile et accessible à l'époque. Il était très aimable et droit.

En 1968, nous allâmes ensemble aux Jeux d'hiver à Grenoble, dormant dans les couloirs comme il n'y avait pas de chambres disponibles, et nous déplaçant en autocar. J'avais été engagé pour écrire un film sur un skieur de descente dans lequel il serait la vedette, et durant des semaines nous accompagnâmes l'équipe américaine.

Un soir à table je fis remarquer que je voyais bien, comme modèle du personnage principal que jouerait Redford, quelqu'un comme Billy Kidd, qui était dur, vraisemblablement issu d'un quartier déshérité, affûté par des années passées sur les pistes gelées de l'Est. Kidd était le skieur dominant dans l'équipe U.S. à l'époque, et, comme tout champion, quelque peu arrogant et distant – encore qu'il y eût peut-être un élément de timidité.

Redford secoua la tête, non. Le skieur qui l'intéressait était à une autre table. Là-bas. Je regardai. Doré, impossible à impressionner, un peu comme Redford lui-même, ce qui bien sûr aurait dû me mettre la puce à l'oreille dès le début, était assis un membre de l'équipe américaine peu connu nommé Spider Sabich. Le peu de réputation qu'il avait semblait basé sur le fait qu'ils s'était cassé la jambe six ou sept fois. Il était de Californie, cependant, et Redford l'était aussi, de Van Nuys, un de ces noms vaguement attirants de la Côte.

"Lui ? fis-je, Sabich ?"

Oui, dit Redford ; à son âge, il était exactement comme lui.

Le film dès le départ était censé parler d'un personnage à l'opposé de cette figure pratiquement disparue, l'athlète suprêmement talentueux et cependant modeste, qui possède à la fois les vertus de courage et d'humilité. Paavo Nurmi, le coureur de fond finlandais, un champion légendaire – je l'ai déjà mentionné – avait toujours été une de mes idoles. Je voyais un Nurmi plus âgé, bien que ne sachant rien de sa personnalité, dans le rôle de l'entraîneur qui a travaillé des années pour qu'un de ses skieurs gagne une médaille d'or aux jeux Olympiques, et qui finalement trouve sa chance, mais avec un individu qu'il déteste, méprise même, un Redford malotru et égoïste. Il existait des athlètes comme cela, mais peut-être pas d'entraîneurs comme Nurmi.

Je pensais que le film aurait pour sujet "la justice du sport", dont il est d'ailleurs question dans une bribe de dialogue qui a survécu. Les derniers moments devaient montrer un Redford exultant en bas du parcours, les bras levés en signe de triomphe, alors que tout ce temps-là un concurrent peu connu, classé dernière tête de série, fait sa descente, battant chaque temps successif un par un, et tandis que les têtes se tournent dans la foule en un grand tropisme final vers la pente et que les acclamations montent de façon fatidique, il finit par passer la ligne d'arrivée et gagner d'un rien. C'est la plus grande justice qui devait prévaloir, et peut-être est-ce irréalisable dans la vie.

Si aisé, tout cela, si amusant. Entrer dans des restaurants de New York avec lui et sa femme, dans la belle ville sale, l'air automnal dans les rues dehors, les yeux qui se tournent pour reluquer comme nous traversons la salle. La gloire semblait vous appartenir également. Il y avait aussi une qualité de rêve, peut-être parce que Redford semblait ne faire que passer, comme s'il n'était pas vraiment concerné. Cela lui passait dessus, comme une liaison amoureuse passagère. Il y avait, même longtemps après qu'il l'eut obtenue, quelque chose en lui qui dédaignait la célébrité. Il portait des chemise en soie noires et roulait en Porsche, détestait s'entendre appeler Bobby par les agents empressés, et plus d'une fois me dit, "je déteste être une vedette de cinéma". Néanmoins il en devint une, avec la vie d'esquive qui va avec, essayer de ne pas être reconnu ni de se faire aborder, une vie limitée aux amis, où l'on s'assoit au tout premier rang de l'avion, le dernier à monter à bord, comme un homme recherché par la police.

À quarante ans, quelques années plus tard, il paraissait plus attrayant que lors de notre première rencontre. Le beau *college boy* quelque peu superficiel avait disparu pour laisser place à un homme mince, perspicace. Partant d'une sorte d'amusement désinvolte et d'une circonspection qui lui était naturelle, il avait bâti un phénoménal succès. Ses journées avaient une forme, durant lesquelles il accomplissait quelque chose. Tout le monde voulait le voir ou lui parler. Comme on parcourt d'un œil le menu, il était à même de choisir sa vie.

Une nuit, dans un avion qui traversait le continent, il me montra une lettre qu'il avait reçue. Elle était tapée à la machine, d'un trou du Kansas ou du Nebraska – une jeune mariée, séparée de son époux, qui avait engagé une baby-sitter et fait soixante kilomètres en voiture pour voir un de ses films. J'oublie lequel – *Des Gens comme les autres*, peut-être –, mais toujours est-il qu'il l'avait profondément émue, l'avait fait pleurer, et lui avait révélé de façon neuve le chemin que devait prendre sa vie. La voix de la correspondante, qui se trouvait quelque part en bas dans l'obscurité que nous survolions, était là sur la page, sonnant vraie et esseulée. Contrairement aux milliers d'autres lettres, des caisses entières, il avait porté celle-ci sur lui des mois durant, voulant répondre mais n'y parvenant pas. *Je suis toujours là*, voulait-il dire, *j'ai toujours votre lettre*.

Le désir, pensai-je, est si vaste qu'à peine une partie peut en être reconnue. Une incommensurable somme le compose, comme la mer.

Nos vies dérivèrent loin l'une de l'autre. J'écrivis un autre film pour lui mais il ne se fit jamais. "Ma seule présence dans quelque chose", je me souviens l'entendre dire, peut-être en manière d'excuse, "est suffisante à lui donner une aura d'artifice". Il connaissait ses limites.

La dernière fois, c'est à une première que je le vis. Une armée de gens attendait, beaucoup avec des appareils photo prêts pour capturer la scène. À l'intérieur du cinéma tous les fauteuils étaient pris. Puis dans la pénombre un murmure parcourut la foule. Les gens se mirent à se lever. Il y eut une virtuelle pluie de lumière, les flashes éclatant partout, et, au milieu d'un petit groupe descendant l'allée, la tête blonde de la vedette pouvait être aperçue. Je me trouvais très loin – des années, en fait – mais ressentis une certaine attirance écœurante. Il me revint en tête le passage sur Falstaff lors du couronnement. *On me fera mander en privé*, pensai-je, me consolant. *On me fera mander sitôt la nuit tombée.*

*

Lorsque je repense aux jours des débuts, ce qui ne peut en être dissocié apparaît : la ville excitante – et New York l'était – dans laquelle ils avaient commencé, revêtue semble-t-il d'une sorte de brillant athénien, qui était en fait la lumière tombant des hautes arcades de verre du Lincoln Center où chaque automne se tenait le Film Festival. Il attirait ce que je considérais être l'élite, les grands cinéastes européens – Antonioni, Truffaut, Fellini, et Godard – présentant une nouvelle sorte de films, plus imaginatifs et pénétrants que les nôtres.

La salle du Lincoln Center était spacieuse et élégante, contrairement à celles, épouvantables et inconfortables, où l'on avait pu voir les premiers Buñuel ou Brakhage, cet étonnant deuxième couteau. L'écran était immaculé, les visages s'y inscrivaient formidablement larges et éclairés. Ils possédaient une intensité lunaire, puissante et pure. L'art recouvrait tout de sa patine, et nous en faisions partie, comme élevés par lui.

La ville semblait grouiller de films, des bancs entiers, de toutes variétés, des films audacieux qui se fracassaient dans quelque chose de vaste et d'inexploré tel un brise-glace qui se fraie un chemin jusqu'à la mer libre. Je vivais en banlieue et n'avais que récemment fait la connaissance, juste dans la rue par hasard, de Lane Slate. Il était irrévérencieux et avait beaucoup lu, avec un beau visage et une bouche qui ne s'ouvrait jamais pour sourire, tellement ses dents étaient abîmées. Lorsqu'il riait il fourrait sa cravate dans sa bouche pour les cacher. Il était le talentueux compagnon que je mourais d'envie d'avoir. Il y avait deux ou trois vieilles automobiles, des classiques en ruine, dont une LaSalle et une Delage, échouées dans la cour de sa petite maison toute blanche. À l'intérieur se trouvaient un meuble ou deux qui attiraient l'œil au milieu du fatras, une femme, un chien berger anglais, et deux petits garçons choyés, habillés indifféremment.

Il était divorcé, d'une Italienne qu'il décrivait comme belle, que je n'ai jamais vue. Elle avait fait saisir son salaire. Lorsque nous allions en ville dans la même voiture nous nous arrêtions souvent à une banque isolée du New Jersey où il était obligé d'abriter ses économies toujours précaires. Il travaillait pour une chaîne de télévision, à la rubrique "Affaires publiques". Nous tapions librement dans les riches réserves, fournitures de bureau, carnets et papier à lettres, et rêvions aux films que nous ferions ensemble.

Il existe un langage à l'intérieur du langage, une sorte de code, et c'est cette joie-là qui nous rapprochait. J'aimais sa façon de parler, la rapidité avec laquelle il arrivait aux conclusions, l'étendue de son dédain, l'exactitude de ses références. Aussi son aplomb. Il n'avait pas fait d'études – il s'était élevé rien que par la lecture, et, d'une certaine manière, connaissait tout. Bien que j'eusse du mal à me l'imaginer, il avait été dans la Navy. Il n'en avait rien retenu du folklore, si ce n'est la ferme conviction qu'on pouvait toujours réussir à coucher avec les filles qui portaient des petites croix en or.

Après avoir créé une société, nous entreprîmes un documentaire sur New York intitulé *Vie quotidienne dans la Rome antique*, avec un commentaire tiré de Tite-Live et Salluste. Petit matin. Tournage sur 5th Avenue. Une voiture s'arrête au coin et une fille en uniforme d'Air France à jupe moulante en descend. La voiture a des plaques diplomatiques, un pâle et hâve chauffeur s'incline vers elle pour dire au revoir et refermer la portière derrière elle. Elle court, entravée par la jupe, vers la large façade en verre : AIR FRANCE. La nuit est terminée.

Assis sur des tabourets, nous regardions les rushes dans le noir, pesant les coupes. Puis dans le soleil vif de West 55th Street, après midi, pour aller déjeuner au Brittany. Le film aurait des visages, des couples illicites émergeant du club "21", des plans vertigineux en contre-plongée le long de lisses façades vers des ciels obscurs, et en dessous, en tons calmes, la prophétique description, vieille de siècles et de siècles, du pourrissement.

C'était le New York de Balanchine, Motherwell et Mies van der Rohe, tout comme celui de Jack Smith, Yoko Ono et George Kleinsinger, des artistes dont les ans n'avaient pas encore déplumé le panache. Kleinsinger était compositeur. Dans ses appartements au Chelsea Hotel, il avait une forêt tropicale, des oiseaux en liberté sautant de branche en branche, des poissons dans des bassins, des fontaines. Tout proche il y avait un piano d'un noir luisant sur lequel il écrivait la musique pour un opéra intitulé *Archy et Mehitabel*. Sa fille se tenait à ses côtés et en chantait des morceaux d'une voix magnifique, passionnée, puis retournait s'allonger sur le divan près d'une autre jeune femme, la fiancée de Kleinsinger.

Yoko Ono était mariée à quelqu'un que je connaissais. Il lui servait de manager et se consacrait à sa carrière. Elle avait été mariée auparavant. Lui était quelque peu ingénu ; elle pas. Ils vivaient ici et là, toujours à court d'argent, et avaient une petite fille à laquelle il était dévoué. Je le voyais dans le Village avec le bébé dans les bras et son biberon dans une musette passée sur l'épaule. Sa femme était au-dessus de cela. *Performance artist*, elle exsudait l'ambition. Elle était déterminée à avoir sa chance, et finalement, d'une façon très inattendue, elle la trouva.

Vie quotidienne dans la Rome antique ne fut jamais terminé. Nous fîmes tout de même dix ou douze films, des documentaires, à la va-comme-je-te-pousse, certains éloquents. Nous parcourions le pays ensemble, en avion, en voiture, descendant dans des motels, tout à la joie décervelée de l'Amérique, canettes de bière sur le bas-côté, boîtes vides balancées par-dessus bord légères comme du papier. Je revois ses mains décrire des petits cercles d'invitation comme il explique à quelqu'un ce qu'il cherche. Il esquissait dans les grandes lignes et ne remplissait que légèrement. Il était capable de se faire aimer si rapidement. C'est son curieux charme que je me rappelle, les poches pleines d'argent froissé, dont une partie tombait souvent par terre, les crises de migraine, qui finirent par se faire de plus en plus rapprochées, la familiarité avec les noms de toutes sortes, les voitures qui avaient besoin d'être réparées, la solitude fondamentale.

Son fils aîné, qui portait son nom, fut renversé en vélo par une voiture et mourut quelques jours plus tard. C'était à une période où nous avions déjà commencé de nous séparer. Peut-être avions-nous perdu la capacité de nous amuser mutuellement. Nous fîmes un dernier film, sur les peintres américains : Warhol avant qu'il ne soit vraiment reconnu, Rauschenberg, Stuart Davis, une douzaine d'autres. De la petite maison en bardeaux d'amiante qu'il avait à Piermont il déménagea à Sneden's Landing, une enclave très privée où les maisons, bien que passant dans les mains de différents propriétaires, gardaient leur nom d'origine. Suivirent des désastres, dont le principal fut la mort de sa femme.

Sur les enveloppes adressées de sa belle écriture, les cachets postaux provenaient d'endroits de plus en plus à l'ouest, jusqu'en Californie, où, si cela devait se faire, il deviendrait enfin metteur en scène. Il habita pendant un temps dans une maison ayant appartenu à Greta Garbo, revint sur la côte Est pour un troisième mariage pas plus heureux que les autres, puis se replia en Arizona sur un ranch au nom improbable de X-9. La piste s'est arrêtée là.

*

J'avais un ami, sérieux à n'en pas desserrer les dents – du nom de Hurley – qui habitait un appartement compact et aussi ordonné qu'une cabine de capitaine sur 61st Street et qui me demandait toujours : "Mais comment fais-tu pour les rencontrer tous ?" comme si c'était inconcevable. Il m'accusait aussi – la blessure fut longue à cicatriser – de noter l'adresse de tout le monde dans un petit carnet sitôt après avoir fait leur connaissance. Y a-t-il vraiment eu une époque où je cherchais à rencontrer des gens ? Oh oui. J'étais extatique à l'idée de rencontrer, en 1963 environ, Peter Glenville, un metteur en scène anglais qui avait dirigé *Rashomon* au théâtre et le film *Becket*. Il avait un don indéniable et vivait comme un prince.

Nous étions quatre à dîner, rien que des hommes, dans sa maison de New York. Le repas était servi par une bonne en uniforme. Glenville me demanda si cela m'intéresserait d'écrire un scénario, une histoire en Italie qu'il voulait réaliser. Le seul fait qu'il me le proposât m'apparaissait comme une récompense. Cela témoignait de sa foi en moi ; il m'avait recruté, pourrait-on dire. Ce n'était pas difficile de voir qu'il était avisé – la maison, les beaux vêtements, le compagnon, Bill Smith, grand et réconfortant.

Je reçus un synopsis tapé à la machine et fus déçu en le lisant. Cela ne valait rien : un jeune homme à Rome, avocat, rencontre et s'éprend d'une belle fille qui se montre étrangement évasive sur sa vie privée. Elle est soit seulement indécise et innocente, soit – les preuves sont minces mais ses soupçons vont grandissants – une call-girl. Il l'épouse quand même, mais des incidents se répètent, de plus en plus troublants. J'ai oublié la grande scène de paroxysme passablement cliché, mais toujours est-il qu'elle tente de se suicider, et il y a une réconciliation finale entre les draps blancs de l'*ospedale*, ou peut-être meurt-elle.

Peu importe ce que l'on ferait avec, dis-je franchement à Glenville, cela ne posséderait jamais le moindre mérite. Il comprenait mes doutes, mais tout de même le thème de la jalousie était intéressant, tout comme l'endroit où cela se passait...

Le producteur appela de Californie. Ils étaient tous "fans" de moi là-bas. Il avait longuement parlé à Glenville. Ils étaient sûrs que j'étais l'homme qu'il leur fallait pour écrire le film. Oubliant tout, je me laissai bercer.

Il y a cette impression que les metteurs en scène sont dépendants de vous. En réalité, ils ne font que vous accompagner, attendant de voir ce que vous allez ramener, avec un peu de chance quelque chose de dodu, entre vos mâchoires. Vous êtes au mieux une figure préliminaire. Ils voient plus loin que vous, il y a les réunions, les cajoleries, les intrigues. Ce sont eux qui créent vraiment. Comme c'est rassurant de se laisser happer par leur énergie, de s'attarder en leur société, qui semble luxueuse et peut-être même exaltée, sur un pied d'intimité avec les stars elle-mêmes.

Une fois je me trouvais assis près d'un lauréat à Cannes. Il portait une veste en daim et une sorte de chapeau noir de camelot. Tout le monde à cette soirée était jeune, et comme il était en train de parler, la fille à ses côtés lui prit la main, les doigts enlacés dans les siens, la leva jusqu'à ses lèvres et se mit à la couvrir de baisers avec dévotion. Il continuait de parler, son bras libre tendu en avant comme celui d'un pape.

*

À Rome, ocre et blanche, et nullement interessée à moi, j'avais le nom d'un comte Crespi ; Glenville me l'avait fourni. Il se montra froid au téléphone. Je dus attendre plusieurs jours pour un rendez-vous en soirée.

Il sortit de son bureau pour se présenter, beau visage hâlé, les oreilles plaquées sur le crâne, sourire aveuglant. "Je suis Crespi", dit-il, me faisant entrer dans une petite pièce toute simple où il s'assit en face de moi.

Je fis de mon mieux pour lui raconter l'histoire du film et il commença sans hésitation à faire des suggestions. La fille, au lieu d'être modèle, ce qui était plutôt banal, pourrait travailler à *Vogue*, où l'ancienne secrétaire de sa femme, une fille très intelligente qui parlait cinq langues... mais *Vogue* était déjà un peu trop chic, peut-être, décida-t-il. Une vendeuse dans une boutique, pensait-il, ou peut-être, oui, encore mieux, un mannequin dans une des maisons de haute couture – Fourquet, via Condotti, par exemple. "Elle peut ne gagner que quatre-vingts mille lires par mois mais le travail est intéressant, elle rencontre des gens, une certaine catégorie de gens qui ont de l'argent, du goût. Si elle doit sortir quelque part, Fourquet lui prêtera sûrement une de ses robes hors de prix."

Avec un charme tout héroïque il se mit à décrire l'homme dans le film, le jeune avocat comme il faut. Politiquement à gauche – "En Italie, tout le monde l'est, tout le monde sauf moi", expliquait-il. L'avocat a une belle voiture, il va danser, à la plage. Il est fou de sport, comme tous les Italiens, bien que sans en faire lui-même, évidemment, et il y a aussi quelque chose de traditionnel – il continue de rentrer chaque jour à midi pour déjeuner avec sa mère.

L'enthousiasme de Crespi et son empressement à me fournir des détails augmentèrent ma confiance. Peut-être y avait-il un ton, une manière, dans lesquels on pourrait présenter cette histoire, qui la rachèterait. Plus nous parlions, et, en réponse à certaines choses que j'exprimais, plus Crespi se mettait à changer d'avis, à voir l'avocat comme moins raffiné, ne faisant pas partie de la nouvelle Italie où les gens à Rome, comme l'avait montré Fellini, avaient *tout* vu. Peut-être cela pourrait-il prendre place dans une ville plus provinciale, Plaisance ou Vérone. Oui, dit-il, il voyait cela comme une histoire réellement romantique. Les femmes allaient toutes pleurer, prédisait-il.

"Mais est-ce que cela pourrait se passer dans une ville comme Vérone ? demandai-je. Est-ce qu'il y a des call-girls là-bas ?

– Bien sûr. Partout, dit-il. C'est dans tous les journaux. C'est le scandale de l'Italie. Elle passent des annonces comme *manicure*, avec une adresse chic, *senza portiere*. Des colonnes et des colonnes. Ouvrez *Il Messaggero*, vous verrez."

C'était vrai. Dans *Il Tempo* aussi. Je lisais les journaux dans un hôtel bruyant de la piazza della Rotonda, une autre recommandation de Glenville. Le mobilier semblait provenir d'un vieil orphelinat. Les sols étaient en plancher nu. *Giovanissima* – très jeune – disaient toutes les annonces. Via Flaminia, via del Babuino, *senza portiere*.

En fait, je n'allai ni à Vérone ni à Plaisance. Je fis connaissance d'autres gens, et puis d'autres. Je pris l'appartement d'une Anglaise – son joli nom botanique, Lyndall Birch, figurait sur une petite carte blanche sous la sonnette –, via dei Coronari, une rue étroite et simple dans la vieille ville. L'appartement était un *attico*, trois pièces et une terrasse, que l'on atteignait en gravissant six étages par des marches de marbre usées. Par delà les toits, chaude et comme un calme plat, on pouvait apercevoir la terrasse des Crespi, entourée de tentures bleues roulées, palatiales. C'était fin juin ; la ville était une fournaise, le ciel tapait sur le plafond. Dans les mois qui suivirent, je dus écrire couché contre la pierre fraîche du sol de l'appartement, l'air brûlant au-dessus de ma tête étant trop épais pour respirer.

Un soir, à dîner, dans un restaurant champêtre, j'essayais de suivre la conversation et les éclats de rire. C'était méchant, coquin, et en italien. Je reconnaissais quelques gros mots au vol. Nous étions dans le jardin, groupés autour d'une femme animée nommée Laura Betti. Elle était chanteuse et actrice. Pasolini et Moravia lui avaient écrit des chansons, et elle chantait tout le répertoire Kurt Weill-Bertolt Brecht en italien. Elle parla constamment cette nuit-là, une cigarette entre les doigts. Son rire était irrésistible. La fumée lui coulait des lèvres. Elle était blonde, un peu massive, la trentaine peut-être, le genre de femme qui porte avec fierté une tristesse latente.

Nous étions dans le Vieux Monde, je le sentais, l'air frais, l'obscurité sous les vignes. Les carafes de vin vides étaient remplacées par d'autres, les bouteilles vertes de *minerale*. Nous étions six ou sept. Ils parlaient de tout le monde en mangeant dans toutes les assiettes : sur la fameuse actrice qui aimait faire l'amour de deux façons en même temps, on pouvait toujours reconnaître ces femmes-là, disait Laura Betti, à leur manière de regarder par-dessus leur épaule avec un sourire entendu ; sur la folle qui arpentait les rues en chantant d'une voix ruinée, une chanson confuse au sujet de son grand amour qui l'avait prise dans ses bras, la beauté de Jésus, et la colombe du petit garçon qu'elle avait touchée avec sa langue. L'unique sujet de conversation était l'amour, ou, de façon plus exacte, le désir. Rome pour eux était un village qui n'avait pas de secrets. Ils savaient tout, le nom des quatre comtesses qui avaient ramassé une petite gitane de onze ans, un soir, et l'avaient amenée chez un journaliste réputé pour le regarder prendre son plaisir avec elle.

Le script que j'écrivais, demandaient-ils, quelle était sa nature ? Tout en réalisant que cela devait sonner très naïf, je le leur décrivis. Peut-être que cela ne devrait pas se passer à Rome, dis-je – quelqu'un avait suggéré Plaisance.

"Bologne, décréta Laura Betti. C'est là que cela pourrait se passer.

– Bologne ?

– C'est merveilleux", déclara-t-elle de sa voix rauque. C'était sa ville natale.

"Bologne est connue pour trois choses, fit-elle. Elle est fameuse pour son savoir – elle a la plus vieille université d'Italie, fondée au douzième siècle. Elle est fameuse pour sa nourriture. On mange à Bologne comme nulle part ailleurs, tout le monde sait cela. Et enfin, elle est fameuse pour la fellation." Elle utilisa un autre mot.

"C'est une spécialité locale, dit-elle. Toutes les différentes variations ont des noms de pasta. *Rigate*, par exemple, expliquait-elle, qui est un genre de macaroni strié. Pour ça les filles se servent doucement de leurs dents. À l'époque où il y avait des bordels il y avait toujours une *Signorina Bolognese* – c'était sa spécialité."

La fille qui travaillait dans une maison d'édition et celle qui venait de Milan ne donnaient aucun signe d'avoir entendu. Aux tables voisines, des couples bavardaient dans le noir. La franchise délibérée de Laura Betti m'en imposait, son aplomb – ce fut mon noviciat.

Je me rendis à Bologne. Devant les portes en bois de la gare principale, une femme attendait à l'arrivée du train. Elle me fit un signe de tête en souriant. Je connaissais son nom, Camilla Cagli. Elle était Bolonaise ; son mari était avocat. Laura Betti lui avait téléphoné et lui avait demandé si elle pouvait me montrer la ville, et de cette longue journée c'est son sourire que je retiens, le confort de sa compagnie, la grâce naturelle. Nous marchâmes sous les arcades en parlant de la vie à Bologne, et visitâmes l'énorme maison, le *palazzo* à présent transformé en appartements, dans lequel elle était née. Pour quelques heures vous êtes enveloppé, ravi, même, de cette intimité.

Elle avait été mariée à un homme de bonne famille, mais c'était un mariage vide, fait de parties de bridge et d'oisiveté d'avant-guerre. Elle avait eu de la chance et obtenu le divorce – du jamais vu en Italie – durant une brève période où les communistes étaient au pouvoir.

Finalement, cependant, ce n'est pas à Bologne mais à Rome que tout se déroula.

*

À Rome, la canicule continuait. Les Siciliens basanés se levaient à deux heures de l'après-midi. Le Tibre était vert et stagnant. Le dimanche matin la route qui menait à la mer était encombrée de voitures, avec la musique de centaines de transistors qui fouettait l'air bleu exténué.

Trois ou quatre fois la semaine, je remontais la via Flaminia et traversais le pont jusqu'à l'appartement d'une Américaine qui me donnait des leçons d'italien. Ses enfants fermaient la porte de la salle de séjour et nous laissaient seuls. Le nom de ma tutrice était Dorothy

Brown. Assis sur le sofa, nous étudiions. Le vocabulaire n'était pas celui de l'école. “Les Italiens sont plus intéressés par le *culo* que par la *fica*”, me disait-elle, en mettant les mots par écrit. “Il y a même un verbe pour ça, *inculare*. Les filles préfèrent toutes ça pour préserver leur virginité.” Son petit ami, disait-elle, le faisait ainsi avec sa cousine depuis qu'ils avaient tous deux quatorze ans. Images fondues : la chambre obscure, ombragée, les membres pleins de jeunesse, un léger, lisse, froissement de draps.

À midi l'ami arrive, un aristocrate du Sud, petit et assuré, gentil avec les enfants. Nous déjeunons *en famille*. Une bonne sert le repas. Sur son bras nu elle a une marque de vaccin grosse comme une prune. “*Marco, mangia*”, cajole l'ami à l'adresse du plus jeune enfant, mange. “*Come fai a crescere ?*” Comment tu vas grandir autrement ? Le soleil a vidé les rues de midi. Près du Panthéon, les chats sommeillent sous les voitures garées.

Comme beaucoup à Rome, Dorothy Brown semblait dans une sorte d'exil. Je ne sais pourquoi, je l'associe à la Californie. Elle avait sa chance à Rome – il y a toujours une chance, même durant les révolutions et les périodes de vaches maigres –, encore que la beauté ne fût guère une garantie.

Les femmes semblaient attirées par Rome, peut-être à cause de sa décadence et de la fameuse avidité des hommes. Il y avait des femmes chèrement vêtues au Hassler ou à l'Hôtel de Ville ; des femmes voyageant avec leur mari et sans ; des jeunes femmes qui prétendaient être actrices – qui sait ce qu'il advenait d'elles ; des femmes par deux dans les restaurants, lisant le menu très soigneusement ; des femmes dénuées d'illusions mais incapables de dire adieu ; des femmes qui avaient des boutiques et allaient à Circéo en été ; des femmes divorcées qui avaient jadis eu une vie dans le Trastevere ; des jeunes Anglaises qui disaient, Oh, pas cette semaine parce qu'elles n'étaient pas tout à fait sorties d'affaire – le docteur était sûr que ce n'était rien ; des filles qui n'avaient apparemment pas fait leur toilette, sales même, assises en robes étriquées dans des restaurants, les dents jeunes, blanches ; des *principessas* nées à Vienne, vivant dans la solitude de vastes appartements ; et des rédactrices de mode sur le retour qui s'égaraient rarement loin du Hilton.

Contre elles, les légions d'hommes : la belle racaille ; des hommes dont le mariage n'avait jamais été annulé ; des hommes qui ne se marieraient jamais ; des hommes aux occupations douteuses ; des hommes des rues et des bars, *de nullo*, de rien ; des hommes avec des noms respectables et des bouches foncées ; des hommes basanés du Sud, polis et inaltérables, dont l'ongle du petit doigt fait deux centimètres.

Au milieu de cette distribution il y avait des visions piteuses : la fille de Premier Ministre anglais, une actrice, titubant dans le restaurant et se cognant contre les tables. Elle avait les hanches étroites et le sourire toujours disponible des actrices. Elle vivait avec un Noir via del Corso dans un appartement haut de plafond, sans meubles, avec une odeur d'encens. Les portes d'entrée étaient doublées d'acier avec des verrous compliqués.

L'appartement était à quelqu'un de la Mafia, confiait le Noir, un homme très important. "Vous voyez toutes les statues à Rome qui n'ont pas de tête ? Eh bien il a les têtes."

Mais ce serait confortable une fois arrangé, m'assura-t-elle. Elle avait de long cheveux roux et une peau pâle sur laquelle se remarquaient clairement un bleu à la joue et un autre sur le bras. Churchill, son père, était encore en vie. Elle s'assoit sur l'unique sofa avec un verre.

"T'en as déjà un là-bas, commente le Noir.

– Non, j'en ai pas, dit-elle.

– Oh, que si.

– C'est vrai ?" fait-elle gentiment.

Sur une couverture de magazine, par terre, il y avait une photo d'elle où on le voyait en arrière-plan. Elle le ramassa. "C'est le meilleur article sur nous, dit-elle, vraiment, le plus sympathique, le plus véridique. C'est très bon." Dans la lumière elle avait le cheveu maigre et des cernes autour des yeux.

Ils allaient ouvrir un club ensemble à Tanger. Lui était musicien et peintre. L'Afrique, c'était l'endroit où aller, disait-il. "Vous posez un pied là-bas et la terre vous traverse, je veux dire, vous en tremblez carrément." Ses mains, habitées, vibraient en l'air. "C'est pas vrai, Mommy ? Peut-être que je deviendrai Premier ministre quelque part."

Elle ne répondit pas ; elle-même aimait l'idée de l'Afrique, un endroit où il était facile de trouver de l'argent, selon elle, "Je veux dire, ici c'est fichu, vous savez". Ce serait bien d'avoir une bande, l'été, dans un endroit d'amusant ; et l'hiver, Lobo – c'était son nom – pourrait peindre. Ce serait sans doute une erreur, décida-t-elle dans un surcroît de lucidité, pour lui de se faire d'abord connaître comme chanteur ou patron de boîte et seulement ensuite peintre, parce qu'alors, vous savez, les gens n'effacent jamais cette première impression.

*

C'était une ville d'une décrépitude inégalée : couleurs sourdes, fontaines, arbres sur les toits, beaux garçons à la redresse, racaille. Une ville du Sud – il y avait des palmiers sur la piazza di Spagna et le soleil incandescent l'après-midi. Une ville vénale, florissante en tous temps – rien de si souvent trahi ne pourrait conserver la moindre trace d'illusion. Le jour, elle était belle. La nuit la rendait sinistre.

Petit à petit, rue par rue, elle devint familière, comme un immense puzzle, un morceau et puis un peu plus tard un autre qui rentrait juste bien en place. Je m'en souviens comme d'une période où j'avais de l'argent. Je finis par rouler en Fiat blanche décapotable achetée neuve, fonçant à travers les *piazzas*, virant en remontant d'antiques et larges avenues avec des façades décaties d'un côté, une vue renversante de l'autre.

Un soir de juin je fus présenté à une femme dont l'appartement serait peut-être à louer – je n'en avais pas encore trouvé un à l'époque. Elle était menue, bien habillée et confiante, Canadienne française, comme je devais le découvrir. Sur son front se trouvait un furieux pli vertical. Elle s'appelait Gaby – Gabrielle, je suppose. Elle cherchait à séduire et en même temps se montrait dédaigneuse ; la vie lui avait enseigné de dures leçons, parmi lesquelles de toujours penser à l'argent et de haïr les hommes.

Elle avait été éduquée dans un couvent au Canada, chez les Ursulines de Trois-Rivières. Je voyais des bâtisses sinistres au milieu de pins foncés, légendaires. Sa mère y était allée et avant elle sa grand-mère. Elle avait dormi dans le même lit qu'elles, sur une étroite paillasse. C'était ce que les filles étaient supposées faire, expliquait-elle. Aujourd'hui encore elle dormait comme dans un cercueil, droite et immobile. À Trois-Rivières, on prenait son bain sous supervision – un drap blanc était attaché à une sorte d'anneau autour du cou, par-dessus la baignoire, pour vaincre la curiosité et assurer la modestie. Elle lavait tous les jours le col en lin de son uniforme en laine et étudiait la religion et l'histoire religieuse, accompagnées de prières. Beaucoup de filles épousaient des millionnaires, disait-elle, comme si la rigueur de leur emprisonnement augmentait leur sensualité et leur désir pour les choses matérielles, les faisait même grandir de façon folle. Une des filles avait épousé un Crésus canadien, une autre, Georges Simenon.

Dans son cas à elle, le résultat était un intérêt passionné pour la fragilité humaine. Elle se réjouissait, quelque peu amèrement, des faiblesses et des vices secrets de Moravia, le plus célèbre écrivain d'Italie ; il y avait aussi Visconti, les deux beaux garçons qu'il avait installés dans sa maison après les avoir fait jouer dans *La Terre tremble*, en uniforme, passaient pour ses serviteurs ; John Cheever (qui avait vécu une saison ou deux à Rome) ; Pietro Germi, qui avait quitté sa femme pour une jeune actrice, laquelle l'avait trahi de la façon la plus humiliante ; Thyssen, le riche collectionneur d'art ; d'autres encore.

Elle me raconta avec satisfaction l'histoire de la chanteuse qui avait débuté comme actrice, une gentille fille timide qui s'était vu donner la chance de chanter dans une revue. Il lui avait fallu coucher avec la vedette du spectacle, bien sûr, et ensuite le producteur, mais ils n'arrêtaient pas de couper son rôle. Elle coucha avec le frère de la vedette parce que cela pourrait l'aider, et finalement il ne restait plus que le régisseur. Il l'emmena dans une grande maison, et dans une chambre à l'étage. Il faisait noir. "Déshabille-toi", lui dit-il. Une fois fait, il lui dit, "Enfile ça", et lui tendit une paire de chaussures à hauts talons. Ensuite il la fit mettre à quatre pattes, agenouillée sur le lit. Soudain les lumières s'allumèrent. Il y avait d'autres hommes dans la pièce, tous ceux d'avant, la vedette, le producteur, l'éclairagiste. Cela allait être une sorte de partouze et ils s'avançaient vers elle en riant.

Gaby avait été courtisée, bien sûr – c'était là une des sources de son obsession. Dans la rue, les terrassiers en la voyant passer levaient les mains comme s'ils lui prenaient les fesses et s'écriaient, admiratifs, "*Beato lui...*" – heureux celui à qui cela appartient. Le prince sicilien qui, comme ils dansaient ensemble à un bal, lui prit la main et dit : "Là. Qu'est-ce que tu en penses ?" lui ayant placé son membre nu dedans. Les journalistes et avocats au vil esprit... c'était innommable, encore que quelques moments plus tard elle se prenait à souhaiter avoir de nouveau vingt ans, pour pouvoir faire toutes les choses qu'elle avait eu peur de faire.

Elle mentionna Corinne Luchaire, une vedette d'avant-guerre. "Elle était la maîtresse de Göring."

Je me souvenais vaguement d'une belle blonde mince. "Sa maîtresse ? Non, sérieusement ?

– Bien sûr que si ! sifflait-elle. Vous ne savez donc rien ?"

Corinne Luchaire, selon elle, avait été arrêtée dans son appartement à Paris par la Résistance française et gardée là toute la nuit durant laquelle quarante et un hommes la violèrent. Elle avait passé trois ans en prison. À son procès, son avocat avait lu à haute voix l'intégralité de la nouvelle de Maupassant sur la collaboration, "Boule de suif" – la putain, le soldat qui lui rendait visite, ne savait-elle pas qu'il était allemand ? "Non, il était nu." Je n'avais jamais lu la nouvelle, la première que Maupassant ait jamais publiée, et même encore maintenant je ne suis pas certain que la version qu'elle m'en avait donnée fût correcte, mais c'est celle dont je me souviens.

Ce qu'elle était au juste, je ne l'ai jamais découvert – écrivain, publiciste, documentaliste d'une sorte ou d'une autre, mais elle était en outre pour moi une Schéhérazade qui colorait Rome avec des anecdotes racontées dans un anglais légèrement accentué ; elle ne l'avait appris qu'à l'âge de sept ans et les "th" étaient de sortie. "Ortodoxie", prononçait-elle, et pour "with" elle disait "wid". Elle m'assaillait d'images, dont certaines si intenses que je les conserve dans ma chair comme des blessures.

Elle me présenta à Fellini, avec qui elle collaborait vaguement. Elle lui apportait des histoires. "Raconte moi, raconte moi" – il ne voulait rien par écrit ; ce qui l'inspirait c'était d'écouter, disait-il. On a souvent dit qu'il n'y avait à l'époque que deux vrais artistes dans toute l'Europe, Picasso et Fellini. Picasso était ancien et distant. Fellini était un homme en bras de chemise qui ressemblait à ses photos, cheveux et vêtements en bataille, et du poil noir qui lui poussait dans les oreilles, comme un oncle adorable.

Je fis sa connaissance au studio où il travaillait. La conversation commença en italien ; il ne parlait pas anglais, s'excusait-il, mais nous ne fûmes pas longs à y avoir recours. J'avais récemment assisté aux conférences de Vorkapitch au Musée d'Art Moderne de New York. Elles étaient essentiellement un tribut à Slavko Vorkapitch, le maître de ces montages utilisés dans les années 30 et 40 : les feuilles de calendrier qui tombent pour indiquer les jours ou les mois qui passent, les roues d'un train, puis d'une voiture, puis peut-être un paquebot pour suggérer un voyage sur de grandes distances. Le monde cinématographique de la côte Est tout entier était à ces conférences, lui dis-je. C'était difficile de se procurer une place, et de tous les cinéastes dont l'œuvre avait été choisie pour illustrer les concepts, Fellini était le plus fréquemment utilisé, Eisenstein arrivant en deuxième. Fellini acquiesça modestement. Il paraissait reconnaissant, honoré. Il n'avait qu'une question. "Qui est ce Vorkapitch ?" voulait-il savoir.

Sur un morceau de papier il écrivit son numéro de téléphone – s'il pouvait m'être de quelque utilité en quoi que ce soit, il voulait que je l'appelle. Je ne restai pas à Rome suffisamment longtemps, cependant.

Elle me présenta aussi à Zavattini, le scénariste principal du cinéma italien d'après-guerre – *Sciuscià*, *Umberto D.*, *Le Voleur de bicyclette* –, un homme que j'étais préparé à énormément admirer. Il était chauve et portait un ample costume bleu, du genre avec une braguette qui se boutonne. Il était découragé. "Le cinéma a échoué", disait-il.

Je fus particulièrement intéressé par une personne présentée par Gaby, Nany Columbo, qui avait une boutique et avait été mannequin à Rome et à Gênes avant la guerre.

"Vous parlez anglais ?" dis-je.

Elle secoua la tête. Dommage.

La fille italienne sur laquelle j'écrivais et dont la réalité, comme sur une feuille de papier photographique, ne se formait que lentement – pendant un temps j'imaginais une Nany Columbo plus jeune dans le rôle. Ce qui ruinait les filles, m'expliquait-elle en italien, c'était le luxe autour d'elles. Elle disait cela comme si elle était elle-même passée par là, avec une résignation qui lui venait facilement. Tout chez elle semblait authentique, chaque parole la vérité nue. Quand son mari était rentré de la guerre, dit-elle, elle vivait à la campagne avec son fils. Il était arrivé à pied par la route. Elle était affreuse. Pas peignée, sa robe miteuse. Elle avait poussé un lit contre la porte, disait-elle, et s'était précipitée à l'étage s'arranger un peu avant qu'il puisse la voir.

À la campagne, à quelques heures au nord de Rome, il y avait des vignobles sous les grandes maisons ; un homme avec son chien qui travaillait un champ ; du bois de chauffe empilé près de l'entrée. Les terrasses sereines, cultivées avec leur vue sur les collines et les bosquets étaient inchangées depuis le douzième ou le treizième siècle. Dans les vieilles églises les Piero della Francesca s'estompaient lentement, comme la fin d'un acte, sur des murs sombres.

Je mis longtemps à comprendre le lien qui existait entre les vignobles, les grandes demeures, les cloîtres d'Europe, et la corruption, l'obscurité, les richesses. Ils ont toujours dépendu les uns des autres, et, sans chacun d'eux, ne pouvaient exister. La nature est ravissante, mais les femmes sont dans les villes. Il y eut cette nuit à Rome, un matin, aux alentours de deux heures, où un homme entra dans un café près de la piazza Navona avec deux femmes, l'une blonde en robe du soir bleu et vert, l'autre encore plus belle. Il était en habit de soirée. Ils prirent place à une table ; les garçons se mirent à bouger. Il sourit et au bout d'un moment prononça deux mots, mais de tout son cœur : "*Belle* fête."

*

Je tourne les pages d'un petit carnet verdâtre, de la taille d'une moitié de carte postale, avec *Notes* inscrit en Spencer sur la couverture, probablement acheté dans la pénombre d'une boutique du côté de la via Bocca di Leone l'été 1964. Dedans se trouvent les invariables : gens, numéros de téléphone, restaurants, clubs, endroits où danser, *piazzas*, plages, vins, des choses uniques telles que l'endroit où se trouve la porte du cardinal à travers laquelle on pouvait voir par le trou de serrure le dôme de Saint-Pierre flotter au-dessus du rebord du jardin, les rues exceptionnelles, et le nom de deux putains italiennes qui travaillaient au bar d'un grand hôtel – en fait, l'une d'elles était Sud-Africaine.

De ces amples allusions je peux presque recréer l'époque, beaucoup de dialogues, de visages.

J'étais au Hassler un après-midi et les femmes parlaient voyages et restaurants. Une femme de metteur en scène avait drapé son manteau sur le dossier de sa chaise. En fières lettres noires derrière son cou, les mots GIVENCHY, PARIS. Ce n'était pas la même qui, dans l'appartement de Sophia Loren, admirant un mur couvert de fresques anciennes, s'écria : "Votre décorateur a vraiment fait un boulot fabuleux." Comme la star dit plus tard à une autre femme, "À quoi s'attendre d'autre ?"

Dans un hôtel un soir j'étais assis avec la maîtresse de Scott Fitzgerald, Sheilah Graham, ainsi que deux femmes qui écrivaient pour des magazines. L'argent était le seul sujet de conversation, combien elles gagnaient, quel était leur train de vie. J'essayais de visualiser la femme plus jeune et pas encore endurcie qu'avait été Sheilah Graham, le cadeau inattendu pour l'écrivain brisé. L'amour est votre dernière chance. Il n'y a réellement rien d'autre sur terre pour vous y faire rester. Rien de tout cela n'avait survécu, apparemment.

Une des deux était critique de cinéma, l'autre était une grande femme, la quarantaine à peu près, qui portait un appareil dentaire. Elle n'aimait pas l'Italie. Quant à la France, c'était affreusement cher, disait-elle. Elle détestait la France. Cela datait du jour où elle avait vu l'armée française quitter l'Indochine. "Mon cher, c'était quelque chose, je vous assure." La France n'était même pas un beau pays ; pas une vue de là-bas dont elle se souvenait.

"Où y a-t-il des vues ?

– Oh, en Inde, à Ceylan. C'est là que vous voyez des vues", dit-elle.

Un soir j'étais assis dans un restaurant et deux femmes s'installèrent à la table voisine. L'une était américaine, d'âge mûr, avec des mains maigres, et l'autre jeune, blonde, avec des formes sidérantes. Ses premiers mots furent pour se plaindre qu'elle était assise "en pente".

Le garçon s'empressa de lui apporter une autre chaise et me sourit comme en aparté.

Elles revenaient juste de Capri et en parlaient avec animation. En un rien de temps elles se retrouvèrent à goûter un plat que j'avais commandé, et moi à essayer leur vin. Les œillades de la plus jeune étaient amènes et amicales. Je savais lire les lignes de la main, leur dis-je – je mourais d'envie de la toucher, de lui tenir la main. "Dites-moi votre nom.

– Llena", répondit-elle. Dans les richesses de ce sourire, impossible à quiconque de se sentir seul ni oublié.

J'examinai sa paume avec une autorité feinte. "Vous aurez trois enfants", dis-je, indiquant un pli quelconque. "Vous avez de l'esprit – c'est marqué ici. Je vois de la fortune et du renom." Je sentis ses doigts presser les miens.

Llena pouvait être son nom ou pouvait simplement être celui qu'elle portait comme un peignoir de soie qu'on mourait d'envie de lui ôter. La chaleur émanait d'elle par vagues. Elle avait vingt-trois ans et pesait soixante-deux kilos, dont l'absence de quelque partie que ce fût eût été une grave perte. Elle était, je l'appris, la maîtresse de John Huston, qui se trouvait à Rome pour tourner un film. Elle avait aussi été la compagne de Farouk, le roi d'Égypte en exil, et en ce sens une des dernières d'un nombre infini de propriétés royales qui remontaient aux pharaons. Elle l'avait rencontré chez le dentiste. Il était là avec son avocat, disait-elle, détail qui selon moi ne pouvait être inventé. Ils découvrirent qu'ils habitaient non loin l'un de l'autre et se mirent à sortir ensemble.

Les journées de Farouk commençaient le soir. En vrai play-boy, il se levait tard. Elle me le décrivait. Il était amusant. Il aimait les belles voitures – il avait une Rolls-Royce et une Jaguar. Il adorait manger. Je songeais aux gros et grands hommes que j'avais connus, la plupart bons danseurs, gracieux, même délicats. Était-ce le cas pour lui ? "Darling, on ne dansait pas", dit-elle.

Il était clair qu'il lui avait plu. Ensemble ils étaient allés à Monte-Carlo, aux tables de chemin de fer, où ce joueur prodigieux était surnommé La Locomotive. La nuit où il mourut en s'affaissant dans un restaurant de la Appia Antica, on lui permit de partir par la porte de derrière avant que la presse n'arrive.

Savoir si oui ou non elle devint jamais actrice, je ne saurais dire. Bien sûr, elle voulait en être une – elle avait déjà joué de grands rôles.

Nous prîmes un verre, tous les trois, au Blue Bar, et un gelato sur la piazza Navona. Via Veneto elle s'arrêta pour parler à un groupe d'hommes d'affaires italiens âgés. C'était délicieux de la regarder. Ses jambes, la soie de sa robe en imprimé, la douceur de ses joues, tout brillait comme des constellations, du genre à gouverner le sort des hommes.

Nous déposâmes l'Américaine à son hôtel, l'Excelsior. Assis dans la voiture, sur la place, je me tournai vers Llena et lui dis simplement, "je vous adore. Depuis le premier instant". En réponse elle m'embrassa et dit, "prenez à droite". Il se faisait tard et elle avait un rendez-vous tôt chez Elizabeth Arden ; elle voulait rentrer chez elle.

"Vous êtes marié ? demanda-t-elle tandis que nous roulions.

– Oui.

– Moi aussi."

À un octogénaire, expliqua-t-elle. Je reconnus l'histoire que j'avais lue dans les journaux – elle l'avait épousé pour obtenir un passeport. Il était dans une maison de vieux, un *instituto*. Elle lui rendait visite là-bas. Puis, plaisamment, "Vous voulez venir ?"

Nous fîmes un arrêt cette nuit-là dans une rue près d'une place plongée dans l'obscurité, en face d'un petit magasin où elle avait souvent été avec Farouk, à quatre ou cinq heures du matin, pour acheter des strudels aux pommes. Cela paraissait fermé, et j'attendis pendant qu'elle traversait en courant dire bonjour à la femme qui était la propriétaire. Au bout d'un moment elle revint. "Elle était *si* contente de me voir", fit-elle avec animation, ajoutant, "Elle est très gentille."

Nous continuâmes jusqu'à Parioli où, dans un immeuble quelque peu douteux de la via Archimede, Llena habitait. L'appartement était petit et atrocement meublé, mais sur le mur se trouvait une grande photo de John Huston parue dans *Life*. Étalés par terre, il y avait les livres que Huston lui avait donnés à lire. Il aurait tout aussi bien pu lui donner une panoplie de chimiste ou un microscope. "Il ne faut *jamais t'arrêter* d'apprendre", lui disait-il – elle pouvait l'imiter à la perfection. Je pouvais entendre sa riche voix grasseyante, vaguement cynique, prononcer "Mount Lungo" dans son documentaire sur la bataille de San Pietro, un village en ruine après la guerre, abandonné aux mauvaises herbes et aux crottes de moutons. Il y a un cimetière au sommet de Mount Lungo d'où l'on peut voir sur près de cinquante kilomètres, toutes les pentes rocailleuses et arides sur lesquelles les hommes se sont battus.

"Ne t'arrête jamais d'apprendre, répétait-il. C'est très important. Promets-le moi.

– Bien sûr, John."

Elle conservait dans un album des tas de coupures de presse sur eux deux, Huston arborant une barbe blanche patriarcale. C'était un *coccolone* – quelqu'un qui aime être traité comme un bébé. Il était également cinglé, admettait-elle, et très pingre. "Lui soutirer mille dollars est *si* difficile", disait-elle.

Il ressortait du portrait qu'elle me fit de lui durant cette période qu'il était un homme indomptable qui néanmoins se sentait seul. Il l'appelait au téléphone, "Qu'est-ce que tu fais, baby ?

– Rien.

– Amène-toi *tout de suite*. Tout de suite."

Il était dans l'automne d'une vie d'activité, une existence qui n'avait pas toujours été vécue en accord avec la raison. Il n'avait pas d'amis, disait-elle, et détestait sortir. Il vivait dans une suite au Grand Hotel et se nourrissait de vodka et de caviar. Elle l'appelait parfois.

"John, tu veux des filles ?

– Amène-les, disait-il. On s'amusera."

Elle en amenait trois, dont l'une avait dix-huit ans – il aimait les filles jeunes, tendres, expliquait-elle, en fin d'après-midi c'était le mieux. "Darling", me dit-elle après avoir décrit une scène qui aurait pu prendre place à Roissy, "c'est toi l'écrivain, tu devrais savoir ces choses-là."

Huston avait combattu à Cassino, me dit-elle en manière de justification.

"Non, ce n'est pas vrai.

– Si, si. Il me l'a raconté.

– Il était metteur en scène. Il ne s'est jamais battu.

– Bon, alors il le croit, dit-elle. C'est la même chose."

J'aimais sa générosité et son manque de moralité – ils me semblaient approcher une condition de vie idéale – et aussi la façon qu'elle avait de regarder ses dents dans le miroir en parlant. J'aimais sa manière de prononcer "cachemire", comme l'État des Indes [1]. Sa trousse de maquillage était remplie de médicaments, tout comme l'étagère dans son placard croulait sous les chaussures. Une fois nous doublâmes une grosse Alfa Romeo qu'elle reconnut comme appartenant à un ami, qui dirigeait la police judiciaire de Rome. Elle avait couché avec lui, bien entendu. "Darling, disait-elle, il n'y a pas d'autre moyen. Sinon il y aurait eu des ennuis terribles avec mon passeport. Cela aurait été impossible." Avec le temps, j'appris qu'elle avait, en plus de Huston, un homme d'affaires italien qui l'entretenait.

Elle n'aimait pas les Noirs, ni les Arabes, ni certaines villes, dans lesquelles le plus souvent elle n'avait jamais mis les pieds. Par-dessus tout, elle détestait les bohémiens. "Darling, ils sont si sales." J'admirais

1. En anglais, les mots "*cashmere*" (laine) et "*Kashmir*" (l'État) se prononcent avec des accents toniques différents. *(N.d.T.)*

son assurance. Au téléphone, à un inconnu à qui on avait donné son numéro, elle disait juste, “Désolée. Il faut que j’y aille.” Je le lui ai entendu dire à plusieurs occasions.

Les choses qu’elle disait semblaient venir directement de ce qu’elle savait ou ressentait, aussi facilement qu’on peut prendre une fourchette. Il n’y avait aucune hésitation ni convenance. Elle disait des choses que j’aurais voulu dire, des choses plus directes.

Elle était aussi, ai-je besoin de le préciser, difficile, spécialement lorsqu’il s’agissait de manger. “Il faut que je mange quelque chose, disait-elle, de plus en plus agitée. Si je ne mange pas un morceau je vais me mettre à pleurer.” Et, parcourant le menu d’un air désespéré : “Qu’est-ce que je vais bien pouvoir prendre ?” Lorsque le plat arrivait, elle était susceptible de le renvoyer. “Je ne peux pas manger ça.” Les gens du restaurant ne bronchaient jamais. La question cruciale était de savoir si oui ou non le plat contenait du beurre ou avait été frit dedans. Elle ne pouvait absolument pas manger de beurre. Il lui fallait faire très attention, disait-elle.

Une fois nous prîmes une table dans un restaurant, et pendant qu’elle allait aux toilettes, je lus le menu. Une fois terminé, je m’aperçus qu’il ne contenait rien qu’elle aimerait, et qui plus est l’endroit paraissait médiocre et pratiquement vide. À son retour je me levai, disant, “Viens. Ce n’est pas possible.” Elle obéit sans un mot.

Il y avait un festival de cinéma à Taormina où elle avait décidé d’aller. Cela faisait des jours qu’elle s’impatientait. Moi je me languissais à Rome. La semaine se traîna. J’entendais sa voix distante – je ne savais pas au juste où était Taormina – au téléphone. “Oh, darling, s’écriait-elle, c’est si merveilleux.” Elle allait avoir le même agent que Monica Vitti, dit-elle tout excitée. Un metteur en scène lui avait promis un rôle dans un film de James Bond. Elle n’était pas descendue au San Domenico Palace, elle était à l’Excelsior. Demain elle serait à l’Imperiale – je comprenais parfaitement ce que cela voulait dire – et dimanche elle allait recevoir un prix.

“Quel prix ?

– Je n’en sais rien. Darling, je ne peux pas y croire”, dit-elle.

Enfin arriva un télégramme – j’avais eu le sentiment que je ne la reverrais jamais – *Arrive Lundi Rapido 5. Après-midi*, signé de son nom. C’était envoyé de Ljubljana – en Yougoslavie.

J’allai la chercher au train. C’était enivrant, presque miraculeux, de la voir arriver sur le quai, un porteur derrière elle avec ses bagages. Certaines choses ne sont bonnes que la première fois, mais la voir ainsi était comme la première fois. Je savais qu’elle dirait “darling”. Je savais qu’elle dirait, “je t’*adore*”.

Les jours palpitants en Sicile, le festival, avaient laissé un éclat persistant. À une grande réception, parmi des douzaines de visages, elle avait aperçu, dirigé sur elle, le brillant sourire fixe d’un jeune homme à foulard de soie, un large sourire, “comme celui d’un tueur”. Elle-même portait une robe blanche en perles. Ses bras étaient nus. Quinze ou vingt minutes plus tard, elle le vit de nouveau.

La seconde salve, comme disent les avocats, fut fatale. Elle dit simplement “Partons.” Sans un mot il lui offrit son bras.

Il avait une belle voiture. Le volant était en bois luisant. Ils allèrent quelque part mais trouvèrent portes closes. C’était suffisant. “Allons au lit”, dit-elle. Il dit simplement “Oui.”

À l’hôtel, le *portiere* ne voulait pas le laisser monter dans sa chambre, “*Non, non, signorina*”, faisait-il. Elle se mit à faire une scène. Elle allait changer d’hôtel, menaça-t-elle à très haute voix. Finalement, le *portiere* demanda, “Où est-il ?” et les laissa monter. Une demi-heure plus tard il appelait la chambre, en vain.

J’écoutais, un peu malheureux mais sans colère. On dit qu’il ne faut pas parler de ces choses-là à l’autre, mais dans ce cas précis cela ne voulait pas dire grand-chose, la fidélité n’était pas ce que j’attendais.

“Tu réussiras, lui dis-je presque malgré moi, mais tu ne devrais pas...

– Quoi ?

– Rien, fis-je. Je te le dirai plus tard.

– Si je ne deviens pas trop pute", dit-elle.

Nous montâmes à Paris en voiture. Je me rappelle l'hôtel et la première soirée. Nous étions à la fenêtre ; j'étais derrière elle, debout tout contre. De l'autre côté du fleuve les lumières de la ville brillaient, à perte de vue.

Nous étions montés par la vallée du Rhône et de nombreuses petites villes. Passé Dijon nous étions sur une route secondaire, le long d'un canal, lorsque nous tombâmes sur un large barrage d'où les lignes des pêcheurs tombaient de quinze ou seize mètres dans une eau claire et verte. Les formes sombres des poissons – ce que je pris pour des brochets – se baladaient paresseusement. Nous regardions les plus gros approcher, ignorer l'appât, et s'éloigner pour faire du surplace. "Comme des sultans", fit-elle remarquer. J'avais le sentiment qu'elle savait de quoi elle parlait.

*

Ce qui me revient surtout, c'est un certain éclat, un cachet. Les voyages, les grands hôtels. James Kennaway, l'écrivain écossais, arrivant dans une suite au Claridge's un jour de janvier vêtu d'un souple manteau de cuir à martingale – il avait juste le temps de boire un verre avant d'attraper le train de nuit pour Édimbourg, pas seul, avais-je l'impression. Il avait le nez aigu, le rire facile. Je ne le connaissais que vaguement, cependant. Une fois j'avais passé le week-end chez lui dans le Gloucestershire. Parmi les autres invités se trouvait une vieille dame très vive qui avait été la gouvernante de son beau-père et, à l'époque appropriée, sa maîtresse. Elle demeurait très liée à la famille. "Une tradition", m'avait-on assuré.

Je me souviens, sur la plage surplombée par la falaise bordée de palmiers à Santa Monica, de la brève rangée de maisons, dont l'une – une grande maison de ferme en faux normand – avait été louée par Roman Polanski et sa jeune épouse, Sharon Tate.

J'avais connu Polanski par Redford. Un coup de fil était arrivé de Londres, une voix chaleureuse, avec un léger accent – le producteur, Gene Gutowski. Pouvais-je aller là-bas pour discuter de l'écriture d'un film, celui sur le skieur ? Quelque part dans le tourbillon des nuits londoniennes – restaurants tellement dans le vent que le numéro de téléphone n'était pas dans l'annuaire, courses éperdues en voiture à travers des parcs et des rues étroites – Polanski me donna en une seule phrase son idée du film : ce devait être quelque chose comme *Le train sifflera trois fois* ; le shérif a été tué – dans ce cas le champion de l'équipe s'est cassé la jambe –, et ils doivent faire venir quelqu'un en remplacement. J'étais impressionné par la concision.

Polanski était déjà célèbre, la trentaine à peine, bien qu'il parût plus jeune. Il avait une petite voiture nerveuse avec un téléphone – une innovation à l'époque –, un grand appartement, et l'air de ne pas être prisonnier de l'ennui d'être toujours et uniquement lui-même. Avec fierté, mais hâtivement, il me montra des photos de Sharon, à qui il n'était pas encore marié. Il y avait quelque chose chez lui qui à la fois vous attirait et vous rendait prudent – son œil semblait glisser sur tant de choses. Derrière l'astuce et la candeur, il donnait l'étrange impression de ne jouer à rien pour de vrai, comme si les jetons étaient certains d'être convertis à un moment ou à un autre. Son baratin était empreint d'assurance. Un soir, au restaurant, nous étions à table avec Noureev qui était en train de manger une assiette de fraises magnifiques avec ses doigts. "Tu vois ? Je t'avais bien dit qu'il mangeait comme un paysan", dit Polanski. Noureev ne prit pas la peine de sourire.

Il était passé, enfant, par la terreur des massacres et de la guerre. Il avait vu une colonne d'hommes emmenés du ghetto de Cracovie, condamnés, son père parmi eux, et avait couru à ses côtés comme un veau, voulant être du voyage. Son père l'ignora et finit par grommeler d'un ton menaçant, "Tire-toi". Le garçonnet de dix ans s'arrêta net, blessé, et les regarda l'abandonner, à la vie, comme il se trouve, encore que son père, incroyablement, survécût lui aussi. Pour une telle échappée miraculeuse et la riche vie qui s'ensuivit, y avait-il un prix à payer ?

Cet été-là à Santa Monica – c'était en 1967 – à l'académie d'escrime Mori, Polanski était un élève remarquable. Il en était aussi au stade des répétitions pour un film important qu'il allait bientôt diriger. Dans l'énorme caverne d'un plateau de studio, le plan de l'appartement qui figurerait dans *Rosemary's Baby* avait été tracé avec du ruban blanc. Les instructions que Polanski donnait aux acteurs possédaient la même verve, la même précision dont il faisait montre avec le fleuret.

Dans la maison de plage trop grande, Sharon était en pantalon blanc et polo noir à manches longues, les boutons défaits. Elle m'enlaça affectueusement, par derrière. Polanski était épuisé par la longue journée avec les acteurs. Nous mangeâmes dans la cuisine, des steaks sur lesquels Sharon avait épargné en les achetant dans un économat de l'armée à San Francisco – son père était officier de métier – et tout comme Roman m'avait montré des photos d'elle, elle lui en montra une autre d'elle dans une revue de cinéma. Une gosse de l'armée, pensais-je, encore que je n'en eusse jamais vu de comme elle. L'aise et la dévotion de leur vie semblaient claires.

Pour des raisons qui ne valent pas la peine d'être relatées, Polanski fut évincé du film que j'écrivis finalement, et je ne perdis jamais l'admiration que j'avais pour son énergie et son charme, un charme qui n'était pas acquis mais venait d'une source plus profonde, tout comme son don pour commander. Je ne pouvais l'imaginer incapable de répondre à une question ou de réagir rapidement. Il avait un instinct pour le viscéral ; dans ses mains, même un matériau familier pouvait devenir intéressant.

Quant à Sharon, elle demeure pour moi une sorte d'Héra, l'emblème du mariage. Pas fameuse comme femme d'intérieur, mais elle était pure de cœur et sa chair était un poème. Vous aviez le sentiment que vous pouviez jouir d'elle de toutes les façons dont on peut jouir d'une femme, en la regardant, lui parlant, la touchant, en plus d'autres façons.

Matin d'août. En chemise de nuit blanche, nus pieds, avec ses bras adorables et ses cheveux longs défaits, elle vient à la table dans leur suite de l'Essex House. Nous prenons le petit déjeuner ensemble. Puis-je avoir le sirop d'érable ? Mmm. Le beurre ? Une main le fait passer. Vous voulez des toasts ? Un chassé-croisé d'assiettes et de choses offertes, leurs sourires dissimulés en prime. C'était un duo à la Noël Coward. La suite était sur le côté sud, très haut dans les étages. Tout le bas de Manhattan s'étendait devant nous. La nuit précédente avait été frénésie et excès, le matin fraîcheur et raison. Au sommet de l'immeuble se trouvaient d'immenses lettres épelant le nom de l'hôtel en néon, visibles la nuit sur des kilomètres. Elles étaient un repère, comme un phare, en bordure du parc, ainsi qu'une légende d'écolier lorsque pour un temps, inexplicablement, les premiers "E" et "S" furent grillés. Dans l'ambiance du plaisir et de l'art nous discutions du script sur le ski de descente. À l'époque il était en train de tourner le film qu'il avait répété en Californie. Le nôtre serait le suivant.

Je les revis à Cannes un an plus tard, pour la dernière fois. Il était membre du jury du festival. Il portait une veste de smoking la fois où nous nous sommes parlé, et une chemise blanche à jabot. Elle était en robe du soir. Ils étaient supposés monter dans l'arrière-pays pour déjeuner, mais ne vinrent jamais.

Lorsque Sharon Tate, ainsi que quatre autres personnes, fut absurdement assassinée à Los Angeles, il y eut, en plus de l'horreur et du dégoût, la honte. L'Amérique avait abattu un de ses innocents. C'était incompréhensible. Dieu ne permettrait pas cela. Peut-être Polanski, qui se trouvait en Europe quand c'était arrivé, était-il allé trop loin, avait atteint un trop grand bonheur, et cela lui avait été retiré. Son enfant, pas encore né, était mort aussi – le karma que son père lui avait donné n'avait pas été transmis. Je ressentais pour lui la douleur que l'on ressent pour les rois. Ses pouvoirs défiaient le simple chagrin.

Je repensais à la chambre de Santa Monica. Spacieuse, au premier étage, donnant sur la mer. Je m'étais tenu dans son coin. Le soleil brûlait le sol. Le grand lit dans lequel ils avaient dormi était défait, les draps froissés, les oreillers jetés ici et là. Dans les tiroirs de la commode incorporée au mur se trouvaient d'étroites fenêtres pour permettre de voir la couleur des chemises dans chacun. Il y avait des dessins de Matisse dans la jolie salle de bains.

Parmi les cartes routières, cartes de visite, vieilles adresses – le monde perdu jamais mis en ordre – il y a, je le sais, une photographie : le cinéaste brillant, presque démoniaque, sur un canapé avec la grande fille gracieuse. Il est difficile aujourd'hui d'imaginer la femme qu'elle serait devenue. Elle demeure telle qu'elle était, comme si parmi tout le troupeau il y avait eu cette créature d'exception, légèrement maladroite peut-être, mais sans faute, et qui portait sur sa personne les traits essentiels, le cœur véritable du paradis pour lequel il avait d'une certaine manière conclu un marché.

*

En cabine de première classe, payée avec l'argent du film – une bonne portion de l'argent, en fait – dans l'automne étouffant de 1967, nous appareillâmes sur *Le France*. Départ du tonnerre, foules sur le quai, l'eau qui s'élargit, le vaisseau qui prend vie. Dans le soir bleuté, océanique, des stewarts amenaient drinks et paquets de cigarettes à la table.

Habits de soirée pour dîner. Madeleine Carroll et sa fille étaient à bord, ainsi qu'Edward Albee, en route pour Paris et Léningrad pour les premières de sa pièce. À mesure qu'ils entraient, le barman saluait par leur nom les couples qui lui étaient familiers. À l'heure du thé, l'après-midi, il y avait un orchestre, et des filles en mini-jupe sans cavaliers affalées dans des fauteuils. Un metteur en scène de théâtre racontait des anecdotes sur l'Irlande – des gens qui l'avaient abordé dans la rue s'écriant avec emphase : "Sir John !" Il avait essayé de corriger leur méprise, mais rien à faire. "Un petit quelque chose pour les œuvres, quémandaient-ils.

– Quelles œuvres ?

– Sir John !" s'esbaudissaient-ils.

La deuxième nuit, à trois heures du matin, je me réveillai en sursaut. Quelqu'un était en train de jeter du gravier contre les hublots. C'était un gros grain ; nous étions au milieu d'une tempête. Le vaisseau roulait, s'élevait jusqu'à faire peur, redescendait en glissant. L'acier tremblait et grinçait. Nous avions trois cabines et quatre enfants, dont presque tous se mirent à avoir le mal de mer. Sa sœur jumelle, Claude, souriait et ne semblait pas affectée, mais dans la salle à manger désertée je pouvais voir la figure de mon fils – il avait cinq ans, Fidi était son petit nom affectueux – changer de couleur comme on apportait la nourriture sur la table en pente.

Il y eut un loto organisé dans le calme de l'après-midi suivante. Au milieu des vieux couples et des enfants était assis Edward Albee, le front studieux, deux cartes posées devant lui. Nous vîmes très peu le beau garçon blond avec qui il faisait la traversée.

Nous allions en France pour un an, dans un village du Sud, pas loin de Grasse, où nous avions loué une grande ferme chichement meublée – un mas solide, avec des murs épais de soixante-cinq centimètres. Elle avait été occupée l'année précédente par Robert Penn Warren et sa femme, Eleanor Clarke. J'avais écrit pour demander s'ils la recommandaient, et une lettre arriva en réponse. Elle décrivait un paradis, d'où on pouvait voir la mer au loin. Ce sera la plus belle année de votre vie, concluait-elle, si toutefois vous ne mourez pas de froid. La maison, bien sûr, n'avait pas de chauffage. Dans les pires mois d'hiver les draps étaient si froids que nous ne pouvions nous tourner dans le lit – nous gisions là comme des statues de saints, rigides et bras croisés.

La Moutonne, c'était le nom de la maison. La longue allée d'accès qui descendait jusqu'à elle était bordée de grands eucalyptus, dont l'écorce pendait en lambeaux sinueux. Le devant de la maison faisait plus ou moins face au vide. Il y avait un rebord, les toits de quelques maisons en contrebas et, au loin, le papier aluminium de la mer. La plus belle année de votre vie – la simplicité de cette promesse.

Durant tout l'été, afin de les préparer pour l'école en France – l'*école communale* – nos deux filles aînées avaient pris des leçons de français. Dans l'appartement d'un professeur à Manhattan, plusieurs fois par semaine, elle parlaient pendant une heure. Ce qu'elles apprirent, en fait, fut sérieusement limité par une grosse verrue que le professeur avait au bout de la langue, visible quand il parlait, qui hypnotisait littéralement les deux fillettes.

Ce fut un long et magnifique automne. Souvent le matin je me levais avant l'aube et sortais sur le balcon pour lire. Grasse s'élevait en bleu dans le lointain. Ses bâtisses avaient la forme lumineuse et la sérénité des palais. Les seules personnes que nous connaissions durant les premiers mois étaient l'écrivain Harvey Swados et sa famille, à une demi-heure de là, au Haut-de-Cagnes. C'étaient eux qui nous avaient persuadés de venir en France – lui était en année sabbatique.

Haut-de-Cagnes se trouvait au sommet d'une colline, surplombant sa sœur alors somnolente, Cagnes-sur-Mer, où Modigliani avait vécu et où les gitans venaient jadis laver leurs chevaux dans la mer. La petite maison des Swados appartenait à un sculpteur, ou peut-être à ses enfants – il avait abandonné sa famille, et sa femme s'était tuée à boire, les bouteilles vides empilées sur l'escalier. Il y avait des centaines de livres, dont beaucoup moisis, et souvent dédicacés par des célébrités des années 20, à l'époque où un Scott Fitzgerald découragé s'était assis dans le square non loin de la maison en se lamentant, "Ernie a réussi", en parlant du *Soleil se lève aussi*, qui venait de sortir.

Le village dont faisait partie *La Moutonne* était moins distingué, pouvant seulement s'enorgueillir des quelques années où Renoir, le peintre, y avait vécu. Il y avait une église en stuc, un restaurant ou deux, et sous nos oliviers aux feuilles argentées une chèvre blanche dansait sur ses pattes de derrière, à essayer de dépouiller les branches les plus basses. C'était Lily, qui sentait si bon, gracieuse et profondément dénuée d'affection. Les enfants l'adoraient, encore que la traitant avec prudence. Sa tête offrait bien peu en fait d'expressions, mis à part la satisfaction de manger, et ses yeux jaunes, haut perchés sur son crâne, étaient aussi froids que ceux d'un serpent. Il était impossible d'estimer ce qu'elle savait, mais ce qu'elle savait, nous devions finir par nous en rendre compte, était fermement enraciné. La nuit, on l'enfermait dans une spacieuse remise en pierre collée à la maison. Dans la journée elle broutait, grimpant souvent sur le toit en tuiles de la remise, de là sur le balcon où je travaillais et même, si elles étaient ouvertes, à travers les portes-fenêtres et dans la chambre à coucher. C'était seulement à l'heure de la traite qu'elle disparaissait.

Dans ma mémoire, j'ai le front pressé contre son flanc rond et j'écoute le son grêle et métallique du lait propulsé dans le seau, dans lequel à un certain point, comme par inadvertance, elle enfoncera le sabot crotté d'une patte de derrière. Je ne peux que deviner pourquoi elle y prenait plaisir.

Elle était, nous l'avions espéré pendant longtemps – nous l'avions emmenée en voiture à son "mariage" – porteuse d'un cabri. Finalement ce fut visible. Elle eut droit à une litière de paille fraîche, à laquelle elle parut indifférente, et un beau matin d'hiver, avant l'école, les enfants accoururent dans la cuisine pour dire qu'il y avait quatre pattes de plus dans la remise !

J'ai oublié le nom que nous avons donné au petit de Lily, mais en l'espace d'un jour ou deux seulement il escaladait les murs avec sa mère et apprenait les rudiments du dédain.

J'ai été pris en photo avec Lily, la serrant fort contre moi tandis qu'elle regarde ailleurs. Une patte est visible, avec son genou noirci et usé, et son museau porte la trace d'un sourire triomphant.

Nous vivions isolés. Je n'avais personne avec qui causer à part ma femme, personne dont je pouvais sonder l'opinion sur ce que j'avais écrit. Un jour, en fin d'après-midi, je terminai une nouvelle – c'était sur un homme dont l'identité se voit lentement consumé par sa vie imaginaire jusqu'à ce que les événements ordinaires se mettent à devenir fantastiques –, et dans le moment de panique qui s'ensuivit je la donnai à lire à ma femme, tant je mourais d'envie d'avoir une réaction. C'était brillant, ou non. Je sortis faire un tour dans le crépuscule. Le chemin était désolé à cette époque tardive de l'année, mais la maison était éclairée et vivante à mon retour. Elle était dans la cuisine en train de préparer le souper. "Alors, qu'est-ce que tu en penses ? demandai-je.

– De quoi ?

– La nouvelle.

– Ça n'a ni queue ni tête", fit-elle.

Avec le temps nous rencontrâmes des gens, parmi lesquels John Collier et sa femme. À cette époque, il était essentiellement un scénariste. Il avait de fortes convictions de gauche, même si elles n'affectaient pas son train de vie princier, encore que maigrement financé. Il était passé par toutes les épreuves, mariages, exil d'Angleterre, liste noire, faillite financière, et je ne sais comment il avait réussi à trouver bon port à Grasse, dans une énorme ferme que l'on disait avoir appartenu à Pauline Bonaparte. Il était le premier à admettre ses erreurs, elles s'amenaient en dodelinant à sa suite. On lui avait offert *Le Trésor de la Sierra Madre* à adapter lorsqu'il travaillait à Los Angeles, mais il n'avait pas réussi à voir un film dedans. Il eut plus de chance avec *The African Queen*, ayant eu droit à un profitable pourcentage, bien que son script ne fût pas utilisé.

Il avait la soixantaine passée, toujours le sourire, l'air d'un chérubin, pas vieux, encore très vert, en fait, pratiquement un galopin, concluait-il. Il était agile et ses joues étaient roses, ses sorties légères comme l'air. Une fois il vint demander si Harriet, sa femme, pouvait emprunter quelques pilules contraceptives. Ma femme s'excusa, elle était désolée mais n'en avait pas en supplément. "Bon", dit-il imperturbable, presque gaiement, "je suppose qu'il va falloir que je vienne ici."

Les Collier faisaient partie d'un petit club de plage – il y en avait beaucoup – à l'ouest de Cannes, où Picasso venait parfois ; les propriétaires conservaient une serviette en papier sur laquelle il avait esquissé un poisson. Nous nous baignions là, et aussi plus loin, où il n'y avait rien, qu'un long ruban de sable nu. La mer était notre plaisir principal. À fuir les vagues ou nous jeter dedans, à rester étendus près des rochers, à l'abri du vent, nous avions le sentiment que le temps et les événements s'étaient arrêtés. Abrutis de soleil, nous rentrions en voiture en fin de journée à la maison immémoriale où nous attendait la chèvre, en sentinelle sur le toit.

Le courrier, quand il arrivait, était déposé par le facteur sur une table dans l'entrée. Le téléphone, avec sa sonnerie aiguë, déplaisante, retentissait rarement. Je restais sur le balcon à une table de bois usée et travaillais. Les skieurs qui se cassaient la jambe sur les pistes gelées me paraissaient très lointains, mais page après page j'assemblais des dialogues qu'une femme à Grasse taperait à la machine. Je ne me souviens plus si la mer était visible d'où j'étais assis, mais de l'étage au-dessus elle l'était, l'après-midi, aveuglante et blanche.

La mer demeure, les senteurs denses sur la route quand on dépassait les usines de parfum, le *Nice-Matin* tous les jours avec ses articles à sensation sur des crimes et des accidents de la route. Otéro, sans un sou et vieillie, la Vénus du siècle précédent, mourut à Nice cette année-là. Elle est mentionnée par Karen Blixen dans *La Ferme africaine* : le vieux M. Bulpett annonce qu'il figure dans les mémoires de La Belle Otéro, comme un jeune homme qui dépensa cent mille livres en six mois pour elle – à une époque où la livre valait vraiment quelque chose.

“Et considérez-vous, lui demanda-t-on, que vous en avez eu pour votre argent ?”

Après avoir réfléchi un moment, il répondit, “Oui. Oui, cela les valait”.

Une nuit, au mois de mai, je fis un rêve d’une force intense – ma fille était tombée malade. Je ne pouvais croire à la gravité, tant c’était soudain. Dans le rêve elle mourait. J’étais paralysé de douleur. J’apprenais la nouvelle à son frère et à ses sœurs. J’entrais dans la chambre où elle gisait, son beau visage désormais fermé, ses longs cheveux. Je fus tout d’un coup abattu par tout cela, me retrouvai sur les genoux. Les larmes ruisselaient sur mes joues. Elle était morte.

On ne peut croire aux rêves et néanmoins, à un certain niveau, il faut bien. Les pharaons rêvaient. Macbeth.

Le matin suivant, elle avait un furoncle, comme un stigmate, dans la narine gauche. Le soir, elle était gravement malade. Pour le docteur, c’était sérieux, une infection. Le danger était que cela pouvait monter jusqu’au cerveau. Il y avait une veine, là, qui passait près du nez, disait-il. Une infection sur la figure n’était pas grave, mais là... Surtout, il fallait traiter ça énergiquement.

Le lendemain, cela suppurait. L’infirmière qui devait faire une piqûre ne vint pas. Nous nous rendîmes en ville avec la voiture. Ma fille avait onze ans, l’âge de la perfection. À présent sa lèvre était enflée, aussi grosse que mon pouce.

À l’hôpital, ils lui mirent une protection en plomb sur les yeux. Elle restait inerte sur une table blanche, deux oreillers de chaque côté de la tête. Elle me tenait la main serrée fort dans les siennes, je voulais la tirer, lui faire regagner ce monde, mon étreinte désespérée. Un carré de lumière venant d’une machine menaçante était en train d’être cadré sur son visage avec un + en son centre.

“Ne bouge plus, dit le docteur en français. Tu dois rester parfaitement immobile deux ou trois minutes.”

Derrière la protection en plomb, je pouvais voir ses yeux très bleus, ouverts. Le docteur quitta la pièce. Un bruit commença, un son bas et persistant de voltage. Elle était immobile. Le museau de la machine n'était qu'à quelques pouces de son visage. Le carré lumineux était grand comme la paume de la main. Nous étions perdus. J'étais sûr qu'elle mourrait.

À un moment dans mon journal, sous la date, j'avais écrit : *Chaque année semble la plus terrible*, mais c'était de l'apitoiement. N'importe qui aurait pu écrire cela. La chose la plus terrible c'est la mort d'un enfant, pour qui vous seriez prêt à tout faire, pour qui vous ne pouvez rien. Les morts d'enfants, j'en avais entendu parler et je les avais vus couchés sans espoir, mais c'était une flèche qui ne serait jamais pointée sur vous.

Nina, ma fille, a survécu, mais douze ans plus tard sa sœur aînée, Allan, est morte tragiquement. Je n'ai jamais été capable d'écrire cette histoire. Arrivé à un certain point, je ne peux continuer. La mort des rois peut être récitée, mais pas celle de votre enfant. C'était un accident électrique. C'est arrivé sous la douche. Je l'ai trouvée nue, étendue par terre, avec l'eau qui coulait. J'ai cherché son pouls et sans attendre l'ai sortie de là, la portant les jambes par-dessus un bras, sa tête inerte sur l'autre. Pensant qu'elle s'était noyée, je lui ai fait la respiration artificielle, désespérément, pressant violemment sur sa poitrine et lui soufflant dans la bouche encore et encore. Rien. J'ai continué. Une ambulance est arrivée. Quelqu'un l'a déclarée morte. Je ne pouvais y croire.

Je ne savais quoi faire. Dans la maison j'ai posé ma tête au bord du lit et me suis mis à réciter encore et encore le seul psaume qui me revenait.

Même si les autres sont tirés d'affaire, on pense toujours à celle-là.

*

"Il y a eu un accident à Cap Canaveral." Ces mots étaient répétés interminablement cette nuit-là – c'était en 1967 aussi – comme la nouvelle d'un grand désastre, comme une déclaration de guerre. Grissom et White avaient péri tous les deux. Quelque chose se logea dans ma poitrine, une émotion qui ne passait pas. "Il y a eu un accident..."

J'avais volé avec eux, chacun d'eux, en Corée avec Grissom, pendant la guerre. À présent je les voyais tous les deux bouger, sur la passerelle, lents comme des scaphandriers, vêtus de la même cotte de mailles en toile. Ils enjambaient le pas de la porte, entraient dans leur sépulcre.

La capsule était devenue un reliquaire, une fournaise. Ils avaient inhalé du feu, leurs poumons s'étaient réduits en cendres.

Un mois après la mort de White j'écrivis à sa veuve, éloignée, dans le silence de l'après-midi. *Chère Pat.*

J'avais rêvé de lui de nombreuses fois, écrivais-je. Il m'était précieux. Je croyais en lui. En lui je me voyais, ce que j'aurais pu être. Plus, je ressentais la fierté qu'on a à tutoyer la grandeur. Il était en route pour la grandeur, ayant seulement besoin, comme l'a dit Matthew Arnold dans un autre contexte, que du concours de deux choses : le pouvoir de l'homme et le pouvoir du moment. Il semblait que la procession céleste allait s'arrêter pour lui, que c'était déjà fait. Nous étions convaincus qu'il allait laisser sa marque sur l'Histoire, pas l'histoire de son pays ni même celle de l'aviation, mais l'histoire du genre humain.

Il était grand, écrivais-je, dans ses capacités, sa force, son caractère. Il était grand par ce qu'il avait accompli et grand dans ses objectifs. Mais le moment ne s'était pas produit.

Parfois – quand ? je ne le savais jamais à l'avance – l'image de tout cela revenait, le désastre avec lequel j'avais le plus vague des liens. Dans ces moments-là tout le reste paraissait trivial. Cela pouvait tourner en authentique désespoir. Cela avait réussi à pénétrer mon âme.

Je suis au lit à Paris, tard le soir. L'hôtel est silencieux. Je repense à White. Je mets un doigt pointé contre ma tempe. Je m'entraîne à me faire sauter la cervelle. C'est très difficile de presser la détente.

J'attends, je compte un, deux, trois...Une explosion incroyable ! Puis un complet soulagement. De quoi aurais-je l'air ? Une face, la face sombre, complètement partie, en éclaboussures partout sur les murs et la porte. Qui s'en soucierait ? À trois, alors. Prêt...

Peu à peu la maladie passa et revint de moins en moins souvent. C'était comme un malheur de l'enfance, tempéré par le temps. La route menait autre part, à ce qui semblait une contre-vie, sinon en importance, du moins dans la distance qu'elle prenait vis-à-vis du banal – une vie de liberté, de style et d'art, ou le semblant de l'art.

*

D'une façon mystérieuse que j'acceptai sans m'en étonner, les films que j'avais écrits sur la base de la simple confiance furent tous produits dans l'année.

Celui qui se passait à Rome – il s'appelait *The Appointment* (le rendez-vous) – n'avait ni la distribution ni le réalisateur qu'il fallait. À cause de ses capacités et de sa réputation, ce dernier jouissait de la confiance aveugle de tout le monde. Plus tard, il me confia qu'il avait surtout accepté de faire le film parce qu'il cherchait une occasion d'apprendre quelque chose sur la couleur, domaine dans lequel le caméraman italien avait beaucoup d'expérience. Peu importe la raison, il convenait mal au script qui, comme un vêtement mal fichu, aurait dû être déchiré aux coutures et complètement refaçonné pour bien tomber.

Lotte Lenya, vieille et pratiquement oubliée, avait un petit rôle, et c'est d'elle dont je me souviens le mieux. Nous restions à bavarder – elle était très abordable – avec l'intimité de ceux qui ne sont pas essentiels. Sa sensualité physique avait disparu depuis longtemps mais on pouvait encore en lire l'histoire sur son visage. Elle possédait ce type, immédiatement reconnaissable, propre aux femmes qui se sont élevées au-dessus de leur condition d'origine, et qui se sentent à l'aise dans les deux mondes.

L'année suivante, le film finalement ridicule que j'avais écrit fut montré à Cannes en compétition, représentant l'Amérique. Je me retrouvai assis à côté d'Helen Scott, une femme forte et vilaine qui travaillait dans le cinéma, proche de ce qu'on appelait la Nouvelle Vague, et que je connaissais de Paris. La salle était bondée, des gens en habit de soirée conversant dans toutes les langues.

La projection fut loin d'être un triomphe. Les spectateurs, à un endroit où ils auraient dû se sentir transportés, éclatèrent de rire haut et fort. Plus tard, à la terrasse du Carlton, nous ne pouvions éviter d'entendre les remarques acides. J'eus la fugace satisfaction de voir mes doutes confirmés, tandis qu'Helen Scott, aguerrie dans le métier, restait assise, embarrassée. Elle craignait que je ne fonde en larmes. La seule consolation était d'avoir été payé. J'aurais pu, si j'avais été plus prévoyant, bourrer ma chaussette avec une partie de l'argent.

Vous êtes, en tant que public l'espace de deux heures, entre les mains du metteur en scène, à qui on peut ou non faire confiance. *La fausseté vulgaire du cinéma*, comme l'a dit quelqu'un. Les films sont comme la passion, brillants et définitifs. Ils se terminent, et puis plus rien. Ils sont narcotiques, ils permettent d'oublier – d'imaginer et d'oublier. En y repensant, je suppose que j'ai toujours rejeté l'idée de l'acteur comme héros, et aucune intimité ne m'a jamais fait changer d'avis. Les acteurs sont des idoles. Les héros sont ceux qui ont quelque chose à perdre.

En Corée, cela me revenait, nous allions presque tous les soirs voir des films. Nous nous moquions d'eux tout comme les hommes et les femmes en tenue de soirée à Cannes avaient ri au mien.

Néanmoins, rempli d'ambition, je me retrouvai bientôt à diriger mon propre film. C'était celui tiré de la nouvelle d'Irwin Shaw, et je peux voir aujourd'hui que je me suis trop restreint, pour ne citer qu'une seule carence, à la fois dans les scènes que j'ai écrites et dans les directives données aux acteurs.

Durant le tournage, nous fîmes toute la route en voiture, du sud de la France jusqu'à Rome. C'était comme une campagne d'Hannibal. Les journées étaient longues et épuisantes. Je n'avais jamais une minute à moi, ni un moment de solitude.

La star – et c'est ce qu'elle était – avait accepté d'être dans le film, puis avait changé d'avis, et ce n'est qu'à la dernière minute qu'elle put être persuadée, lorsque nous prîmes l'avion de nuit pour Rome, où elle tournait autre chose, pour la rencontrer. Visconti, disait-elle – c'est lui qui la dirigeait à ce moment-là – était un vrai génie. J'essayai ne ne pas perdre cœur. Je la jugeais injustement, sur sa conversation et sa personnalité, alors qu'elle était là, en chair et en os et peut-être prête à jouer. Elle déclina notre offre d'aller dîner – pour retrouver un petit ami, j'en étais certain – et au bout de vingt ou trente minutes fila en voiture. Son accord pour participer au film, cependant, nous permit de trouver le financement.

Je devais apprendre beaucoup de choses sur elle : qu'elle mastiquait des quantités de chewing-gum, qu'elle avait les cheveux sales, et, selon la femme qui s'occupait des costumes, des vêtements qui sentaient. Aussi qu'elle était fréquemment en retard, ne s'excusait jamais, était soupe au lait et méchante. Lorsqu'elle arriva en France pour travailler, elle amena un amant anglais et ses deux petits enfants avec elle. Elle m'avait dit qu'elle détestait les hôtels, et dans leur chambre il y avait des piles de linge sale dans tous les coins, des paquets de gâteaux secs, des boîtes de corn flakes, et des pots de yaourt. Le petit ami, un bandit de grand chemin blond, était végétarien. Il dictait leur régime. "La viande", murmurait-il dans le restaurant en regardant le menu, "ça vous tuera". Le matin, parfois, ils dansaient comme des aliénés dans la rue, comme deux personnes qui viennent de faire fortune ou ont eu un coup de chance énorme. Dans la journée, elle se jetait dans ses bras comme une enfant après chaque scène tandis qu'il l'embrassait et la consolait.

Au milieu du tournage – nous étions à Avignon –, elle refusa de continuer à moins que son salaire ne soit doublé et, tout aussi important, que son petit ami me remplace comme metteur en scène. Elle obtint l'argent, mais le producteur refusa de couvrir la mutinerie et de me laisser à la dérive. Lorsque j'appris ce qui s'était passé, j'eus beaucoup de peine à étouffer ma répugnance, encore que rétrospectivement je me demande si cela n'eût pas été une bonne chose. Le petit ami aurait très bien pu obtenir d'elle quelque qualité insoupçonnée, et faire du sage petit film quelque chose de grossier mais poignant – c'est-à-dire irrésistible.

La vérité sur les vedettes, c'est que leur tempérament et leur conduite impossible font partie du charme. Leurs scandales nous enchantent. Les dieux eux-mêmes avaient des passions et des faiblesses – l'étoffe dont sont faits les mythes ; pourquoi les divinités modernes seraient-elles différentes ? Si le film est un succès, et même s'il ne l'est pas, vous en chérissez tous les souvenirs.

Au bout du compte le film que nous fîmes, *Three*, était convenable et tièdement attrayant. Il plut à Cannes et eut droit à quelques critiques flatteuses en Amérique. Un magazine pour jeunes femmes en fit sa sélection du mois et certains critiques le mirent sur leur liste des dix meilleurs films, mais ils furent bien les seuls. Partout le public fit preuve de l'opinion contraire.

Il y eut d'autres occasions de mettre en scène, mais je me revoyais, lorsque nous étions près de terminer, étendu sur la plage de galets à Nice en fin de journée avec ma paire de chaussures Battistoni, littéralement épuisé. Je me sentais comme un alcoolique, comme Malcolm Lowry. J'avais oublié que c'était Céline que j'aimais, Cafavy. Cela ressemblait à un lendemain de gueule de bois. Le bal était terminé. Je baissais les yeux et voyais les jambes blanches de mon père. Tout ceci avait exigé plus que je n'étais prêt à redonner.

*

Pour ses vrais adeptes, la belle vie n'avait pas de fin. J'aimais les histoires qu'on racontait sur les producteurs qui descendaient au Cap d'Antibes en décapotable avec deux ou trois filles aux idées larges. J'ai eu droit à des petits mots placés dans ma main par des épouses de jeunes premiers, mortes d'ennui et délaissées, qui disaient tous, d'une manière ou d'une autre : Appelle-moi. J'avais vu la Bentley d'Harry Kurnitz et l'amie qui l'accompagnait, et les acteurs émerger du Danieli à Venise, emmitouflés contre le mauvais temps d'automne en manteau hors de prix, fourrure pour la doublure et tissu pour l'extérieur. La fourrure était le luxe dans lequel ils vivaient, le tissu l'emblème du monde ordinaire dont ils ne faisaient plus partie. Et en route pour Torcello, déjeuner, caracolant à travers la lagune, avec le vent qui rend le vert foncé de l'eau presque blanc à force de souffler dessus, dépassant San Michele avec ses murs de brique, l'île sur laquelle Stravinsky et Diaghilev sont enterrés – la vraie et la fausse gloire, l'une passant devant l'autre, encore qu'il y a des moments où l'on ne peut plus dire de laquelle il s'agit.

C'étaient les producteurs que j'aimais le mieux. Il se peut que ce soit parce que j'avais plus affaire à eux ou parce que leur travail était de toujours avoir de l'argent, ou peut-être était-ce leur résilience. Ils étaient comme des prospecteurs, optimistes, prêts à se démener pendant des années dans l'espoir de découvrir un filon. Il n'avaient besoin ni d'honnêteté ni d'éducation, même si celui que je finis par admirer le plus était affligé des deux.

Je fis sa connaissance à un déjeuner très haut au-dessus de 5th Avenue. Quelques investisseurs nantis l'avaient invité à donner son opinion sur une présentation que Lane Slate et moi faisions pour former une petite compagnie. Vêtu d'une veste de tweed et l'air d'avoir été arraché à des choses plus importantes, il posa calmement quelques questions puis entreprit de nous tailler en pièces. C'était comme d'écouter un banquier vous énumérer toutes les raisons qu'il avait de vous refuser un prêt. Les films, même les documentaires, ne pouvaient être faits pour les sommes que nous avancions ; il n'y avait aucun arrangement de prévu pour la vente et la distribution, même si par miracle les films se trouvaient réalisés ; enfin, il ne trouvait pas les sujets que nous avions choisis intéressants. Il n'y avait rien, semblait-il, qui puisse être rétorqué à cela, sinon : "Vous avez tort." Qui semblait pitoyable. Je détestai cet homme intensément. Son arrogance faisait enrager. Je n'arrivais pas à me rappeler son nom. Battus comme plâtre, Lane et moi redescendîmes dans la rue.

Quelques mois plus tard, mon agent tomba sur un producteur susceptible, pensait-il, de me plaire, un homme de goût, imaginatif, jeune. Il me retrouverait au bar du Four Seasons et nous pourrions faire connaissance en buvant un verre. Je fus consterné de me retrouver à côté du même expert hautain qui nous avait éreintés la fois d'avant. Je crois me souvenir que, tout à son autosatisfaction, il ne m'avait pas reconnu.

Ainsi débuta l'une des amitiés les plus marquantes de ma vie.

Harvard, ex-officier de marine, ancien conservateur de musée, écrivain, directeur littéraire, son nom était Robert Emmett Ginna, le "G" guttural et la dernière syllabe rimant avec "way". Bien que ce fût à cause d'une erreur d'orthographe sur son certificat de naissance, il avait été nommé, comme son père, en mémoire de l'endurant patriote irlandais Robert Emmett. Il se trouve qu'il avait acquis les droits d'un roman au style fade qui comportait une idée centrale, mélodramatique. C'était l'époque des dictatures sans pitié d'Europe de l'Est. Sous l'un de ces régimes le juge suprême – l'équivalent du garde des Sceaux –, un homme glacial et sans merci, est aussi, à l'insu de tout le monde, son dissident le plus fameux et vénéré. Une fois l'an, durant le carnaval, quand les identités sont masquées et toutes les inhibitions levées, le juge redouté, déguisé, devient un clown légendaire. Les femmes tombent amoureuses de ses coups d'audace, et évidemment c'est ce qui le mène à sa perte. C'était à moi d'écrire le script.

Nous nous étions arrangés pour aller en Europe faire quelques recherches. Dans le crépuscule de février, une limousine nous avait conduits au Pan Am Building, où nous nous étions élevés du toit balayé de rafales dans un hélicoptère tout vibrant pour une longue glissade au-dessus de la rivière et des banlieues éloignées. Dans ma poche, j'avais un carnet de chèques de voyage qu'il m'avait donné pour "les faux frais", encore que je n'eusse durant le voyage guère l'occasion d'en encaisser beaucoup. Dans la première pénombre romantique, sur Lufthansa, nous approchâmes de la piste, et aussitôt après le décollage, des hôtesses en tenue moulante se déplacèrent lentement dans l'allée centrale avec un énorme rôti, qu'elle découpaient selon vos préférences. Nous étions en première classe. Dans son attaché-case, Ginna avait un masque pour les yeux et une paire de chaussons. Lorsque, après le dîner et un cognac de bonne marque, la conversation s'éteignit graduellement, il me souhaita bonne nuit, enfila son équipement, et s'étira contre le dossier de son siège. Nous étions compagnons.

C'était un homme aux habitudes rigides, intenses loyautés, grande connaissance de l'art – sa seule connaissance véritable, comme il l'appelait – et à l'humeur féroce. Sa bouche pouvait s'étirer en une ligne aussi tendue que sur une gravure de *scrimshaw*[1]. Il était lui-même écrivain, comme je l'ai dit, journaliste chevronné. Il connaissait d'innombrables anecdotes, ainsi que le nom des restaurants sérieux dans une douzaine de pays. Il était passionné de pêche et superbe cuisinier.

Nous allâmes au cœur de l'Europe et fûmes de tous les carnavals, de Munich à Cologne, Prague. Bâle, également. Dans la salle de bal du Bayerischer Hof j'étais déguisé en coq – les costumes élaborés étaient à louer –, et lui en sénateur romain avec une couronne de lauriers dorée. *Avons-nous réellement vu, ou est-ce mon imagination*, écrivit-il plus tard, *des filles nues jusqu'à la ceinture se faire monter à quatre pattes comme des chevaux ?*

1. Gravure sur os de seiche. *(N.d.T.)*

Le script qui en résulta, écrit vers la fin des années 60, eut une longue histoire. Au cours des années – six ou sept – durant lesquelles ce film virtuel eut quelque vie en lui – ne fût-ce qu'un léger souffle ou un sourire exsangue et inattendu –, plusieurs acteurs et metteurs en scène s'impliquèrent dans le projet de manière éphémère. Joseph Losey, un illustre exilé, nous fit savoir qu'il aimerait le faire. Nous allâmes le voir dans sa maison londonienne. Il était assis dans un fauteuil près de la fenêtre, l'œil aux aguets, comme Ginna le fit remarquer après coup, pâle et légèrement protubérant comme ont les poneys. Il avait aussi une idée indigeste : il voulait que le film se fasse non en Europe, mais en Amérique du Sud. Ils avaient des dictatures, là-bas, et la toile de fond sortirait de l'ordinaire. "Les arcades", dit-il mystérieusement à plusieurs reprises.

Plus tard, à notre grand bonheur, Paul Scofield accepta de jouer dans le film. Un studio décida d'aller de l'avant, à l'expresse condition que nous puissions obtenir l'une des trois actrices de leur choix pour le rôle féminin. Trois ou quatre ans s'étaient écoulés. Une fois de plus, nous prîmes l'avion pour Londres ; les actrices en question s'y trouvaient toutes les trois. Le cache noir avait trop servi, ou il avait été perdu. Ginna se noua un mouchoir à pois bleus sur les yeux et s'endormit promptement.

Londres était son refuge et son océan. Il avait commencé à aller en Europe un an ou deux avant moi, mais avec un œil et des inclinations fort différents. Il connaissait le Londres littéraire aussi bien qu'architectural et social, des gens comme Jane Portal Welby et Patrick Leigh-Fermor, Airey Neave. Il connaissait les gloires de la National Gallery et des gens qui écrivaient pour le *Times*. Les concierges du Claridge's ou du Connaught prononçaient son nom "Djinnah".

J'avais fini par l'aimer, lui et son cran irrépressible, son style. Il habitait de belles maisons, comme celle qu'il avait trouvée une année, perchée très haut au-dessus de Salzbourg, entourée de pâturages pentus. La première cathédrale de Salzbourg avait été construite en 774. Huit fois elle avait subi le fléau des édifices de ce genre, l'incendie. Finalement elle fut démolie. J'ai appris cela en écoutant sa femme Margaret donner des leçons à leurs enfants chez eux. En dessous de nous, Salzbourg était invisible, noyée dans un brouillard argenté.

Il avait vécu avec Margaret à Paris, au vieil hôtel d'Alsace, dans une chambre au papier peint hideux, celle, dit-on, dans laquelle Oscar Wilde était mort. Il avait vécu seul à Rome à l'American Academy, à Dublin et à New York. Ils avaient failli se marier à Dublin, où, en guise de romance, il y avait eu des difficultés du fait qu'il était catholique et avait été marié avant. Des amis intercédèrent en leur faveur, parmi lesquels Brendan Behan et sa femme. Fêtant les noces en avance, Ginna, avec Margaret dans son sillage, commit l'erreur de se lancer avec les Behan dans ce qui devint très vite une bringue colossale. Dès midi ils étaient tous ivres morts, à part Margaret. Après déjeuner, Ginna parvint à monter dans sa chambre au Dolphin pour se reposer quelques minutes, les mains croisées sur la poitrine. Comme cadeau de mariage, le matin-même, Behan et sa femme avaient donné à Margaret une belle flasque en Waterford qu'ils avaient ramassée quelque part pour quelques shillings, car il manquait le bouchon. Elle était sur la cheminée. Lorsque Ginna se réveilla il y avait un mot dans le goulot. “So long”, disait-il. C'était de Margaret – en mesurant les dégâts, elle était retournée en Amérique.

Ils finirent par se marier. La cérémonie avait déjà été annulée deux fois. Pour sa famille à elle, c'était une chose inacceptable, parce qu'il était catholique. Les gens de sa famille à lui ne considéraient pas cela possible non plus parce qu'ils ne reconnaissaient pas le divorce.

Durant les années où nous étions les plus proches, il habitait là où étaient les peintres, tout au bout de Long Island ; la platitude du paysage, la lumière incroyable. Il avait une petite maison à Sag Harbor – en fait, elle était à elle, elle l'avait achetée avant qu'ils ne soient mariés avec l'argent qu'elle avait gagné elle-même. La maison était un ancien bordel ; autrefois, on trouvait des hommes de toutes couleurs vautrés devant dans la rue, le matin.

Ils habitaient cette maison de temps en temps – de nécessité en nécessité, pourrait-on dire –, mais aussi de belles maisons sur la baie ou près de l'océan, la plus belle se tenant au bout d'une longue pelouse qui par-derrière devenait un pré, lequel descendait sans obstacle jusqu'à la mer, une maison qui était à eux mais qui, tragiquement, brûla. Il n'y avait aucun autre endroit au monde où j'aimais plus prendre le repas du soir.

Ginna était et demeure l'homme le plus accompli que j'aie jamais connu, accompli dans sa manière d'appréhender la vie et dans ses valeurs, jamais ternies même après les revers, quand la vague était contre lui, quand le téléphone du bureau sonnait et qu'il n'osait pas répondre. La secrétaire avait été renvoyée, les cartes de crédit annulées. Il triait le courier le matin. Comme un joueur qui regarde ses cartes, juste un coup d'œil, et les jette sans les ouvrir dans la corbeille. Mais toujours un dîner pour les amis, qu'il prépare lui-même, filets de flet fraîchement pêché, un vin blanc bien frais. Dehors c'est l'hiver et il pleut. Le feu dans la cheminée s'éteint, le cognac est bu. Nous nous couchons à deux heures, les murs sont glacés mais le lit doux et tiède.

Lors d'un dernier voyage en Europe, nous sommes assis plus à l'arrière de l'avion, et comme il atterrit et décélère, il cherche à tâtons avec ses pieds. Ses chaussures ont disparu. “En tout cas, elles au moins sont en première”, fait-il, pince-sans-rire. Elles étaient faites sur mesures, même si à présent l'une d'elles avait un clou qui dépassait de la semelle.

Nous restâmes pour un temps à Londres chez l'une de ses vieilles amies, Elizabeth Furse, rayonnante et imprévisible, sur Chapel Street, dormant dans le bureau encombré de manteaux comme des voyageurs de commerce fauchés, la salle de bains trois étages au-dessus. Elizabeth Furse n'avait plus son restaurant – dans lequel, au-dessus d'un pub étroit, on allait de toute façon seulement sur invitation –, mais l'habitude restait. À dîner, le dimanche soir, toute une foule – des parlementaires, des rédacteurs en chef, des filles de comtes – était assise dans la cuisine en sous-sol avec sa grande table, ses étagères pleines de tasses et de soucoupes, ses piles de magazines et ses fleurs coupées.

Appartements, visas, positions, constituaient l'ordinaire de sa conversation. Elle était la féroce mais généreuse matrone de plus d'une vie, autour de laquelle les animaux ronronnaient et les plus faibles esprits s'effritaient. "Robert, avait-elle averti Ginna, je veux être au courant des amies que tu as l'intention d'amener ici."

Elle avait bien gagné son caractère intraitable, à tout le moins par ses actions pendant la guerre, quand elle travaillait pour les services secrets britanniques en France occupée. Son fils était né pendant qu'elle était en captivité, et avec lui elle avait sauté du train qui les emmenait vers les camps de la mort. Plus tard elle était venue en Angleterre. "Écoutez, expliquait-elle, j'apprenais les langues." Elle était née en Lettonie. Elle nous éduquait tous dans l'art de la survie ; la leçon portait loin. "J'ai connu tous ces gens : Gide – il était bon, un homme bon. Thomas Mann, mon Dieu. Ses enfants... inceste à n'en plus finir, constamment."

Elle était comme une figure de l'Ancien Testament, sa sévérité, ses préjugés. Sur un grand plat qu'on faisait passer au dessert, il y avait les fruits. Elle les avait eus à Covent Garden. "Dans le caniveau, disait-elle. Il y en avait d'assez tachés mais ils étaient parfaitement mangeables. Pendant que je les ramassais ils étaient tous à m'insulter et à me jeter des fruits dessus. Vous ne savez pas ce qu'ils ont fait finalement ? Ils sont venus et se sont mis à les piétiner ! Des fruits parfaitement bons. Ce gâchis. C'est ce qui ne va pas avec ce pays, moi je vous le dis. C'est pour cela que les communistes ne vont faire qu'une bouchée de vous tous !"

Il y avait encore cette menace, à l'époque. Elle-même était comme une commissaire du peuple, peu importe ses opinions politiques, et vous vous trouviez glacé par son avertissement : le gâchis reviendra vous hanter.

Ginna la connaissait bien et avait enduré trop de prophéties pour s'en faire. Il avait ses propres formules. Un soir, regardant dans le réfrigérateur, il découvrit une bouteille. Après avoir lu l'étiquette, il me la passa. Polmos Żubrowka.

"C'est de la vodka, fis-je.

– Lis plus loin."

Cela disait quelque chose comme : parfumé à l'extrait de Żubrowka, l'herbe odorante adorée par le bison d'Europe. Je me souviens spécialement du mot "adorée".

"Tu en as déjà bu ? demandai-je.

– Très connue", m'assura-t-il.

Je ne savais pas si je devais le croire ou non, mais sur ces choses-là j'hésitais à mettre en doute ses connaissances. Je l'avais vu très souvent signer laborieusement son nom au bas d'additions de bar, tard le soir, mais le matin il était toujours lucide, frais et dispos.

Toutes ces nuits et ces tournées. C'était un rituel, spécialement avec les amis de longue date. Harry Craig, qui avait été le secrétaire de – était-ce Beckett ? –, de retour de quelque part, faisait signe pour commander une autre bouteille de haut-brion – Château O'Brien, comme il appelait cela. Son vieil ami Jules Buck, à la Bibliothèque, non loin des Nations unies. Il est tard, le restaurant est vide, dans le genre de silence que suggère son nom. Cependant ils connaissent le barman, Roger ; ils le repèrent et cognent contre la porte en verre. Il ouvre, poli et l'air dur, comme un boxeur algérien. Ils le saluent en français. Arrivé au comptoir désert Roger demande, "*Que désirez-vous, messieurs ?*

– Cognac, Roger, disent-ils.

– *Oui, monsieur.*"

Il place trois grands verres à cognac couchés sur le côté et les remplit jusqu'à ce que le liquide ambré soit prêt à déborder. Ensuite il les redresse et les place devant nous. Un quart d'heure passe, peut-être plus.

"Cognac, Roger."

L'établissement leur a manqué, lui disent-ils. *C'est bon de vous revoir*. Jules Buck porte un trench-coat cher, avec la ceinture qui pend. Ils parlent de Peter O'Toole, avec qui Buck a fait des films et qui a été la vedette d'un de ceux de Ginna. La fumée profondément aromatique de la cigarette française de Ginna teinte l'air. Un dernier cognac. Ils sont si ivres qu'ils regardent les choses avec grand discernement, comme s'ils ne faisaient que les découvrir. Finalement il est temps de partir. L'addition est de trente-cinq dollars. Nous lui en laissons quinze de pourboire et le remercions. À la porte, les mains se lèvent en chaleureux adieux, "*Au revoir, Roger.*"

Il incline la tête. "*Bonne nuit. Je m'appelle Gérard*", ajoute-t-il d'un air las.

Nous quittons Jules Buck au coin de la rue. Ginna a le verbe clair, mais ses pensées semblent glisser dans le ruisseau. "Quelle heure est-il ? je lui demande.

– Beaucoup, marmonne-t-il, qu'est-ce que c'est que ça, bon sang ?" à quelque chose trouvé dans sa poche. Il devient difficile à guider. Enfin un taxi s'arrête. Nous roulons vers le centre. "Ton vieux *copain* est complètement torpillé" sont ses dernières paroles.

*

Peut-être vous rappelez-vous les trois actrices que le studio avait nommées, dont n'importe laquelle aurait été une bouteille de champagne contre la proue, et hors de cales, majestueux et immenses, nous aurions glissé.

L'une d'elles était Maggie Smith. Ginna lui avait donné un de ses premiers rôles dans un film intitulé *Le Jeune Cassidy*[1], tiré de l'autobiographie de Sean O'Casey. Sûr qu'elle s'en souviendrait – il avait cette facilité pour transférer sur elle son propre sens de la loyauté. Nous allâmes la voir et elle lui dit non. Il parvint à dissimuler sa déception.

Nous avions déménagé au Cadogan, l'hôtel dans lequel Oscar Wilde fut arrêté, et un soir de juin nous roulâmes jusqu'à Chiswick voir Vanessa Redgrave. C'était une maison qui faisait face à un petit parc vert. Aucune des hautes fenêtres du bâtiment néo-grec n'avait de rideaux. On nous fit attendre dans le grand salon. Il y avait un canapé mal en point avec un énorme miroir dans un cadre posé debout derrière, des livres et des disques étalés partout, des coquillages, des jouets, une sorte de bar, et des coussins par terre près de la fenêtre qui donnait sur le jardin. C'était la maison de toute femme en banlieue dont la vie part en botte. Ici et là un clou nu était planté dans le plâtre du mur.

Et puis elle entra, grande, très myope, robe sans manches en jersey mauve avec le bas fendu. Près de son épaule brillait le blanc brodé d'une bretelle de soutien-gorge. Elle était complètement nature. Elle ne pouvait pas trouver de glaçons à mettre dans nos verres. On ne pouvait que l'aimer immédiatement.

Déjà au pinacle d'une vie célébrée, elle avait trente-quatre ans, et jouait *Marie, Reine d'Ecosse*, alors en tournage. Son jeune fils entra et se mit à lui grimper dessus. Des perles de verre et une partie de son drink se répandirent par terre. Plus tard, ses deux filles, dodues et les pieds sales, vinrent dire qu'elles montaient se coucher, elles voulaient qu'elle leur lise quelque chose. Elle leur promit deux chapitres. Nous avions imaginé une séduction en règle mais les distrac-

1. *Le Jeune Cassidy* (1965) : commencé par John Ford, le film fut finalement réalisé par Jack Cardiff. Avec Rod Taylor, Maggie Smith, Julie Christie et Michael Redgrave.

tions nous en empêchaient. Je m'enquis des quelques boîtes de film empilées près du canapé. Elles contenaient un film qu'elle aimait beaucoup, dit-elle ; "Italien. Cela s'appelle *Le Carabinier*. C'est sur un jeune villageois qui devient policier – il est recruté – et comment, lentement, petit à petit, il se trouve changé et s'éloigne de tout ce qui l'a formé, devient moins humain, moins bon, et à la fin... bon, disons que la fin est un peu trop – enfin, ce n'est pas ce qui importe."

Je ressentis ce familier moment de détresse ; je n'avais pas écrit le script qu'il fallait. La seule chose qu'on pouvait faire était de ne plus y penser, ou peut-être suggérer quelques similarités entre celui-ci et le nôtre.

Elle lirait notre scénario, dit-elle, bien que le script qu'elle préférât, ajouta-t-elle cryptiquement, était celui qui lui était lu par le metteur en scène.

En rentrant en ville, Ginna fit remarquer à quel point l'histoire du film qu'elle avait décrit l'avait affecté. "Oui", opinai-je.

"*The Interpreter*", dit-il, faisant référence à l'histoire originale sur laquelle était basé un film qu'il avait produit, *Before Winter Comes*, "était ce genre d'histoire. Mais on ne l'a jamais faite", avoua-t-il.

À ce stade, Max Schell avait donné son accord pour mettre en scène. Lui aussi aimait qu'on lui lise les scripts, et dans le luxe de sa demeure londonienne, louée à une maharani, il écoutait, proposait des changements, jouait des passages, et racontait des histoires. L'un des exemples qu'il donnait pour éclairer un personnage, je me souviens, venait d'*Anna Karénine*. Dans le wagon de chemin de fer, disait-il, quand la vieille femme monte tout emmitouflée dans son manteau et se plaint qu'il fait froid. "Il fait froid, non ?" dit-elle à tout le monde l'un après l'autre, mais tous l'ignorent. Enfin elle se tourne vers Anna et dit, "il fait froid". "Oui, il fait froid", dit Anna.

Sa cuisinière prépara des déjeuners somptueux cette semaine-là, et souvent il y avait des interruptions : visiteurs, coups de téléphone, des problèmes non expliqués. En fin d'après-midi, un jour, une Nefertiti sans défaut apparut, portant des habits simples et chers ; long nez, peau et cheveux parfaits. “Miss Bode”, fit Schell d’une voix grave – présentation d’une brièveté calculée. Plus question de travailler ce jour-là.

J’écrivais le matin selon ce que nous avions échafaudé, variations sur les scènes, pages supplémentaires. Finalement, Vanessa Redgrave vint dîner. Elle devait nous donner sa réponse.

Elle arriva vêtue d’une salopette d’ouvrier et d’une casquette de cheminot. C’était une femme de convictions. Passé sur l’épaule, elle avait un grand sac de toile rempli de livres sur le communisme chinois. Elle commença par parler politique, énumérant les plaies de la bureaucratie. Avec le charme qu’on lui connaît, Schell tenta de la distraire de ces sujets, mais son succès fut limité.

À table elle mangea peu – elle n’avait pas faim, disait-elle – et poursuivit sur la pente de ses intérêts. Quelle était la signification politique du scénario ? demanda-t-elle.

Les têtes se tournèrent vers moi. Bien que je connusse chaque mot et chaque résonance du film que nous espérions faire, la politique n’en faisait pas partie. D’une voix hésitante, je me lançai dans un discours sur les émotions humaines et leur ultime importance, citant à la rescousse des classiques comme *Les Enfants du Paradis*. Dès le début, j’avais compris que ce n’était pas la réponse requise.

Ginna et moi restâmes assis un long moment dans un silence dépité jusqu’à ce que Schell, ayant raccompagné à un taxi la maoïste restée sur sa faim, réapparaisse en haut des escaliers. Nous voulions donner vent à notre désespoir, mais en bon capitaine qu’il était, qui lui venait peut-être de son rôle dans *Le Bal des maudits*, il ne voulut rien savoir. Le visage empreint de chaleur, dans le plus pur babil de cinéma, il dit avec assurance : “Je crois que le dernier baiser d’adieu a conclu l’affaire.”

Ce ne fut pas le cas.

Restait Ingrid Bergman, qui se produisait dans une pièce à l’époque, mais pour d'autres raisons, y compris, je crois, la santé de son mari, elle aussi refusa.

*

Les meilleurs scripts ne sont pas toujours réalisés, tout comme les campagnes les plus farouchement disputées peuvent ne pas se terminer en victoire. C'est une simple observation que j'avance, au-delà de toute expérience personnelle. Il y a tant de facteurs : timing, impulsion, frivolité, accident. Les films qui sont produits sont comme des menhirs, debout au milieu des débris de tout ce qui est cassé ou perdu, les pures répliques, les scènes, le grand effort prodigué comme la laitance sur la rogue. Les agents et les stars fourragent dedans du bout du pied sans y penser. Peut-être est-ce ce champ d'épandage, ces vastes décombres, qui nourrissent la gloire.

Comme producteur, il se peut que Ginna ait eu ses limites. Il était scrupuleusement honnête. Classique par goût – ses intérêts étaient culturels, ses connaissances immenses – il était sans équivoque dans ses affirmations et ses convictions. Son passé était peuplé de personnages qui, s'élevant sur les ailes du récit qu'il en faisait, accédaient au légendaire : Behan, bien sûr ; la ballerine Pat McBride ; Neville Cardus, le vieux journaliste de cricket ; Carol Reed ; Jack Nugent, propriétaire du Dolphin et joueur de solitaire acharné ; Kennaway ; John Ford ; et les deux Suédoises, des sœurs, qui étaient serveuses à Durgin Park, des filles fabuleuses, inaccessibles, comme il disait – on venait les chercher après le travail en grosses voitures. Il y avait du Fitzgerald dans ses anecdotes, une qualité mêlant le romantique et l'inconquis.

Nous ne nous séparions jamais. Je vais à Manhattan par le train du matin avec lui, le soleil dans l'œil, encore vacillant, les gens qui montent aux arrêts l'air endormi, le beau paysage du littoral, Southampton, Westhampton, Hampton Bays, Bay Shore. Je révère ses héros, parmi eux Jacques Callot, un des plus grands graveurs – Rembrandt le collectionnait aussi – Goya.

À la fin des années 70, retournant au journalisme, il devint rédacteur en chef d'un magazine. La boucle se bouclait. Minuit. Nous retournons au bureau. Il y a je ne sais quelle ultime vérification à faire. Il corrige l'article d'un journaliste qu'il aime bien, et dont le téléphone a été coupé parce qu'il n'a pas payé la note. Dans les restaurants, c'est l'heure du coup de balai avant la fermeture, en dessous de nous la circulation s'éclaircit le long de 6th Avenue. La vie des reporters, des écrivains. La nuit est leur midi. Sur le sofa, en chien de fusil au milieu des livres et des journaux, somnole une femme en tailleur blanc, avec qui nous avons dîné.

Ginna m'a donné ma première chance dans le journalisme, domaine dans lequel je finis par gagner ma vie. On m'envoya en Europe interviewer des écrivains : Graham Greene, Nabokov, Antonia Fraser. Arrivé à Paris, il y avait un télégramme de Greene, connu pour vivre en solitaire, disant qu'il ne pouvait pas me voir. Puis on me fit savoir que Nabokov avait annulé lui aussi. Le désastre pointait. J'étais plus chagriné de décevoir Ginna, qui avait placé sa confiance en moi, que d'être rejeté. Tard cette nuit-là je remontai un boulevard Malesherbes sépulcral pour glisser un mot, humble sans être abject, sous la porte de Greene, et plus tard trouvai le courage d'appeler Montreux et de plaider ma cause avec Mme Nabokov. "Montreux Palace Hotel", dit une voix en anglais. "Monsieur Nabokov, je vous prie. – Un moment."

Je ne me souviens plus si j'entendis la standardiste sonner ou non, mais le mot suivant fut "Hello". C'était Véra Nabokov. Lorsque, après avoir consulté son mari, elle m'invita finalement à le rencontrer le dimanche suivant, elle réitéra sa préférence pour que les questions fussent mises par écrit en me rappelant : "Mon mari n'improvise pas." Tous mes efforts furent finalement payants et Graham Greene, me prenant sans doute en pitié comme journaliste, fit le nécessaire pour qu'un de mes romans, *Un bonheur parfait*, soit publié en Angleterre. L'opinion qu'il en avait était plus haute que celle des critiques anglais.

Plus tard Ginna devint directeur éditorial chez Little, Brown. Les bureaux de la firme faisaient face au Boston Common, et aucune ville, aucun lieu de travail n'aurait pu mieux lui convenir. Parmi les nombreux livres qu'il publia se trouve un des miens, écrit à sa demande et sur ses encouragements, *Solo Faces*[1]. Même si j'en savais suffisamment sur le sujet (l'alpinisme), en fin de compte le titre me plaisait plus que le texte, peut-être parce qu'il n'y avait rien d'extatique dans l'écriture, comme cela avait été le cas dans les deux romans précédents.

Peut-être n'occupa-t-il pas complètement la place dans le monde pour laquelle il était fait, mais les places, les endroits, Locke-Ober's, Londres, l'American Hotel à Sag Harbor, les torrents à truites dans le haut de l'État de New York, tous les musées, les rivières à saumons en Écosse, celles-là il réussit à les rendre fabuleuses. Il lisait et visionnait, goûtait et buvait, et avec lui vous connaissiez la joie de faire de même.

Peut-être ai-je donné l'impression qu'il était moins attiré par le travail que par la convivialité, mais en fait les deux en lui se combinaient étonnamment. Ce n'est pas donné à tout le monde d'être aussi joliment assemblé.

*

Ils partent au pas sans vous, en formation. Les ordres, sourds et familiers, s'élèvent au loin.

C'est ce que je ressentais, confusion et panique, assis dans une belle chambre à regarder la télévision. On était en juillet mais la pièce était fraîche et les rues de New York semblaient silencieuses. Je regardais trois hommes en blanc en train de préparer mon annihilation ; il partaient pour la Lune, le premier vol spatial censé s'y poser.

1. *L'Homme des hautes solitudes.*

Aldrin en fait partie, celui que je connais. Il fait signe de la main. Je nous revois dans l'escadron, ensemble. Sa femme s'intéressait au théâtre. On la trouvait artistique, ce qui aggravait son cas. Sa main saisit une barre et il monte dans le camion. Je veux me détourner mais cela m'est impossible. La moindre de ses actions m'est une torture.

Ils passent dans une zone d'ombre, sous la complexité de l'énorme grue. Ils entrent dans un ascenseur. Un commentateur solennel explique tout cela. La porte de l'ascenseur se ferme. Ils s'élèvent.

Ils arrivent en haut, comme en haut d'un gibet. Je pousse un cri mais rien ne sort, je n'ai pas le courage de crier, ma vie m'a déjà quitté. Je repense à la longue description d'exécution, par guillotine, écrite par Tourgueniev, l'insupportable cérémonie.

Une couronne de fumée blanche fuit de la fusée. Je suis incapable de rien dire, pas un mot. Je suis au St. Regis avec tout ce qu'on peut désirer sous la main. Je me sens creux, comme si j'avais tout perdu.

Ils annoncent douze minutes. Je me sens comme le technicien inconnu qui les guide dans la cabine, non, lui est vibrant d'excitation et de fierté, il se fait l'effet d'être un personnage important. Tout est comme un rêve et pourtant intensément réel. Je peux sentir l'odeur de l'acier lisse, émaillé. Je peux entendre les voix sur la radio, brèves et sûres d'elles. La caméra est maintenant sous les tuyères, béantes comme des gueules de canons. Les ascenseurs de l'hôtel avec leurs charges d'hommes d'affaires bien habillés montent et descendent, les femmes de chambre dans le couloir poussent leurs chariots sur le tapis.

Cinq minutes. Nous attendons, par centaines de millions, fixant intensément le site légèrement noirci duquel ils partiront. Mon cœur ne bat plus, il semble s'être arrêté pour se préparer à la fin. *Quinze tonnes de carburant à la seconde*, dit le commentateur. Quinze tonnes, sans compter son propre poids, c'est inimaginable. La matinée est chaude et étouffante à Cap Canaveral. Des oiseaux volent près de la fusée, inconscients de sa force. Trois minutes.

Les jours de vol qui les ont menés à cela, les jours sans nombre, répétitifs. L'étonnant c'est qu'il nous soit donné le pouvoir de léguer l'histoire, de créer l'inaltérable : peintures, élections, crimes. En fait ils sont impossibles à empêcher. L'un des actes les plus mémorables de tous les temps est sur le point de s'accomplir. Deux minutes.

J'avais une maîtresse italienne, tout ce qu'il y a de bien, qui prenait l'avion n'importe où pour me rejoindre. Elle était svelte, le corps bruni par les plages de Rome avec une étroite bande pâle, comme une marque de javel, lui encerclant les hanches, la réserve blanche. Elle portait une veste en cuir marron, ses cheveux noirs étaient coupés court. Moi j'avais un luxueux costume à côtes, doux comme le velours, de chez Palazzi sur la via Borgognona. Elle me l'avait offert. Elle fut, parmi beaucoup d'autres choses, l'antidote aux heures de malaise qui présidèrent au lancement et aux jours intolérables qui suivirent. Je lui avais enseigné un catéchisme, ou plutôt ensemble nous en avions composé un, qu'elle pouvait réciter en un anglais parfait, les mots crus innocents dans sa bouche, les questions pures et les réponses profanes, et la voix rauque, engageante, qui les prononçait. Une minute.

Nous ne disions mot ce soir-là, la télévision encore allumée, la lumière qui se déplaçait sur les murs dans la pièce obscurcie. Je regardais, obnubilé par ce que je voyais ainsi que par l'acte détaché et sans hâte dans lequel nous étions engagés. Enfant, j'avais imaginé des hommes d'âge mûr réussir des prouesses telles que celle-ci. Fantastique délibération. Mouvement plein de vénération, d'abandon, d'assurance. Elle se tord, comme un serpent périssant, comme une femme en crise. Tout et rien, et durant tout ce temps l'invincible fusée qui dévore les kilomètres, volant lourde comme le plomb à travers les minutes véritables et les rêves des hommes.

Je n'ai jamais oublié cette nuit-là ni son anxiété. Plaisir et inconséquence d'un côté, actes incommensurables de l'autre. Je suis resté éveillé très longtemps, gisant, à ruminer sur ce que j'étais devenu.

*

Je fus une *poule* dix, quinze ans. J'aurais aisément pu continuer plus longtemps. Il y avait des débris partout, mais comme pour les ordures empilées derrière les restaurants, je ne les prenais pas en considération – par-devant on me faisait des courbettes et on me menait à ma table.

Robert Bolt, qui avait été instituteur, puis auteur dramatique, avait autant de talent qu'aucun écrivain de sa génération. David Lean, pour qui il avait écrit des films célèbres – *Lawrence d'Arabie*, *Le Docteur Jivago* – était connu pour l'avoir fait venir du bout du monde afin de discuter d'un changement dans une réplique, et les honneurs s'empilaient à ses pieds. Il a écrit le meilleur script que j'aie jamais lu, une étonnante version de la mutinerie du *Bounty* et de ses suites, rempli d'images et de scènes originales. C'était une œuvre hautement ambitieuse. Après bien des péripéties, elle non plus ne fut jamais tournée.

Avançant en âge et éloigné de sa maison du Surrey avec la rivière qui passait devant, séparé de sa femme, il se trouvait échoué dans les tropiques, ami occasionnel d'une actrice-enfant, Mia Farrow, qui à l'époque jouait dans un film sur une île voisine. En cadeau, il lui réécrivait des pages de dialogue, qu'elle parvenait à présenter au scénariste attitré comme ses propres suggestions. Finalement, fatiguée de ce petit jeu, elle lui tendit une poignée de pages, confessant tout. Le scénariste était un bon ami à moi, Lorenzo Semple, et loin d'être agacé, il demanda s'il ne pouvait pas rencontrer Bolt, qu'il admirait énormément.

Un dîner fut arrangé. C'était dans un restaurant chinois déprimant, avec des assiettes dépareillées et un sol en terre battue. Bolt arriva, portant un chapeau en feuilles de palmier nain. Il était ivre. La conversation tourna sur l'écriture, naturellement, bien que se faisant de moins en moins cohérente à mesure que passait la soirée. Bolt fut néanmoins en mesure d'insister sur un point important. Quand on écrit pour le cinéma, prescrivit-il, quand on écrit pour le cinéma, oui, il y a une chose qu'il ne faut jamais perdre de vue.

"Quoi ? demanda Lorenzo.

– L'argent, mon garçon, répondit Bolt, l'argent."

Il y avait des scénaristes qui en faisaient bon usage. À Los Angeles, sur Summit Drive, je déjeunai avec un homme élégant, la quarantaine passée ; je l'appellerai Edoardo. Il venait de Vénétie, la région la plus civilisée d'Italie, comme il disait, où même les fermiers, bien qu'ivrognes, étaient cultivés au bout de quinze siècles de vie exaltée. Venise, la grande cité de la région, avait de tous temps éclairé le monde.

Une longue Suédoise à prénom russe, Natasha, nous servait – gratinée de veau, petits pois frais du jardin, concombres à la crème. Lorsqu'elle s'éclipsa, je demandai, mine de rien : "C'est elle qui cuisine ?

– Oui. Cuisine, tout", dit-il négligemment, retournant à son sujet. "Quand Londres avait deux cent cinquante mille habitants, Venise en avait trois cent cinquante mille. Shakespeare en a fait le cadre de quatre de ses pièces, *Le Marchand de Venise*, *Le Songe d'une nuit d'été*, *Comme il vous plaira*, et *Roméo et Juliette*."

Il mettait Arden et Athènes dans le tas comme cadre, mais un seul me faisait tiquer. "*Roméo et Juliette* ?

– Oui, d'accord, à Vérone, mais c'est tout près."

Je le trouvais captivant, comme la maison grandiose, la Rolls-Royce dans l'entrée couverte, les jardins. Il me faisait l'effet d'un Oncle Vania, un Vania plus malin, dur à la tâche, qui s'y connaissait.

Je ne sais pourquoi je mentionnai d'Annunzio. Il savait tout sur lui, son oncle avait fait partie de l'escadron de d'Annunzio pendant la Première Guerre mondiale et ressemblait même au poète, petit, laid, et chauve. D'Annunzio s'en était servi comme d'un appeau. Quand il voulait monter dans un hôtel avec une femme, il mettait l'oncle dans la villa, assis à lire dans l'embrasure de la fenêtre.

Nous buvions du bourgogne blanc. La Suédoise, gracieuse et silencieuse, servit un plein saladier de fraises et de framboises fraîches à la crème. D'Annunzio, qui mourut dans les années 30, avait été l'écrivain le plus célébré de son temps – la fin du dix-neuvième siècle et le début du vingtième – avec une vie d'une envergure colossale, la plus scandaleuse depuis celle de Byron. Il était l'amant de la Duse et d'autres sans nombre. Il avait écrit les fameux discours de Mussolini. Vieillissant, il se retira dans un panthéon conçu par lui-même, l'Imperiale, au-dessus du lac de Garde, où se poursuivit une sorte d'opérette. Il s'habillait en moine, et ses servantes, rien que des femmes attrayantes, étaient déguisées en nonnes. Le lendemain il était en uniforme de commodore et elles en marins.

"Il y a au moins vingt scripts sur d'Annunzio qui circulent en Italie, dit Edoardo. Cela fait des années qu'ils essaient de faire un film sur lui. Je me rappelle le jour où il est mort. J'étais à l'école et un garçon est arrivé en disant : 'Pas d'école aujourd'hui !

'Pas d'école.'

'Le poète est mort.'

'Hourrah', ai-je fait."

On se sentait comme à Rome dans la maison d'Edoardo, Monte Mario, avec terrasses et piscines. Parfois le soir, disait-il, ils s'installaient dehors, lui et la Suédoise, à regarder la ville au loin. Il était roi de cet Éden, doux, sage, avec une sorte de facilité et de modération classiques, une seule jeune novice sous son aile – un homme qui avait dépassé les appétits emballés de la jeunesse, serein, capable de savourer, pas pressé bien qu'assailli, comme tous les hommes, de désirs infinis.

"Edoardo ?" fit quelqu'un qui le connaissait bien lorsque je mentionnai son nom. "C'est l'homme le plus malheureux que je connaisse, le plus insatisfait.

– Impossible.

– C'est un artiste *manqué*. Il est persuadé d'avoir gaspillé son talent sur les films, qui lui sont odieux. En fait, il n'a jamais écrit de bons films – ils ne valent rien à part celui qu'il a écrit pour Germi. Oh, pour sûr, il sait fabuleusement bien raconter, surtout en italien, mais il déteste sa vie et il est rempli de dégoût pour lui-même. Il se considère comme la seule personne intelligente de tout le cinéma italien, et comme il est le seul qui lise, il a pu faire carrière en utilisant des nouvelles de Maupassant et en les faisant passer pour siennes. Il ne s'est jamais marié. C'est l'homme le plus triste que je connaisse."

*

C'était sur la Côte, la fameuse côte Ouest. Filles aux cheveux fous et aux membres hâlés. Y arriver en voiture durant l'été 1976, venant du désert, la fournaise écrasante et le vide de la route jusqu'à Barstow. Puis fatigué et maculé de chaleur, sur les *freeways*, traversant Santa Monica et continuant le long de la mer.

La maison avait un jardin faisant face aux collines, avec hibiscus et plantes grasses et un unique, énorme palmier, dont on pouvait toucher les feuilles d'un balcon au premier étage. Visible du même endroit, il y avait le coin nu, engageant, d'un terrain de tennis. Silence. Des oiseaux voletaient dans les branchages.

De tous les mystères, le premier que je me rappelle est une tige de lis en train de se courber en d'étranges mouvements saccadés, pour finalement disparaître dans le sol. Un petit animal cueillait son souper.

Fraîche brume matinale et bruit des vagues, cris d'enfants dans la rue, frondaisons tombant de toute la hauteur de l'arbre. Malibu. Sable humide sous les pieds dans l'étroit passage qui menait à la plage, les lianes grimpant au-dessus, ruisselantes de soleil. Un panier arriva de la part de mon nouvel agent, Evarts Ziegler ; fruits et vin affublé d'un cellophane abricot. "Bienvenue en Californie", disait la carte. Elle était signée simplement, *Ziggy*.

Lorenzo, un de ses favoris, avait chanté mes louanges et l'avait persuadé de me prendre comme client. Lorsque je fis sa connaissance, il me dit immédiatement combien il admirait mon travail sur un film avec lequel je n'avais rien à voir. J'acquiesçai modestement, prenant cela pour un bon présage. Il était, même à l'époque, un vivant anachronisme. Ses cheveux étaient gris ; il portait des costumes trois-pièces et avait été en France pour la première fois en 1929 avec sa mère. Plus tard il avait fait des allers retours à travers le pays dans le Super Chief, un train si luxueux qu'il y avait un salon de coiffure à bord, et des serveurs qui vous demandaient si cela vous plairait de manger pour le dîner une belle truite fraîchement pêchée dans un torrent et livrée au dernier arrêt.

Dans la salle de bains attenant à son bureau, on pouvait voir des photos dédicacées de Sinclair Lewis et de Hemingway, que lui avait laissées son père, et dans le sauna privé, celle d'une fille nue en train de boire goulûment, l'eau dégoulinant sur son menton.

Il avait un visage ravagé, anguleux, qu'il tripotait constamment avec ses doigts, comme pour l'assembler, le modifier. Il ressemblait à un officier de marine qui aurait été brûlé dans une explosion de tourelle. Au fil des décennies il avait acquis un certain nombre de tics – je me souviens qu'il avait la manie de se toucher la paupière inférieure droite lorsqu'il parlait ou qu'il réfléchissait. À l'époque il était marié à sa deuxième épouse, une femme blonde qui sentait la haute société, mais au bout du compte il divorça, et, après un intervalle, se remaria. On avait le sentiment qu'il était résigné à l'idée du mariage, qu'il la considérait comme une nécessité au même titre que des vêtements de bonne coupe. Il avait la soixantaine passée, mais ne semblait pas atteint par l'angoisse de la mort. "Ma santé est innée, me confia-t-il un jour.

– Innée ?"

Je l'avais mal compris. "Mais mon mariage est un deux [1]", ajouta-t-il.

1. Jeu de mots intraduisible sur "*innate*" et "*an eight*" (un huit), sur le mode de "a *perfect ten*". *(N.d.T.)*

Il avait une maison à Pasadena, une autre dans le désert, et un bungalow de plage près de Santa Barbara. Les affaires étaient faites ou discutées dans son bureau de Beverly Hills et, parfois, à l'occasion d'un déjeuner durant lequel il identifiait discrètement divers nababs de studio, d'une richesse insondable. Pour moi il remplissait les fonctions habituelles – négociations, préparation des contrats –, mais à beaucoup d'égards il était plus un compagnon qu'un agent. Je pouvais compter sur lui pour des opinions sans enthousiasme, énoncées avec le réalisme d'un juge de cour d'assises.

J'écrivais dans la journée. Le soir, quand la mer disparaissait, nous roulions, fonçant le long de la côte en dépassant les canyons un à un. Dans la pénombre, les nuages étaient bas au-dessus de Santa Monica, au loin – en dessous se trouvait une bande de lumière emprisonnée. Partout les voitures faisaient de l'excès de vitesse, non par urgence mais par loisir, sans but précis. Nous roulions dans la pénombre odorante, la ville indéfinie approchait.

La vie en Californie, la vie de figurant de cinéma, l'air frais de la nuit et les vents de mer qui viennent des années 30 ou de toute décennie à laquelle ces images remontent pour vous. En dépit de mon indifférence, de mon aversion, même, il y avait quelque chose – la légende bleutée, l'inépuisable océan. Sur la couverture de l'annuaire téléphonique, on pouvait lire une courte notice expliquant qu'aussi tard que dans les années 40 – le cœur de mon existence –, telle ou telle partie de la ville aujourd'hui entièrement constituée d'habitations et de magasins n'était encore pratiquement qu'une succession de petits ranchs. J'étais saisi de mélancolie en lisant cela, c'était presque doux, un pincement, comme de penser à quelqu'un que j'avais aimé et que je ne reverrais plus jamais. J'enviais ceux qui avaient grandi dans cette ville ou lui avaient consacré d'innombrables jours gaspillés.

Arrivé aux studios, comme aux portes de principautés royales, on vous faisait signe d'entrer. Il y avait d'énormes agrandissements représentant des scènes fameuses de films encadrés dans les couloirs de

United Artists, encore que personne ne se souciât de les regarder. La majesté du présent exigeait de dédaigner le passé, et le mouvement était toujours dirigé vers des choses plus neuves et plus grandes. Les aspirants venaient de partout, comme des soupirants dans un conte de fées, pour tenter leur chance. L'attrait était irrésistible. Même des personnages sophistiqués de la côte Est, qui ressemblaient plus à des présidents d'université qu'à des démarcheurs, débarquaient avec leurs rêves. C'est là-bas que je rencontrai Peter Gimbel[1]. Il était venu avec sa femme, une actrice blonde, Elga Anderson, et Billy, leur chien. Ils avaient un script, naturellement, qu'ils espéraient faire produire. Et maintenant, parlons affaires, semblait-il vouloir dire, avant de sortir de la poche poitrine de sa saharienne une paire de lunettes serties d'or pour parcourir une liste d'agents potentiels.

Gimbel, l'appelait sa femme, avec une pointe d'accent allemand. Je l'avais connue à Rome des années auparavant, lorsqu'elle était une pouliche luisante, fière et indifférente aux gens qui la reluquaient. Elle était encore belle, d'une beauté européenne, avec à l'occasion une hautaine expression de dédain qui lui barrait la bouche – une actrice, avec quelque chose de ce que le mot voulait dire au temps de Molière et de Goethe qui lui collait après, maîtresse naturelle de l'aristocratie, avec le comportement requis.

Elle et Gimbel n'eurent pas de chance, ni à l'époque ni par la suite. En un sens, elle avait déjà eu la sienne, et lui était comme un gentleman attiré vers les tables de jeu de la Régence. Il pouvait se permettre de perdre et aurait eu plaisir à gagner, bien que cela parût peu probable.

C'est au-delà de la conquête. Vous pouvez en avoir le goût, même régner pour une heure, mais c'est tout. Impossible de faire sienne la plage et les filles, la brume des après-midi d'été, ou la mer verte

1. Obscur héritier de la fortune des grands magasins new-yorkais Gimbel's. *(N.d.T.)*

déferlante, et la vague suivante d'aspirants est devant la porte, avec leurs murmures, leur faim d'arriver. La marée suivante de beaux visages si peu au courant, de membres parfaits, et toujours cet irrépressible désir de se faire connaître.

*

Ils étaient tous, en un sens, comme des camarades d'école, certains populaires, d'autres à éviter, certains paresseux bien que ne manquant pas d'attrait. Comme des camarades de classe, ils s'égaillaient dans la nature et trouvaient des destins variés.

La première fois que j'ai rencontré Jean-Pierre Rassam, c'était à Paris, à La Coupole. Il y était toutes les nuits. Un de ses credos était que dans chaque ville il fallait avoir un seul restaurant, ainsi les gens savaient toujours où vous trouver. Pour lui à Paris, c'était La Coupole. Plus tard, à New York, ce fut Elaine's.

Helen Scott et moi parlions justement de lui, même si je ne le connaissais pas encore. Il était à cette conférence de cinéma, disait-elle, et debout sur le podium s'était présenté : "Je m'appelle Jean-Pierre Rassam, j'habite chez ma mère." J'admirais la bravade et l'effacement. Il était le beau-frère, difficile et romantique, disait-elle, du metteur en scène Claude Berri. C'était un mythomane que seuls les rêves rendaient heureux ; il était séduisant et autodestructeur.

Comme attiré par la description qu'elle faisait de lui, il vint à la table. Je devrais dire quelqu'un vint à la table et je le reconnus immédiatement : l'allure suicidaire, les beaux cheveux noirs, la courbe du nez, les lèvres fines, un visage aussi parfait que celui d'un animal, aussi lisse. Il était à la fois urbain et impossible à contrôler. Son histoire personnelle n'était que glorieux lambeaux, et pourtant il avait le don de vous faire croire en lui, en l'infini des possibilités qu'il représentait. Pour sa maîtrise à l'université, à l'oral, il était tombé sur l'œuvre d'un auteur qu'il n'avait même pas lu, Charles Péguy. Il en mit plein la vue aux examinateurs. Ils étaient là, hochant la tête d'un air approbateur. Finalement, l'un d'eux lui demanda, juste pour savoir, quel livre de Péguy il préférait. Il ne savait pas, dit Rassam, il n'en avait lu aucun. Ils le recalèrent pour s'être montré honnête, mais l'anecdote eût été bien moins intéressante s'il avait menti.

Rassam avait beaucoup d'amis à La Coupole. Avec certains, louvoyant entre les tables, il s'asseyait un bon bout de temps, avec d'autres il échangeait un salut, un mot ou deux. Il était presque toujours seul. Parce qu'il avait rêvé qu'un soir il rencontrerait ici la femme de sa vie, il ne voulait pas être avec quelqu'un d'autre lorsque cela se produirait. En ceci il se trompait : car on est toujours avec quelqu'un d'autre.

Helen Scott avait été une mère pour lui – si oui ou non elle était celle dont il avait parlé, je ne saurais dire –, durant la longue année où il avait souffert d'une sérieuse dépression. Il en émergea enfin. "Dans son milieu, confiait Helen, il est imbatttable, et il trouve toujours son milieu."

Elle buvait cette nuit-là et parlait du passé, de son père qui avait été acteur. Quand il entendait de la musique militaire, il saluait et marchait au pas dans la pièce. Il ne parlait à sa femme que par l'intermédiaire des enfants ("Dis à ta mère que c'est une salope et une criminelle"), et ce n'est qu'à ses funérailles qu'Helen commença à le comprendre, selon elle. Ses funérailles marquèrent sa "ré-entrée" dans sa vie. Nous continuions à boire. Il y avait de la coquette en elle, si improbable que cela semblât, sous le corps massif et les traits grossiers. Elle connaissait très bien Truffaut. Une fois, dans un hôtel, elle était allée dans sa chambre vêtue d'un négligé, espérant le séduire. Il avait dû s'enfermer à clé dans la salle de bains. Avant Paris, elle avait travaillé pour les Nations unies à New York, pour la délégation polonaise. Scottka, ils l'appelaient. Elle avait travaillé avec Kropotski.

"C'est qui, Kropotski ?

– Dr Kropotski. Sa digestion était mauvaise", disait-elle.

Elle était énorme ; esseulée. Elle avait tenté de perdre du poids dans une clinique près de Grasse, et était venue dîner en apportant sa nourriture dans un petit sac en papier – une maigre tranche de veau froid –, mais sa préoccupation principale était le transport, comment se rendre où elle devait : elle ne conduisait pas.

Lorsque nous partîmes ce soir-là, elle chantait dans la rue, quelque chose qui remontait à des temps encore plus lointains, une adolescence évaporée, quand son visage ingrat passait peut-être encore pour un signe de caractère. "Tu mangeras du corned-beef et du chou, chantait-elle, et tu te morfondras de ton Abie."

Rassam demeurait remarquable, la personne la plus extraordinaire qu'ils aient jamais connue, disaient les gens. Des mots inoubliables. Quelques années plus tard il logeait au Plaza Athénée et produisait des films, parmi lesquels le *Lancelot du Lac* de Bresson et une comédie outrageuse, défiant toute catégorie, à part l'obscène, intitulée *La Grande Bouffe*. Il avait épousé une actrice et il avait un enfant, mais ses excès étaient profondément enracinés, et ses talents inséparables de ses défauts. L'héroïne faisait partie de ses plaisirs.

La dernière fois que j'entendis parler de lui, il habitait avenue Montaigne dans un bel appartement ancien à peine meublé. La salle de séjour était absolument nue. Dans la salle à manger il y avait une grande table pouvant recevoir seize personnes, et deux canapés. Il est mort peu de temps après, d'une overdose de barbituriques. Un accident, à ce qu'on a dit.

*

Du monde flottant [1], parmi ceux que j'ai connus, celui qui semblait le plus incarner ses contradictions était un prince du sang, Christopher Mankiewicz, fils d'un homme, ou plutôt d'une famille renom-

1. Le titre du chapitre, Ukiyo, veut dire "monde flottant" en japonais. *(N.d.T.)*

mée pour son talent. Son oncle avait écrit le film souvent cité comme le meilleur jamais réalisé en Amérique, *Citizen Kane*, et les accomplissements de son père étaient encore plus célébrés – Herman et Joseph Mankiewicz, portés par la vague de l'immigration mais appelés à devenir les plus pures des voix américaines.

Son père était grand à tous les égards, et Christopher hérita de ses dimensions. De haute taille, les yeux bleus, arrogant, il avait la satisfaction de savoir que, quelle que fût son infortune, il posséderait toujours un nom distingué. L'infortune paraissait peu probable. Il avait du charme, de l'intelligence, et, comme on pouvait s'y attendre, une bonne dose d'indulgence envers lui-même. Comme toujours dans ces cas-là, il eut à souffrir de la longévité d'un père au pouvoir considérable, un homme d'esprit aux appétits prodigieux, fameux pour ses liaisons avec les stars, Judy Garland, Loretta Young, Joan Crawford, qui tomba sur les genoux en s'écriant que le bébé aurait pu être d'elle.

Sa mère était une beauté autrichienne, Rosa Stradner, une actrice venue à Hollywood pour devenir vedette mais qui en dépit de son mariage avec un cinéaste important n'y parvint pas. Il y avait des querelles terribles à table le soir ; le père quittait la pièce en claquant la porte, la mère se mettait à boire. On ne pouvait compter les nuits où elle venait dans la chambre de son fils pour le réveiller et lui parler, perdant parfois connaissance sur le plancher. Elle était encore belle lorsqu'elle se suicida, à l'âge de quarante-cinq ans.

Son fils grandit et épousa une danseuse italienne. Ils s'étaient connus à Rome durant le tournage du mémorable échec de son père, *Cléopâtre*, l'étrange excitation produite par la catastrophe sur une telle échelle attisant sûrement leur ardeur. Christopher était à tous égards un romantique. Féru de musique classique, touché par la littérature, raffolant des femmes, il ne fut finalement protégé que par le manque de fortune. Jeune cadre de studio, à New York où nous fîmes connaissance la première fois, il portait de coûteux costumes croisés avec l'enviable aplomb des gros, parlait parfaitement italien, se servait d'un fume-cigarette, et possédait un défaut, invisible à mes yeux, mais que sa femme voyait clairement : les millions qu'il lui avait promis de gagner avant d'atteindre l'âge de trente ans n'arriveraient pas. Peut-être, comme Rassam, était-il trop brillant pour le succès ordinaire.

Il n'empêche, son habileté et la lancée de son début de carrière l'emmenèrent loin. Il avait des amitiés solides, surtout basées sur son esprit et son bon goût ainsi que sur ses opinions franches, lesquelles, en dépit de leur validité, étaient souvent énoncées de façon fort peu diplomatique. Le désordre de lettres éparpillées partout sur un large bureau ; les repas gargantuesques dans les restaurants, rapidement dévorés ; les appartements et les suites luxueuses – tout cela disparut petit à petit. Il travaillait à Los Angeles, où, selon son père, il avait ruiné ses chances trop de fois pour être comptées. "Est-ce qu'il ne serait pas temps pour toi de quitter la ville ? commenta finalement son père. Ici tu es grillé."

À Rome, au début des années 70, il travaillait pour Grimaldi, un important producteur italien. Sa vie était devenue celle d'un noctambule. À quatre heures du matin, les lumières était encore allumées. En tricot de corps il est à son bureau en train de finir un énorme puzzle. Sa belle-mère, pour qui il a beaucoup d'affection, dort, son jeune fils aussi. Ce fils, Jason, a six ans, il est beau et irritable, un bavard invétéré, avec un léger cheveu sur la langue. Au petit matin, il arrive dans la pièce. "Tu sais ce que c'est ? demande-t-il d'un ton péremptoire. C'est mon livre favori. Dans ce livre tu peux tout apprendre. Tu peux apprendre des choses sur les étoiles, quelle est le gouffre le plus profond dans l'océan, et tout sur les orages et comment les arrêter. C'est mon meilleur livre. Et ça", dit-il en me le montrant mais aussi à lui-même, "c'est un script que j'ai écrit. Tout seul. Et ça ! Ça c'est un livre, tu connais ce livre ? C'est sur les soldats." Ensuite il se met à m'expliquer, avec une précision remarquable, comment naissent les enfants.

Pour l'instant il dort encore, cependant. La fumée bleue de cigarette s'attache au plafond. On entend le troisième acte d'*Aïda*. Christopher passe la main au-dessus de la table. "J'ai fini toute cette section-là", montre-t-il. Son visage est innocent, alerte, un visage qui ne fera jamais montre de corruption.

Nous travaillions sur un scénario, dont l'odyssée ne faisait que commencer. C'était la meilleure partie, la nouveauté et l'espérance du début. Une lettre encourageante était même arrivée de son père, remarquable en ceci qu'elle était seulement la seconde, et devait être la dernière, que Christopher eût jamais reçu de lui. En plus des louanges, la lettre continuait pour suggérer une approche entièrement différente. Jour après jour nous en discutions jusqu'à ce qu'il fasse sombre.

Une fois, en fin d'après-midi, on tapa contre le verre dépoli de la porte du jardin. Pressée contre le verre, bras écartés, se trouvait une silhouette comme un énorme papillon de nuit contre une vitre. "Mon Dieu ! s'écria Christopher. Bruna !" Sa femme, dont il était virtuellement séparé. Elle entra, émergeant de la soirée, souriante, la joie sur le visage. Elle travaillait comme modèle. Elle avait des bagages en toile et un long manteau très stylé. Elle monta immédiatement surprendre son jeune fils.

L'heure était festive. Tout était rires, excitation, familiarité. Personne n'aurait imaginé qu'ils puissent être un couple au bord du divorce. Ils s'étaient mariés trop jeunes, c'était ça, me confia Lydia, la belle-mère. Qu'est-ce que j'en pensais ? "Bruna était trop jeune, poursuivait-elle tristement, Chris était trop jeune."

Nous dînâmes, tous ensemble, dans une trattoria de la via Flaminia, sous un éclairage vif, comme sur une scène. Cela aurait pu être une pièce ; le dialogue était travaillé, les acteurs avaient joué ensemble des tas de fois. À la fin de la soirée, ils en étaient à s'étriper.

Scène suivante : Londres, un an ou deux plus tard. La période Grimaldi était finie. Chris vivait dans un sous-sol chez un ami, à essayer d'assembler les éléments du film que j'avais écrit. Il avait une

Mercedes et un manteau noir, rendu crayeux par les taches, mais pas grand-chose d'autre. Il se tenait au courant de l'actualité, disait-il, en lisant le journal sous la gamelle du chat.

J'aime les hommes qui ont connu le meilleur et le pire, dont la vie a été tout sauf un voyage sans histoires. Ils ont subi les tempêtes, ils ont connu, parfois des mois durant, le calme plat. Il en reste quelque chose, même s'ils échouent. Ils n'ont pas fait que de pianoter ; il y a eu des accords grandioses.

Nous mangions dans des restaurants grecs bon marché avec son associé, Ned Sherrin, qui avait une considérable expérience du théâtre et s'était associé avec lui. Le film allait définitivement se faire ; il s'appelait *Raincoat.* "L'accord est presque conclu", disaient-ils.

Ils étaient comme des révolutionnaires. Pour la cause, fût-elle douteuse, vous donniez tout. Ils n'avaient pas réellement les pieds sur terre ; ils menaient une existence visionnaire, la vie à venir. Un jour ils graviraient les grandes marches sous des tonnerres d'applaudissements. Sur quoi j'étais en ce moment ? demandaient-ils pour être gentils. Je terminais un livre, leur disais-je.

"Il y a un film dedans ?

– Il n'y a un film dans rien de ce que j'écris, même pas les scripts", disais-je.

Les choses, cependant, prennent du temps. Le sort de la bataille tournait. Ils avaient trouvé une vedette, Alan Bates, qui avait donné son accord pour jouer le rôle principal, et basé là-dessus le plus gros du financement. Quelques mois plus tard la vedette était partie, mais pas l'argent. Sur ce, un studio entra dans l'histoire et quelqu'un désira que le script fût révisé et le lieu de tournage changé. Le drame se situait maintenant à Los Angeles. Pendant un moment, il y eut une bouffée d'intérêt et un vol à Rome pour obtenir l'accord d'une autre vedette, Donald Sutherland.

Des mois passèrent, une semaine vide après l'autre. Des années. À un point indéterminé, l'affaire glissa dans la tombe, sort commun à tous ces projets. Nous en parlâmes de moins en moins, finalement plus du tout. Elle avait tout simplement péri sur pied.

C'est probablement le sens du commun, la capacité de plaire aux gens ordinaires, qui est la touche la plus cruciale dans les films, non seulement du point de vue de leur succès, mais de leur existence même. Sans lui, on est désavantagé. Je songe à un producteur pour qui Christopher travailla pendant un temps, héros, comme un parrain de la Mafia ou un politicien véreux, de bien des anecdotes – Bruna l'aimait plutôt, en fait. Un jour il révéla le secret à Christopher. Il avait fait dix films, confia-t-il, et pas un parmi eux, pas un seul, n'avait rapporté un sou. Mais il continuerait d'en faire, dit-il, et tu sais pourquoi ? "Parce que je connais la musique."

*

Le dernier film réalisé se tourna à Toronto et à l'amiable. Il s'appelait *Threshold*, le seuil, titre prophétique pour moi. Bien que je dusse encore écrire d'autres scripts, je nourrissais des pensées furtives de déserteur.

Le film avait pour personnage principal un chirurgien cardiologue, et pour sujet le premier cœur artificiel. L'écriture, comme on s'en aperçoit souvent rétrospectivement, était loin d'être parfaite, mais sur le coup je ne pouvais imaginer comment l'améliorer. Le budget était minuscule et les acteurs n'étaient pas tous ceux que nous voulions. Résultat, quelques scènes parmi les meilleures furent éliminées ou mal jouées.

L'écran entier, écrivais-je dans le script, est occupé par une image au départ trop immense pour avoir forme, un gigantesque soleil – aussi grand qu'une ville, granuleux, rageur – qui dans un silence complet ou sur une musique étrange, troublante, s'ouvre lentement pour révéler son centre, *car le cœur est le soleil du corps.* Il y avait plusieurs autres métaphores déterminantes, dont une seule survécut de façon plutôt frappante.

Lorsque finalement je vis le film, me sentant comme toujours nu dans le public, ce sont les défauts qui me sautèrent aux yeux, et beaucoup étaient de ma faute.

C'est à cette époque, peut-être un peu plus tôt, que je pris l'avion pour Londres une dernière fois. Je me trouvais avec un producteur que l'on disait être un des deux héritiers d'un grand studio, celui qui était en exil. De Los Angeles, nous avions pris un vol de nuit au-dessus du Pôle pour apporter un script que j'avais révisé à un metteur en scène qui s'apprêtait à tourner, mission toujours délicate. Nous arrivâmes à cinq heures du matin et nous abandonnâmes au monde illusoire des chambres du Dorchester – riches boiseries, tissus, tapis. Je me réveillai au bout de quelques heures, hébété, la lumière grise hivernale aux fenêtres, les sons étouffés dans le couloir, une femme de chambre qui se répandait en excuses pour avoir failli entrer.

Dans la salle à manger de l'hôtel nous nous installâmes avec le metteur en scène, Mark Robson, un homme ratatiné qui portait un petit chapeau, une écharpe en vigogne, et un pardessus en poil de chameau, fort éloigné de ce qu'on m'avait dit avoir été ses débuts au Texas. Le producteur aborda bravement le sujet.

“Nos gars ont le sentiment que le script pourrait être meilleur”, dit-il.

Robson s'enquit calmement, “Quels gars ?

– Nos gars”, répéta le producteur, évitant de citer le nom du président de la compagnie.

Robson hocha la tête. C'était suffisant ; il comprenait parfaitement, il n'y avait pas à s'en faire. “Je viens de passer une heure au téléphone avec Robert Shaw ce matin”, fit-il plaisamment, parlant de la vedette. “Il adore le script. Il ne veut pas qu'on en change un seul mot.”

“James, me dit le producteur, voudriez-vous bien lui faire part de certaines des propositions ?”

Le script qu'ils avaient n'était qu'un cliché fatigué – pas pire que beaucoup d'autres, certainement, et pas difficile à améliorer non plus. Avec une grande assiette de soupe aux pois cassés qui refroidissait devant moi, je détaillai pendant vingt minutes les raisons des changements, tandis que Robson se tenait assis parfaitement tranquille. Lorsque j'eus terminé, il y eut un silence.

"Alors ?" demanda le producteur.

Robson sourit poliment avec l'onctuosité d'un faux prêtre. "Je ne comprends pas, dit-il simplement.

– Comment ça ?

– C'est juste que je ne comprends rien de ce que vous venez de me dire." Je ne pouvais m'empêcher de l'admirer.

Il finit par faire le film tel quel. Film oublié, naturellement. Il était fait pour être oublié. Sa seule distinction était que la vedette, Robert Shaw, était mort durant le tournage. Il se peut que Robson ait eu raison de ne pas vouloir le compliquer ou tenter de lui donner plus de poids. Peut-être voulait-il juste en finir, comme d'un quartier laid que l'on se hâte de traverser pour atteindre quelque chose de mieux. Peut-être était-il à bout de forces. Le mieux est l'ennemi du bien, me mettait souvent en garde mon agent d'un moment, Kenneth Littauer, et la même relation existe sûrement entre le passable et la simple camelote.

J'écrivis un dernier script (pensai-je) des années plus tard – surécrivis, devrais-je dire. Une fois de plus, seul le noyau de l'histoire était fourni : une vedette de premier ordre qui vit en réclusion, et n'a pas autorisé d'interview depuis des années, en accorde une à un écrivain très privé, littéraire, dont il se trouve qu'elle admire l'un des livres. Elle possède tout, lui presque rien, à part sa familiarité avec les grands défunts et le monde qu'ils définissent. C'est justement ce qui l'enchante, et pour une heure ou une semaine ils tombent amoureux.

Peut-être rêvais-je que j'étais l'écrivain et que l'irrésistible femme qui, durant des années, ne s'était pas vu refuser un seul de ses caprices, était un symbole du cinéma lui-même, encore que l'écrivain fût plus proche de John Berryman, capable de charmer les oiseaux avec son langage biscornu et néanmoins intime.

Je me préparai – pourquoi, je ne m'en souviens plus – en lisant *Man and Superman* de Bernard Shaw, à la suite de quoi, d'abord dans une salle de bains étouffante, à l'étage, puis dehors sous les arbres, en compagnie d'essaims de guêpes, et finalement dans la salle de lecture sans air au premier étage de la bibliothèque du village, j'écrivis le script. Quelque chose aurait pu en résulter, mais ce ne fut pas le cas.

J'avais l'arrogance de m'intéresser à des sujets trop iconoclastes pour être menés à terme. J'ai peiné des mois durant sur un script dont le sujet était un fantastique imposteur, un officier SS de haut rang, grand, blond, le nez longiligne, qui avait pendant un temps dirigé Interpol et plus tard l'occupation de la Tchécoslovaquie ; quelqu'un que certains croient avoir été, pour comble, juif : Reinhard Heydrich, qui finit assassiné.

Je m'étais rendu en voiture à Taos pour essayer d'intéresser un acteur nommé Dennis Hopper à jouer le rôle. Son auto-exaltation me fit fuir. Jusque tard dans la nuit, je restai à écouter tandis qu'en chapeau de cow-boy il pérorait au bénéfice de sa compagne, lui donnant un résumé méconnaissable de l'histoire universelle. Le fait qu'il se baladait partout armé, craignant pour sa vie pour je ne sais quelle raison, n'avait rien pour m'encourager. De toute manière le public aurait sûrement ignoré *Heydrich* s'il avait été produit.

Il y eut un dernier script, qui prit un peu d'essor avant de s'écraser du fait des exigences peu raisonnables d'un certain metteur en scène, et je suppose qu'il aurait pu y en avoir un autre et un autre, mais à un certain point vous arrivez sur l'isthme et voyez clairement l'Atlantique et le Pacifique de votre vie. Votre destinée est de prendre telle ou telle direction, et il vous faut choisir.

Et donc le fantôme, qu'en vérité j'étais, disparut hors champ.

*

J'ai oublié le nom des concierges de l'Inghilterra et ceux du Bauer-au-Lac, et ils ont oublié le mien. Des images demeurent, cependant, innommées mais claires. Rouler sur les routes méridionales en France – Béziers, Agde –, les terres anciennes, travaillées depuis des lustres. Les Romains plantaient des cognassiers pour marquer les angles de leurs champs ; de sinueux descendants y poussent encore. Une femme, cuivrée par le soleil, descend la rue à pied au petit matin, une anguille à la main. Souvent j'ai écrit sur cette anguille, lisse et agonisante, foncée du mystère des berges ombragées et, ce jour-là, couverte de gravier. Cette anguille m'est une sainte, oublieuse, déjà dans un autre monde.

Et une autre fois, durant une brève pause dans le travail vers la fin de l'été, sa toute dernière heure, quelques feuilles déjà sur le sol, dans les champs près d'Annecy. Des peupliers énormes, massifs comme des chênes. Le bruit des poires qui tombent. Deux chevaux à robe épaisse, adultes et puissants, se tiennent près de la grange, puis s'en viennent lentement au pas jusqu'à la clôture prendre une pomme offerte. L'un d'eux me mordille, sans méchanceté, au poignet.

Et le vieux projectionniste à New York où l'on visionnait les films, que je connaissais par son nom, qui avait été champion poids mouche et avait connu Benny Leonard, Jack Dempsey, et K.O. Kaplan.

Harry Craig – voilà un nom que je me rappelle –, un grand costaud d'Irlandais riche en connaissances littéraires qui avait jadis récité de la poésie à la BBC. Repérant un livre sur les étagères, il levait la main pour l'attraper tout en commençant à réciter ce qu'il y avait dedans. Il avait écrit des films pour De Laurentiis – dont *Waterloo* – et aussi une épopée sur Mahomet, dans lequel le visage du Prophète ne pouvait être montré, et pour lequel il avait reçu l'inoubliable titre honorifique de Plume de l'Islam. Une épouse à Rome, beaucoup d'enfants, ses mains tenues hautes et gesticulantes pour souligner ce qu'il disait. Il aimait, exigeait même, un repas chaud à déjeuner. J'entends encore sa belle voix douce, "A-t-on le temps de prendre un verre ?"

Il était un de ces hommes prodigues – marginaux, pourrait-on dire – qui se retrouvent, non sans délices, dans le petit monde sélect du cinéma. Il était comme un docteur en disgrâce ou un avocat pour criminels, brillant mais compromis. Sa main était capable de mieux, mais quelque chose en lui – sagesse triste, reddition – lui permettait de s'attarder au bal et de le trouver distrayant.

Des années auparavant, dans ma jeunesse, quelqu'un m'avait fait une remarque dont je n'avais jamais pu me remettre. C'était au Texas, lorsque nous étions lieutenants, confiants et déchaînés. Souvent dans les beuveries j'étais le plus gueulard et le plus débraillé – l'alcool et les chansons, les surnoms hurlés à tue-tête. Un soir quelqu'un de ma promotion que je connaissais à peine, debout près de moi, demanda d'une voix tranquille, "Pourquoi tu fais ça ?

– Fais quoi ?

– Ce n'est pas vraiment la personne que tu es."

Incrédule, je le regardai et rétorquai quelque chose d'évasif, mais je savais qu'il disait vrai.

J'avais souvent envie de parler aux autres comme il m'avait parlé. Harry Craig était plus âgé que moi et à bien des égards plus sage, mais j'avais envie de le prendre par le bras en m'éloignant de la foule, des rires et du cynisme, du vernis, et de lui dire simplement : "Venez, Professeur. Il faut partir."

*

Je t'ai beaucoup aimée. Je pourrais dire cela de Paris ; mes souvenirs sont entassés là. Je ne sais pourquoi, mais j'y retournais constamment – le train qui glissait à travers les interminables banlieues, ou dans l'air bleu l'avion qui virait tandis que, le nez contre le hublot, je regardais en bas. Tout en bas la ville de légende s'unifie, ce qui n'est pas le cas lorsque vous vous trouvez dedans. Les rues enchevêtrées, irrégulières, créent une sorte d'anatomie. Une ville qui depuis l'époque gothique, comme dit le poète, n'a cessé de croître en difformité, tout en conservant plus de perfection qu'aucune autre.

De l'autre côté du fleuve, pour aller à l'hôtel rectangulaire, une vraie banque, le Palais d'Orsay avec la gare désaffectée juste à côté. C'était là que je descendais souvent. Il y avait un restaurant, peut-être un bar. L'hôtel a fermé, mais par chance l'immeuble est encore debout, faisant partie d'un musée, son extérieur ainsi préservé. Le hall d'entrée a disparu, et les couloirs, mais je revois encore clairement les grandes fenêtres des chambres et les longs rideaux gonfler à l'intérieur, l'après-midi où un orage, accompagné de coups de tonnerre terrifiants et d'éclairs, avait traversé la ville comme un désastre ou une guerre qui éclate. Le ciel était devenu noir. Les rideaux claquaient tant et plus et la pluie nous piquait, sacrée, inoubliable.

Je t'ai beaucoup aimée, c'est-à-dire, souvent et énormément. Ton dos mince, penché dans la baignoire, ton immense féminité. Je n'ai jamais rencontré tes parents, bien sûr – tout aussi bien – encore que nous ayions rencontré la mère et la sœur d'un de tes soupirants fortunés, et le baron qui en était un autre, et finalement, lorsqu'il fit son entrée dans ta vie, ton mari. C'était bien plus tard. Tu m'as révélé un monde nouveau, quelque chose qu'on appelle le Vieux Monde : style, sensualité, et trahison, en fin de compte aucun moins précieux que l'autre.

Écrire à fond sur quelqu'un revient à le détruire, à l'épuiser. Je suppose que cela est vrai aussi de l'expérience – en décrivant un monde, vous l'exténuez – et dans un livre de souvenirs, beaucoup se trouve réduit en ruine. Des choses sont capturées et en même temps vidées de leur vie, condamnées à ne plus jamais luire ou renvoyer la lumière.

Il reste néanmoins, dans le cas de ces années de cinéma, une sorte de soyeux pollen qui s'accroche au bout des doigts et refait songer à tout ce qui fut jadis agréable – trop agréable, peut-être –, les lumières qui dansent sur l'eau noire comme sur les vieilles estampes, le son des voix, des rires, de la musique, tout ceci étouffé, attirant, lointain.

Dîners en ville

Dans Manhattan, tout en bas dans le coin droit, j'avais trouvé un endroit où écrire, une pièce près de la rivière, en vue des piles cathédrales du Brooklyn Bridge. C'était sur Peck Slip, une large rue près du marché aux poissons, jonché d'ordures et de planchettes déchiquetées quand j'arrivais chaque matin, mais tranquille, le travail de la journée étant terminé. J'ai écrit tous les matins dans cette pièce aux parquets nus et aux appuis de fenêtres en ruine pendant un an – c'était en 1958 –, aux prises avec des pages qui se gâtaient du jour au lendemain.

J'avais trente-trois ans et je ne connaissais aucun autre écrivain. Il y avait plusieurs artistes dans le quartier qui vivaient dans des lofts avec maîtresses ou épouses, et dans l'immeuble qui faisait le coin, en haut d'escaliers qui sentaient l'urine et de paliers où s'entassaient les ordures et les matelas crevés, se trouvait un sculpteur sérieux, Mark di Suvero. Il avait l'étage entier à lui. Les fenêtres n'étaient jamais lavées et quelques ampoules nues fournissaient la lumière. Des sculptures d'une échelle ambitieuse se tenaient ici et là. Dans un coin, en hauteur sous le plafond en métal, se trouvait un lit monté sur quatre hautes colonnes. Il faisait plus chaud là-haut, expliquait-il, et vous ne pouviez pas, en cas de fatigue, vous écrouler un moment juste comme ça. Aussi pour la débauche il n'y avait rien de sournois – il vous fallait l'aider à monter là-haut, il y avait complicité totale. Tout près se trouvait le poêle ventru, qui fournissait la chaleur et sur lequel, en camarades, nous nous faisions parfois à manger, du poisson le plus souvent – il balayait le magasin en bas contre paiement en nature – sauté avec des oignons.

Di Suvero était né, ce que je trouvais plein de glamour, à Shanghai. Fils de diplomate, sa famille avait vécu là-bas presque jusqu'à la guerre. Quelque chose suggérait des origines aristocratiques, un *palazzo* à Venise qui malheureusement ne leur appartenait plus.

"Vendu ?

– Les fascistes", répondit-il calmement.

Il avait une tête de saint, mince avec une barbe blonde et des cheveux tirant sur le blond, "si bel homme et compréhensif", expliquait une femme du musée, et il vivait comme vit un jeune animal, au-dessus de l'impureté qui l'entourait, ne travaillant – il était bon menuisier – que pour gagner assez d'argent pour survivre ; il gardait le reste du temps pour lui. Nous arpentions les rues une fois la nuit tombée en quête des rebuts, tonneaux, poutres légèrement calcinées, chaînes rouillées, dont il faisait ses sculptures. Celles-ci avaient des titres un peu grandioses, *Orphée et Eurydice*, clous tordus sur planches éclatées. Je n'étais pas en mesure de reconnaître leur parenté dans des constructions comme la *Mandoline et Clarinette* de Picasso (1913), des débris collés ensemble sans un coup de peinture, ou *Violon*, explosé et fruste, et les siens étaient beaucoup plus abstraits, mais j'aimais parler avec di Suvero. J'étais certain de son authenticité, probablement parce que j'avais moi-même le sentiment de n'en posséder aucune. Je venais de la banlieue ; j'avais une femme, des enfants, le complet manifeste. Même en ville j'avais peine à croire que je travaillais sur quelque chose d'intéressant. Di Suvero était l'opposé. Libre et inspiré, il pouvait faire comme bon lui semblait, ne voir personne, travailler jusqu'à l'aube. Son visage me reste, le visage de cette année-là, énergique et pur.

Durant les fêtes de fin d'année, je m'absentai quelques semaines, et à mon retour il n'était plus là. Sa porte était bouclée. Le soir, ses fenêtres restaient noires.

Il avait eu un accident, je l'appris par la suite. Il était au Roosevelt Hospital, très mal en point. C'était arrivé dans un monte-charge, il s'était fait écraser. On l'avait mis sur un lit de camp, sur le ventre, le front supporté par une sangle en toile, et il pouvait voir son visiteur au moyen d'un petit miroir posé par terre. Il était paralysé en dessous de la ceinture. Toute la jeunesse et la fierté. C'était comme de rendre visite aux blessés graves.

Lorsque j'entrai dans la chambre je ne remarquai pas le miroir. Puis je vis ses yeux, qui m'attendaient. On pouvait voir la violence de l'accident dans ses yeux – le blanc était parti, ils étaient rouge betterave à cause de l'hémorragie. Sa colonne vertébrale était cassée, mais pas sa volonté. Il s'était juré que, quelle que fût l'opinion des médecins, il remarcherait. Il parla d'un concours d'architecture auquel il avait l'intention de participer, il avait même commencé à construire une maquette.

Dans un autre hôpital, à l'autre bout de la ville, mon père était en train de mourir. Je ne revis pas di Suvero avant des mois. Les jambes dans des attelles en acier, chancelant, souvent près de tomber, il réussit néanmoins à se rendre dans la pièce sur Peck Slip que j'étais sur le point d'abandonner. Le livre que j'écrivais était fini. *The Arm of Flesh*, cela s'appelait. J'avais confiance dans le titre. Deux femmes en robe du soir, des femmes crispantes, volubiles, prenaient un verre avec moi pour fêter cela. Leur bavardage déferlait autour d'un di Suvero qui semblait se retenir. J'avais l'impression qu'il était en train de réviser l'opinion qu'il avait de moi.

Je ne le revis plus. J'entendais parler de lui de temps à autre. Son travail était à présent dans les musées ; il était devenu imprévisible et caractériel. Dans une tribune d'invités, au Guggenheim, il avait soudain piqué sa crise, insultant le public, criant et proférant des menaces. Peut-être étaient-ce les médicaments qu'il prenait pour calmer la douleur, les narcotiques ; toujours est-il qu'il mit fin à la discussion. Je songeais au dieu magnifique qu'il avait été. Il y a des hommes qui ont le sentiment que le monde ne leur doit rien. Il en était l'exemple même. Son abnégation m'encourageait.

Il m'avait offert un livre de poèmes de Rilke dont l'un, "Torse d'Apollon archaïque", semblait avoir été écrit pour moi. Le poème décrivait, avec beaucoup de retenue, une belle statue au milieu de ce qui, dans mon souvenir, est le vert reposant d'un parc, les membres parfaits, la grâce. Il en arrivait à deux doigts de faire trop long jusqu'au vers final et surprenant qui disait simplement : *Tu dois changer ta vie.*

*

Ce fut un processus difficile, le changement. Seules quelques personnes offrirent des encouragements, même sans le savoir. Kenneth Littauer fut l'une d'elles. Littauer and Wilkinson était le nom de la firme, inscrit en capitales sur le verre dépoli de la porte. En bas, dans la rue, des boutiques de confection et beaucoup de circulation. Déjà blanc de cheveux lorsque je fis sa connaissance, ancien directeur littéraire, comme son associé, Littauer connaissait bien la France. Il parlait parfaitement le français, du moins une fois passée la porte du St. Denis, un petit restaurant dans les East 50's qui avait sa préférence et où, les dents noircies par la pipe, il jacassait en argot avec le maître d'hôtel. Il voulait *se débarbouiller*, disait-il, se rafraîchir. "*Oui, mon colonel.*"

Il aimait parler d'aviation – ce qu'il en avait connu s'arrêtait à peu près à 1918. Chez lui, dans le Connecticut, il avait un morceau de verre d'environ la taille d'un programme de théâtre avec un trou de projectile presque en son centre exact – le pare-brise de son avion lorsqu'il volait avec les Français pendant la Première Guerre mondiale. Il pilotait un avion de reconnaissance. La balle n'avait fait que le frôler. Des dizaines d'années plus tard, il fut invité avec d'autres anciens pilotes à une projection de vieilles actualités. La pellicule était en train de se désintégrer, et les historiens voulaient savoir qui était qui dans ces séquences prises au hasard sur divers terrains parmi ces figures qui bougeaient de façon saccadée, et ce qui valait d'être préservé. "Alors, Colonel", demanda mine de rien son associé à son retour au bureau, "comment ça s'est passé ?

– Pas mal, je suppose, fit Littauer. C'était bon de voir les golden boys revivre une heure ou deux." Il faisait référence aux pilotes de chasse, aux as qui faisaient aujourd'hui figure d'antiquités.

Ma qualité de pilote faisait pencher les choses en ma faveur. Il aimait entendre mes histoires. Une supposition que je sois passager, voulait-il savoir, et que le pilote et le copilote d'un jet de ligne commerciale se trouvent tous les deux dans l'incapacité à cause de, disons, un oiseau passant à travers le pare-brise, serais-je capable de faire atterrir l'avion ? Je m'imaginais appelant calmement la tour pour leur demander de m'amener quelqu'un qui puisse me guider pas à pas, réglage volets, puissance, vitesse en approche finale. Rendu optimiste par le vin du déjeuner, je l'assurai en être capable, peut-être pas un atterrissage parfait, mais correct.

"Si ce livre n'est pas accepté..." dit-il, pour m'aider à me préparer à l'éventualité.

"J'en commencerai un autre."

Je sentais qu'il s'attendait à ce que je dise cela. C'était un homme intègre, diligent et pessimiste. Max Wilkinson, par contraste, était un brave type. Ses petits doigts tendus, il se frottait le nez durant la conversation en un geste qui exprimait incrédulité et réflexion. Il s'habillait bien, blazer, pantalon gris perle. Ce qui l'intéressait c'étaient les titres en Bourse, la fortune, les hommes qui sortaient de l'ordinaire, les fripouilles.

Il y avait chez lui quelque chose qui semblait avoir capitulé, le fantôme d'un monde précédent, bien meilleur. Les gens de sa famille étaient arrivés en 1623, il en faisait la remarque négligemment. Vaillance condamnée d'avance, vaines espérances, laissait-il entendre par là. Il aimait raconter le jour où, quand il était rédacteur de magazine, il était allé trouver Scott Fitzgerald. "J'avais un de ses manuscrits que je voulais revoir avec lui à tête reposée. Quand je suis arrivé, il était en train de boire un verre à eau rempli de gin."

Nous étions au Century Club ou au Toots Shor's, les tournées commençaient à faire leur effet. Fitzgerald, disait-il, s'était éclipsé ce soir-là, était monté à l'étage, puis en était redescendu complètement nu, en disant : "Je sais ce que vous voulez réellement. Vous voulez me voir prendre ma dope. Eh bien, je vais vous montrer."

J'étais enclin à croire ses anecdotes, qu'il répétait rarement. Elles étaient comme des souvenirs accidentels.

"Je veux qu'on m'oublie, marmonnait-il. Mon seul but dans la vie est de ne pas avoir vécu. Dites seulement.... dites seulement, il adorait les fleurs, il s'arrêtait sur 3rd Avenue pour acheter leurs satanés bouquets." Sa voix chuintait.

Le lendemain, comme toujours avec les hommes de longue expérience, il se montrait frais et dispos et sans le moindre repentir. Arrivée l'heure du déjeuner, il avait cet allant du boxeur qui sait qu'il n'aura pas à combattre. "On ne devient jamais vieux là-dedans", faisait-il en se tapotant la poitrine. Il est difficile d'imaginer un homme pour qui c'était plus vrai.

Des autres clients de l'agence je ne savais pas grand-chose. Certains étaient journalistes ; beaucoup avaient fait leur temps, d'autres écrivaient des histoires policières ou des westerns. Un jour, dans le bureau, je fus présenté à un Australien avec une figure ronde animée et des dents brunies sur les bords.

"Mon cher ami !" s'exclama-t-il avec enthousiasme.

Il s'appelait Lindsay Hardy. Il était prodigue et, pour Wilkinson, comme un fils.

Il avait fait la guerre, en Nouvelle-Guinée et dans le désert.

"C'était comment ? demandait Max.

– On briquait les fusils, entonnait Hardy, et on tuait les Boches dans les collines de Jésus."

Il se trouvait à New York pour essayer d'écrire un film d'après un de ses livres qu'il avait vendu au cinéma. En attendant, il vivait sur un grand pied, un délice pour les femmes. Elles se bousculaient aussi dans son passé. "La veuve Woods, se remémorait-il, à Brisbane. J'étais son amant. Un jour elle me dit, 'Lindsay, est-ce que tu t'y connais pour tailler les arbres ?' Elle avait un énorme abricotier derrière la maison, un truc monstrueux, les branches touchaient le ciel. 'Bien sûr, mon amour', que je lui dis. Tout pour lui plaire. 'Veux-tu bien me tailler mon arbre ?' 'Tout ce que tu voudras, je lui fais.' Là-dessus je suis allé à la bibliothèque potasser la taille des arbres fruitiers. Ensuite je suis rentré couper l'arbre."

"Ce fut un désastre. L'arbre n'a pas donné un seul fruit de toute l'année, il a même perdu ses feuilles. J'étais fichu après ça, évidemment, se lamentait-il. Elle m'ignorait quand je la voyais dans la rue."

Je ne sais pas ce qu'il advint de son scénario. Quand il n'y aurait plus d'argent il partirait à la nage pour les Narrows [1], prétendait-il toujours, et finalement il retourna en Angleterre. Quelques années plus tard, j'appris que sa chance avait tourné. Sa femme était morte d'alcoolisme et il n'avait pas d'argent pour payer ses amendes pour excès de vitesse. "C'était un dur, se remémorait Max Wilkinson, il aimait boire. Il avait une vieille Rolls-Royce qu'il adorait." Néanmoins il n'avait plus de nouvelles de lui. Il s'était complètement volatilisé.

Son nom rendait heureux, pourtant, jusqu'aux enfants de ceux qui l'avaient connu. Je bavardais avec l'une d'entre elles un soir, hautement impressionné par le récit qu'elle faisait de son enfance. Elle et sa mère étaient de ferventes disciples de Wilhelm Reich et avaient subi plusieurs sessions dans un dispositif peu conventionnel appelé boîte à orgone. Je savais seulement que cela avait quelque chose à

1. The Narrows : étroite passe entre Manhattan et Staten Island. *(N.d.T.)*

voir avec l'énergie sexuelle. Elle avait eu aussi, peut-être en corollaire, des relations intimes avec un homme à l'âge de sept ans, un amant de sa mère. Elle avait flirté ouvertement avec lui et sa mère avait fini par lui dire d'aller le rejoindre au lit.

J'essayais d'imaginer sa mère mais n'y parvenais pas : c'était une femme aux poignets épais, qui aimait le plaisir et qui sur son lit de mort aurait pu murmurer "brûlez mon journal", ou une femme avec une gorge splendide et un visage pur assailli par les ans ; en tout cas, une femme qui n'avait aucune difficulté pour attirer les hommes, même si la plupart, me dit sa fille, ne valaient rien. Il y en avait un, cependant, "un type sensationnel. Qui écrivait". Avais-je jamais entendu parler d'un livre intitulé *The Grand Duke and Mr. Pimm* ?

"Lindsay Hardy, fis-je.

– Vous le connaissez ? s'écria-t-elle, ravie.

– Oui.

– Je n'arrive pas à le croire ! Qu'est-ce qu'il est devenu ?"

Parti à la nage pour les Narrows, pensai-je. Mais je répondis seulement, "je ne suis pas sûr".

*

Kenneth Littauer demeura mon agent aussi longtemps qu'il resta en vie, ou presque. Il avait soixante-quatorze ans lorsque je déjeunai avec lui pour la dernière fois. C'était au Century Club, et j'avais le pressentiment que c'était le finale. Il avait été obligé d'abandonner son travail – il oubliait tout, n'avait plus de forces, il avait fait trois chutes en une semaine, m'avait écrit sa femme. Je m'attendais à voir un personnage brisé, mais il paraissait le même qu'il avait toujours été, voûté, méfiant, alerte. Nous parlâmes voyages et autres. Nous avions souvent fait le projet de nous retrouver à Paris et de dîner au Grand Véfour, qui était en tête de la liste des choses qu'il ne désapprouvait pas, mais nous n'en avions jamais trouvé l'occasion. Je voulais poser certaines questions, celles dont j'avais négligé de me remémorer les réponses durant toutes ces années : le prénom de sa fille préférée, celui de son mari, le titre d'un livre qu'il m'avait recommandé, des détails sur son père à lui.

Le déjeuner terminé, il insista pour m'accompagner jusqu'à la porte. À pied, nous descendîmes les cinq étages, et dans l'entrée nous nous fîmes nos adieux. Il avait été lieutenant-colonel à vingt-quatre ans, en France. Ils voulaient qu'il rempile, mais il avait décidé de ne pas le faire. Je pouvais comprendre ses raisons, n'est-ce pas ? disait-il. "Il n'y avait personne à qui parler."

Dans la rue je notai le titre du livre, *Disenchantment*, de C.E. Montague.

Il mourut quelques mois plus tard, un quatorze juillet, justement. J'étais en France à ce moment-là et cela me fit un choc en lisant cela dans le journal. Dans la nécrologie il y avait quelque chose que j'avais oublié ou n'avais jamais su : il avait la DSC[1].

*

En chemise noire et cravate texane, avec un crâne de bœuf en perles pour la maintenir, John Masters fit son apparition. C'était à la campagne, New City, sur South Mountain Road. Il était grand et sévère d'apparence comme il se devait pour un ancien officier britannique. Sur le haut des joues il avait des touffes de poils longs et laissés en l'état, une marque de caste. "Bugger tufts[2]", expliquait-il sans élaborer. Il avait servi dans l'armée des Indes. Plus tard, dans une histoire de la guerre du Pacifique, je lus un récit qu'il avait écrit sur la bataille de Birmanie, la défense d'une colline par son bataillon

1. Distinguished Service Cross : la plus haute distinction américaine après la Congressional Medal of Honor. *(N.d.T.)*

2. Bugger : référence aux pratiques homosexuelles dans les Public Schools. *(N.d.T.)*

dans la jungle contre l'attaque de Japonais en surnombre, un épisode, comme bien d'autres, dont je ne l'avais jamais entendu parler. Peut-être était-ce de cela qu'il tirait son autorité. C'était chez lui qu'on se précipiterait en cas de grave danger. Il saurait sans hésitation quoi faire.

Il y eut une soirée où nous avions invité des gens à voir un film jamais montré en salle mais néanmoins légendaire, l'hymne que Leni Riefenstahl avait consacré au rassemblement nazi de 1934 à Nuremberg. Cela s'ouvrait avec Wagner, et un avion de transport Junkers qui traversait des nuages éthérés, amenant le Führer dans la vieille cité. Masters et sa femme étaient arrivés en retard. Ils se tenaient dans l'entrée au moment où l'on voyait Hitler, plongé dans ses pensées, en train de regarder par un des hublots de l'avion. "Je ne crois pas que j'aie envie de voir ça", fit Masters, et avec sa femme il fit volte-face et s'en alla.

Derrière ses best-sellers, *Bhowani Junction* et *Nightrunners of Bengal*, il y avait une organisation digne d'une campagne militaire. Sur de grandes fiches, il avait consigné les détails concernant ses personnages – date de naissance, éducation, couleur de cheveux et d'yeux. Sur des feuilles de papier plus grandes, la chronologie des événements. Il avait étudié le métier d'écrivain d'une manière très méthodique. Il devisait des principes auxquels il se tenait. Ne perdez jamais les choses de vue ni n'enlevez le projecteur d'où il doit être, me disait-il. Si un des principaux personnages est une femme, disons, et qu'elle prend l'ascenseur, ne vous mettez pas à décrire le liftier. Cela vous ferait desserrer prise.

Mes propres méthodes semblaient négligentes lorsque j'écoutais les siennes. C'était l'échec assuré. D'un autre côté, je n'essayais pas d'écrire *Bhowani Junction*. J'avais les rêves ravis d'un fumeur d'opium, intenses mais inexprimables. Je voulais – quelqu'un à Rome me fournit les mots quelques années plus tard – atteindre l'*assoluta*.

Je raisonnais encore de cette immodeste manière lorsque je rencontrai, entièrement par hasard – il se trouve qu'il habitait un appartement juste à côté de celui que j'empruntais en ville – un auteur qui au début me semblait prendre, bien que de manière différente, un chemin similaire. Il vivait seul, avec un petit chien, dans une longue pièce obscurcie crevée de lumières blanches, des points lumineux comme des têtes d'épingle, réparties le long des étagères à livres. Il y avait de coûteux livres d'art empilés sur les tables – il allait chez Scribner's sur 5th Avenue et en achetait chaque fois qu'il avait de l'argent. Accrochées haut sur les murs se trouvaient trois ou quatre photographies grand format encadrées, telles qu'on peut en voir pour les vedettes de cinéma, sauf que celles-ci représentaient la luisante *chose* noire d'une femme, comme Pepys aimait appeler cela, sa chaudière, comme si ce qui se trouve sous les robes du soir satinées et les jupes moelleuses de *Vogue* avait été mis à nu.

Son nom était Davis Grubb. Il avait écrit un livre intitulé *La Nuit du chasseur*. Il commença par me demander si j'avais lu un article – un numéro entier de *The Nation*, je crois, lui avait été consacré – dénonçant J. Edgar Hoover et le FBI. Je devais absolument le lire, dit-il à voix basse. Le FBI était impliqué dans l'assassinat de Kennedy. Je savais sûrement qu'il y avait eu conspiration, tout de même ? Avais-je lu Mark Lane, qui apportait les preuves ? Non, mais je l'avais vu à la télévision.

“Quand ?

– Oh, il y a deux mois environ. Pas ici. À Toulouse.

– Toulouse.

– Vous savez bien. En France.

– Je sais. J'y étais hier soir”, dit-il. Il avait le regard fixe d'un homme disposé à passer pour fou.

Il se peut bien que son chien, un lhasa apso, s'appelât Laddie. Ils allaient souvent ensemble, tard le soir, chez Clarke's, un bar où Grubb buvait avec des hommes qui étaient sans nul doute possible des policiers ayant fini leur service. Comment le savait-il ? demandai-je. “Chaussettes blanches”, dit-il. Je pouvais voir le chien assis patiemment près de son pied, Grubb, le père éthylique, négligent mais aimé.

On disait qu'il était toxicomane. En y repensant, cela se défend, les habitudes nocturnes, les remarques loufoques, le besoin d'argent continuel. Un matin il me demanda de l'aider à porter une valise remplie d'exemplaires soldés de son livre. Il allait essayer de les vendre dans un magasin à une rue ou deux de là – est-ce que je pensais qu'il pourrait en obtenir un dollar pièce ? Je n'avançai pas d'opinion. Le magasin n'était même pas une librairie.

Je crois qu'il se sentait seul. Je ne lui ai jamais connu de visiteurs. Je l'aperçus un jour dans le couloir, mal vêtu, en train de fermer à clé la porte de son appartement. Il était dans une situation désespérée, me dit-il. Il avait besoin d'argent pour le loyer, sinon on allait l'expulser. J'avais trente dollars et lui en donnai vingt ; il me remercia, un peu embarrassé. Nous sortîmes ensemble, descendant Park Avenue, puis en direction de Madison. Il y avait un restaurant luxueux qui faisait le coin.

"Avez-vous le temps de déjeuner ? me demanda-t-il mine de rien.

– Déjeuner ? pas ici, fis-je.

– Une autre fois, alors", répondit-il, ajoutant qu'il allait entrer manger un morceau. Incrédule, je le regardai passer les portes de verre étincelant.

C'est la dernière image que j'ai de lui, bien qu'une fois en Angleterre j'aie vu quelque chose qui m'a fait repenser à lui : un sentier à travers champs, sur lequel, chenu, seul, un bâton à la main et un sac sur le dos, un homme marchait, un chien crotté trottant sur ses talons. Les années s'en étaient allées, tout comme les possessions. Le village ne le connaissait pas, ni ne le connaîtrait jamais. Il avait seulement ce qui était dément et intact en lui, et il irait bien tant que son chien serait en vie.

*

De ces années, les années 60, je me rappelle l'intensité de la vie de famille, son abondance. C'était tout un art – fêtes costumées ;

sorties téméraires sur un vieux bateau à voile, un Comet qui prenait l'eau, jusque loin au milieu de la rivière ; chiens ; dîners ; poker la veille de Noël ; patin à glace. Nous étions dans un monde de familles, tous jeunes, sans cicatrices : la belle Hollandaise et son mari ; le peintre et sa femme, qui, à notre grande surprise ouvrirent un restaurant sur la grand-route, nommé d'après l'une de ses idoles, del Piombo ; le psychiatre et sa femme, qui furent nos premiers amis intimes. C'était tout un innocent rondeau, une fête touchante par son originalité qui se donnait au milieu de transactions immobilières, dans une campagne qui tombait lentement, champ par champ, aux mains des promoteurs.

Nous vivions, la plupart du temps, dans une grange à moitié aménagée près de New City, à environ cinquante kilomètres de New York. De toutes les maisons celle-ci demeure la plus claire – la pièce confortable une fois passée la porte d'entrée dont on avait fait un bureau, la longue et claire salle de bains avec sa rangée de fenêtres au-dessus du lavabo qui donnaient sur les arbres, et un appentis qui servait de garage, la cheminée en pierre, les planchers grossiers, l'énorme cuisine. Il y avait une terrasse faite de grands carrés d'ardoise qui avaient jadis servi de trottoir à Nyack, et par-derrière, après un bosquet, se trouvait un cours d'eau. Plus loin encore on arrivait à un long champ en pente planté chaque année de tomates, dont les seules glanures étaient une récolte. Les ongles noirs de terre, nous en ramenions des paniers entiers en automne.

Non loin de là, sur South Mountain Road, se trouvait l'aristocratie. Les premiers artistes s'y étaient installés, et Maxwell Anderson, le dramaturge, y avait été propriétaire d'une maison dessinée par Henry Varnum Poor. De ce dernier je ne savais rien, sinon que son nom s'attachait à certaines structures, comme une particule. Celle avec laquelle j'étais le plus familier avait des murs bleus et des pièces pleines d'œuvres d'art héritées, Bonnard, Utrillo, Vuillard et Cézanne. “La Callas vient juste de partir”, auraient-ils pu dire.

Les saisons passaient avec majesté : l'inéluctable chaleur de l'été, les tempêtes de l'hiver, les feuilles de l'automne qui en une seule nuit tombaient des ormes le long de la route. Quelques jours après, je roulais à travers. Sous la grande arcade, une vague de feuilles jaunes se soulevait, de nouveau en l'air à cause du vent, à perte de vue. C'était, sans que je le sache, un avant-goût de ce qui était à venir, le temps encore lointain où les beaux débris s'élèveraient à nouveau et où j'écrirais sur ces jours.

*

Les célébrités, les écrivains qui enseignaient dans les universités et figuraient sur les listes des prix, me regardaient encore de haut, loin du chemin que je creusais entre campagne et ville, aller diurne, retour nocturne, écoutant la radio dans la voiture en regardant la route noire, familière, se dérouler devant moi.

J'avais écrit un troisième livre, une partie durant un été au Colorado, une autre dans le Village, des fragments scribouillés sur le siège vide à côté de moi tout en conduisant d'un endroit à un autre, récitant tout haut, répétant. Ce n'était pas un livre vierge. C'était le livre né en France en 1961 et 1962. Personne n'en avait encore lu un mot. J'avais une lettre de Paula écrite à l'époque qui m'exhortait, *l'important, et là je reviens à ce dont on parlait quand on avait vingt et un ou vingt-deux ans, c'est de faire les choses dont tu te crois capable, que tu veux faire et que tu feras.*

C'était mon ambition d'écrire quelque chose – j'étais tombé par hasard sur les mots – de *lúbrica y pura*, de licencieux mais pur, un livre immaculé rempli d'images d'un monde non chaste, plus désirable que le nôtre, un livre qui resterait avec le lecteur et ne pourrait être repoussé. Durant sa composition je ressentais la plus grande assurance. Tout sortait comme je me l'étais imaginé. Le titre était en partie ironique, *Un sport et un passe-temps*, une phrase du Coran qui exprimait ce que la vie en ce monde était censée être comparée à la vie plus importante à venir.

J'étais à cette époque sous l'emprise de livres brefs mais dont chaque page était exaltée, certains textes de Faulkner, *Le Bruit et la fureur* ou *Tandis que j'agonise*. Ce genre de livre, comme ceux de Flannery O'Connor, Marguerite Duras, Camus, reste ce que je préfère. C'est comme le demi-fond pour un coureur. Le rythme est implacable et doit être tenu jusqu'à la fin. Les Finlandais étaient jadis réputés pour courir sur ces distances et la qualité requise s'appelait *sisu*, à la fois courage et endurance. Pour moi, c'est le roman court qui en témoigne le mieux.

Ce livre que je croyais presque parfait fut immédiatement refusé par mon éditeur. D'autres maisons l'imitèrent. L'ouvrage était répétitif. Ses personnages étaient antipathiques. Peut-être m'étais-je trompé, et dans mon isolement avais-je perdu pied ou dépassé les limites, passant pour un ermite aux idées saugrenues. Finalement le manuscrit fut soumis à l'attention de George Plimpton, le directeur de *The Paris Review*, qui avait une petite filiale dans l'édition, et il décida sur-le-champ de l'accepter.

Cette année-là, un soir d'automne, je pressais le pas vers les marchands de journaux qui faisaient le coin, dont les lampes illuminaient les piles de magazines, afin d'acheter dès son arrivée le nouveau numéro du *New Yorker*, lequel publiait, en quatre longues parties, l'intégrale du livre qui catapulta son auteur, Truman Capote, du rang de chouchou à celui de flamboyante célébrité.

De sang-froid me remplissait d'envie pour sa clarté exceptionnelle et sa force, et mon admiration était d'autant plus grande que j'avais en mémoire l'article du *Times* qui en était l'origine, la famille de fermiers prospères brutalement exécutée chez elle dans la sécurité du Kansas. Je l'avais même découpé, tant cela semblait monstrueux et prémonitoire. Capote, à son grand crédit, avait fait plus. Sur un pari du tonnerre, il était parti, ouvertement téméraire et astucieux, sans rien d'autre que son talent et un carnet, exposer chaque facette du crime qu'il pourrait découvrir. C'était un pari dans la mesure où l'affaire pouvait très bien ne jamais être résolue, et tout son temps et son énergie se trouver dépensés en vain. De fait, les meurtriers furent longs à être capturés.

Sang, sexe, guerre et noms – le même bouquet vaut pour l'*Iliade* ou la première page du journal. *De sang-froid* se situait quelque part entre les deux, un énorme succès. Capote prit son essor vers les hauteurs. Il était malin, sa langue méchamment acérée. Il avait déjà connu les feux de la rampe et développé son personnage de diva qui devait bientôt se rendre irrésistible, et maintenant il y avait de l'argent, en plus.

Cette même année en novembre il donna une grande fête, un bal masqué, au Plaza. Les invités, des centaines – dont la liste avait été tenue secrète –, représentaient une certaine crème. Beaucoup venaient de dîners arrangés d'avance dans tous les coins de la ville, vedettes de cinéma, artistes, compositeurs de chansons, nababs, la princesse Pignatelli, John O'Hara, Averell Harriman, initiés politiques, reines de la mode, femmes en robe blanche, hommes en smoking. Ils montaient le chemin d'escalier à l'entrée de l'hôtel, de grands drapeaux languides au-dessus d'eux, les limousines en rangs sombres. Le sentier de la gloire : les robes du soir en satin relevées de quelques centimètres tandis qu'elles montaient sur des talons argentés. Des femmes saisissantes, les épaules nues, la foule captivée.

Ils s'éveillaient, ces gens, au-dessus d'un parc immense et calme, le réservoir comme un miroir, les immeubles à l'est dans l'ombre avec le soleil derrière eux, les rivières étincelantes, les ponts comme des esquisses. Il n'y avait pas de rideaux. À cette hauteur il n'y avait personne pour épier.

Dans la petite décapotable que j'avais achetée à Rome je passai devant cette nuit-là et vis tout ceci en quelques instants. Je ne connaissais ni les invités ni l'hôte. J'exultais ne ne pas en faire partie, de dédaigner pareille chose, cheminant comme un renard vers une autre sorte de vie. Il me revint à l'esprit ce qu'une infirmière m'avait dit un jour, qu'à Pearl Harbor on avait amené des victimes en smoking, c'était samedi soir sur Oahu, c'était dimanche. La danse dans les clubs était finie. L'aube de la guerre.

Dans le noir, le léger fredonnement des pneus sur la route déserte était comme une main rassérénante. La ville avait sombré, guère plus qu'un ciel lumineux. Mon livre à moi n'était pas encore publié, mais le serait bientôt. Il n'avait pas de dimensions, qui savait les sommets qu'il pourrait atteindre ? Il était au plus profond de ma poche, comme un héritage.

*

Tout à la fin de 1969, *Un sport et un passe-temps* ayant atteint quelques milliers d'exemplaires, je reçus une lettre de fan, longue, intelligente et admirative, avec, même si je ne m'en aperçus que plus tard, le titre d'un des livres du correspondant secrètement tissé dans une ligne. *J'aimerais vous abreuver de questions*, disait-elle. *Sincèrement, Robert Phelps.* C'est ainsi que cela commença.

Nous fîmes connaissance un mois ou deux après dans le restaurant espagnol du Chelsea Hotel – sur sa suggestion. Je ne suis jamais passé devant sans m'en souvenir, comme d'une liaison amoureuse. Malgré ses quarante-sept ans, il paraissait très jeune, presque espiègle, mince, parlant à voix basse et avec un merveilleux sourire. Du premier coup je le reconnus pour ce qu'il était, je vis en lui l'angélique et aussi quelque chose, appelons cela l'application, que je désespérais de jamais posséder. Je mourais d'envie de le connaître.

Il raffolait des livres ; des steaks tartares ; du gin versé d'une bouteille verte sur des glaçons scintillants chaque après-midi à cinq heures, la glace éclatant en applaudissements ; il aimait les chats ; les phrases bien tournées ; Stravinski ; et la France. Moi aussi j'aimais la

France, c'est-à-dire que j'étais sous son charme, mais je ne connaissais de Colette et de Cocteau que la tête qu'ils avaient. Je ne savais rien de Jouhandeau ni de Paul Léautaud qui, pourtant sur ses vieux jours et oublié de tous, écrivait, *Écrire ! Quelle chose merveilleuse !* La France que Phelps me révéla était un monde cultivé dans lequel la littérature perdurait.

Il aimait aussi les vedettes de cinéma, l'argent au sens abstrait du terme, et le brillant de ce monde-là, du moins il aimait y penser. Avec un collègue il avait fondé Grove Press, puis l'avait revendu, se jurant de ne vivre que de sa machine à écrire. Il me raconta comment il était venu à New York la première fois pour interviewer James Agee, tellement nerveux qu'il avait dû écrire les questions à l'encre sur la paume de sa main, et aussi son émotion en entendant les pas lents et mortels d'Agee, qui était cardiaque, comme il montait les escaliers.

Il possédait un appétit aigu pour les commérages, sans lesquels toute conversation est sans saveur, et une grande modestie personnelle. J'ai dit "angélique", mais pas le genre d'ange qui vous ménageait ou tombait en pâmoison. Un jour il y eut un coup de téléphone de Californie, une femme qui écrivait sa thèse sur Cocteau et voulait des conseils. Elle avait eu son numéro par son éditeur. Pourrait-elle lui écrire ? demandait-elle. "Oui, peut-être que vous pourriez obtenir mon adresse par mon éditeur", fit-il.

Mais plus généralement il vous faisait songer à Satie, timide, se tenant à l'écart de la lumière, intègre sinon envers lui-même, du moins envers les choses qu'il savait importantes. Sa vie était comme des notes pures, jouées sans hâte. Rarement parlait-il de ses propres écrits, donnant généralement l'impression qu'il s'agissait plus ou moins d'une maladie dont il essayait de se débarrasser. Il voulait écrire des romans mais ne pouvait pas. À la place, il écrivait des articles et des critiques, et des livres qui étaient en majeure partie des compilations. Il se délectait d'anecdotes, de remarques, d'actes outrageux – de tout ce qui ne pouvait s'inventer – et croyait en un principe moral qui pour lui était comme la loi de la pesanteur : les choses avaient leurs conséquences, y compris la célébrité. "*Il faut payer*", disait-il. Tout autour de lui la grande Babylone battait son plein, la ville forgeait fortune, célébrité, crimes, les journaux de la veille voletaient dans les rues, et au milieu de tout cela il menait sa vie singulière. Il n'avait ni maison ni automobile. Ses dépenses allaient à l'essentiel. Sur le bureau de son éditeur – Roger Straus –, il vit un jour une liste des à-valoir payés aux auteurs, et son nom était en tête de tous les autres, disait-il plutôt fièrement ; on lui avait avancé plus qu'à tout autre. Philip Roth avait obtenu cinq mille dollars pour *Professeur de désir*.

"Le livre a bien marché ?

– Oh...

– Qu'est-ce que tu dirais ? demandai-je. Vingt mille exemplaires ?

– Vingt ou vingt-cinq.

– Il était sur la liste des best-sellers.

– Vraiment ?" fit-il froidement.

Punaisées au-dessus de son propre bureau, il y avait des photos – Glenway Wescott et un Phelps adolescent descendant un chemin de terre ensemble, têtes baissées comme en conversation, chaussures de tennis à l'unisson ; un portrait de Gertrude Stein avec la citation : *J'en arrive à croire que rien à part l'œuvre d'une vie ne peut être estimé* – des croquis, des listes, cinq mots de vocabulaire italien à apprendre cette semaine-là, un horoscope pour le mois soigneusement tiré, et le commentaire d'Auden, *Nous avons été mis sur terre pour fabriquer des choses*. Dans le couloir il y avait une pile de livres à jeter, ceux qu'il avait, en parcourant les étagères, trouvés sans mérite. Son existence était complètement au point, concentrée, et lui-même était l'un de *ces derniers fanatiques d'une religion en voie d'extinction*.

Une fois il mentionna – c'était après dîner, la table à moitié débarrassée, sa femme assoupie sur le canapé – deux livres qu'il était en train d'écrire. L'un s'appelait *Following*, sur les gens qu'il suivait dans la rue ou sur d'autres dont il retraçait la vie ou la carrière, essentiellement sur son voyeurisme. L'autre était *1922*, l'année de sa naissance, divisé en 365 parties, dont certaines étaient vides, expliquait-il. Le livre devait être sur tout ce qui s'était passé cette année-là ou était en cours ou avait pris fin, et cela ferait partie de sa vie, des choses sur Walter Benjamin, Proust, Colette, bref, la matrice de son monde. Cela commencerait au moment de sa conception et se terminerait juste après sa naissance.

Au début de nos relations il m'offrit le livre qu'il adorait le plus, et qui était pour lui, je pense, un modèle, écrit par un autre critique frustré, *Le Tombeau de Palinure* de Cyril Connolly, avec sa dédicace signée "un nécrivain", comme Connolly se qualifiait lui-même. Phelps l'avait lu vingt fois, à ce qu'il disait.

*

L'appartement était sur 12th Street, près de 5th Avenue. C'était au troisième et dernier étage. La porte n'avait pas de sonnette ; quelqu'un devait descendre vous ouvrir ou envelopper la clé dans un bout de papier et la lancer de la fenêtre. Par ces escaliers était montée Marsha Nardi, qui avait été la maîtresse de William Carlos Williams et de Robert Lowell – ses lettres étaient fameuses –, bras levés et récitant, tout en montant, un poème de Baudelaire. Montés aussi Ned Rorem, un ami intime qu'il admirait et enviait ; Philip Guston ; Richard Howard ; et Louise Bogan ; ainsi que d'autres auteurs et peintres. Ned Rorem, disait-il, avait une fois demandé Gloria Vanderbilt en mariage. Sa réponse était digne d'une reine : "Mais il faudra me baiser, tu sais." Phelps parlait d'un ami qui s'était trouvé en France juste après la guerre, et qui, avec du chocolat, des cigarettes et autres luxes introuvables, s'était procuré de remarquables éditions signées de Cocteau et Colette. "Ce n'était pas Ned Rorem ? dis-je.

– Oh, mon Dieu, non. Lui n'a pas fait la guerre. Il était trop occupé à changer de rouge à lèvres", dit Phelps.

La plus grande des deux pièces, celle de devant, avait une cheminée. La femme de Phelps, Becki, qui était peintre, l'avait transformée en atelier. En passant par une petite cuisine rectangulaire, comme un cottage à elle toute seule, on arrivait dans la salle du fond, dans laquelle ils mangeaient, dormaient et recevaient. C'était rempli de livres et de discussions sur eux.

À leur table, un soir, quelqu'un mentionna les orages et le plaisir qu'il y a à dormir pendant qu'ils passent. "Absolument la chose que je préfère au monde ! s'écria Phelps. Il y a un merveilleux orage dans Hardy, vous savez celui que je veux dire ? Dans *Loin de la foule déchaînée*. Hardy était le plus grand, question météo, disait-il. Ensuite venaient Tourgueniev et Colette, et Conrad, naturellement. Mais dans quels autres livres encore y avait-il des orages ?

"*Les Aventures d'Huckleberry Finn*, dit quelqu'un.

– Bien sûr. Est-ce qu'il y en a un dans Joyce ? Proust ? Non." Phelps faisait les questions et les réponses. "Tout se passe à l'intérieur chez Proust.

– Pavese, dans *Le Diable sur les collines*.

– *La Mousson*.

– *Les Raisins de la colère*, vers la fin là où ils....

– *Pnine*, au début.

– *Les Palmiers sauvages*.

– *L'Adieu aux armes*.

– *Les Hauts de Hurlevent*."

Cela continua de la sorte encore et encore, les titres envoyés et renvoyés sans hésitation, comme un volant de badmington. Je me retrouvai moi-même rapidement à court. Ce n'est que bien plus tard, dans son exemplaire de Sherlock Holmes, que je tombai sur un mot inscrit à l'intérieur de la couverture, *Intempéries*, et en dessous, avec le numéro de la page, le titre de la nouvelle, "Les cinq pépins d'orange".

Ce même soir, plus tard, Becki me lut mon horoscope. Elle s'en tenait – ils s'en tenaient tous les deux – à la croyance aristotélicienne voulant que ce bas monde soit lié aux mouvements de celui du dessus, et que tout soit gouverné par lui. Mon ascendant était le Lion, dit-elle, “et le soleil dans la Onzième Maison signifiait des amis puissants”. Il y avait des liaisons cachées et pas mal de promiscuité, ça n’arrêtait pas. “Dites-moi, fit-elle, tous vos rêves se sont-ils réalisés ?” J’éclatai de rire.

“Un grand renom vous attend en définitive, dit-elle comme consolation. Qu’est-ce que vous désirez ?

– Être immortel”, coupa Phelps avec impatience, comme si cela allait de soi.

Bien qu’ils fissent les horoscopes ensemble ils n’étaient jamais d’accord. Lui était exact, elle intuitive. “Oh, mon Dieu, protestait-il, ce *n*’est *pas du tout* ce que cela veut dire.” Il y avait un unique pli profond sur son front, entre les yeux, le signe d’une vie divisée, peut-être, et je remarquai un léger tremblement dans sa longue main intelligente.

*

“Lis cela”, m’instruit-il un jour. C’était dans la pièce encombrée qui lui servait de bureau, au premier étage de l’immeuble. Le livre qu’il me tendait était les nouvelles complètes d’Isaac Babel. Il en avait distingué trois avec des marque-pages, “Guy de Maupassant”, “Rue Dante”, et “Ma première oie”. Je n’avais jamais lu Babel. Son nom était de ceux qui étaient vaguement dans l’air. Le paragraphe qui ouvrait “Ma première oie” était renversant. J’en examinai chaque mot encore et encore. Ils étaient simples mais en même temps inimaginables, et établissaient un niveau en apparence impossible à maintenir pour le reste de l’histoire, mais la surprise était qu’elle le faisait bel et bien.

De temps en temps, quand il ne s’en servait pas, je travaillais moi-même dans cette pièce et lisais les livres qu’il entreposait là. Maugham en faisait partie.

“Quel livre ? demanda Phelps lorsque je le mentionnai.

– *The Summing Up*.

– Bien sûr. C'est son meilleur."

Ses opinions, affûtées par les années de critique, étaient assurées et directes. Les romans d'Elizabeth Hardwick étaient "comme des vieux fauteuils en osier". Faulkner était un écrivain épouvantable. "C'est peut-être un génie, mais une disgrâce en tant qu'écrivain." D'un directeur littéraire en vue, il remarquait seulement, "Un ivrogne". Son auteur anglais préféré était Rayner Heppenstall – je n'avais jamais entendu parler de lui – et, bien sûr, Henry Green. Je me mis immédiatement à lire *Amour*.

"Le roman du dix-neuvième siècle est mort comme forme, me dit-il, il ne fonctionne plus. Il est est mort en 1922 avec *Ulysse*, l'écrivain prétend ne pas faire partie de l'œuvre, est invisible, au-dessus d'elle. Mais alors, à qui appartient la voix ? *Parfum d'étreintes qui l'assaillaient toutes. La chair affamée obscurément, muet, il désirait adorer*. Bloom", expliquait-il, "en train de lorgner des sous-vêtements de femmes – c'est la voix de Joyce, bien sûr, mais il ne l'admet pas.

"La seconde forme, continuait-il, c'est quand l'auteur parle à travers quelqu'un, l'habite, pourrait-on dire, comme le fait Henry James ou Fitzgerald dans *Gatsby*.

– Le Henry de Berryman.

– Oui. C'est peut-être une des grandes œuvres de la seconde moitié du siècle. Prose ou poésie, ajouta-t-il, c'est la même chose. La troisième forme est la confession, la première personne, l'auteur qui se tient là devant toi. Henry Miller dans *Tropique*, Genet dans *Notre-Dame des Fleurs*. Colette a écrit une merveilleuse description de l'exécution de... qui c'était déjà ? Dans Genet, la première phrase...

– Weidman.

– Oui ! Maintenant il est immortel. C'est Gertrude Stein qui a dit qu'une vie sur laquelle on n'a rien écrit n'a pas été vraiment vécue, eh bien voilà."

C'était la voix de l'écrivain, insistait-il, qui était la chose primordiale et définitive. J'avais, vers cette époque, vu une exposition de Van Gogh, des toiles de lui et de ses contemporains sur lesquelles il s'exprimait dans ses propres écrits, et je fus frappé par ce qu'il disait dans une lettre à son frère, *Ce qui est vivant dans l'art, et éternellement vivant, c'est au premier chef le peintre et au second chef la peinture.* Phelps était de cet avis.

"À l'origine, disait-il, la forme pour raconter des histoires était quelqu'un qui disait, j'y étais, voilà ce que j'ai vu, comme dans Shakespeare où, qui c'était déjà, qui disait quelque chose comme, Je l'ai vue dans une rue publique, à quatorze pas ou quelque chose comme cela." C'était à Enobarbus dans *Antoine et Cléopâtre* qu'il pensait. "Maintenant nous y revenons de nouveau. Réfléchis à ce que j'ai dit", conseillait-il.

J'avais entendu des idées similaires de la bouche d'un écrivain à Londres, Andrew Sinclair, qui pensait que le roman, le roman psychologique qui commençait avec Richardson et expliquait motivations, émotions et sentiments, s'était achevé avec Proust. Sinclair ne pouvait pas lire Proust. Il n'aimait pas entendre ce que l'auteur disait des pensées et des actions de ses personnages, il préférait voir et entendre les gens et décider par lui-même. Le roman proustien avait coïncidé avec la montée de la bourgeoisie, sa prospérité, et s'était terminé avec le déclin de cette classe – ce qu'il considérait comme couler de source. De toute manière, c'était là un affluent, pas le cours d'eau principal. Le cours d'eau principal était l'histoire, comme la Bible, comme Homère.

Sinclair avait une voix profonde et était, pour moi, insondable. Je tombais sur lui de temps en temps, parfois marié, parfois non. Sa première femme, qui était en partie, ou peut-être entièrement, Française, avait été très belle. Elle s'était rendue à Cuba et donnée à Castro. "Elle m'a beaucoup appris, méditait-il. Elle m'a appris que tout ce que j'avais appris en Angleterre n'avait rien à voir avec rien."

Parmi les opinions peu banales qu'avait Sinclair, l'une était que les commérages constituaient la vraie histoire. Dans cette inclination pour le fragmentaire il n'était pas sans ressembler à Robert Phelps, qui aimait les aperçus saisissants, les répliques, les détails inattendus. "Te rends-tu compte, me demanda-t-il une fois, que Freud n'a plus eu de rapports sexuels après quarante ans ?

– Où as-tu entendu ça ?

– À la radio", dit-il, sans embarras aucun.

J'eus un mémorable déjeuner avec lui le jour de son quarante-neuvième anniversaire. Nous bûmes plusieurs martini-gins, et ragaillardi par eux, je pouvais voir, dans la lumière, sa bonne tête d'homme de la campagne, le long nez et la bouche sensible. Sa main tremblait. "*Mia zampa*", murmura-t-il en manière d'excuse – *zampa*, patte. Il racontait des anecdotes sur Glenway Wescott buvant à une réception avec le duc de Windsor. Il avait épousé la duchesse, fit remarquer le duc, parce qu'elle était la meilleure fellatrice de toute l'Europe.

Nous étions dans un restaurant rempli de fleurs, linge de table fraîchement repassé, visages de femmes. "Son problème, disait Phelps à propos du duc, était bien connu. C'était l'éjaculation précoce, pauvre bougre. Ils lui avaient fourni des femmes de tous les coins. Il était misérable. Il n'avait jamais connu la gloire du mâle qui vient de donner du plaisir à une femme. La tante de Gloria Vanderbilt revenait d'Europe – c'est comme ça que tout a commencé – et elle tomba sur Wallis Warfield à New York. 'Neddie est si misérable, dit-elle, occupe-toi de lui.' 'Ne crains rien', dit Wallis. Elle savait ce qu'était la société : on faisait tout mais on n'en parlait pas.

– Le duc de Windsor n'a pas vraiment dit ça, quand même ?

– D'après Glenway", dit Robert.

*

Dans la chambre il faisait ses valises. Il partait pour la France cette semaine-là, et aussi l'Italie. Sur une carte de Rome je lui indiquai les hôtels et les meilleurs endroits où changer de l'argent. Des pantalons en velours étaient pliés dans sa valise, pull-overs et chemises. Comme une arrière-pensée, il y ajouta une bouteille de scotch.

Sur le bureau, il y avait une lettre écrite en noir par Colette de Jouvenel, la fille de Colette, avec qui il allait se rendre en Italie en voiture. *Cher Robert*, lisai-je. Hollywood pensait faire un film sur sa mère, et il fallait quelqu'un pour représenter les intérêts de la fille dans les discussions. C'était le sujet de la lettre. "Elle est baronne, commenta Phelps négligemment. Oh, rien d'important – anoblie par Napoléon III, considérée avec amusement par la véritable aristocratie."

Il avait hâte de dîner d'un plat d'anguilles avec Janet Flanner et d'accompagner Marcel Jouhandeau, alors âgé de quatre-vingt-quatre ans, au bordel homosexuel qu'il visitait tous les jeudis après-midi, près de la place Pigalle. Plus tard je reçus une lettre de lui, de Paris ; il avait mangé dans le bistro tenu par l'ancien amant de Jouhandeau, sur lequel Jouhandeau avait écrit un chef-d'œuvre, *Un pur amour*. C'est dans cette lettre ou dans une autre qu'il me faisait part du délice qu'il y avait à découvrir qu'il était à même de marcher de son hôtel, blotti dans un coin de la place Saint-Sulpice, jusqu'à la Seine, faire le trajet entier rien que par des rues portant des noms d'écrivains. Il se peut qu'il ait légèrement exagéré – je n'ai jamais pu imiter cette prouesse.

Cher cadet, s'adressait-il souvent à moi dans ses lettres. Il était plus âgé, c'était vrai, mais ce n'était pas sa sagesse qui m'attirait en lui, plutôt sa présence, qui confirmait tout ce que je cherchais à ressentir au sujet du monde. Dans les livres qu'il me donnait à lire, dans les longues conversations, les citations de Joyce, Connolly, Virginia Woolf, enfouies, pourrait-on dire, dans ses poches, il fut l'une des influences les plus importantes de ma vie et dans tout ce que je devais écrire par la suite.

Cela l'intéresserait-il, me demandais-je souvent ? Trouverait-il cela digne de mérite ?

"Tu mets du vermouth ?" demanda-t-il plaisamment un soir en sortant le gin, tremblant de la main droite, qui semblait presque avoir sa vie propre. "Katherine Hepburn a ça aussi", commenta-t-il. "Il lui a fallu s'asseoir dessus pour une interview télévisée.

– Comment se fait-il que cela n'affecte qu'une main ? demandai-je. Pourquoi cela n'affecte pas d'autres parties ?

– Mon Dieu ! s'écria sa femme. Je vous en prie !"

Phelps lui-même émit un gémissement.

*

Il avait adoré les livres depuis toujours. Son père était déçu, qui voulait le voir, comme un vrai garçon, chasser avec lui, jouer au ballon, alors que tout ce qu'il voulait faire c'était lire. La plante, l'appelait son père, la plante en pot.

Il était fils unique, né d'un mariage malheureux. Son père avait épousé sa mère parce qu'elle était enceinte – il ne le voulait pas, il était amoureux de deux autres femmes à l'époque. Lorsque Phelps eut huit ou neuf ans, son grand-père, qu'il adorait, s'était tué d'un coup de fusil. C'était pendant la Dépression. Le vieil homme avait tout perdu, y compris finalement sa maison, que le père de Phelps avait rachetée et dans laquelle ils vivaient tous ensemble, tandis que la langue acérée de la grand-mère, méprisante, dévorait l'âme de son mari. Il y eut une longue dispute qui commença au sujet d'une paire d'ajours, deux minuscules fenêtres. Le grand-père, qui était ébéniste, avait fabriqué deux petites fenêtres pour mettre dans les portes – en ce temps-là les ménagères étaient assaillies par les vagabonds sans travail qui venaient quémander à manger. Personne ne voulait monter les petites fenêtres, cependant, et elles restaient là sur l'établi. Robert les adorait, évidemment. Pour son anniversaire, son grand-père en installa une dans la pièce, guère plus grande qu'un placard sous l'avant-toit, où dormait Robert. La grand-mère la remarqua en ratissant les feuilles et piqua une crise. La maison était sur le point d'être vendue à nouveau, et voilà qu'il l'abîmait avec son ajour idiot.

Ce soir-là il y eut une âpre dispute à table. Son grand-père sortit et peu de temps après Robert entendit qu'on appelait son nom. Il sortit jusqu'au garage où son grand-père avait son établi, et juste comme il approchait, il y eut une détonation. Le vieil homme s'était tiré une balle dans la poitrine.

Le père de Robert accourut. Il commença par crier après son beau-père, qui gisait par terre. Quelques heures plus tard, à l'hôpital, le grand-père expira.

Ce n'était pas fini. Dans le bureau où travaillait son père, il y avait un homme qui avait sept ou huit enfants et que les temps avaient rendu désespéré. Ses collègues se mirent ensemble, chacun devant s'occuper d'un enfant, et le père de Phelps parraina l'une des filles, de douze ans environ.

Il lui donna de l'argent. Il lui acheta des vêtements. Et de fil en aiguille elle devint sa maîtresse. Comme son nom était devenu complètement familier à la maison, il se prit d'audace et l'installa chez lui. Pourquoi, voulait savoir sa femme ? Il trouva une explication quelconque. L'arrangement se révéla inconfortable, cependant, les courants invisibles, les instincts. Elle ne resta pas. C'est alors que, ayant besoin d'un intermédiaire, le père confessa tout à son fils. Pendant deux ans Robert servit le couple, à l'insu de sa mère, s'efforçant de la protéger.

Finalement elle découvrit le pot aux roses. Elle les avait vus ensemble ou quelqu'un le lui avait dit. Robert marchait avec elle derrière la maison, venant d'un sentier, lorsqu'elle tomba tout à coup sur les genoux et se mit à sangloter. Ce soir-là il y eut une dispute terrible et son père avoua tout. Sa mère tenta de se tuer en s'ouvrant les poignets. Deux ans après, elle mourut. Cancer du sein, métastases généralisées. Le père de Phelps épousa la fille.

Après l'université, Robert ne retourna plus jamais chez lui. Il adorait sa mère, lui était profondément attaché. Il tira le rideau. Je lui ai une fois posé des questions sur ses années à Cleveland ; il s'en souvenait très peu, selon lui.

"Mais tu y as vécu. Tu travaillais au journal.

– J'écrivais les notices nécrologiques pour le *Cleveland Press* durant les vacances d'été, dit-il.

– Donc tu connais.

– Je connaissais certaines personnes qui sont mortes dans les années 40", c'était tout ce qu'il admettait.

Il avait procédé à l'ablation de cette partie de sa vie. Il ne revit plus jamais son père. Un jour il y eut un coup de téléphone ; c'était de sa belle-mère. Papa était très malade – elle l'avait toujours appelé Papa – Robert pouvait-il venir ? "Non", fit-il.

À la place, il écrivit une longue lettre à son père disant que leur séparation était définitive ; il n'y avait plus rien entre eux. Un ami appela le lendemain pour dire quel affreux effet elle avait eu et le supplia de venir ; son père était mourant. Il n'y alla pas. Pas plus qu'il n'alla aux funérailles. Il y avait une demi-sœur qu'il n'avait jamais vue.

On est attiré par les vies réussies dans la douleur. Ses beaux albums et ses lettres. *Earthly Paradise*, son assemblage d'écrits de Colette qui formaient une autobiographie, ses propres descriptions intimes avec ses liaisons à lui, érudites. Il a écrit un autre livre sur Colette, *Belles saisons*, selon une forme qu'il affectionnait, des photographies avec des légendes un peu étoffées, qui surpassaient bien des œuvres plus longues. Il avait un format singulier, un peu plus large que les livres ordinaires avec des pages de garde du même bleu que le papier à lettres de Colette. Lorsque le premier exemplaire arriva, sa femme resta debout toute la nuit à le lire.

"Un si beau livre", s'écria-t-elle sur un ton de vénération le lendemain. Elle adorait ce que cela représentait. Je l'ouvris et commençai à lire. J'étais si bouleversé que je l'embrassai.

Colette, de fait, devint son sujet principal. Il édita ses nouvelles complètes et traduisit sa correspondance. J'avais un exemplaire dédicacé d'*Earthly Paradise* – c'était le livre favori de ma fille et il fut enterré avec elle.

La longue main tremblante, son manque de contrôle empirant avec les ans, ne pouvait plus écrire. C'était la maladie de Parkinson, psychosomatique, il le savait ou du moins le disait, le résultat de la rage, de la condamnation et de la trahison de soi, finalement fatale. Je pouvais à peine entendre sa voix, filtrée jusqu'à un filet par la maladie.

Un grand bond en avant à présent pour arriver à la dernière fois où je l'ai vu. Il gisait sous un seul drap blanc dans la chaleur de juillet. Très mal, il ne pouvait plus parler. Il retint ma main un long moment et à l'occasion me lançait ce que je ne pouvais que prendre pour des regards entendus. C'était un après-midi étouffant. Son torse et ses jambes étaient nus. Ce corps mince et ces beaux pieds, je me serais penché et les aurais baisés si l'infirmière noire n'avait pas été là à surveiller en silence.

*

Lorsque je pense à lui, je pense à la France, l'appétit que nous en avions en commun. Il connaissait le monde de ses écrivains. Je connaissais les provinces, les belles routes désertes, les chambres fanées. La figure française que je connaissais le mieux était, bien sûr, Napoléon. Je me souvenais qu'il avait épousé Joséphine lorsqu'elle avait trente-deux ans, et qu'elle avait soustrait cinq ans à son âge pour l'occasion, tandis que galamment il en avait ajouté un au sien. Robert avait consulté le Larousse pour voir si c'était vrai, mais sur Napoléon je ne craignais personne, j'avais été premier en histoire militaire, je connaissais sa vie.

Dans le livre de Phelps sur Cocteau, *Professional Secrets*, il y a la confession de Cocteau : *Chaque matin je me répète, tu n'y peux rien : soumets-toi.* Une valise contenait son roman inachevé, laissé durant des mois sur Fire Island ; les tentatives abandonnées – j'écris et j'écris, disait-il, mais c'est de la fiction, je ne crois pas ce que je dis – et les nouvelles commencées dix ans auparavant jusqu'à ce que, *frappé d'un sentiment de gâchis, de jours importants de ma vie qui fichent le camp sans être marquants, ni même utilisés...* Effectivement il se soumettait, le malheureux, année après année. Moi je trouvais cela romantique, comme l'alcoolisme, en plus sophistiqué. Quels que fussent ses échecs, il me rendait fidèle, à lui et aux choses auxquelles il croyait. Il est tissé pour moi dans l'étoffe de la littérature, de la vie littéraire.

À une cérémonie du souvenir à la mémoire de quelqu'un, des années plus tard, durant les témoignages, tandis que des filles allaient de place en place devant le premier rang pour photographier les têtes connues, un homme se leva légèrement de son siège et se retourna, un jeune homme, intelligent, incertain, avec lunettes fumées et manteau en poil de chameau. Je le reconnus instantanément mais ce fut un choc : Robert Phelps à vingt-quatre ans, pas encore endommagé, ignorant encore ce qu'il viendrait à connaître si bien un jour, *il faut payer.*

*

En janvier 1972, comme l'année commençait, des pages blanches et lisses sous la main et en pleine solitude, sans dérangement, je commençai à écrire un plan. Non, ce n'est pas exactement cela. Le plan, soixante-cinq pages, était gribouillé au dos des feuilles détachables d'un vieux calendrier de bureau. Les pages blanches et lisses vinrent trois jours plus tard durant une énorme tempête de neige, la température au plus bas, la neige fine comme du sel. Les routes étaient fermées, l'aéroport de Denver, le col de Loveland.

J'étais nerveux et transporté. Je savais ce que je voulais : résumer certaines attitudes envers la vie, parmi lesquelles le sentiment que le mariage dure trop longtemps. Je pensais peut-être au mien. J'avais dans l'idée de lancer mes filets vers le passé, une confession riche et définitive, pour ainsi dire. Il y avait une citation de Jean Renoir qui m'avait frappé : les seules choses importantes dans la vies sont celles dont vous vous souvenez. C'était cela qui devait être la clé. Cela devait être un livre de pure mémoire. Tout de la voix de l'auteur, tout dans sa façon de raconter. J'avais une liste de titres suffisants pour m'inspirer, *Nyala*, *Mohenjodaro*, *Vies estuariennes*. J'écrivais sur mesure pour eux, bien qu'en fin de compte aucun ne survécût.

Je me trouvais dans le Colorado, à Aspen, à l'époque où ce n'était encore qu'un patelin reculé. Derrière la vieille maison en bois, avec ses sols en linoléum, se trouvait un bâtiment qui avait été un garage et maintenant était un studio avec des planches bleues marquées au stencil pour plafond, une cheminée, et un bureau comme un comptoir le long du mur. Écrire est un acte rempli d'incertitudes et la plupart de ce qu'on entreprend tourne mal, mais cette fois, très tôt il y avait eu cet aperçu saisissant, comme celui d'un corps sous l'eau, pâle, terrifiant, l'aperçu qui dit : c'est là.

Arrivé le printemps, confiant, j'envoyai les premières soixante-quinze pages de ce que j'avais écrit aux éditeurs. Il nous le faut absolument, c'est ainsi que j'imaginais qu'ils diraient. Les réponses, cependant, furent au mieux équivoques. Farrar Straus le rejeta. Scribner's. Comme les refus arrivaient un par un, j'étais assommé. Je gisais dans mon lit la nuit, emmitouflé d'amertume, comme un prisonnier qui s'est vu refuser son recours en grâce. J'essayais de penser aux livres qui n'étaient devenus marquants qu'après avoir littéralement été démarchés à toutes les portes.

Finalement, un directeur littéraire connu que j'avais rencontré une fois ou deux accepta de prendre le livre. C'était Joe Fox.

Il avait alors la quarantaine bien tassée – Harvard (capitaine de l'équipe de natation), divorcé (tombeur de ces dames), joueur de backgammon, de squash aussi, et il connaissait presque tout le monde. Il était de Philadelphie, même si cela faisait des années qu'il vivait à New York au milieu, entre autres choses, de meubles irremplaçables qui étaient dans sa famille depuis l'époque coloniale. Il avait cette habitude acquise en école préparatoire de se référer à lui-même par son nom de famille. "C'est Fox", annonçait-il au téléphone quand il appelait. Je ne veux pas dire par là qu'il était snob ou "Anglo", néanmoins. Il avait effectivement ses systèmes et ses règles, il était éligible dans n'importe quel club, mais il était aussi suprêmement démocratique et loyal, un homme qui abattait son travail en cravate et bras de chemise, le travail que Dieu et sa classe, sans parler de sa maison d'édition, attendaient de lui. Il aimait les voyages, la danse, et, sans que ce fût apparent, les fêtes. Il se montrait quelque peu sourd aux arguments.

Le livre fut finalement intitulé *Un bonheur parfait*. Je me rappelle sa remarque finale, une fois les corrections terminées – le manuscrit était annoté au crayon bleu, le sien, dans une marge, et au crayon rouge, celui du correcteur, dans l'autre – "une absolue merveille sous tous rapports", dit-il du livre, ajoutant, "probablement". J'eus l'exultation de le croire. Je voulais des éloges, évidemment, des éloges de partout, et je ne sais pourquoi il me semblait que Fox pourrait assurer – il avait été l'interlocuteur de bon nombre d'auteurs admirés, Paul Bowles, Capote, Ralph Ellison, Roth. Je voulais la gloire. J'avais vu, au Met, Noureev et Fonteyn dans leur représentation d'adieu, une parmi d'autres, du *Lac des cygnes* – magnifique, inspirée, le public debout comme un seul homme applaudissant à tout rompre pendant trois quarts d'heure après le tomber de rideau pendant que les divinités apparaissaient ensemble, puis l'une ou l'autre séparément, puis de nouveau à deux, et ainsi de suite, salut après salut en un bonheur épuisé tandis qu'on amenait des brassées de roses sur scène.

Pareilles vagues formidables ne tombaient pas sur les écrivains. Sur Victor Hugo, peut-être, ou Neruda – je ne pouvais en trouver d'autres –, pas sur ce pauvre Joyce, ni Pouchkine, ni Dante, ni Kawabata. Pour eux, juste un banquet ou un prix ou quelque chose de l'ordre de la scène au restaurant, minuit passé, quand la vedette se prépare à partir et reste debout devant le miroir près du bar, en train de serrer la ceinture de son trench-coat, couvé des yeux par des garçons de salle ravis.

Quand fus-je le plus heureux, le plus heureux de ma vie ? Difficile à dire. Sans parler des choses évidentes, peut-être lorsque je me prépare à voyager, ou lorsque j'en reviens. Durant ma trentaine, probablement, et à d'autres moments plus éparpillés, parmi eux les jours sans gravité juste avant qu'un livre soit publié, et occasionnellement quand je l'écris. Ce n'est que dans les livres qu'on trouve la perfection, seulement dans les livres qu'elle ne peut se gâter. L'art, en un sens, est la vie amenée à s'immobiliser, rescapée du temps. Le secret pour accomplir cela est simple : enlever tout ce qui n'est pas assez bon.

*

J'adore les interviews de Nabokov, écrivait Ben Sonnenberg. *Puis-je voir celle que vous venez de réaliser avant qu'elle paraisse ?*

Je le connaissais seulement pour avoir correspondu avec lui. Je revenais juste de Montreux et de voir Nabokov. *J'en ai récemment lu vingt-deux avant de m'endormir*, continuait Sonnenberg. *Elles sont toutes dans* Strong Opinions. *Dans mes rêves cette nuit-là, il me persécutait avec sa haute opinion d'*Ulysse, *que je ne partage pas. Il se moquait de mon goût pour Cervantès et Genet. Heureusement, avant que je ne me réveille nous avons trouvé un terrain d'entente avec les films de Max Linder.*

Il avait lu dix livres de Nabokov dans l'année, disait-il, y compris *Lolita*, qu'il avait relu et qui restait son préféré. La lettre avait un côté dandy mais je fus rassuré par la simplicité du choix.

Nous étions en rapport à cause du théâtre. Son travail était de lire des pièces pour le Lincoln Center et il m'avait écrit au sujet de l'une d'entre elles que j'avais soumise et qu'il avait en vain soutenue. Nous nous rencontrâmes finalement à dîner dans un restaurant de Chinatown, sur Division Street. J'arrivai légèrement en retard et le trouvai dans une petite salle aux tables nues, quatre bouteilles de bière japonaise devant lui, à attendre. Il portait un nœud papillon volumineux et son chapeau, son manteau, son écharpe, et – cela faisait des années que je n'en avais pas vu – sa canne étaient accrochés près de la porte.

"Vous connaissez la cuisine du Fujian ?" demanda-t-il. Sa voix était claire et douce avec un léger relent d'Angleterre. "Permettez-moi de commander pour vous. Ce n'est pas aussi relevé que celle du Sichuan, mais plus distingué que la cantonaise."

Après en avoir débattu avec le serveur, dont il savait le nom, il commanda une soupe, des côtelettes de porc et un bar. Sa nonchalance épicurienne me plaisait, ainsi que l'intelligence qu'on sentait dans sa voix. Ses yeux avaient un léger strabisme, de telle sorte qu'il ne semblait jamais vous regarder vraiment. C'étaient des yeux sombres, possessifs. Son éducation proprement dite, je l'appris plus tard, s'était terminée en préparatoire. La vie qui suivit fut vouée aux femmes et à l'art. Nous parlâmes de ses mariages ; il en discutait comme on pourrait discuter de paquebots. D'une certaine manière, en l'écoutant parler, je me sentais fortifié. C'est Ford Madox Ford qui me revenait en tête, le Ford prospère, au sens d'être correctement nourri, qui toute sa vie s'était souvenu de ce que lui avait dit un oncle lors d'une promenade à travers champs : il faut toujours aider un chien boiteux à franchir un échalier.

Le père de Sonnenberg était très connu. C'était un des premiers seigneurs de la publicité et des relations publiques, un collectionneur d'art et un homme dont toute l'apparence externe, y compris sa grande moustache, respirait le succès. La maison de famille était un hôtel particulier sur le côté sud de Gramercy Park, où se donnaient d'extravagants dîners avec une liste d'invités pleine de noms fameux.

Formé par tout cela et en même temps le méprisant, le fils faisait de la rébellion son guide de conduite principal. Tel un homme de loisir sous la Régence, il mettait sa fierté à peiner sa famille, son père en particulier. Ce qui le rachetait, c'était le haut niveau de dilapidation. Il avait les livres comme mauvaises fréquentations.

Ce premier soir, dans la rue, il m'en tendit une pile qu'il portait, le temps d'aller aux toilettes. Je les examinai. Quelques pièces, un livre sur le drame élisabéthain, un roman de Naipaul, le *Sunday Observer*. Tout en attendant, je lus quatre ou cinq pages du roman. Ce fut mon premier aperçu de Naipaul.

Sonnenberg était un lecteur prodigieux, doué d'une mémoire phénoménale. Ces qualités devaient plus tard lui servir lorsqu'il fonda, avec la fortune dont il hérita à la mort de son père, une revue littéraire trimestrielle, *Grand Street*, et la dirigea pendant dix ans jusqu'à ce que la maladie et l'épuisement des fonds le forcent à la vendre. Ce fut l'accomplissement majeur de sa vie.

Son trait le plus remarquable, mis à part son goût, était une franchise polie mais sans remords. On pouvait compter sur lui pour exprimer ses vues en peu de mots. Je me rappelle, entre autres choses, ses démêlés avec un écrivain manipulateur et fauteur de troubles nommé Harold Brodkey. Pour le numéro inaugural de *Grand Street*, Brodkey avait soumis une très longue nouvelle qui ne plaisait pas à Sonnenberg, lequel suggéra avec tact que peut-être dix pages pourraient en être publiées. Brodkey, indigné, refusa et proposa à la place un poème, que Sonnenberg refusa avec un petit mot qu'il regretta plus tard d'avoir envoyé, disant qu'il aimait le poème encore moins que la nouvelle.

Au fil des ans, comme le magazine florissait, il y eut un échange peu fréquent de lettres entre les deux, ainsi qu'une rencontre occasionnelle à des réceptions. Finalement une lettre arriva, dans laquelle Brodkey proposait, peu importent les raisons, de renouer leur amitié. En réponse, Sonnenberg écrivit avec civilité qu'il préférait n'en rien faire, qu'il ne voulait pas être en état de vigilante cordialité, comme il disait.

La pièce qui nous avait mis en rapport à l'origine fut finalement montée dans une église convertie en théâtre d'avant-garde. Le metteur en scène était un petit coq d'homme qui ne lésinait pas sur le charme celtique. Il s'appelait John Beary. Son père avait entraîné des chevaux pour Ali Khan, qui en fait était le parrain de Beary, et qu'il se rappelait toujours en train de se promener dans des matins mouchetés de soleil près de l'hippodrome, des matins à la *My Old Man* [1], en vêtement de tous les jours, le genre à porter du bois avec, des jeans et une veste de sport usée.

Beary était passionné, vif d'esprit, et d'une certaine manière solitaire, bien que marié. Il décrivait la vie de famille comme "l'autre vie – l'enfant, le foyer, tout ça". Il voulait dire par contraste avec la vie de théâtre, l'art. Je me rappelle ses anecdotes qui étaient la paie véritable pour toutes ces années, sa grande histoire d'amour avec une actrice en vue. Le soir où elle avait joué à l'Abbey. La liaison avait passé son zénith, et à la réception elle était avec un autre homme, un personnage pathétique, quelqu'un de détestable, selon Beary. Ils s'étaient chamaillés et elle s'en fatigua tout d'un coup et partit.

Beary la suivit jusqu'à sa chambre. Dans le noir elle dit seulement, "Alors comme ça, tu es venu", et encouragé, il s'allongea à ses côtés.

Au milieu de tout cela, la porte explosa et le rival fit irruption, les bras chargés de bouteilles ramenées de la réception. Il était soûl.

"Si on prenait un verre ? s'écria-t-il, debout.

– Si tu balançais tout ça par la fenêtre ?" grogna Beary en se redressant.

Il y eut une pause et l'homme alla jusqu'à la fenêtre, l'ouvrit d'une poussée, et les bouteilles se fracassèrent dans la rue. En quelques minutes le concierge était monté, tapant à la porte. Il les flanqua tous dehors.

Le théâtre est un monde en soi, artificiel et grandiose, traînant par terre un magnifique pedigree derrière lui comme un manteau de

1. "Mon vieux", nouvelle de Hemingway.

fourrure, extravagance, prétention, petites vies vachardes. La tyrannie abonde. Beary lui-même se montrait arbitraire dans beaucoup de ses actions, probablement parce qu'il en avait si rarement l'occasion. Il choisit une des actrices sur-le-champ, au bout de moins d'une minute d'audition. "Le rôle est à vous", dit-il, grand seigneur. Je soupçonnais que c'était parce qu'elle était belle fille. Il était sûr qu'elle savait jouer.

La pièce, "la meilleure chose que vous ayez jamais faite", me dit-on, était trop ambitieuse, avec quelques moments saisissants mais faible dans sa structure. Elle s'appelait *The Death Star* et examinait la vaine croyance selon laquelle la mort d'une figure militaire légendaire, un repenti, pouvait apaiser le besoin que les humains ont de la guerre. Ces jours reviendraient, disait-elle, le chaos.

Il y avait plus de trente rôles, joués par vingt acteurs, dont certains avaient du talent, et Beary, sur les nerfs, alternait entre louanges et remontrances durant toutes les répétitions. La régisseuse, une fille coopérative, était en larmes à cause de lui. Cela avait l'air de lui réussir. C'était clair, il en savait plus que moi.

Le soir de la première arriva. De la cabine d'éclairage je pouvais voir des visages que je connaissais passer en dessous. Dans la loge bondée régnait l'excitation. L'un des acteurs, remarquai-je, un homme étrange au nom à trait d'union, avait presque l'air soûl. Les auteurs de théâtre, je le savais, l'étaient souvent. Je ne bus rien, cependant. C'était trop tard pour tout sauf la résignation. J'avais peur et m'efforçais d'être calme.

Dès les premiers moments, au lever du rideau, je vis que tout clochait. L'ambiance dans un théâtre est quelque chose qu'on peut sentir comme la chaleur ou le froid. Tout ce qui avait eu lieu auparavant, les préparatifs, la foi, n'avait soudain plus aucune importance – la pièce était comme un bateau qu'on lance ; tout ce qui comptait avant ne comptait plus maintenant. Devant l'indifférence du public, ces nombreuses personnes assises et silencieuses, toute l'entreprise était transparente, comme passée aux rayons X. J'en avais l'estomac retourné. J'avais littéralement des douleurs. Il arriva enfin un moment où la pièce prit un peu de vie, l'attention monta pour la recevoir, il y eut un élan, comme on est transporté par une vague. Une tirade impressionnante – dite par Kevin McCarthy – mit fin à l'acte.

Je restai allongé par terre dans une petite pièce en haut, seul dans le noir, pendant quinze minutes.

Le second acte fut meilleur. McCarthy, dans ses répliques finales, était glaçant, un aperçu de ce qui aurait pu être. La pièce avait un épilogue. Comme on était en train de le lire, une figure solitaire et pleine de remords apparut derrière celui qui parlait, tête baissée, honteuse. C'était l'acteur soûl.

J'étais trop embarrassé pour me montrer après. Finalement je descendis par l'escalier de derrière. Je fus accueilli avec enthousiasme par des visages rayonnants. Ils avaient adoré ça, la force, "j'aurais même payé ma place". Je n'en crus rien. Je penchais plutôt pour la remarque d'un ami qui me dit l'avoir aimée plus que lorsqu'il l'avait lue. Les deux représentants du Public Theater étaient partis à l'entracte, tout comme les deux putains noires venues de la rue par mégarde, probablement pour se réchauffer, et qui étaient restées assises malgré leur ennui. C'était eux le public au cœur dur que je convoitais.

Sonnenberg téléphona le lendemain matin. "Alors, quel effet ça fait d'être célèbre ? demanda-t-il. Toutes les actrices appellent ?

– Pas vraiment.

– Votre sentiment sur la pièce ?"

Je dis que je pensais que ce n'était pas mal. Et lui, comment il avait aimé ?

"Je ne l'ai pas aimée, dit-il simplement, pas du tout. Tous les choix de mise en scène étaient les mauvais, la distribution, le rythme, tout. C'était bien trop lent et certains acteurs – il cita le nom de la fille que Beary avait choisie en un instant – étaient sans espoir."

*

La maladie de Sonnenberg, qui se révéla terrible au-delà de toute description, s'était à l'origine manifestée de la plus triviale des façons : le bout d'une chaussure pris un instant dans une craquelure de trottoir. Je n'en fus pas témoin, mais j'observai la canne devenir petit à petit plus qu'un article d'élégance, puis se changer en deux cannes comme leur propriétaire émergeait avec effort d'un taxi et se traînait lentement vers une entrée de restaurant. À l'intérieur, il tomba en travers d'une des tables. Un serveur et des gens assis tout près tentèrent de l'aider à se relever mais il déclina en grinçant des dents.

“Est-ce une question d'équilibre ? demandai-je une fois assis.

– Oui, en grande partie.

– Vous sentez quelque chose là, en bas ?

– Oui. Ce sont juste les nerfs que je n'arrive pas à contrôler”, dit-il calmement.

C'était une sclérose en plaques, une maladie qui attaque la gaine des nerfs. Elle progressait sans pitié. Il perdit l'usage de ses mains. Au bas de lettres dactylographiées il y avait un gribouillis – il pouvait à peine signer son nom. Les plaisirs de la chère étaient révolus, qui avaient tant à voir avec la satisfaction de couper, de tenir des ustensiles, et ainsi de suite. Il en fit la remarque un soir à dîner, dans son appartement – il sortait de plus en plus rarement – et, pour preuve, renversa un verre d'eau sur lui en essayant de boire. Des morceaux de nourriture étaient tombés autour de son assiette, lâchés par ses doigts morts.

Il paraissait ne rien remarquer. Son comportement calme, jamais une plainte, était une sorte de dédain. Il était fier du tourment, comme si cela faisait partie du prix à payer pour les beaux vêtements, les filles qu'il avait connues, les noms exotiques. La stupidité et la mort ne doivent pas vous alarmer, semblait-il dire. Son mal était une marque de supériorité, tout comme son léger sourire tolérant. Les doigts inutiles, les membres désobéissants, étaient un signe d'aristocratie. Nous qui ne les avions pas lui étions inférieurs.

D'année en année cela empira. Les anniversaires qui tombaient le jour de l'an furent abandonnés. Le magazine, dans lequel je fus publié un certain nombre de fois, était fini pour lui. Il en était réduit à l'inépuisable, la vie de l'esprit, mais sans soulagement. Les souvenirs, oui, mais il était coupé du reste à part pour ce que les gens venaient lui en dire, la ville tout autour à l'aube encore obscure, la circulation flottant sur les rues en dessous, les foules, les avenues et les boutiques, les femmes et leurs filles dans les grands magasins, leurs longs nez élégants, les cheveux en cascade, le rayon cosmétiques avec ses petits comptoirs et ses douzaines de vendeuses, joues retouchées de couleur, blouses blanches, bouches éclatantes, amènes, conseillantes, souriantes. Il avait connu tout cela à l'époque où, selon les mots de quelqu'un, la vie de la raison n'était pas suffisante en elle-même. Maintenant il avait le stoïcisme, essentiel mais inutile. Je repense à la supplique du père de Sonnenberg lorsqu'il était malade et mourant, qui faisait écho à ce que m'avait dit le mien près de la fin. "Si tu as un fils, avait dit le vieillard, apprends-lui à tirer."

*

Ce sont les soirées dont on se souvient, les fins de journées, les dîners dans les 50's, les dîners *downtown.*

Dîners avec Fox, innombrables. Il habitait sur le côté sud du parc, dans un luxueux immeuble conçu à l'origine comme un ensemble d'ateliers de peintres. Son appartement était grandiose, avec un balcon blanc arrondi au-dessus de la pièce principale et des bibliothèques partout. Il était le New-Yorkais définitif. À Manhattan, il était invariablement en costume. Il avait d'abord travaillé pour Alfred Knopf, le légendaire éditeur, et par son mariage était lié aux Canfield et aux Burden. Ses meilleures relations, il est fort probable, étaient les femmes, auxquelles il s'attachait sans grande difficulté.

Dîners avec lui à la Caravelle, chez Remi, à La Petite Marmite, saumon fumé en fines tranches corail, agneau, pauillac onéreux. Dîners à l'hôtel à la campagne, une table dans le bar. Nuit d'hiver, noire comme la glace. La chaleur de la salle, un feu de bois. L'hôtesse japonaise, le barman en bras de chemise blanche et gilet. Les moules *à la barque*. Bacala. Les femmes qui ôtent leur manteau à la porte, et qu'on mène à leur table avec leur cavalier.

La fumée odorante s'élevait de sa cigarette digestive. Il racontait des réceptions fameuses, celle de George Weidenfeld à Londres. Le carton d'invitation en calligraphie impeccable disait *Tenue exotique*. Weidenfeld lui-même était venu en pacha. Il y avait trois orchestres, un sur les escaliers, et les plus belles femmes que Fox eût jamais vues. Des couples disparaissaient dans le jardin ou dans les étages, pour ne revenir qu'après de longs intervalles. Il y avait ce phénomène typiquement anglais, une dévergondée de la haute qui, bien qu'enlevée de la liste des invités, était venue tout de même. Pour montrer son dédain elle régala neuf des invités, l'un après l'autre, dans une chambre. À l'aube on ne comptait plus les Marie-Antoinette et les samouraïs écroulés sur les sofas.

Par lui on rencontrait beaucoup d'auteurs. Il était comme un vieil homme de cour qui comprenait et pouvait arranger pratiquement tout. Ses narines étaient larges, parfois avec des poils dedans. Il n'était pas allé à sa réunion d'anciens de Harvard, me dit-il. Il avait examiné très soigneusement la liste. Il y avait quinze cents noms, seulement quarante qu'il connaissait, dont vingt-cinq qu'il ne voulait jamais revoir, dix pour quelques minutes seulement, et seulement cinq qu'il aimait bien. Les chiffres étaient probablement exagérés mais ils portaient le sceau de son assurance ; ses ancêtres précédaient Benjamin Franklin. L'un d'entre eux, en signe de mépris, avait serré la main d'Andrew Jackson avec la sienne enveloppée dans les basques de son habit. À Random House, sa position était assurée. Il n'était pas un des rasoirs. Il était protégé par ses capacités et parce qu'il n'avait pas l'ambition de diriger.

Dîners sur Park Avenue, l'appartement des Schwartze, confortable et serein. Leurs deux enfants, des fils, entrant et sortant de la pièce, le plus jeune en costumes variés. Il est beau. Il ne peut y avoir que de l'envie à son égard, son intelligence et son avenir. Son père, Alan, est un avocat qui a épousé la plus belle fille de Bryn Mawr ; toute une génération en parlerait aussi longtemps qu'ils vivraient.

Dans la cuisine, tout est préparé, d'épaisses côtes de bœuf, des miches qui sortent du four. Il y a des livres de cuisine, de la porcelaine à n'en plus finir. Punaisé à un panneau en liège : notes, cartes, adresses, l'ordre et la complexité de sa vie. Une scène qui ne cesse jamais d'attirer, le vert entassé de la salade, les bouteilles sombres de bons bordeaux, l'abondance et la préparation. Halberstam va venir, me dit Alan, Hope Lange, Helen Frankenthaler. Drinks dans la salle de séjour. Les femmes sont bien habillées, à l'aise. Elles ont voyagé, se sont fait admirer ; on a envie d'entendre leurs confidences. Je ne sais pas que Hope Lange, blonde et radieuse de visage dans l'assistance, captura un jour le regard d'un homme qui lisait sur scène – c'était John Cheever, un coup d'œil fatidique – ni qu'elle avait été avec Sinatra ; son charme, je m'en rendais compte, était quelque chose. Dans la salle à manger, remplie de livres, je suis assis à côté d'elle ; Halberstam est en face de l'autre côté de la table. Au Vietnam – auquel son nom reste inextricablement lié – la guerre est enfin terminée.

"Avez-vous connu John Vann ? demandé-je.

– Vous le connaissez comment ? répond Halberstam.

– Pas du tout.

– Le personnage le plus extraordinaire de la guerre."

Halberstam alors le fait revivre, le conseiller militaire des débuts, un lieutenant-colonel idéaliste, éduqué, qui parlait vietnamien. Les nombreux écrits sur lui n'étaient pas encore parus. J'étais juste tombé sur "John Vann" et quelques lignes de descriptions piquant l'intérêt. J'étais comme une femme qui s'obnubile sur un cheval à cause de son nom.

Au début, dit Halberstam, les correspondants étaient tous à ses pieds, ils pouvaient lui parler et il leur parlait franchement. "Il en savait plus que quiconque. La guerre ne pourrait jamais être gagnée par les armes, ne cessait-il de répéter." Il avait une énergie et un instinct incroyables. Au moment de l'offensive du Têt, il renifla quelque chose, et c'est grâce à lui qu'on put rappeler certaines unités avant que l'ennemi ne frappe et ainsi éviter que le désastre ne soit complet. "Il n'avait jamais rien à voir avec les femmes vietnamiennes." Je ressens un curieux mélange d'exultation et de déception. "Pour lui c'était abaisser son image et ses convictions, et aussi profiter d'elles." Halberstam lui-même avait une belle compagne à Saïgon. "Tout le monde en avait une."

La figure solitaire et peut-être risible dont le sort était de croire en quelque chose de tout son être – cela m'émeut tandis que j'écoute, quelque chose de poussiéreux et d'oublié, qui s'efforce de se remettre sur pied. Halberstam a l'air viril avec de grandes mains et une forte voix résonante. J'ai l'impression de le connaître, ainsi que Vann.

"Mais il a été tué, non ? fais-je.

– Il s'est écrasé en hélicoptère."

Nous sortons de table. Cognac et café dans la salle de séjour. Un feu de petite bûches de ville brûle dans la cheminée. L'hôtesse et Helen Frankenthaler sont étendues ensemble sur le sofa, félines et contentées, sous une courtepointe. J'ai encore à l'esprit la conversation du dîner, qui m'a d'une certaine manière fait quitter le présent. Elle a ouvert un espace, comme l'étroite bande d'eau qui apparaît, dans les premiers moments du départ, entre le bateau et le quai, délimitant deux mondes. L'uniforme du lieutenant-colonel mort semble étalé là, comme un spectre sur le sol, à ma taille.

Dîners sur Shelter Island chez Max Wilkinson, d'abord dans sa maison et plus tard, lorsque qu'elle fut vendue, dans la petite maison qui appartenait à sa nouvelle épouse. Elle était répétitive et rabat-joie.

"Oh, Max, fit-elle à table, tu es si stupide ! Tu ne fais que parler, parler, parler."

Il y eut un silence. Il était en train d'évoquer l'image de l'épouse de son ancien associé, en Arizona dans les années 30, lorsqu'il la vit pour la première fois, Helen Doughty, en robe de lin blanc. Elle était si belle, avait-il dit.

Finalement il répondit à sa femme. "Oui, je suppose que tu as raison."

Dîners en Europe. Un restaurant petit, parfait, bien éclairé. L'impression d'un service attentif, la fraîcheur du linge de table. Le large visage de Bouddha devant moi est celui d'une femme âgée. Elle est la veuve d'un homme qui était plus vieux encore. Il était son second mari, elle avait la trentaine lorsqu'elle l'avait rencontré, il avait déjà rompu avec sa femme. "Je ne le lui ai pas chipé, mais elle me détestait."

Il y avait deux enfants. "Je ne voulais pas être leur mère, après tout. Ils étaient toujours les bienvenus, mais c'était elle la mère. 'Bon, je lui ai dit, qu'ils viennent. Si on est amis, bien. Sinon, eh bien on ne le sera pas et c'est tout.' "

Cette lucidité, cette compréhension si européennes. "C'est plus difficile pour une femme", dit-elle. La bouteille de vin s'est vidée et une autre apparaît sans qu'il en soit fait mention. "Un homme peut toujours refaire sa vie, à cinquante ou soixante ans, mais une femme est finie. Ce n'est pas juste, mais la vie est comme ça."

Il y a quelque chose qui me plaît chez elle, le manque de sentimentalité, l'aisance. D'un premier mariage, elle avait eu un enfant, révèle-t-elle. Il est mort, dit-elle simplement. Une tumeur au cerveau. Il avait deux ans. Je fais rapidement le calcul, quelque temps après la guerre. "Il n'avait que deux ans", dit-elle encore. C'est tout l'apitoiement qu'elle se permet. "Il était absolument normal et puis cela a commencé. Il tombait sur le coude, par exemple, et pleurait en se tenant la tête – c'est là qu'il avait mal."

On ne peut pas dire qu'elle soit une femme plus forte à cause de cela, elle l'a toujours été. Elle est passée par la chose la plus difficile de toutes. Elle parle trois langues, peut-être quatre, et si elle rêve de se remarier elle ne prend pas la peine de l'admettre. Évidemment, l'ex-femme et les enfants lui sont très attachés à présent. L'ex-femme vit à Lugano. "Elle vient toujours me voir. Elle aime que je vienne là-bas."

Je pense à elle et à la maîtresse de Jonathan Swift, Stella, un symbole de l'Europe, justement admirée, comme dit la pierre qui la recouvre, pour ses nombreuses vertus ainsi que pour sa grande perfection, tant naturelle qu'acquise. Une chose se distingue des autres : je ne l'ai jamais entendue se plaindre.

Dîners éthyliques, soirées, en fait, où la nourriture est ignorée et où l'on se presse contre le bar. À minuit la musique bat son plein ; dans la rue la fine neige fondue d'hiver tombe dru. Je ne sais pourquoi, je songe au Village, où habitait Pat Kenny quand nous avions quinze ans. Ses parents étaient partis pour le week-end, ou du moins pour la nuit. Je ne savais pas comment m'y prendre pour commencer. Nous étions assis sur le canapé. Elle était plaisante. Il y avait un exemplaire de l'*Europa* de Robert Briffault, un épais roman des années 30, dans la bibliothèque. "Tu as lu ça ? demandai-je.

– Non", dit-elle.

Elle ne savait rien du passage qui m'avait électrisé, la robe arrachée du dos de la femme somptueuse qui a triché aux cartes et ses mains en un éclair ligotées à un anneau au-dessus de sa tête. Je ne savais comment connecter cela avec nous deux ; cela n'illustrait pas vraiment mes intentions mais elles avaient quelque chose en commun. Je voulais la voir arrachée à la vague et frustrante conversation dans laquelle nous étions engagés. Je voyais seulement la victime sous ses vêtements, je la voulais révélée.

*

Pour les années aussi, il existe une heure de fermeture. Bien des gens sur lesquels j'avais basé des personnages disparurent de ma vue. C'était seulement en partie un accident. Ils avaient été consumés, j'avais perdu tout intérêt. Il y avait des exceptions. La fille dans *Un sport et un passe-temps,* j'avais toujours été curieux de la revoir, savoir ce qu'elle était devenue, les détails de sa vie, le placard dans lequel pendaient ses robes, le tiroir avec ses affaires pliées, les flacons de parfum, les chaussures. Je voulais à nouveau m'étendre là à la regarder se préparer comme si elle était seule dans la chambre, avant la représentation, pourrait-on dire, appliquant son maquillage, enfilant ses talons. Elle aurait vingt-huit, trente ans, serait complètement changée. En fait elle était mariée et vivait à Los Angeles. Il y avait des enfants. Tout était comme dans le livre.

Je l'avais accueillie à Kennedy lorsqu'elle était venue en Amérique pour la première fois. Elle était arrivée dans la foule, innocente dans sa beauté, pleine de joie. Elle avait dix-huit ans. Des comtes l'avaient convoitée. Je la rencontrais aussi en rêve. Je traversais une chambre vide et frappais à sa porte. "Oui, entrez", disait-elle sans demander qui c'était ; j'avais le sentiment qu'elle attendait quelqu'un d'autre. Elle levait les yeux. Tout chez elle. Je relevais sa robe d'un seul geste. L'incroyable nudité. Elle la rabattait en riant. Dans le rêve j'avais perdu la photo, je n'avais pas son adresse. "Tu dis que tu adores, mais je crois que c'est autre chose qui te plaît", disait-elle. Elle était couchée en chien de fusil, ne portait rien sur elle. Au bout d'une route encombrée sous des nuages gris mon bateau se préparait à appareiller. Il y avait des encombrements, l'imminence du départ. Mon cœur était malade.

Nedra, la femme stylée d'*Un bonheur parfait*, je la revoyais parfois, généralement en ville, la dernière fois dans la maison où elle habite seule – fidèles au livre, elle et son mari ont fini par divorcer. Je l'aimais, sa franchise et son charme, son extravagance et sa dévotion envers ses enfants. Je ne me lassais jamais de la regarder ni de l'écouter parler. Elle fumait, buvait, riait de façon tapageuse. Il n'y avait pas de prudence chez elle.

Son ancien amant, un parmi les autres, était avec nous ce dernier soir. Nedra avait pris un coup de vieux. Les ans l'avaient saisie et secouée comme un chat secoue une souris. La ligne de ses mâchoires n'était plus pure et il y avait des petites poches sous ses yeux. Son nez s'était épaté. Les cheveux qu'elle portait toujours longs avaient des traces de gris. Sur son visage, que j'adorais, je voyais ma propre mortalité. Les rides aux coins de ma bouche, qui étaient plus terribles qu'une maladie – je sautais du lit chaque matin pour voir ; elles étaient là.

Elle allait lui faire cadeau de l'épingle à cravate de son père, dit-elle impétueusement, c'était ce que son père avait possédé de plus beau. "As-tu toujours les boutons de manchette en perles ?" demanda-t-elle, lui relevant sa manche de veste. "Non. Ils sont sur l'autre chemise", hasarda-t-elle. Il habitait une petite maison derrière la sienne. Je n'avais aucune idée s'ils étaient encore intimes – elle était capable d'en donner toutes les apparences sans qu'il en fût ainsi pour autant.

Elle avait une vie singulière, sans autre accomplissement qu'elle-même. Cette vie déclarait, à sa façon, qu'il y a des choses qui comptent et que ce sont ces choses-là qu'il faut faire. La vie est énergie, proclamait-elle, la vie est désir. Vous n'êtes pas censé tout comprendre mais vivre et faire certaines choses. En dépit de tout ce que j'avais écrit sur elle, il y avait plus, et les épisodes charnels, un élément mineur, je les avais entièrement inventés. C'eût été gratifiant de savoir s'ils étaient appropriés. Il y avait des choses, cependant, dont elle ne parlait pas.

Elle est partie, et les autres épouses aussi, semble-t-il, celles que les hommes avaient ; elles sont veuves ou divorcées, rendues sages à force d'intimité, elles parlent fort. Les familles, comme des colonnes de temples, sont brisées, pour ne plus jamais être restaurées. Quand le monde était jeune, cela semblait impossible. Les unions étaient trop solides, le confort d'un cœur ouvert et aimant trop grand. Je me tenais sur le pont un matin d'hiver, rentrant d'Europe par bateau, près d'accoster, la ville encore endormie dans la lumière blafarde. Une famille s'approcha à la rambarde. Ils étaient allemands ; ils étaient en première. La femme était belle de tête, cette clarté, ce maintien, cette lignée qui vous donne envie d'une deuxième chance. Je brûlais d'une terrible honte. Tout ce qui m'importait était soudain sans valeur et j'étais plongé dans la confusion, essayant d'imaginer ce que cette femme merveilleuse disait, comment elle discutait, s'asseyait à table, dormait, s'habillait. Je ne pouvais me figurer un seul détail de sa vie. J'étais comme un jeune garçon désespéré ignorant que le véritable critère de l'élégance est l'inspection de près, et que pour son mari elle était une personne tout à fait différente que pour moi.

"Moritz !" appela-t-elle après son enfant. Lui aussi était beau, avec un chapeau blanc en cuir cousu grossièrement et des oreillettes carrées. Sept ou huit ans, bien élevé. Il arriva et se tint près d'elle, juste à côté. Tout à coup le concept de vertu en tant que force prenait réalité.

Je tombais souvent sur son opposé, l'héroïne de tous nos films et nos bouquins, encore jeune, divorcée. Dans un bar elle portait une sorte de toque improvisée avec un foulard coloré, des jeans moulants, un col roulé. Comment allait-elle, demandai-je ?

"Bonjour ! Ça va. Je me calme un peu."

Bien qu'elle fût encore fauchée, comme elle le disait. C'était la fille d'un écrivain de ma connaissance qui avait inversé la séquence habituelle – il avait commencé par publier plusieurs romans, et ensuite vint la liste des autres rôles : restaurateur, chef d'orchestre, policier. Sa fille travaillait comme serveuse ; elle avait l'esprit peu orthodoxe de son père. Elle allait se trouver un autre emploi dès que les boutons sur sa figure seraient partis, disait-elle. "C'est dur de vivre seule. Vous me payez un verre ?"

En fait, elle n'avait pas vécu seule. Elle avait eu un type pendant un mois, très collet monté, expliquait-elle, mais gentil, "Notre-Dame" et tout ça. Il était parti. “Il a dit que je lui prenais trop de son temps. Je voulais qu'il emménage, mais il n'aimait pas assez mes enfants. Il disait que si, mais il ne les aimait pas. Enfin, vous savez, c'est difficile. Je devrais prendre le temps de mettre vingt lignes par jour sur le papier, non ?”

Oui, comme de mettre des pennies dans un pot, cela s'additionnerait, aurait de la valeur un jour ; peut-être lui ferait récupérer sa vie.

C'était il y a quelques années. Je ne sais pas ce qu'elle est devenue.

Il y a certaines maisons près de la rivière dans des patelins retirés, le bois de leurs palissades bruni par les intempéries. Près de la porte, dans le soleil, les pattes raides, un chat blanc se lève en faisant le gros dos. Du linge sur un étendoir à moitié caché bouge dans la lumière. C'est ici que j'imagine les épouses, leurs enfants grandis depuis longtemps, en paix avec la vie et maintenant attirées plus près de son essence, la pluie douce qui aplatit l'eau, les arbres lourds de feuillage qui se penchent sous le vent, les fleurs sous la fenêtre de la cuisine, les jours tranquilles. Les hommes ne sont plus importants, pas plus qu'ils ne peuvent connaître une telle tranquillité, ici en parfait exil, si cela peut être obtenu de la sorte, au milieu de la nature, dans le monde tel qu'il nous a été légué.

*

À la fin de l'été 80 nous partîmes pour l'Est en voiture. Je vivais dans le Colorado. Après la mort de ma fille, je décidai, plus ou moins, de rentrer chez moi. Je tirais un trait sur dix années. C'était fin août. Le matin l'herbe était froide et les feuilles sur la cime des arbres avait commencé de jaunir. Je faisais mes dernières promenades le long de la rivière, qui fourmillait de lumière. J'avais un chien, un corgi gallois nommé Sumo, à chaussettes blanches, et malin. Je le complimentais régulièrement sur sa conduite, ses oreilles. Il regardait ailleurs, bâillait.

Nous marchions ensemble. La brume s'élevait du front de la berge, une brume solennelle, anoblissante. Pas une âme en vue.

Nous passâmes par Denver, où j'allais souvent – c'était comme une ville équatoriale, une étuve, inerte, nous crevions de chaleur – et poussâmes jusqu'à Red Cloud, la petite ville du Nebraska où Willa Cather avait grandi. La Republic River, dans laquelle elle avait jadis nagé, était stagnante et foncée. Le soleil cognait, meurtrier. Des moustiques légers comme de la cendre se posaient sur nous dès que nous nous asseyions.

En Ohio se trouvait un moindre lieu de pèlerinage, la Malabar Farm de Louis Bromfield. Bromfield était un auteur à succès dans les années précédant la guerre. Dans la belle vieille demeure nous étions les seuls visiteurs et les connaissances du gardien se limitaient aux noms des vedettes de cinéma qui avaient été les invités de Bromfield, des décennies auparavant.

Le long voyage en voiture se termina aux confins les plus reculés de Long Island. Nous louâmes une maison près de la mer. La saison était presque terminée, les chaudes journées d'automne. Nous pouvions marcher jusqu'à la plage par la route ; derrière une dune abîmée s'étendait l'Atlantique, une ligne d'écume en éboulement. Les baigneurs étaient en groupe, hommes, enfants, avec une pincée de jeunes femmes luisantes comme des otaries. Les lourdes vagues s'élevaient, les éparpillant au milieu des cris.

C'était la saison des poteaux téléphoniques blanchis et des hordes de moineaux noirs perchés sur les fils. Dans la vapeur de l'après-midi la mer éclatait de blancheur là où se repaissaient les *bluefish*. À l'intérieur de l'île se trouvaient des champs de seigle. C'était la campagne où j'avais partiellement écrit des livres et où existaient des légendes comme il y en a à Tahiti ou à Key West – le gardien aveugle qui vivait avec sa femme et connaissait toutes les maisons, et certains de leurs occupants, rien qu'au toucher. Il faisait ses rondes et s'occupait de ce qui avait besoin d'être fait, même en plein hiver. Il était tombé d'un toit un jour. "Ce sont des choses qui arrivent", disait-il.

J'avais connu la région la première fois quand j'y étais venu dans les années 50 et que j'étais basé à Westhampton. L'aérodrome aurait pu se trouver en Afrique du Nord tant il était désolé et ouvert au ciel. Dans les hangars d'alerte métalliques, en bout de piste, nous dormions dans nos combinaisons de vol, les rangers lacées, prêts à sprinter vers l'appareil lorsque le klaxon se mettrait à retentir dans le calme de la nuit. Ensuite on quittait la base au-dessus des eaux noires dans un ciel sans étoiles, conversant en sténo de pilote avec la station de radar.

Ma femme et moi habitions un appartement près de la baie. La petite ville était tranquille, comme un country-club en difficulté. Nous étions amis avec le maire, qui était docteur, et sa jolie épouse. Leur cercle semblait sophistiqué et s'ennuyer. On avait le sentiment qu'il y avait des existences prêtes à se retourner, une vague impression de fracture invisible. C'était excitant.

Là je vis mes premières maisons de Stanford White, et l'océan sous tous les jours : écumant avec d'énormes vagues au loin ; vert et veiné comme le marbre ; calme, avec les vagues venant de très loin et un bruit lent, majestueux. En automne les oies passaient au-dessus en longues rangées troubles, parfois se séparant, dérivant jusqu'à former des triangles avec des leaders au cœur fort à leur pointe.

Si je regarde en arrière pour essayer de déterminer le centre de ma vie, ce doit être cette époque. Je devrais probablement dire cette décennie. Je m'étais sorti des premières tempêtes. J'avais une jeune épouse. Mon idéalisme était au plus haut. Je me revois en train d'essayer d'écrire et n'en être pas capable – l'atmosphère ne s'y prêtait pas, l'intimité, le manque de solitude. Aussi, personne ne lisait. Nous étions au pôle opposé de la lecture. Même à West Point il y avait eu des apostats, mais pas ici. J'avais la graine en moi mais ce n'était pas encore le moment.

En surface on pourrait dire que j'étais frustré, et peut-être serait-ce vrai. Néanmoins j'étais heureux à cette époque. Je peux seulement comparer cela à être aimé.

*

Maintenant c'est l'automne, bien longtemps après. Les oies piquent vers les étangs. La mer est énorme, une tempête arrive. Nous revenons de nous y baigner, exaltés. Ensuite des verres chez Fox, dans sa nouvelle maison. Gloria Jones est là, avec ses dents refaites et sa voix riche, vulgaire, "*Jamais de la vie !*" crie-t-elle, en français. "Comment vous vous êtes rencontrés vous deux ?" demande-t-elle, c'est sa question habituelle, "Vous vous êtes connus comment ? Juste comme ça, comme on dit ?"

L'alors et le désormais s'enchevêtrent, le passé qui s'estompe et le présent. Comme un mal persistant, il y a les rêves. Je suis en train de voler avec quelqu'un, pleins gaz, en rase-mottes. Le ciel est couvert, les éclairs de D.C.A. terrifiants. Nous marchons à vitesse maximale, passant à toute allure devant des réservoirs de stockage, le long d'une rivière en direction de l'objectif. Tout à coup dans le brouillard juste devant, des ponts en acier ! Trop tard pour redresser ! Nous les percutons ! Une grande vague d'intense chaleur me passe dessus. J'ai traversé – c'est complètement réel – du côté de la mort.

Je me réveille dans le noir et reste étendu là. L'arrière-goût n'est pas amer, je sais, tout comme dans les rêves, que je mourrai, comme toute chose vivante, dont beaucoup plus nobles et plus importantes, les arbres, les lacs, les grands poissons qui ont vécu cent ans. Nous vivons conscients d'une seule personnalité, mais dans la nature il semble y avoir autre chose, la conscience de beaucoup, de tout, les troupeaux et les bancs, les colonies et les ruches avec leurs myriades sans ce qu'on appelle l'ego mais à part cela parfaits, ne réagissant qu'à l'instinct. Nos vies à nous manquent de cette harmonie. Nous sommes chacun une tragédie en puissance. Peut-être est-ce pourquoi je vis à la campagne, pour être proche des compagnons ultimes. Peut-être est-ce seulement que l'hiver approche.

Une nuit dans le noir, dehors, écoutant dans le lointain le bruit creux des vagues, "N'est-ce pas étrange, dis-je, cette façon qu'on a de vouloir différentes choses à différents moments ? Là maintenant tout ce que je désire c'est une maison près de la mer. Hawaii était pareil, encore vide à l'époque, encore belle. On faisait l'amour dans les champs de cannes à sucre.

– Qui ? Avec qui tu faisais ça ?

– La femme d'un officier de marine, je me rappelle. Elle s'appelait Sis Chandler.

– Ouah ! Brûlant, comme nom. Ça devait être quelque chose. Elle était blonde ?

– Non."

En fait je ne pouvais pas me rappeler à quoi elle ressemblait, mais je me souvenais d'elle et d'une ou deux choses qu'elle avait dites. C'était son nom qui importait, spécialement après tout ce temps. Rien que de le prononcer m'avait fait ressentir une sympathie pour elle qui avait depuis longtemps disparu.

Je n'ai pas oublié ces jours, j'ai seulement
Oublié à quel point ils avaient l'air d'arriver simplement...

C'était difficile à écrire. Je n'avais pas grand cœur à cela. C'était inutile, comme dans la nouvelle tuante de Tchekhov, d'essayer de parler à quelqu'un de la mort de mon enfant. Je pouvais à peine me forcer à la mentionner. Il faut se souvenir, mais c'était précisément cela qui était terrible. En réalité j'essayais de l'oublier, elle et ce qui s'était passé.

Un jour dans une vitrine de joaillier en retrait de Bond Street j'avais vu une boîte en or d'environ la taille d'une boîte d'allumettes. Elle avait un minuscule tiroir dans lequel se trouvaient une demi-douzaine de bandes d'ivoire sur lesquelles des énigmes ou des questions étaient écrites en émail noir. Insérées dans une fente, elles formaient une réponse dans une petite fenêtre sur le dessus de la boîte. *Qui nous console ?* était une des énigmes. *Le temps*, était la réponse, un mot qui en français peut vouloir dire soit le temps qu'il fait, soit celui qui passe.

À la campagne c'était les deux.

*

Je m'éveillai le matin de Noël deux ou trois ans plus tard. Mon père était né ce jour-là. Huit décennies en arrière. Vêtu d'un long manteau de fourrure acheté d'occasion à Southampton, je marchais dans les bois, nous deux en fait, le chien courant devant. Au barrage, le cours d'eau était gelé le long des berges. Dans la neige légèrement saupoudrée on voyait les empreintes d'un canard sauvage.

Nous déjeunâmes chez les Lord, Sherry et Pam – lui était peintre, un ami de Fox ; ils avaient cette rareté, un mariage parfait, le troisième pour lui, pour elle le second. Ses revenus étaient maigres mais la maison était à lui. Occasionnellement ils se disputaient. "Ça se voit que tu n'as jamais été pauvre ! criait-il, furieux.

– Darling, je n'ai pas eu le temps", faisait-elle.

La lumière limpide de l'hiver ruisselait sur les champs. Il y avait des vues de toutes les fenêtres de la maison. La mère de Sherry, quatre-vingt-trois ans, était présente aussi. Elle était veuve. Je connaissais l'histoire de la mort de son mari. Il avait des problèmes cardiaques. La famille s'était réunie pour le voir et à la fin de l'après-midi était partie pour la journée. Il était seul avec l'infirmière. Il y avait une bouteille de scotch par là-bas, lui dit-il, est-ce que cela lui dirait de se joindre à lui pour un verre ? Ils restèrent assis à siroter leur verre tandis que le soleil baissait et que la soirée s'avançait. Il termina le sien et tendit son verre. "Qu'est-ce que vous diriez d'en reprendre un petit, pour la route ?" demanda-t-il avant de se laisser retomber couché. Je crois que ce furent ses dernières paroles.

Durant la semaine précédant le nouvel an, je faisais des listes, juste gribouillées, en fait : Plaisirs, ceux qui me restent ; Dix Amis les Plus Proches ; Livres Lus. Je repensais aussi à diverses personnes, comme on fait toujours en fin d'année. N'A Pas Été du Voyage : la sœur cadette de ma mère, morte, je crois, sans qu'on lui donne de nom ; George Cortada ; Kelly ; Joe Byron ; Thomas Maynard, âgé de huit ans ; l'enfant perdu en fausse couche par Kay ; les chiots de Sumo...

Tard dans la journée nous nous sommes promenés sur la plage déserte.

Ensuite j'ai pris mon bain, je me suis habillé, j'ai mis un col roulé, et, devant la glace, je me suis peigné. J'avais vu pire. Santé, bonne. Espoirs, passables.

Karyl Roosevelt et Dana, son fils, sont arrivés pour l'apéritif. Elle avait été la plus belle des femmes. Peut-être en conséquence, sa vie avait été consacrée aux hommes. Même plus tard, elle en parlait avec affection.

Elle avait été mariée à un homme très riche. La première fois qu'ils étaient allés en Europe, ils avaient pris l'avion directement jusqu'en Yougoslavie et étaient montés à bord du yacht du maréchal Tito. Tito, manches relevées, lui avait fait faire le tour d'une baie près de Dubrovnik en tirant lui-même sur les rames.

Nous nous rendons chez Billy's en voiture. Très peu de dîneurs. Puis retour à la maison avant minuit, où nous faisons un feu, portons des toasts, et lisons à voix haute des passages de nos livres favoris. Je lis la dernière tirade de *Cavalcade*, de Noël Coward, celle dans laquelle la femme porte un toast à son mari. Ils ont perdu leurs deux fils à la guerre (14-18) et elle boit à leur mémoire, à ce qu'ils auraient pu être, et à l'Angleterre. Kay lit un passage d'*Ebenezer Le Page*[1]. Karyl,

1. Roman de John Fowles. *(N.d.T.)*

la dernière partie de la nouvelle de Joyce, “Les morts”, là où la neige tombe sur toute l’Irlande, aussi des bouts d’*Anna Karénine*, du *Don de Humboldt*, et des *Wapshot*[1]. Dana lit Robert Service, Stephen King et Poe, quelque chose de long et d’incompréhensible. Peut-être est-ce l’alcool. “*Comment ?* comme disent les Français”, fait Kay.

Le feu n’est plus que braises, les invités sont partis. Nous marchons dans le noir glacial avec le vieux chien boiteux. Rien sur la route vide, pas une voiture, pas un son, pas une lumière. L’année est en train de changer, de froides étoiles au-dessus. Mon bras autour d’elle. Sensation de courage. Grand désir de continuer à vivre.

1. *The Wapshot Chronicle*, de John Cheever. *(N.d.T.)*

Table

COMPOSITION : CHARENTE-PHOTOGRAVURE À L'ISLE-D'ESPAGNAC
IMPRESSION : S.N. FIRMIN-DIDOT AU MESNIL-SUR-L'ESTRÉE
DÉPÔT LÉGAL : OCTOBRE 1999. N° 178 (48302).